"C理论"系列丛书

超越追赶

BEYOND CATCH-UP

中国创新之路

吴晓波　方刚　/著

图书在版编目（CIP）数据

超越追赶：中国创新之路 / 吴晓波，方刚著 . --
北京：中信出版社，2023.4
ISBN 978-7-5217-5387-5

Ⅰ.①超… Ⅱ.①吴…②方… Ⅲ.①企业创新－研究－中国 Ⅳ.① F279.23

中国国家版本馆 CIP 数据核字 (2023) 第 033664 号

超越追赶——中国创新之路
著者： 吴晓波 方刚
出版发行：中信出版集团股份有限公司
（北京市朝阳区东三环北路 27 号嘉铭中心 邮编 100020）
承印者： 北京通州皇家印刷厂

开本：787mm×1092mm 1/16 印张：23 字数：330 千字
版次：2023 年 4 月第 1 版 印次：2023 年 4 月第 1 次印刷
书号：ISBN 978-7-5217-5387-5
定价：88.00 元

版权所有·侵权必究
如有印刷、装订问题，本公司负责调换。
服务热线：400-600-8099
投稿邮箱：author@citicpub.com

目录

推荐序　惟创新者进 / 许庆瑞　_VII
前　言　_XIII

第一章　世纪之问　_001

《科学》之问　_003

鲜有的成功者　_005
美国　_005
日本　_008
韩国　_012
新加坡　_015
以色列　_019

东亚模式　_022
"共享的信念"　_023
政府的作用　_025
东亚模式的启迪　_028

第二章　中国的追赶　_031

旧中国的努力　_035
"权操自我"　_035
永不停歇　_047

新中国的艰苦奋斗　_052
156 项工程　_052
自力更生　_057
"四三方案"　_059

改革开放中的追赶　_062
新型的发展道路　_062
中国情境的意义　_074
梦想点亮未来　_080

第三章　从追赶到超越追赶　_083

追赶中的创新　_085
熊彼特创新理论　_085
创新扩散模型与先发优势　_087
新结构经济学与后发优势　_090

后发优势与后发劣势　_094
先发优势还是后发优势　_094
中等收入陷阱　_097

技术追赶中的两类陷阱　─101

追赶的内涵与特征　─103
追赶的内涵　─103
集体性能力获取　─105
锁定与跨越　─107

超越追赶　─110
跳出追赶的陷阱　─110
抓住范式转变的机遇　─113

第四章　二次创新　─117

二次创新　─119
二次创新的过程　─119
二次创新的动态模式　─122

从二次创新到一次创新　─127
技术范式的转变　─127
后发者的学习与忘却学习　─135
"有意的扬弃"　─138
超越追赶的技术创新过程　─143

基于超越追赶的竞争优势　─145
后来者居上的秘诀　─145
穿越周期的力量　─149

第五章　二次商业模式创新　_157

商业模式的二次创新　_160
移植与本地适应　_160
效率与新颖性　_164

从价值链到价值网络　_167
价值创造范式的重大革命　_167
价值网络　_171

商业模式创新的软肋　_178

第六章　超越追赶的双轮驱动　_183

殊途同归　_185

商业模式创新与技术创新的共演机制　_188
超越追赶的路径　_188
双轮作用　_199

新商业文明的引擎　_208
创新生态系统的构成　_208
互动融合　_213

第七章 超越追赶的"机会窗口" _217

机会窗口 _219
什么是机会窗口 _219
影响机会窗口的因素 _222

范式转变期的机会窗口 _226
专用性资产与核心能力 _226
突破路径依赖 _228

机会窗口中的创新管理 _229
下一个范式的多种可能 _229
混沌和不确定性中的抉择 _231
混沌中的抉择 _237

第八章 七位一体的国家创新系统 _241

国家创新系统的演进 _243
理论来源 _243
国家创新体系的意义 _247
中国创新体系的演进 _249

创新体系"三螺旋体" _256
技术范式转变与国家创新体系演进 _256
"三螺旋体"的交迭与互动 _258
"三螺旋体"模式面临的挑战 _274

从"三螺旋体"到"七螺旋体" —277

超越追赶的国家创新体系重构 —277
国家创新体系重构的需求分析 —278
新型国家创新体系 —281

第九章 全球创新治理结构的重建 —291

全球竞争格局的改变 —293

全球经济深刻变化,经济全球化受到挑战 —293
世界多极化更趋明朗,国际格局深刻调整 —294
数字经济支撑未来,全球治理规制博弈加剧 —296
科技影响力加大,国家创新体系成为核心 —298

新一轮科技革命中的两极分化 —299

创新发展新趋势 —299
全球创新领导者 —300
走向边缘化的风险 —306

发展中国家的成功之道 —311

中国的特殊情境 —312
中国创新发展的经验 —316
超越追赶的"C 理论" —320

中国方案 —323

参考文献 —329

推荐序

惟创新者进

创新是引领发展的第一动力。中国经济持续多年的高速增长引起了全世界的瞩目，中国经济增长的基础是企业对自主创新道路的持久不懈探索，这使越来越多的中国企业从行业追赶者成为行业的领先者。

基于三十余年执着的扎根研究，吴晓波教授于十年前提出了"超越追赶"的理论，该理论深刻而系统地揭示了中国企业在高效利用已有技术轨迹实现高速追赶，及时抓住技术范式转变的重大"机会窗口"，实现超越追赶并成为全球领先者的革命性创新发展模式及其规律。

一

我于20世纪80年代初赴美国麻省理工学院与斯坦福大学访问，回国后创立浙江大学创新与发展研究中心，开拓我国技术创新管理新领域，在全国率先提出以企业为主体的"二次创新—组合创新—全面创新"的理论体系。1989年吴晓波教授在我的指导下攻读博士学位，是我早期最优秀的弟子。他勤奋好学，深入企业，对中国的技术创新管理开展了扎根式的持续研究工作。1991年他提出了以产品创新和工艺创新的动态组合及组织学习动态模式为基本特征、与国际著名的"U-A"模式不同的"二次创新"动态模型，表现出了优秀的善于洞察本质和提炼规律的学术灵性，成果引起了国际学术界的高度重视。此后三十多年中，该研究得到了国家级科研项目的持续资助，通过不断深化依靠二次创新赢得"后发优势"、从二次创新到原始创新赢得先发优势、跨技术生命周期的"范式转变""忘却学习"的机制研究，为形成从"二次创新"到"全面创新"这一具有中国特色的创新管理理论体系做出了重要的贡献。

吴晓波教授是中国创新管理领域最扎实、最富创造力的领军学者之一，也是国内能够自成理论体系并得到国际学界承认的学者。吴晓波教授带领浙江大学创新管理研究团队取得了卓越的学术成就。作为学科带头人，他建立了985二期的"国家哲学社会科学创新基地"，带领浙江大学创新管理学科在国内和国际上持续领先，也带动了整个管理科学与工程学科的进一步提升。他所建立的基于发展中国家实际、着眼于赢得"后发优势"的从"二次创新"到"超越追赶"的创新管理理论体系，得到了麻省理工学院斯隆管理学院著名的"U-A"动态创新模式提出者厄特巴克教授的高度评价；得到了剑桥大学国际权威 麦克·格雷戈里（Mike Gregory）教授的好评并被纳入他所领导的制造业创新管理研究；还得到了许多国际著名学者的引用和好评，如，哈佛大学的克莱顿·克里斯坦森（Clayton Christensen）、利兹大学的马里奥·卡弗洛斯（Mario Kafouros）、布莱顿大学的斯蒂芬（Stephen）教授等。

吴晓波教授将理论与实践紧密结合。他持续十五年组织出版《浙江省创新型经济蓝皮书》，为省委省政府的科学决策提供了重要参考；他还致力于将先进理论和方法落地于广大企业，曾担任海康威视、吉利汽车、杭氧股份等创新型企业的顾问，直接指导帮助它们成长为产业龙头领军企业；他于1999年创立"浙江大学高技术创新与创业管理强化班"，并担任"责任教授"至今，将该强化班培养为"中国大学生创业第一班"，荣获国家教学成果一等奖和首届教育部教师发展基金"杰出教学奖"。他践行了浙江大学一贯以来所倡导和坚持的"求是创新"精神,是一位真正投身于"将论文写在祖国大地上"的一流学者。

本书的共同作者方刚教授曾是吴晓波教授的学生,在攻读博士学位期间接受瑞士洛桑大学的联合培养,在瑞士期间,他得到其瑞士导师伊夫·皮尼厄教授(Yves Pigneur,著名的《商业模式新生代》作者之一)的赏识而继续学习,最终获得了瑞士洛桑大学的博士学位。作为一位勤奋努力的中年学者,方刚教授在杭州电子科技大学担任管理学教授和MBA教育中心主任职务。他有十多年的信息技术公司从业经历,为全职攻读博士学位而毅然放弃了企业高管的职位。而正是这样略显曲折的经历,造就了他紧密联系实际的理论研究作风。他们师生的紧密合作,为此书的联系实际增添了风采。

二

经过对中国领军企业创新管理和追赶历程的长期扎根研究,吴晓波教授原创性地提出了"超越追赶"的管理理论,并以学术专著、科学论文等形式持续发表。本书是吴晓波教授对"超越追赶"理论和方法体系的系统性总结和凝练。

近年来,国内外学者基于创新理论对"追赶"这个主题展开了深入的研究并取得了丰富的成果,总结出"先发优势"与"后发优势",路径跟随、路径跳跃和路径创造的追赶路径,以及"东亚模式"、"拉美模式"和"非洲模式"的追赶模式等一系列理论成果。然而,中国企业超越追赶过程中面临的是技术、市场与制度快速更迭与不确定性变化的高变革的、高混沌的"范式转变期"特殊情境。尤其在当前新一轮科技革命驱动创新涌现的新时代,越来越多的中国企业能够更为迅速地为解决特定的市场需求而采取前沿的或是跨界的新技术,这种情况显著区别于原先单一产业内领先的"在位企业"主导技术范式下的竞争方式。今天中国的优秀企业家们以灵敏的市场嗅觉和敢为天下先的果敢,在从无到有、从有到强的奋斗历程中,带领中国企业在引进国际上先进技术的基础上不断开展"二次创新",把技术创新与商业模式创新结合起来,淋漓尽致地发挥出发展中国家的"后发优势",合理配置来自全球的优势资源,善于抓住范式转变带来的机会窗口,最后逐步走向原始创新,构建全球领先的技术能力而站在世界的前沿。以华为、吉利、海康威视、阿里巴巴等为代表的行业领军企业的创新管理实践和实现超越追赶的结果,不断印证着这样一个事实:中国情境造就的"中国模式"不同于西方列强的崛起之路,也不同于日、韩的"东亚模式",更不同于"拉美模式"和"非洲模式",中国已经走出了一条中国特色的超越追赶的大国之路。

这本书就是致力于系统研究中国企业从追赶到超越追赶的创新管理实践并力图总结其规律,最重要的学术创新在于在洞察技术范式转变过程中的非线性特征基础上,构建抓住机会窗口实现"超越追赶"的理论和方法体系。作为当前国际上该领域研究中最前沿的理论成果,这本书具有突破性的理论价值和实践意义。在理论上,这本书诠释了技术范式转变期的非线性规律,为当前更多企业抓住产业变革中的机会窗口、实现穿越周期的超越追赶路径的相关研究提供了理论基础和指导;更构建了企业成功穿越技术生命周期的创新管理理论和方法,与西方经典管理理论基于"单个技术生命周期"下致力于建立高度分工协作体系不同,"超越追赶"理论中针对跨越技术生命周期的"非连续性管理",提出包括超越追赶的动力、路径、策略和所需要的制度环境等要素的方法框架,具有重大突破性的理论价值和创新意义。

在实践上,这本书为中国企业的追赶与超越,乃至为更多发展中国家企业提供了重要的指导,具有重大的现实意义。

三

全球市场、技术和制度正在发生根本性的变化,这是"百年未有之大变局"的内在动力。中国企业的管理实践具有西方管理理论体系所无法覆盖的特点。正如亨利·明茨伯格所说:"我们不是在理论和实践之间进行选择,而是在不同的理论之间,选择一些最能激活实践的理论。"构建基于中国实践又能更好地激活中国实践的管理理论体系,并能够在国际学术界拥有影响力和获得属于自己的地位,是中国管理学界的使命。

"超越追赶"理论,是一个具有划时代意义的在追赶中崛起的创新管理体系。"超越追赶"创新管理理论和方法体系不仅为实践中的后发企业提供有效的战略指导和管理方法,更推动了把基于中国实践的管理理论提升为世界所理解所采纳的科学管理理论。无论对进一步构建中国管理学术体系在国际上的话语权,还是对于中国学术研究为推动人类社会经济发展贡献"中国智慧",都是重要的尝试和开拓。

"惟创新者进,惟创新者强,惟创新者胜"[①],创新是人类进步的源泉,创新管理具有永恒的价值和生命力。

希望这本书能对管理思想的创新和企业实践的引领产生较大的影响及贡献。

中国工程院院士　许庆瑞

2023年2月,杭州

---

① 习近平:在欧美同学会成立100周年庆祝大会上的讲话,参见:http://jhsjk.people.cn/article/23277634。——编者注

前言

放眼世界,我们面临的是百年未遇之大变局。

人类近代史中最耀眼的事,莫过于中华民族的伟大复兴。数代人的百年奋斗让"一穷二白"的旧中国成功变身为全球最大的经济体之一,并彻底摆脱绝对贫困,走上全民小康之路,成功实现了从"追赶"迈入"超越追赶"的新时代。但是,当我们放眼世界,看到的却是绝大多数穷国与富国的差距并未缩小。中国为什么是个例外?是什么让这个科技贫乏的国家在短短数十年中成为全球科技创新最具活力,及至发明专利申请和授予量均跃居全球前列的领先者?世人为之惊叹之余,却是众人对成因的疑惑:西方主流学者与媒体眼中的"最糟糕的政策"却成就了人类有史以来最伟大的经济奇迹!

长期以来,作为近代科学技术与产业发展中的"后来者",中国并不被西方国家认为是一个"创新型国家"。而充分的事实却日益清晰地表明了创新驱动在中国崛起中所起到的重大作用。无可否认,作为"后来者",中国的科技在很大程度上源自西方发达国家,中国的创新在相当程度上是基于引进技术的再创新,即"二次创新"。正是不满足于只是被动地"引进—消化吸收",中国在引进的全过程积极努力地开展"二次创新",从而赢得了巨大的"后发优势",并成功地建立起了从"二次创新"到"后二次创新",乃至"原始创新"的向上迭代式良性循环,避免了落入"落后—引进—消化吸收—再落后—再引进"的"追赶陷阱"。正是由以"二次创新"为起点的众多中国企业的"向上演进"建立起来的"自主创新"能力,将中国整体经济与社会带入了全面实现创新驱动高质量发展的新时代。而随着前沿尖端科技的竞争进入白热化的新阶段,如何摆脱"路径依赖",穿越技术/产品生命周期,加快实现从"二次创新"向"原始创新"的跃迁,更成为当下中国"超越追赶"成功的关键。

正如熊彼特在百年前所指出的:"创新"才是经济发展的真正引擎!改革开放释放了广大人民群众的创新活力,但是真正的创新并不会仅凭激情就能自动生成。自上而下的政策固然重要,但是源自千千万万企业和企业家的自下而上的创新才是真正的成功之母。自 31 年前完成"二次创新的过程与模式"博士论文迄今,作者(第一作者)一直致力于持续深入地研究和完善"二次创新"的理论与方法,并运用于指导企业赢得后发优势的实践(《全球化制造与二次创新:赢得后发优势》,2006)。10 年前,站在新世纪中国制造规模登顶全球的新高度上,我们进一步提出了"超越追赶"的构念,开展了新一轮基于我国领先企业的扎根研究。当我们从埋头撰写中举目高眺,看到的是中华民族的伟大崛起;当我们在激烈的讨论中达成共识,感受到的是中国创新之路的崎岖;当我们完成初稿进行复盘之时,欣喜之余是众多的缺憾,世无完美之作,唯有无尽的努力!

本书在多年的积累和探索基础上完成,共分九章:首先以《科学》杂志提出的"世纪之问"为引子,用全球眼光对工业革命以来的主要实现"超越追赶"的国家之创新实践进行了剖析;进而纵向回顾了我国从洋务运动以来 160 多年的学习、追赶到超越追赶的历史进程;系统地对从追赶到超越追赶中的"二次创新"过程及动态升级的模式进行了深度的阐述;结合第三、第四次产业革命的大背景及我国的互联网应用场景,讨论了通过"二次商业模式创新"在价值网络中获得"后发优势"的新机制;研究揭示了在技术创新与商业模式创新联动中形成双轮驱动的加速超越追赶机制；特别地，对技术范式转变期的"机会窗口"进行了深入的剖析，指出抓住"机会窗口"是实现超越追赶的关键；进而指出，相应的创新管理体系和制度安排均需改变以往排斥"不确定性"的管理逻辑；在宏观上，从超越追赶的创新环境塑造视角，提出了我国社会主义市场经济制度下的"七位一体"国家创新体系；最后，基于对新一轮科技革命和中国崛起的实践，提出了基于"人类命运共同体"的全球创新治理结构重建构念。

本书的核心思想与创新之处在于对"范式转变"期的创新管理"非线性"特征的剖析，提出了与以往基于单一生命周期内的稳定结构和线性优化不同的"拥抱不确定性"的创新管理体系。在学习与"忘却学习"、异质性与包容性、排他性与互补性、利用与探索等"二元性"行为中，"灰度"管理成为创新管理的"新常态"。微观中技术创新与商业模式创新的双轮驱动，宏观上的"七位一体"新型国家创新体系与多极世界的新型全球创新治理结构，成为我国实现"超越追赶"的重要途径和必要条件。

在当今全球市场、技术和制度发生着巨大变化的情境下，重新思考传统管理理论的适用性，站在新时代的新起点上探索企业在超越阶段的特征与有效模式，对于指导更多企业正确认识并把握和抓住下一个范式兴起的重大机会窗口，从而实现更广泛的"超越追赶"，具有重大的现实意义和理论价值。我们完全有理由相信：在范式转变中"换道超车"是众多"后来者"真正实现"超越追赶"的康庄大道，中国的新型国家创新体系和领先企业的成功实践为世界，尤其是发展中国家，提供了普惠的中国方案，而基于包容"不确定性"的创新管理新思维、新理论、新方法乃至新工具则是指引和加速"超越追赶"的利器。

共同作者方刚博士（浙江大学和瑞士洛桑大学的双博士）是我曾经的弟子，已过不惑之年多时，我们的相处，真知灼见时时碰撞，痛苦与快乐并存。似如《黄帝内经》中天师岐伯所曰："是以志闲而少欲，心安而不惧，形劳而不倦，气从以顺，各从其欲，皆得所愿。""心中有光,素履以往",合作中的愉悦当可溢于言表。

衷心感谢为我们提供深入实践的研究机会并给予我们大力支持的科技创新践行者和企业家们,感谢于我们撰写期间共同进行尖锐批评与深入探讨的国内外同行专家们,感谢一起参与过调研和研讨的学生们!是你们的鼓励和支持让本书得以顺利完成。殷切期望本书的研究探索能为企业家、职业经理人,乃至政策制定者们提供一种新的创新管理思维和管理逻辑,为更多发展中国家能够实现"超越追赶",促进"人类命运共同体"的健康发展奉上一份学者的贡献。

筚路蓝缕,任重道远。谨以此书致敬中国创新崛起中千千万万的奋斗者!

吴晓波
2023 年 3 月 20 日
浙江大学求是园

第一章

世纪之问

《科学》之问

为纪念创刊125周年,《科学》(Science)杂志编委会于2005年挑选了125个重要的科学前沿问题做了一个特刊[1],提出25个最突出的重点问题(highlighted questions)以及其他100个生命科学、物理学、数学等领域的科学前沿难题。其中的第116个问题"为什么一些国家向前发展,而另一些国家的发展停滞?"(Why do some countries grow and others stagnate?),反映了学术界对人类社会经济发展的关切与思考。

经济学家们很早就关注到了经济增长与发展问题。大卫·休谟(David Hume)通过对工业革命之前英国经济发展的研究,强调"贸易顺差"是英国获得财富和繁荣的基础[2];亚当·斯密在《国富论》中提出"社会分工"及由此带来的"生产效率提高"是国家富裕的原因[3];大卫·李嘉图(David Ricardo)认为强化本国擅长的生产领域是推动经济发展的根本,并称之为"比较优势理论"[4];德国经济学家弗里德里希·李斯特(Friedrich List)主张"贸易保护政策"以保护本国处于"幼稚阶段"的产业[5];受到李斯特影响,沃尔特·罗斯托(Walt Rostow)总结了"阶段性经济成长理论",认为经济发展受生产性投资率,领先工业部门的存在、发明与革新,以及政治社会环境等因素影响[6]。对经济增长的传统经济解释范式在经济学家约瑟夫·熊彼特（Joseph Alois Schumpeter）这里被颠覆，他1912年在著作《经济发展理论》中开创性地提出了"创新理论"，重点是将技术和方法纳入考察，强调"生产技术的革新和生产方法的变革"在经济发展过程中最根本和重要的作用，后来的学者包括门施、弗里曼、克拉克等进一步发展创新理论，推动了"新熊彼特主义"和"泛熊彼特主义"的形成。

"后发国家"在经济追赶和发展中实际上面临的是一系列复杂的经济、社会、技术和制度等方面的挑战。到底是什么因素决定了一个国家的兴衰并没有一个准确统一的答案。

然而，"后发国家"在经济追赶和发展中实际上面临的是一系列复杂的经济、社会、技术和制度等方面的挑战，基于单一或少量因素无法完整科学地回答《科学》杂志的第116个问题。例如，20世纪50年代一些后发国家在追赶过程中出现了"中等收入陷阱"现象，其中巴西是陷入"中等收入陷阱"的世界性典型。巴西在20世纪中期曾经出现国内生产总值（GDP）年均增长超10%的"巴西奇迹"，至2010年经济增速仍有7.5%，但接着转向了发展停滞——2014年降为0.2%，2016年经济持续萎缩，同时国家债务高达GDP的70%。巴西一直没能跻身高收入经济体行列。"中等收入陷阱"现象背后的原因非常复杂，涉及了经济、政治、制度、国际环境等多方面的因素。如何避免落入"中等收入陷阱"成为后发国家追赶中面临的严峻命题。《科学通报》在2016—2018年间，刊出系列文章《科学》125个科学前沿问题系列解读"，邀请相应领域的科学家就这些科学问题展开论述，介绍当前最新研究进展、展望未来研究，对有关这些问题的最新研究成果展开分析。针对第116个问题的分析文章在总结了影响经济增长的总量因素和结构因素之后，仍然认为到底是什么因素决定了一个国家的兴衰并没有一个准确统一的答案。[7]

近年来，全球格局的重大变化在于中国超常规的迅速崛起。中国崛起首先是中国经济的崛起，中国经济总量从 1949 年占世界经济比重不足 5% 到 2021 年占世界经济比重超过 18%，至 2021 年人均 GDP 已连续三年超过 1 万美元，进入中等偏上收入国家行列，与最领先国家的差距不断缩小。特别是在全球第四次大规模制造业转移的战略"机会窗口"中，中国逐渐建立起高效的生产供应链体系，以及全球范围内最完备和独具竞争力的工业体系及制造能力。从中国经济快速发展的过程看，同样是市场、技术、制度等多重因素的共同作用，而企业层面的创新过程和国家层面的国家创新体系具有特殊的意义。

《科学》杂志主编唐纳德·肯尼迪（Donald Kennedy）在当期特刊序言里提出了这样的信念："在塑造科学的未来方面，问题比答案更重要。"在中国迅速追赶并站到世界前沿的今天，梳理清楚中国快速发展的脉络，总结背后的科学规律，无论对基于中国实践的创新管理理论体系的建设与完善，还是为发展中国家提供现实的借鉴和指导，均具有重大的意义。

鲜有的成功者

美国

美国工业化起步晚于欧洲，大量技术从欧洲尤其英国引进。1789 年通过引进欧洲的先进技术，美国创办了国内第一家近代棉纺织厂，开始了早期的工业革命。[8] 1820 年，美国的人均 GDP 为英国的 73.3%，到 1870 年提升至 75.3%，在 1870 年到 1913 年之间的 GDP 平均增长率为 3.9%，而英国同期的增长率为 1.9%。到了 1913 年，美国人均 GDP 水平已超过了英国，达到英国的 105.5%。[9] 因此，美国的崛起始于 19 世纪 70 年代开始的第二次工业革命并长期保持领先，这个过程是从电力、石油等能源部门的革命开始的。

1878 年，爱迪生建立了世界上第一个工业实验室，在 1879 年成功制造了第一只实用的白炽电灯泡,这是电力革命时代开始的标志。随着应用交流电感应发电机和感应电动机以及交流电远程输电这些电力工业发展的关键问题获得解决,美国电力机械开始进入快速发展的时期。1893年康涅狄格州的纺织厂开始使用电动机,并很快将其在其他工业领域迅速推广。到第一次世界大战开始的时候,几乎美国每个工厂都在使用电动机。随着电力工业的兴起,电力广泛地应用到工业、通信、交通等各个部门。在同一时期,通信技术也快速发展并进入应用。1876年亚历山大·贝尔发明了世界上第一台电话机,并于1877年成立了贝尔电话公司,电话逐渐成为美国社会广泛使用的便捷通信工具,到1910年,美国使用的电话已达700多万台。1925年贝尔电话实验室成立并成为当时世界最大的工业研究实验室,这被认为"美国电气工程的转折点"[10]。同时,汽车工业的发展、飞机的商业化应用,使得石油使用量激增,推动石油工业迅速发展,石油产量处于全球领先的地位。1894年,美国的工业总产值跃居世界首位;1913年,其工业产量占世界工业总产量的36%,超过英、德、法、日工业产量的总和[11],成为世界第一经济强国。

在20世纪四五十年代开始的第三次工业革命中,美国一直保持领先。二战之后,面对冷战的压力,美国国防建设与产业发展之间实现联动创新:军方解决爆炸品落点和弹道的大规模计算的需求,推动了第一台电子计算机的产生;美国国防部高级研究计划署建立了互联网前身"阿帕网"的第一个形态;同样是军方,给了集成电路"鼻祖"仙童半导体公司的第一批平台型晶体管的合同。美国二战后的核工业、航空航天业基本上拥有类似的创新轨迹。[12]美国经济自19世纪后期以来快速发展,美国成长为世界第一强国,最主要的原因是自主创新给前沿技术扩张带来增长动力,从创新视角看大致有以下几条经验。

第一,科研型大学促进了基础研究中的突破式创新。19世纪70年代,美国研究型大学开始兴起,各州鼓励教师从事学术研究以及培养人才,促进了美国科学快速发展。到1920年,美国科研型大学的现代形态已经成形,逐渐成为美国高等教育体系中的主流。[13]

第二,完善的知识产权保护体系激发了创新的热情。美国是最早把知识产权保护写入宪法的国家。1802年,美国成立国家专利局,在1865—1900年期间,有64万种发明专利被正式批准登记。[14]美国还不断完善知识产权体系。根据一直以来的联邦法律,法定上政府拥有其资助的科研项目所产生的专利权,私人部门要获得这些专利需要符合非常苛刻和复杂的法律程序。这导致的结果是,截至1980年政府持有近2.8万项专利,但其中只有不到5%的专利技术被转移到工业界进行商业化。产生这种现象的原因在于知识产权无法有效配置:政府拥有专利但没有动力和能力推动商业化,私人部门有动力和能力商业化但无法获得相应的权利。1980年通过的《拜杜法案》赋予大学和非营利研究机构对于联邦政府资助的发明创造享有专利申请权,在审核通过后则可以持有专利权,鼓励大学展开学术研究并积极转移专利技术,促进企业发展和推动产业创新。

第三,工业实验室促进科研成果转化。工业实验室是美国科学研究与试验发展(R&D)重要组成部分,在20世纪初开始迅速成为趋势。美国工业企业逐渐认识到工业研究具有高度的重要性,因而均开始大规模组建研究与开发部门,并与高校学者和专家建立了密切的关系。较为著名的工业实验室包括通用电气实验室、杜邦实验室、柯达实验室、贝尔实验室和国际商业机器公司(IBM)研究实验室等。著名经济学家弗里曼指出,19世纪末期研究与发展的制度化成为公司竞争方式中最主要的变化。大多数美国大企业的中心实验室建立之初,就担负着双重任务:一方面,借助科学和技术改进已有产品并完善生产流程;另一方面,发现和探索有助于新产品开发的科学原理与自然规律。[15]随着产业界不断成熟,工业实验室逐渐认识到并建立了"基础研究必须响应市场需要"的特殊使命。正是基于这样的认识,美国的工业实验室不以基础、应用之分而以商业需要为标准开展研发活动,促进科研成果快速转化为商业价值。例如,贝尔实验室从创立之初就致力于基础研究,并取得了惊人的成就：贝尔实验室是晶体管、信息论、太阳能电池、通信卫星、激光器、发光二极管、数字交换机、可视电话、UNIX 系统和 C 语言的发明者，拥有 15 名诺贝尔奖得主，贡献了 25000 多项专利技术。同时，贝尔实验室也致力于促进技术的工程化和产业化[16]，在过去的一个世纪中，贝尔实验室为全世界带来的创新产品包括传真机、按键电话、数字调制解调器、蜂窝电话、通信卫星、高速无线数据系统、太阳能电池、电荷耦合器件、数字信号处理器、单芯片、激光器和光纤、光放大器、密集波分复用系统、首次长途电视传输、高清晰度电视、语音合成及识别、UNIX 操作系统、C 语言和 C++ 语言，等等。

第四，金融工具和风险投资助力中小企业创新。美国于 1971 年建立了纳斯达克股票市场，开始规范场外交易，改变了其混乱的状态。中小企业能够通过融资平台有效利用社会资本，这成了推动基于大学的高科技创业成为主流的重要力量。[17] 包括风险投资在内的金融工具使高科技中小企业焕发生机，为第四次产业革命铺就道路。

通过以上与技术创新相关的制度创新，不断推动各种新的科技成果在美国产业中广泛应用，逐渐形成包括企业、政府、大学和产业集群在内的创新体系，并推动基于集群创新的科技创新产业基地的出现。例如硅谷就是基于斯坦福大学、加州大学伯克利分校等研究型大学的基础研究，通过政、产、学、研和金融机构之间的协作不断衍生出大批以科技创新为特色的硅谷企业。[18]

日本

日本是后发国家中通过追赶实现经济快速发展和赶超的卓越代表。日本追赶可以向前追溯到 19 世纪 60 年代的明治维新，后在第二次世界大战中经济受到重创，但自 20 世纪 50 年代即开始复苏，并保持多年 10% 以上的增长率。日本从"殖产兴业，教育立国"的思路出发，重视科研创新与技术发明，通过低工资和技术引进展开世界性竞争，在 50 年代前半期经济恢复的基础上，最终在 60 年代前后创造了国家经济建设的"日本奇迹",用20年完成了领先国家上百年的发展历程。至1973年,日本GDP位列世界第二;1992年日本人均GDP达到了美国水平的90.1%。[19]

技术创新与技术进步是日本经济赶超强国的关键动力。最初,日本经济的迅速追赶主要依靠大规模技术引进来实现。日本以"科技兴国"为长远发展战略,在50—70年代大力吸收第三次科技革命的成果,在此基础上消化并转化为自身的生产力。如图1-1所示,日本在50年代开启国外技术的大量引进,并不断扩大引进力度。1950—1960年间,共引进甲类技术1356项,乙类技术1564项。1961—1970年间,共引进甲类技术6968项,乙类技术5115项,分别较前期增长413%、227%。1971—1980年间,共引进甲类技术16671项。[20]从投入上看,在1955—

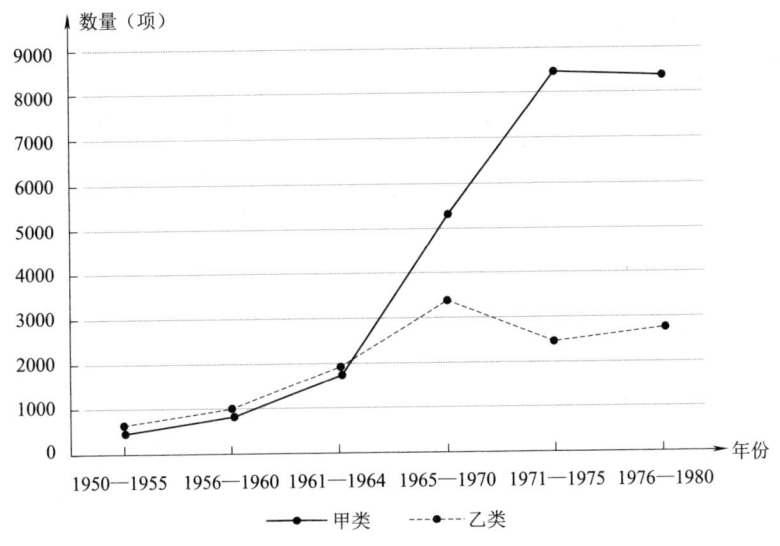

图1-1 20世纪50—70年代日本技术引进趋势图

注:甲类技术,指合同期限或付款期限超过一年的项目;
　　乙类技术,指合同期限或付款期限不满一年的项目。
资料来源:转引自刘忠远和张志新(2010)的研究,基于日本经济企划厅、《经济白皮书》、日本科学技术厅有关资料整理而来。

1970年的16年中，日本用于技术引进和推广共花费60亿美元，几乎引进了全球半个世纪开发的全部科技成果和先进技术，而领先国家研发这些先进技术的费用可能接近2000亿美元。[21]国际技术的引进填补了日本经济发展的技术缺口，同时促进了日本的创新活动。

进入20世纪70年代，日本逐渐在引进的基础上转向研究开发。日本技术进步的关键点也是最重要的经验在于日本更重视对技术的吸收和改进，而非技术的单纯引进。日本积极对引进技术进行消化、吸收与本土适应性改造，以此作为技术赶超和实现增长的重心。例如，日本曾提出"一号机引进，二号机国产，三号机出口"的口号，号召企业加强对引进技术的改进与创新。日本钢铁产业在1957—1961年间从国外引进新技术的花费与国内消化吸收的研究经费配套比达到了1∶3[22]，使得钢铁产业在日本经济追赶进程中起到了决定性的作用。据统计，至1980年1月，日本有科研机构920所，科研人员达35.5万人，R&D经费占GDP的2.8%。[23]通过引进后的进一步技术创新，日本将引进的技术落实于生产、推广和商业化的具体应用，对本国的工业技术体系进行完善，并在造船、彩电、半导体等产业中实现了向欧美等技术来源地的赶超。日本对于技术的引进与开发还带来了劳动生产率、生产管理效率的提高。

日本战后的制度改革是其经济腾飞的另一个重要原因，而这是从一系列的政治体制改革开始的。1946年《日本国宪法》的确立否定了1889年的《大日本帝国宪法》，从根本上改变了日本政体体制中的天皇神权、帝国主义以及封建专制，为日本社会引入人文主义、资产阶级民主以及议会内阁制。由于新宪法对日本"去战争化"的约束，日本的军事开支大幅缩减，这也为日本当时的经济建设提供了更高的资源优先级。新宪法政体的形成为日本重返国际社会并沟通全球市场铺设了和平发展的道路，同时为国内其他方面的体制改革打下基础，为日本实现经济腾飞创造可能。

制度改革的作用还在日本的外向型经济发展战略中体现出来。在经济逐渐恢复的过程中，日本根据自身资源匮乏的国情，准确判断国际经济的发展趋势，通过以"重工业和化工业"为核心的加工贸易积极参与国际市场竞争。日本通过政策倾斜调整产业结构，扶持钢铁、石油化学、汽车制造、重型电机、合成纤维等企业的发展。其中日本汽车的崛起最为突出，1975年丰田已经在美国市场居领先地位，1986年日本9家车企共售1330多万辆汽车，占世界市场的1/3。[24]除出口优秀产品外，日本还积极扩大对外投资，在国外投资设厂并就地推销，既避免进一步扩大与欧美的贸易摩擦，又减轻对进口原材料的依赖。1988年，日本对外投资总额达470.22亿美元，较1987年增长409%，是1985年的20倍。[25]

日本对科教的重视与发展为经济崛起提供基础。日本坚持对国民进行文化教育与技术培训，1962年提出"造就人才，建设国家"的战略，同时不断提高对文化教育的投入；至1978年，文教经费占国民总投入的7.1%[26]。此外日本政府逐步将义务教育延长至12年，提供免费教材，提升助学津贴，推动中等及高等教育发展。1950—1974年的25年间，日本高中生从193万人增至427万人，大学生从22万人增至165万人，超90%的人受过高中教育，1/3的人接受过大学教育。[27]日本企业则为高校毕业生提供企业培训，并为各级职工提供再教育。具备良好文化和技能的劳动力是日本技术创新的必要保障，是经济恢复与发展的重要推动力。

另外，美国的扶植也对日本经济的迅速恢复具有积极影响。面对二战后国际形势的变化，美国选择扶持日本成为"代理人"以巩固其在亚洲的控制力。美国为帮助日本经济复兴，在1948年后从政策、资本、技术等维度为日本注入充分的援助。美国先后为日本提供了"日本经济安定九原则""道奇路线""肖普税制改革建议"等经济复兴的方案。而朝鲜战争"特需"无疑是二战后日本经济的强心剂，极大地刺激了日本恢复生产能力，并给予了日企资本积累的宝贵机会。

总结来看，战后日本通过"制度改革—科教发展—扩大开放"，先是争取和平稳定的国际关系，扫清国内战时体制的遗垢，为经济重建创造了良好的社会环境，后来把握住国际形势带来的机遇，积极吸取外部资本与技术大力恢复生产能力，同时加强本国的人力资本建设，为之后参与更加开放的国际市场竞争奠定基础，最终在经济复兴的道路上创造了"日本奇迹"。

韩国

度过战争的动乱后，1953—1961年，韩国通过美国的援助恢复经济发展，之后于1961年迎来经济的高速增长。通过不足半个世纪的经济建设，韩国创造了"汉江奇迹"，GDP由1961年的24亿美元发展至1996年的6102亿美元，跃升至世界第十一位。[28]根据英国经济学家安格斯·麦迪森（Angus Maddison）的计算，相较于西欧国家的人均GDP，1950年韩国仅为前者的15%，至1973年增至23.3%，到1993年达到60.4%。[29]此时韩国已从一个落后的农业国成长为发达的工业国，与中国香港、中国台湾、新加坡并称"亚洲四小龙"。经历1997年与2008年的金融危机，其GDP在2018年达到1.62万亿美元。2021年韩国正式成为发达国家，是二战后首个且唯一从发展中国家升级为发达国家的千万人口国家。

韩国经济腾飞与技术赶超获得成功的过程中，最为典型的特征是政府发挥了重要作用。

第一，适时调整的发展战略是韩国取得经济成就的重要措施。1961年朴正熙政府开始改变国家战略，将李承晚政府的"南北民族统一"战略调整为"推动经济增长"，于1962年发布振兴国民经济并推动产业发展的"经济开发计划"。此外，朴正熙着手整肃腐败低效的政府结构，起用专家与精英建立权威政府。该时期的系列举措逐步恢复了政府威信及国家能力，缓和了国内的社会矛盾，重建了相对稳定的社会秩序，为韩国开启快速的经济增长奠定了良好基础。自20世纪60年代初至70年代末，韩国制订了以出口带动经济增长的方案，提出"出口第一"

"输出立国""经济至上"等主张,并实行系列政策以大力发展对外贸易。这一时期,韩国凭借自身的轻工业基础以及廉价劳动力,承接了欧、美、日等发达国家或地区转移的产业,1962年到1979年间,出口总额由0.55亿美元增长至147亿美元,年均增长40%;国民生产总值(GNP)由23亿美元增长至约80亿美元,年均增长约10%。[30] 在70年代,韩国为保持出口竞争力和经济增长速度,适时完成产业结构调整。1973年朴正熙发表"重化工业宣言",韩国政府将围绕重化工业发展经济建设,指定钢铁、石油、造船、汽车、金属、半导体等六大产业为优先发展的战略产业,之后设立"重工业推进委员会",并为六大产业提供出口补贴以及税收减免。在政府的保护与优惠政策下,韩国的重化工业迅速发展,并在韩国经济结构中成长为主要部分;1972年重化工业在出口结构中占比23.8%,至1982年已经增至54.2%[31],为韩国稳定快速的经济发展做出重要贡献。经济发展至80年代,国际市场重启贸易保护主义,韩国的劳动密集型产品不再具有竞争优势,韩国提出技术立国的发展战略,大力发展电子、电脑、汽车等高新产业。政府先后颁布《科技振兴法》与《技术开发促进法》,旨在加强技术引进、消化、吸收,改变科技落后的面貌,配合经济从进口替代向出口导向型转变。1980年起,韩国政府通过税收财政的优惠政策支持企业进行技术创新,例如:规定私企的研发费用可以减少10%的税额;为科研进口的设备和物资可以降低关税;降低新技术产品的消费税。政策的有力扶持极大调动了企业投入技术创新的积极性,至90年代,以电子工业为代表的高新产业使韩国进入世界科技强国之列,以三星、现代等企业的技术与产品在世界电子产品市场中占据重要地位为标志。

第二,韩国政府十分重视对科技活动的投资,大力推动技术创新与进步。韩国政府为国内的研发活动提供资金、设立促进研发成果转化的各项基金,如1977年设立的韩国科学基金,就是为了加强半导体技术的消化、吸收,引导国内自主的技术创新与进步。20世纪80年代开始,韩国大幅增加研发经费,政府科技预算年增15%,企业科技预算年增

6%。韩国的研发强度在这一时期快速提高,自 1981 年起的 0.69% 至 1985 年的 1.85%,1991 年突破 2%,1994 年达 2.61%,到 2010 年达 5%。[32] 为改善大学研发经费缺乏和设施不足的状况,韩国政府对大学的基础研究及开发的投资持续增加。到 2001 年,对大学研究开发的投入占到全部研究开发投入的 12%。同时,韩国政府还扩大对大学中各种研究中心的支持,科学研究中心和工程研究中心的数量都在 1993 年至 1998 年间有较大的增加。[33]

第三,韩国还通过政府下场的方式着力构建创新体系,以推动重点产业的技术创新与进步。政府出台战略规划,推动半导体产业完成要素集聚。1973 年韩国政府将半导体电子列为六大战略产业之一,政府先后出台《推动半导体产业发展的六年计划》《半导体工业综合发展计划》《国内半导体产业扶持计划》《半导体产业育成计划》等,明确支持开发 4M DRAM(动态随机存取存储器),吸引三星、LG、现代等财阀进入半导体电子产业,并投入 DRAM 技术的研发,为韩国 DRAM 技术的异军突起奠定基础。在此后的 30 多年里,韩国政府颁布了一系列促进半导体产业发展的政策和计划。

第四,通过不断扩大的政府采购,支持和促进高新技术产业发展。例如,韩国通过立法对 DRAM 等高新技术产品设立政府采购制度,为扶持高新产业的发展,政府机构优先采购或委托国内高新产业的龙头企业。1982 年韩国让政府机构装备 5000 台国产的个人计算机,1984 年制订正式的采购计划,1986 年采购项目的数额达到 3.24 亿美元。[34] 稳定的政府采购为韩国电子工业及 DRAM 技术的初期发展降低了市场风险,为技术创新提供了肥沃的土壤。

第五,通过优化技术创新的组织模式,政府主导推动合作创新,应付技术创新的外部性。例如,为研发超大规模集成电路技术,韩国政府于 1976 年建立了韩国电子通信研究院(ETRI),联合三星、现代和 LG 等组成"半导体研究开发联盟",由政府和企业共同承担 DRAM 研发的经费,其中政府承担大部分的开发风险。[35] ETRI 在企业联盟及产、学、研网络构建和有效运行中扮演了极为重要的角色。此外,韩国建立了竞争合作的机制,基础技术与知识由联合团队中的各个组织共享,而关键核心技术由各个组织同时从不同的技术路线开展研究,如对 DRAM 制程技术路线的攻关,由三星、现代与 LG 分别采用堆栈式、沟槽式与混合式的不同路线进行竞争,最终高效甄别出堆栈式的优势。[36]通过政府牵头、寡头竞合、高校参与的合作方式,韩国构建的"政产学"研发联合体,由国家主导实现了合作各方的共同投入、共同参与、共担风险、共享成果,克服了技术创新的市场失灵[37],最终顺利完成从 1M 到 64M 的 DRAM 核心基础技术开发,并完成对美国、日本的赶超。在取得 DRAM 技术水平跃升的同时,韩国凭借 DRAM 技术的进步,带动了半导体产业的出口。到 1995 年,韩国自主研发出 256M DRAM,完成了从技术引进到自主创新的技术跨越,半导体的出口比重达到 14.1%,成为其最重要的出口商品,实现了技术和市场赶超美、日的成就。[38]政府对核心技术研发的投资在推动韩国集成电路产业成为行业龙头并保持世界领先地位方面发挥了重要作用。1998 年,韩国取代日本成为 DRAM 第一大生产国。2017 年号称"全球 DRAM 三巨头"的三星电子、SK 海力士、美国美光三家芯片企业,占全球 DRAM 市场份额的 96%,前两家韩国企业合计占 73%。[39]

韩国的经济腾飞及技术进步也离不开对教育的大力投入。韩国政府对于教育的投入十分充足,1965 年教育预算占政府预算的 16.2%,1970 年增至 17.6%,1980 年增至 18.9%,1990 年突破 20% 达到 22.3%,此后通常占比 20% 左右。[40]在教育普及的过程中,韩国完成了人力资源的培养与开发,解决了经济发展对技术人员和高素质劳动力的需求,也为韩国在战略产业上实现技术的创新与进步奠定了坚实的基础。

新加坡

由于身处马六甲海峡的东入口,作为印度洋通向太平洋的门户,在英国殖民统治时期,新加坡的经济高度依赖东印度公司的转口贸易,此外渔业和种植业也是新加坡经济的支柱产业。新加坡1965年完成独立，在李光耀政府带领的改革中完成经济崛起。1960年新加坡的GDP仅7亿美元，独立后的1966年突破10亿达到11亿美元。随后伴随着产业不断升级，GDP快速增长，1977年发展至66.2亿美元，1987年突破200亿美元，1997年突破1000亿美元[①]，实现了建立"第三世界里的第一世界，第一世界中的绿洲"的目标。

在新加坡的追赶历程中，政府同样发挥了重要作用，通过科学和精准的政策体系促进企业提升技术能力，进而推动经济发展。1960年，李光耀确立了发展密集型工业的战略方针，通过发展工业与旅游业带动经济多元化，改变依赖转口贸易的单一经济结构，实现"内外发展，双翅腾飞"。在独立后，新加坡必须提高对外资的吸引力，克服资金与资源的短缺。新加坡于1967年通过了《经济发展激励法案》，赋予了外企更高的地位、更多的福利支持和税收优惠。此外，新加坡开发银行作为国有金融机构，为外资提供了必要的金融服务，也在吸引外资的过程中发挥了重要作用。随着对外部资本和技术的大量吸收引进，新加坡的资源短缺得到弥补，国内资本密集型制造业的发展得到有力推动，逐渐形成了较高水平的经济基础。

为进一步优化经济结构，发展第三产业，新加坡对1971—1980年的经济活动做出首个"经济发展十年规划"。在产业政策方面，优先支持高技术的精密型产业，限制发展劳动密集型或技术水平较低的产业。政府为了鼓励科研创新，给予新兴工业优惠待遇，对科研开发的支出免税，大力引进技术密集型产业。在规划政策的推动下，新加坡开始走出制造业向服务业转型，通过产业附加值的提升进一步发展在全球市场中的竞争力。在第二个"经济发展十年规划"（1981—1990）期间，新加坡完成了第二次工业革命，从以转口贸易为主变成以本国产品出口为主，人均收入约5219美元，达到世界中等发达国家水平。[41]（如表1-1所示）

---

① 数据来源：世界银行网站。

表1-1 新加坡的产业升级过程

时间	产业发展重点	主要产品
1960—1978	劳动密集型产业,如:服装、纺织、玩具、家具、电子部件	糖、肥皂、啤酒、其他饮料、家具、电视机、原油提炼、基础的化学品、汽车组装、家用电器、半导体组装、水泥、建筑用钢
1979—1985	技术密集型产业,如:集成电路、计算机、工业电子设备	工业电器、外围设备、集成电路测试和其他精确度较高的工程部件、精制化学品、石油化学产品和医学设备
1986—1998	资本密集型产业,如:石油化工、晶片制造、信息传播	晶片构造、集成电路设计、生物技术研发、石油化工中心、信息和媒体服务、后勤、教育和其他
1999至今	知识密集型产业,如:生物医学、信息产业、媒体资讯	生物医学、生物科技、医疗保健、资讯传播、媒体

资料来源:转引自汪明峰和袁贺(2011)[42]。

从1991年起,新加坡连续实施国家科技发展五年计划。(见表1-2)同时,为了进一步提升国家的技术研发水平,从20世纪90年代开始新加坡就着力打造高科技园区。通过推动大学与国际知名高等院校开展全球合作项目,为高新产业提供技术支持。在90年代,新加坡的科研人员增长至1万名,经济年均增长达8%,成为世界闻名的新兴工业国和"亚洲四小龙"之首。[43]此外,新加坡通过政府行为主导创新体系的建设,推动技术的创新与进步。其一,新加坡通过直接投资改善融资环境,增添创新生态的活力。2010年政府为新成立的新加坡南洋理工大学能源研究所投资10亿新元①,支持高校在清洁能源、能源安全、环境持续发展等领域开展国家创新挑战项目的研究。[44]同时,政府通过隶属经济发展局的TIF投资公司设立13亿美元的基金,专门对高新技术企业提供1∶2的配套投资资助[45],以政府投资鼓励创业者投身技术创新,并引导资本市场投入创新体系的发展。其二,新加坡通过政府采购支持

---

① 1新元约4.8元人民币。——编者注

表1-2 新加坡国家科技发展五年计划的基本情况

时间	名称	预算（亿新元）	重点产业
1991—1995	《国家技术发展规划》	20	信息技术、微电子、电子系统、制造技术、材料技术、能源与环境、生物技术、食品和农业、医疗科学
1996—2000	《第二个国家科技规划》	40	先进制造技术、微电子、新材料、生物和药品、信息技术、环境
2001—2005	《科技规划2005》	60	信息与通信、电子制造、生命科学
2006—2010	《科技规划2010：创新驱动的可持续发展》	135.5	电子、信息通信与媒体、化学制品、工程
2011—2015	《研究、创新、创业2015：新加坡的未来》	161	电子、生物医药、信息通信与媒体、工程、清洁技术
2016—2020	《研究、创新与企业2020计划》	190	生物医疗、先进制造技术、城市解决方案、服务业与数字经济

资料来源：转引自纪慰华和苏宁（2020）[46]的研究。

新兴产业的发展。例如，在每年投入占GDP 9%的政府组屋①建设中，新加坡大量使用并大力推广最新研发成功的可再生建筑材料。类似的行为还出现在清洁能源项目，如生物柴油的推广、零能住宅的研发和建设等。[47]政府采购为新技术的发展与应用提供了稳定的支持，为技术的创新与进步奠定了基础。其三，政府牵头推动合作创新，打造"政产学研金"联合的孵化器集群。如"大牌71"，2011年由新加坡媒体发展局、新加坡国立大学创业中心以及新电投资公司共同建立，紧邻新加坡科技研究局等政府部门、新加坡国立大学等高校、新加坡国家研究基金等机构，沟通各类组织形成集群化的发展优势。[48]除"大牌71"外，新加坡南洋理工大学创业中心、新加坡国立大学孵化中心等初创孵化器都集合了政府投资、学校参与以及私人指导，使"政产学研金"的联系

---

① 组屋是由新加坡建屋发展局承担建造的公共房屋，为大部分新加坡人的住所。——编者注

更加紧密，加强创新体系内部的合作，加速技术的成果转化与开发应用，推动技术的创新与进步。新加坡政府还根据企业发展不同阶段的差异化资金需求，推出系列融资援助计划和配套融资产品，覆盖了企业从创业到成长再到国际化各阶段的融资需求。

另一方面，新加坡政府十分重视人力资本在经济发展中的作用，将完成全民教育作为首要任务。在新加坡的财政支出中，教育经费占据重要份额并不断增长。1959年新加坡的教育经费为6000多万新元，1979年达13亿新元，提高20余倍。[49]新加坡制定了完整的教育政策并配套了完备的执行措施，以提升并维持劳动力的素质水平。自1960年起，新加坡提供免费的初等义务教育，建立"成人教育促进局"，开办大批专业职业培训中心，并提供教育津贴和培训资金。在政府的推动下，全体国民接受系统的文化教育，技术型职工得到良好的双语培训。人民群众的文化素质和技术水平得到快速提升，为国家经济建设提供了优秀的人力资源，新加坡通过劳动密集型工业化，开启了经济转型的发展道路。

此外，新加坡也为不同发展阶段的企业提供相应的资金支持，如表1-3所示。

总结来看，新加坡通过"劳动力导向—资本导向—技术导向—地区影响力导向"四个时期的政策推动，全民教育提高了人力质量，招引外资弥补本土资源的匮乏，鼓励科研创新积累了技术能力，充分构成了国家经济活动运行的物质与非物质要素，为半个世纪内从独立到崛起的快速发展奠定了扎实基础。

以色列

以色列于1948年建国，在建国初国土狭小，其中三分之二是沙漠，也不具备理想的自然资源。以色列被阿拉伯国家包围，长期仇视敌对，先后发生五次"中东战争"。犹太人受强烈的复国愿望驱动，于困难的环境中不断探索发展道路。建国伊始，以色列的GDP仅2亿美元，到

表 1-3 新加坡对不同阶段企业的资金扶持计划

企业发展阶段	企业融资需求	主要资助计划	具体措施
创立初期	• 资本支出 • 流动资本	起步公司发展计划（SEEDS）	提供一对一的融资帮助，即第三方投资起步公司时，政府也投入相应数额资金
创立初期	• 资本支出 • 流动资本	准入授信和微授信（MLP）计划	较简单的无抵押授信，授信顶限为每家企业5万新元；授信可用于开发新业务、应付营运资本需要；政府和参与的金融机构各承担50%的授信违约风险
成长阶段	• 资本支出 • 流动资本 • 研发	本地企业融资计划（LEFS）	固定利率的授信配套，对象是正在扩大营业的本地企业；最高授信额为1500万新元，主要协助中小微企业提升、扩充业务等；违约风险由政府和参与的金融机构共同承担
国际化阶段	• 资本支出 • 流动资本 • 贸易融资 • 在国外市场	国际化融资计划（IFS）	满足中小微企业"走出去"的融资需求；公司经营失败时，企发局协助银行承担70%的风险以提高企业的风险忍耐度；向海外扩张业务的公司可用计划的授信购置长期固定资产或资助已确定的海外项目或销售订单

资料来源：转引自纪慰华和苏宁（2020）[50]的研究。

1980年增至218亿美元，到1997年突破千亿水平达1015亿美元，至2007年已达1953亿美元，2017年的人均GDP超过4万美元，超越英、法、日等经济大国。此时，以色列已从一个弱小的新生国家，发展成中东地区唯一的发达国家，创造了"沙漠中的奇迹"。

以色列建国以来，始终将科技作为立国之本，以创新驱动发展，科技对GDP的贡献率在90%以上。[51]政府主导并构建"政产学研金"的创新生态，推动合作创新以加速技术的创新与进步。以色列设立政府研发支持基金，并建立首席科学家办公室负责基金的运作，以便为全国高新企业提供支持与优惠。同时，以色列7所重要的高校都成立了全资技术转化机构，通过专门机构促进科研成果转化。在科技成果转化成功并获得收益时，技术转化机构则按照"442"的比例将成果转化净收益拨付给发明者（40%）、大学（40%）、实验室（20%），大学将所得收益的60%再返还给技术转化公司[52]，这种模式保证了技术转化机制得以持续运行。

此外政府大力建设风险投资市场，同时为创新企业打造孵化器体系，为国内的创新创业生态构建起灵活高效的支持系统。1984年，以色列实施了《鼓励产业研究与研发法》，通过政策主导社会的创新风尚，调动企业开展技术创新的积极性。1993年政府推出"Yozma计划"，按创新企业获得的风险投资，为其提供等额的资金支持，以此引导资本助力创新企业的发展，解决企业成长初期的资金短缺问题，为技术创新增添动力。[53]虽然政府资金以"借款"形式资助创新企业，但是政府不会向研发失败的企业追回"借款"，而是与企业共担科研损失，给予企业充足的支持与信心开展技术创新。对于创新成功的企业，政府在回收"借款"之外，要求企业提交前两年销售收入的3%至首席科学家办公室，反哺资助资金以扩大国家创新扶持的范围。至2017年，以色列研发支出相对GDP占比达到4.54%，超过日本、德国等国家。[54]自实施"国家科技孵化器计划"，至2014年全国范围内建立20余家公益性孵化器、80余家企业加速器，以色列共孵化出1500多家科技公司。[55]此外，以色列政府的相关部门与全国高校连接，将其与企业和创业者联通，实现了每所高校都有所属的科技转化公司，负责校内人员的专利注册、产权保护，并将产生的科技成果进行商业化转化。以色列通过政府沟通，明确了高校与转化公司的分工，加速了科研成果的开发应用，提升了创新体系的整体效率。以色列已是全球范围内的科技强国，为世界贡献了20%的诺贝尔奖获得者；至2019年，以色列国内高科技初创企业数量超过6000家，仅次于美国硅谷。[56]

发展科教和人才引进为以色列的经济发展提供了良好的人力资源基础。以色列政府始终重视发展教育事业，在建国之初，其教育经费仅次于居于首位的军事开支。1962年教育经费占GDP的6%，1970年为

7.4%，此后逐步向 10% 的水平提升。[57] 以色列推广义务教育提高全民的文化水平，建立职业学校，为从事农业、工业或商业的劳动者提供专业知识和技能的培训。以色列始终关注科技兴国战略。按人口比例计算，以色列每万人中约有 140 名科学家和工程师，有 7 人持有理工硕、博学位。[58] 犹太移民对以色列的经济发展产生了十分重要的作用。长期以来，巴以地区是犹太人信仰中的精神家园，以色列通过移民政策吸引全球各地的犹太人迁入，在 20 世纪 90 年代的移民大潮后，以色列的移民趋于稳定。以色列建国初期，其犹太人口约 65 万，至 1972 年达到 275 万，增长了 3.2 倍，至 1992 年 5 月达 420 万，占全国人口的 83%。[59] 随着大量移民的迁入，以色列的经济发展获得了充足的劳动力和购买力，国内市场建立了较好的供需循环。此外，由于犹太民族重视文教与经商，除了大量的个人资产，迁入的高素质移民还为以色列带来了先进的知识，其中包括发达的科技与成熟的管理经验。据统计，1948—1989 年，迁入以色列的犹太移民中至少有 10 万人拥有教授、副教授职称或博士、博士后学位；而在 1989—1994 年间迁入的 45 万犹太移民中，又有 9000 名科学家和 5 万名工程师，其中 1993 年近 70% 的犹太移民由科学家、专家及技术人员构成。[60] 优秀移民提升了以色列整体的人力资本水平，增强了高技术、外向型经济的发展基础，成为以色列经济腾飞的重要助力。

通过科教兴国战略和发展外向型经济，以色列在有限的自然环境与动荡的地缘条件下，从一个需要国际力量援护的新生国家，跃居全球最发达二十个国家的行列。

东亚模式

世界银行在 1993 年的东亚地区报告中，第一次使用了"东亚奇迹"来描述 20 世纪 50 年代以来东亚地区特别是日本和"亚洲四小龙"在经济上取得的巨大成功。在二战后的 30 多年里，这些国家和地区实现了年均 GDP 接近两位数的增长。然而，1997 年亚洲金融危机打破了"东亚奇迹"的光环，很多学者对是否存在"东亚奇迹"提出了疑问。尽管如此，东亚国家和地区的追赶实践仍然成为追赶并取得杰出成就的一种重要模式。

很多研究关注这些国家和地区企业的追赶实践 [例如：Hobday（1995）[61] 针对亚洲四小龙；Mathews & Cho（1999）[62] 和 Mathews（2001）[63] 针对东亚国家；Yu（2005）[64] 针对中国香港；Hu & Wu（2011）针对中国台湾；Kim（1998）[65]、Lee & Lim（2001）[66]、Kim & Seong（2010）和 Choung et al.（2016）[67] 针对韩国的研究]。由于日本与韩国成功实现赶超更具典型意义，推动了这个领域研究的蓬勃发展，进而涌现了很多对此有深入研究的学者。特别值得注意的是日本的青木昌彦（Aoki Masahiko）、韩国的金麟洙（Linsu Kim）和李根（Keun Lee）。

"共享的信念"

制度体系在日本的追赶过程中发挥了重要的作用。日本政府的作用主要表现为政策制定（包括经济政策、产业政策和贸易政策）、完善基础设施（包括法律系统和教育体系），以及建立大学、研究中心等科研机构并构建国家创新系统。正是由于具备完善的制度和体系基础，日本才能在造船、钢铁、电子和汽车等领域实现成功追赶。[68] 出于对制度重要性的认识，青木昌彦教授推动了对制度本质和制度变迁的全新认识。

青木昌彦是日本著名经济学家，曾担任国际经济学会主席，1998 年获得国际熊彼特学会熊彼特奖。青木昌彦是"比较制度分析"（Comparative Institution Analysis，CIA）学派的开拓者和代表学者。他在代表作《比较制度分析》和《企业的合作博弈理论》中从博弈论角度分析制度，认为制度就是一种博弈均衡，即所有当事者都接受自我约束的一种约定，从而把制度定义为"关于博弈如何进行的共有信念的一个自我维系系统"。青木昌彦教授将制度解释为参与者对规则的"共享的信念"，其中包含的重要思想在于：只有所有参与者都接受并实现自我约束，制度才是存在的；否则，仅仅制定了"规则"并不构成国家和社会制度的一部分。因此，简单地从外部引进制度往往不能得到有效的实施。由此，青木昌彦教授认为博弈规则不是外生的，而是在参与者策略互动中内生的，制度就是博弈均衡状态显著特征的高度概括。

基于对制度这样的认识，青木昌彦教授进一步分析了制度多样性以及制度如何变迁。显然，均衡出现后就会持续一段时间，并在此时段内保持稳定。经过一段时间，可能出现打破均衡的事件或力量，于是就会有制度的变革。制度变迁就是共有信念的逐步瓦解，即人们对规则"共享的信念"发生变化的结果。制度变迁是一个过程，在此过程中一般会出现混乱，直到新的博弈均衡出现。因此，青木昌彦教授认为制度的变迁往往就是文化的变迁，历史、政治和法律的因素在这个过程中都将发挥作用。其中，青木昌彦教授特别强调了创新对制度变迁的重要意义，认为熊彼特倡导的创新就是这样一股具有"创造性破坏"作用的力量。

青木昌彦教授的研究立足于亚洲经济发展中的制度变迁问题，他也对中国自20世纪80年代以来发生的制度转轨有着深刻的见解。青木昌彦教授进而认为，尽管随着全球化进程全球具有一致性的趋向，但由于各国文化、历史、政治因素各异，全世界没有出现一个理想体系，而且也不可能出现。从青木昌彦教授的这些基本观点看，他支持"制度是内生的"观点，倾向于认为制度是博弈的参与者在长期、反复的互动中形成并最终"自我实施"的。

"比较制度分析"学派的逻辑与观点对追赶相关研究的影响是明显的，成了追赶研究，尤其是东亚国家追赶研究中的一个底层逻辑。一方面，追赶的过程就是制度变迁的过程，两者存在互动和促进的关系，追求"共享的信念"和制度的"自我实施"已经成为追赶过程中学者和实践者的普遍共识。另一方面，创新作为创造性破坏力量，在追赶过程中受到了高度重视，成为制度变迁和实现追赶的基本要素。

政府的作用

在东亚模式中，韩国追赶实践的相关理论研究具有重要的地位。韩国充分利用后发国家获取领先国家先进技术和工艺的后发优势，实现了快速追赶。例如，韩国汽车产业从20世纪60年代落后于欧美国家，到90年代仅次于美国、德国、日本和法国，位居全球第5，实现赶超，仅用了30年。事实上，韩国实现技术赶超与政府的积极引导密不可分，汽车行业与半导体行业高密度的研发投入和规模制造的特征显然更有利于发挥政府引导的正面效果。韩国政府通过引导使韩国企业充分利用"技术跃迁"的后发优势，实现技术的赶超。[69]王振寰（Jenn-Hwan Wang）通过对比韩国与中国台湾的追赶过程，同样认为韩国之所以追赶成功，是因为在引导和利用行业的规模经济方面，政府发挥了重要的作用。[70]

THE FRONTIER OF THEORY 理论前沿

总结后发国家产业进步和技术追赶的原因，可以发现"最突出的特点是有一个强有力的政府和它起到的统筹安排的作用"。

知识是追赶的关键力量，知识创新离不开高效的创新体系。政府的角色与作用在制定有针对性的赶超举措中凸显出来。

韩国半导体行业DRAM技术追赶被国际上认为是技术追赶实现赶超的成功案例。[71]以1975年为起点，韩国政府从扶持半导体产业的六年计划开始，通过一系列政策和政府计划来持续引导、促进半导体产业发展。学者们普遍认为，政府的努力是韩国集成电路产业在技术和市场上获得世界领先地位的重要原因。这种对政府在追赶中的角色与作用的强调，体现在各种有关韩国技术追赶的研究中。韩国大学金麟洙教授对韩国汽车工业、电子工业、半导体工业等行业的200多家公司进行了20年的深入研究，成果汇集成其代表作《从模仿到创新：韩国技术学习的动力》（以下简称《从模仿到创新》）。该书的核心观点是：韩国企业实现技术赶超是一个从模仿到创新的过程，这是从"干中学"（learning by doing）过渡到"通过研究学习"的学习过程，而政府是学习的推动者。

因此，金麟洙在总结韩国产业进步和技术追赶的原因时，特别强调"最突出的特点是有一个强有力的政府和它起到的统筹安排的作用"[72]。

金麟洙在《从模仿到创新》一书中分析后发国家的技术发展过程时，还有一个非常重要的贡献，他提出：后发国家的技术发展轨迹与发达国家不同，是一个包括了"获得、消化吸收和改进"三段式的模式，扩展了"U-A模型"（Utterback and Abernathy model）①。这个三阶段模型对后来的技术追赶研究以及实践都产生了巨大的影响。如图1-2所示，

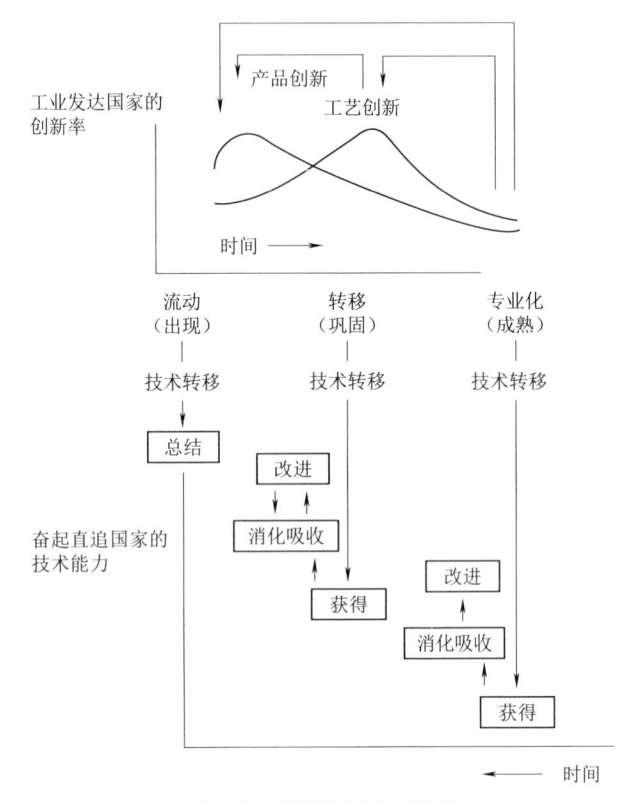

图1-2 后发国家的技术轨迹

资料来源：转引自金麟洙的《从模仿到创新》。

---

① U-A模型是美国学者艾伯纳西和厄特巴克于1975年提出的技术创新动态模型，具体内容参见本书第四章。——编者注

在技术追赶的初期，后发国家从先发国家获得成熟的技术，由于缺乏足够的能力，企业一般首先通过获得国外成套技术来启动生产。接着，企业可以由模仿性分解研究或"反求工程"来开发相关产品，这是消化吸收的阶段。最后，企业会不断推动技术改进。沿着"获得、消化吸收和改进"的轨迹，后发国家中的企业走的是与先发国家"研究、开发和工艺改进"相反的道路。因此，金麟洙的这个模型被称为"逆向 U-A 模型"（the reverse U-A model）。

后发国家中通过"获得、消化吸收和改进"成功地引进成熟技术的企业，可能会利用先发国家尚处于转化阶段的较高技术多次重复这一过程。这些企业通过这一路径不断积累自身的技术能力，并可能将技术创新向上延伸到流动阶段，对发达国家中的企业形成挑战。当有足够多的企业具有这样的能力时，这个国家就被视为发达国家，实现了技术赶超。金麟洙利用其逆向 U-A 模型描述了技术追赶实现赶超的完整过程，这也是书名"从模仿到创新"的由来。当然，金麟洙一直没有忘记强调政府在这个过程中，尤其是早期阶段的强有力的统筹协调作用。

韩国另一位在追赶研究中有影响力的学者是首尔国立大学经济学教授李根。由于对韩国的追赶进行了大量的专业研究，李根成为全球公认的追赶研究领域的专家，他主要的研究成果集中体现在其代表作《经济赶超的熊彼特分析：知识、路径创新和中等收入陷阱》中。该书的核心观点是：亚洲国家能快速赶超其他国家的奥秘在于它们从低成本主导型经济增长模式转变为创新主导型经济增长模式。后发者无法通过直接效仿或复制先进国家的行为实现赶超，而是需要一条完全不同的道路。这条道路的关键在于，后发国家首先应进入技术生命周期较短的领域，在该领域积累一定的实力后再进入技术生命周期较长的领域。李根称之为长期技术追赶的"迂回战略"，这是亚洲国家和地区实现赶超的核心所在。韩国、中国台湾、印度和中国大陆的追赶实践都一定程度上印证了这个观点。

李根进一步分析了其中的原因，在短技术生命周期的领域，发达国家所掌握的知识与技术会很快被淘汰，这使得先发者所具有的垄断力量被迅速削弱，从而降低后发者进入该领域的壁垒。另外，技术生命周期较短意味着该领域中新技术会不断涌现，更有利于后发国家的技术追赶。

李根认为知识是追赶的关键力量，而知识创新离不开高效的创新体系，在于建立一个"短技术周期"的创新体系。这时，政府的角色与作用则凸显出来，例如通过制定技术政策和产业政策引导企业进入短技术周期领域，引导公共和私营部门成立研发联合体，为最初的市场提供政府采购和补贴用户的政策，等等。李根强调，如果政府角色缺失，这一赶超很难成功。因此，李根在总结韩国成功追赶的因素时，将政府的引导放在了第一位。

李根的结论是有针对性的赶超举措可以改变产业结构，其理论具有格申克龙学派①的典型特征。同时该理论基于纯技术分析，而不同于"华盛顿共识"中强调宏观经济变量而较少论及技术能力发展的观点，属于熊彼特学派。

东亚模式的启迪

在向领先国家追赶的过程中，后发国家主要形成了东亚、拉美、非洲三种典型的发展模式。[73]三者既有一些共同特征，也由于所处的历史阶段、社会体制和发展战略等方面的不同而有明显差异。世界银行的研究认为，"东亚模式"主要具有以下特征：稳定的宏观经济环境，高储蓄率和高投资率，高质量的人力资本，以利润为基础的官僚结构，收入差距小，出口激励，工业化的成功，外国直接投资以及相应的技术转移。[74]而德怀特·珀金斯（Dwight Perkins）同样认为，"东亚模式"的特征包括良好稳定的政治环境、劳动生产率的迅速提高、"出口导向"的外向型发展战略，以及成功的土地改革政策和低水平的收入不均。[75]基于历史的经验梳理，可以发现东亚模式的本质特征是渐进有序开放，

---

① 格申克龙即亚历山大·格申克龙，是"后发优势"的提出者。——编者注

以及坚持市场机制和政府干预相结合的经济发展模式。

然而，随着东亚经济体在1997年亚洲金融危机之后发展纷纷减速，一些学者对东亚模式提出疑问。例如，保罗·克鲁格曼（Paul Krugman）认为东亚经济增长基本依赖于要素投入的增加，但全要素生产率的贡献却很小，因此必然受到要素边际产出递减规律的制约。[76] 很多国内外学者随后对克鲁格曼的观点提出了批评，但不可否认的是，东亚模式如何在新时代保持有效性是一个不容回避的问题。

改革开放以来，中国实现了多年的经济高速增长，但国际上不断有学者提出中国经济增长将"回到均值"的预言。中国经济的发展和包括华为、阿里巴巴、吉利等优秀中国企业的超越追赶却在不断打破这个预言。追赶的隐含前提是存在领先者，后发企业在原有技术范式体系内追赶，通过能力积累缩小差距甚至实现赶超。从技术体系演化的动态视角看，受限于领先者的成熟技术范式，后发者容易陷入追赶陷阱。"超越追赶"则是指后发企业或者国家通过主动创造新的范式并基于新范式获得优势，实现从后发者向领先者的转变。实践已经证明，中国具有其他经济体完全不同的中国情境，"中国模式"完全不同于东亚模式，中国已经走出了一条具有中国特色的超越追赶的大国之路。

第二章

中国的追赶

中华人民共和国成立70多年来，中国经济持续高速增长，书写了世界经济发展史上的奇迹。1949年，中国经济总量占世界经济比重不足5%，人均国民收入是美国的1/20；2021年，中国已稳居世界第二大经济体，GDP超114万亿元，达1143670亿元，中国经济总量占世界经济的比重超过18%，人均GDP连续三年超过1万美元，进入中等偏上收入国家行列。继农耕文明时代的强盛和跌落之后，中国从"追赶"到"超越"，与领先国家的差距不断缩小。（如图2-1所示）

中国经济实现跨越式发展的背后有一支不可忽视的力量：一大批卓越的中国领军企业。《财富》杂志2020年世界500强排行榜，中国大陆（含香港）企业数量为124家，首次超越美国（当年121家）。加上台湾地区企业，中国共有133家企业上榜。就在20多年前的1997年，进入排行榜的中国大陆企业仅为4家。自1995年《财富》发布世界500强公司排行榜以来，一个国家或地区的企业数量在该榜单中如此迅速地增加还从未发生过。今天中国的优秀企业家以灵活的市场嗅觉和敢为天下先的果敢，创造了一批以华为、吉利、海康威视、阿里巴巴等为代表的行业领军企业，完成了从落后者、追赶者到领先者乃至全球行业引领者的角色转变，在某些领域甚至进入了"无人区"。

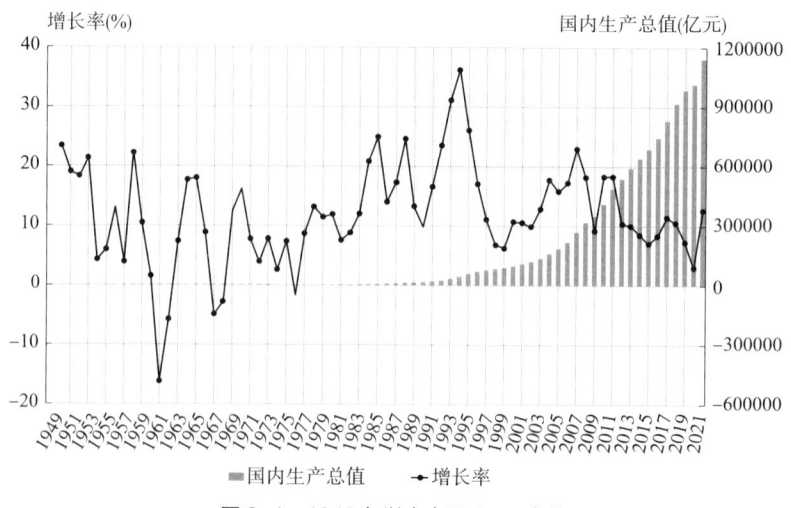

图2-1 1949年以来中国GDP变化

资料来源：1949—1951年的数据根据整理中国经济网官方报道所得到的GDP增长率推算，1952年及以后的数据来自国家统计局。

在从无到有、从有到强的奋斗历程中，中国企业通过在引进国际先进技术的基础上不断开展"二次创新"，把技术创新与商业模式创新结合起来，淋漓尽致地发挥出发展中国家的"后发优势"，合理配置来自全球的优势资源，善于在开放环境中形成自己的竞争力，最后逐步走向原始创新，构建全球领先的技术能力而站在世界的前沿。面对第四次产业浪潮、人才红利的释放、中产阶层的崛起和国际战略格局剧变等大环境的变化，中国企业构建了特有的"超越追赶"的创新战略思维，为未来带来无限的可持续发展空间。

自160年前打开国门兴起"洋务运动"向西方学习，中国和中国企业在懵懂中蹒跚起步开始了追赶的步伐。历经沧桑，中国发生了翻天覆地的变化。中国式增长如何摆脱"中等收入陷阱"？中国企业为何没有重复"落后—追赶—再落后"的死循环？中国企业独特的成功追赶实践，即"超越追赶"，具有怎样的路径与模式？"超越追赶"对其他发展中国家的企业又有怎么样的意义？这都是本书研究的内容。

旧中国的努力

"权操自我"

回顾中国近代以来的历史，追赶和超越是一个永恒的主题。清代思想家魏源在其1842年完成的《海国图志》中提倡"采西学"和"鉴诸国"，强调"师夷长技以制夷"，认为"善师四夷者，能制四夷"，开启了了解世界、向西方学习的新潮流，是中国思想从传统转向近代的重要标志。以魏源为代表的"睁眼看世界"的近代知识分子以"师夷"为手段，以"制夷"为目的，表现了一种光辉的爱国主义思想，更重要的是体现了一种不甘落后、复兴中华的追赶和实现赶超的意识。而接下来的洋务运动，更是受到魏源"师夷"思想的深刻影响。

1861年3月1日（咸丰十一年正月二十日）清政府特别设立了一个处理与各国外交事务的中央机构——总理各国事务衙门（初称总理各国通商事务衙门，简称总理衙门）。设立之初，总理各国事务衙门主要是为了应对和处理第二次鸦片战争的善后问题，仅主持外交与通商事务，后逐步扩大到开办工厂、修筑铁路、开设矿山、创办学校、外派留学生等方面，直至凡是外交及与外国有关的军事、财政、交通、教育、矿务等，都统一归总理衙门管辖。总理衙门从成立之初的临时机构，随着权力和重要性不断上升，转变成晚清最重要的外交机构和总揽洋务新政的中枢。1861年，总理衙门成立被视为洋务运动的起点，从某种意义上说总理衙门也是中国看世界的原点。

在那个原点上，中国看到了一种新的世界秩序。尽管清政府不得不接受"天朝"制度之外还有别的制度，但对这种新的世界秩序仍然是居高临下的态度。面对外部来自西方坚船利炮的武力胁迫，以及内部与日俱增的由战败带来的民族危机意识，洋务运动提出了"自强"和"求富"的口号，以"师夷制夷"和"中体西用"为指导思想，是一场自救运动、自强运动，致力于引进西方军事装备、机器设备和科学技术以维护清朝统治。以恭亲王奕䜣、文祥，以及曾国藩、李鸿章、张之洞、左宗棠等为代表的洋务派,对西方表现出一定程度的认同,建立与西方的交流渠道,为国势的复兴争取时间。同时,他们对内提倡向西方学习,力争引入当时先进的西式工业,从而完成军事装备的自主生产,进而实现中国自强的目标。与一个异质的国际秩序对撞冲突的过程,虽充满掣肘和限制,却也开启了一条逐渐驶入近代的通道,中国由此开始了持续100多年的追赶历程。

由此,军事自强拉开序幕。在第二次鸦片战争中,英法联军在大沽口的胜利,再一次用新式武器给中国造成了巨大的冲击,举国上下对发展现代化军事工业改变落后军事面貌形成了广泛的认识,认为"中国欲自强,则莫如学习外国利器,欲学习外国利器,则莫如觅制器之器"[1]。李鸿章更是明确提出复兴强国的道路分为两步走:先要有制造设备,再通过制造设备生产军事装备。洋务运动拉开了序幕:洋务派设立兵工厂,开办军事教育学校,制造西式坚船利炮,开设同文馆,教授西式课程,翻译西方文献,成立了近代海军,也培养了许多外交人才和思想领域主张改革的知识分子。比较有影响力的军事工业机构包括安庆内军械所、天津机器制造局、江南机器制造总局、汉阳兵工厂、金陵机器制造局、福州船政局和西安机器局等,其中福州船政局的发展历程对于了解洋务运动中技术追赶的理念、方法和趋向等最具典型性。

安庆内军械所

1861年9月,曾国藩创建了洋务运动第一家新式兵工厂——安庆内军械所。之所以名称中有一个"内"字,一方面,曾国藩出于政治智慧,表明军械所属于湘军,并非其私有,来消除当局猜忌[2];另一方面,"内"象征着军械所"全用汉人,未雇洋匠",所有的技术与人员完全来自中国国内[3]。安庆内军械所于1862年研发成功我国第一部蒸汽机,结构和功能俱为世界上一流,可与当时世界上最先进的蒸汽机媲美[4]。它不仅实现了在蒸汽机研制领域与西方世界的追赶,还解决了轮船的动力问题,为轮船进一步的研制提供条件,为1866年我国首艘火轮"黄鹄号"的诞生打下基础,由此我国在交通动力和运输工具方面的制造进入了新的历史篇章。安庆内军械所还研制成功了具有重大国防作用的"坐劈山炮"与"开花炮弹"。[5]

安庆内军械所是我国近代军事工业和近代工业的发轫，成为我国工业进入手工制造机器阶段的标志，也是洋务运动的第一次成功实践。安庆内军械所的成就还在于汇集了当时国内顶尖的技术人才和能工巧匠，形成了一股潜力巨大的科研力量，为之后的洋务运动建立的新厂培养了许多人才，成为我国近代工业科研机构的曙光。

上海江南机器制造总局

1865年9月，李鸿章创建了中国第一个较大的官办军事工厂——上海江南机器制造总局（简称江南制造总局），为江南造船厂的前身。江南制造总局先后建有十几个分厂，能够制造枪炮、弹药、轮船、机器，还设有翻译馆和广方言馆①等文化教育机构。江南制造总局不但生产军事装备，还通过翻译西方军事、经济、政治等书籍成为晚清知识分子了解西方和学习西方知识的重要渠道。

在创办初期，江南制造总局取得较好的技术成果。江南制造总局的策略是先购买先进设备，再仿制，最终自制。设立之初即向美国纽约的朴得南公司（Putnam Machine Co.）购买100余种机器，先后仿制了德国毛瑟11mm前膛步枪（中国自己生产的第一种步枪）、林明登边针枪、快利枪、阿姆斯特朗炮（中国第一门线膛加农炮）。江南制造总局不但研制了很多生产机器，包括制造车床、刨床、钻床、起重机等，也创造了很多中国制造的第一。例如，1868年，江南制造总局生产出了中国第一艘自造的汽船（木制船身）"惠吉号"（原名"恬吉号"），这也是中国第一艘木质机动兵轮，改变了中国兵船唯靠进口、不能自造的历史；1876年，制造中国第一艘铁甲军舰"金瓯号"，并在1905年至1911年的6年间造船136艘；1887年，研制成功203mm口径180磅阿姆斯特朗后膛全钢火炮，使我国铸造大口径火炮的技术上升到一个新高度，而

---

① 广方言馆是1863年李鸿章奏请在上海设立的新式学堂，始称外国文学馆、同文学馆。1869年并入江南制造总局。——编者注

日本在1893年才制成75mm后膛山炮；1891年，为中国首次炼出钢铁。直至1918年，江南造船厂（江南制造总局已改名）为美国客户建造了4艘万吨级运输船，在当时，是有史以来中国最大的造船合同。

江南制造总局通过加大投入和引进西方人才来提升能力。它是洋务运动中规模最大、预算最多的兵工厂，除了开设当年投资约二十五万两白银的费用，其早期的主要经费来自淮军的军费。1867年，曾国藩获得许可从上海海关取得10%的关税作为江南制造总局的经费，1869年又提高到20%，这相当于每年有四十万两以上的经费。[6] 当时具有专业技能的工人的薪水是一般城市中苦力的4~8倍，这些工人成为中国近代最早的一批技术工人。江南制造总局还聘请美国人霍斯（T. F. Falls）负责机械管理方面的工作。

整体而言，江南制造总局当时生产的军事装备品质并不好，无论是生产的步枪还是所造的轮船，质量和性能都算不上好，且生产成本高于直接购买。例如每支步枪的成本高达十七两，而外国产品成本仅为十两左右。成本高昂的原因是多方面的，诸如所有生产原料基本靠进口、人员过于泛滥且薪水偏高、管理不够精细等。尽管存在质量和成本问题，江南制造总局作为当时中国最大的兵工厂，意义在于：一方面，缩小了在军备制造上与西方国家的差距，为近代中国的国防贡献了力量；另一方面，开了传播西方先进科学与技术知识、学习西方领先工艺技术的先河，并认识到从西方引进人才是"师夷"的重要手段。

福州船政局

1866年12月，左宗棠在福州马尾创办了当时规模最大、设备最齐全的船舶修造厂——福州船政局（最初名为"总理船政"，1912年改名为"福州船政局"）。洋务运动最初的迫切命题是中国怎么能不再被外国人欺负，联系到两次鸦片战争中海防形同虚设，沿海大门洞开，教训不可谓不深刻。显然，把"不再被欺负"归结到要解决具体的海防问题，而海防问题又归结到器物层面，也就是坚船利炮上，在当时的认知下也变得顺理成章。因此，洋务运动的技术引进主要围绕海防与海军建设展开。福州船政局不但构建了一个造船工业体系,其条件完备程度与外国先进的造船厂相差不大,而且还注重知识转移和人才培养,很好地体现了洋务运动中技术追赶的"引进、模仿和自制"的过程特点,可以视为洋务运动中技术追赶的一帧完整缩影,值得深入分析和研究。

1866年6月,左宗棠在《拟购机器雇洋匠试造轮船先陈大概情形折》中指出"窃维东南大利,在水而不在陆……愚以为欲防海之害而收其利,非整理水师不可;欲整理水师,非设局监造轮船不可",且明确提出借助外国之力走务实之路。实际上,对于舰船是外购还是自造,洋务派内部有不同的观点。相比于李鸿章提出的"造船不如买船"的看法[7],左宗棠、沈葆桢等则坚持自造,并且主张"以我为主,权操自我"。

- "以我为主,权操自我"

左宗棠认为引进外国东西时主动权得在自己手里,不能以外国人为主;要通过引进西方技术,做到能够自己造船。为试造轮船之事,左宗棠聘请毕业于海军学院的法国军官日意格(Prosper Marie Giquel,1835—1886)为洋员正监督,雇募西方技术团队帮助实施舰船和海军科技的对华技术引进。根据合约,日意格必须在船政大臣的统筹下管理受聘洋人,包括日意格在内的38位洋教师聘期5年,所有受聘洋人不得打骂、羞辱中方职员和工匠。在这个过程中,通过雇用外国工程师和技术专家指导中国工人,从技术引进到模仿,最终到1873年福州船政局实现了自我设计和生产上述设备、材料的能力。很显然,学习归学习,最终目的是左宗棠要的"以我为主,权操自我"。正是左宗棠和沈葆桢在船政发展过程中坚持"以我为主,权操自我",才使得造船实现了"从引进到模仿最终到自制"的追赶过程。到1874年"船政成功"为止,福州船政投入五百多万两白银,造了6艘军舰和一个造船工厂体系。

- 实现技术转移

1867年7月18日,沈葆桢正式就任总理船政大臣。沈葆桢初到船政即关心技术转移的成败。他注意到中国工匠以省工省料为豪，而外国人总是寻求改进。他强调："外国可法之事无多，而制器之工，实臻神妙，其人非有聪明绝异之质，但此精益求精，密益加密，不以见难自阻，不以小得自足，此意正自可师。"① 沈葆桢更为关切的不是外国人在传授中是否自觉，而是中国人是否勤奋学习。他认为处理这个问题的方法是以纪律约束中国工人，以物质奖励来促使他们进步。沈葆桢期望通过"师夷"实现技术转移，使中国迅速做到技术上独立。[8]

福州船政局在设局之初，左宗棠就提出要建学堂，认为培养掌握技术的人是最重要的。对此，德克碑②提出要"开设学堂教习法国语言文字，俾通算法，均能按图自造；教习英国语言文字，俾通一切船主之学，能自监造、驾驶，方为教育有成效"[9]。沈葆桢在就任船政大臣的第一份奏折中写道，"臣维船政根本在于学堂"，誓要锻造新一代海军栋梁之材，稳步推进船政学堂的建设。福建船政学堂设立于1866年，是中国第一所专门培养造船专业人员和海军人才的学校，也是第一个被国家承认的西式教育学校，开设舰船设计和驾驶专业，并聘请当时世界上造船和驾驶技术领先的法国和英国的教员，分别用法文和英文授课。（见表2-1）在专业设置上，学堂形成了英法并重而又相互制衡的教学格局。法国造船技术世界第一，就开设法文教学的物理、数学、化学、制造等课程；而由当时航海最强的英国人教授舰船驾驶，开设英文教学的天文、地理、管轮、驾驶等课程。船政学堂第一次把数理化等基础学科与工程技术学科纳入教学体系，开创了中国军事教育的先河。沈葆桢嘱咐学生要探究制作之源，不仅对造船各种细部知其然，而且务必动手试一试，探究其所以然。

- 从引进到模仿再到自制

1869年6月10日，福建船政引进法国主机设备，由法国设计师达世博带领学生们参与制造的第一艘轮船"万年青号"造成下水。与江南

---

① 王之春. 清朝柔远记[M]. 北京：中华书局，1989.——编者注
② 法国人，1866年在福州船政局任副监督。——编者注

表 2-1 福建船政学堂课程设置

	前学堂制造专业	后学堂驾驶专业	后学堂管轮专业
语言	法文	英文	英文
基础课	算术、几何、三角、解析几何、微积分、物理、机械学等	算术、几何、代数、直线和球面三角等	算术、几何、代数、三角、物理等
专业课	蒸汽机的制造与操作、舰体制造	航海天文学、航海理论、气象学、地理等	发动机绘制、蒸汽机结构与安装调试、各种仪表的功能与使用、海上操纵轮机规则等

资料来源：央视纪录片《船政学堂》。

制造局九个月前下水的"恬吉号"明轮蒸汽兵船相比，"万年青号"采用较为先进的立式往复式蒸汽机，是中国第一艘采用水下螺旋桨推进的千吨级蒸汽兵轮。[10]达世博主张首次试航时不用中国人，而用法国教官领航，否则拒绝参加试航。日意格依合约解聘达世博，却遭到法国领事的干预，一向对洋教习礼敬有加的沈葆桢这一回寸步不让，坚持"权操自我"，排除了法国方面的干预，支持日意格照章办事。

福州船政局当时开设了一系列车间，但凡船上用到的东西，都有相应的生产机构：冶铁、造炮，甚至生产指南针和耐火砖，包括蒸汽机都有专门的机构或车间进行设计制造。在这个过程中，雇用外国工程师和技术专家指导中国工人。为了加快从模仿到自制的进程，1873年沈葆桢逐厂考核，要求中国工人按图自主制造，不许洋匠插手，最终实现了自我设计，并具备了生产上述设备和材料的能力，实现了从技术引进到模仿。

1876年7月福州船政局制造的小型炮舰"艺新号"完工，这是第一艘由中国人主导设计并成功制造的近代军舰。随后，吴德章等福州船政学堂学生对法国船图进行改造，在中国首次设计制造2200吨级的撞击巡洋舰"开济号"（中国第一艘快速铁胁巡洋舰）。"开济号"于1883年1月顺利建成下水，被称为"中华所未曾有之巨舰"。各沿海省份封疆大吏反响热烈，不到一年时间就续订了4艘同类巡洋舰。1888年1月，中国独立制造的第一艘全钢甲防护战舰"龙威号"下水。该舰由裴荫森主持设计，学习当时法国最新技术并在吸收基础上有所改进，各项技术参数在当时世界同类战舰中属于中上水平，堪称近代中国自制军舰的巅峰之作，也是中国造船史上的里程碑。不久，"龙威号"编入北洋海军并更名为"平远号"，在6年后的中日甲午海战中重创日舰"松岛号"，虽中弹20余处但性能毫无损坏，成为甲午战争中的一丝荣光。[11]

从1876年下水的"艺新号"，1883年下水的"开济号"，到1888年下水的"龙威号"，船政前学堂的毕业生们仅用短短13年时间就完成了自主建造木壳舰、铁胁巡洋舰和铁甲舰的三级跳。福州船政局在上述技术追赶过程中，充分体现了"从引进到模仿再到自制"的过程特点。

- 建设产业体系

沈葆桢在担任船政大臣的8年间（1867—1875），亲身监督船务，把马尾区的一块农田和烂地，变成了近代化的国防工业建设和技术训练场所。[12]在沈葆桢的主持下，马江之畔的福州船政局在总占地40万平方米的广大区域内，共建成轮机厂、铸铁厂、锅炉厂、帆缆厂、装配厂等十三个厂，通称"船政十三厂"，连同船坞、绘事院（中国最早的专业船舶设计机构）、前后学堂等众多的建筑群落，共同组成中国最大的海军造船训练基地，无论是制造规模还是制造水准，都丝毫无愧"远东及亚洲第一"的称号。

随着技术进步，福州船政局为了解决造船和配套以及实际运营中的具体问题，体系不断发展和完善。例如，福州船政局从木头船转向造金属船就需要钢板和钢材，因此开始开矿，开设炼钢厂和炼铁厂；轮船运行需要煤就开始采煤，在台湾基隆建设了使用机械的煤矿，在大陆北方开办了开平矿务局；为了满足北洋海军的用煤需求，就建设一条从唐山到胥各庄的铁路来实现大规模运输，因而也成了中国铁路发展史上的重要一步。为了造船衍生出来的一大批企业，表明当时的中国在解决一个个具体的问题中，从简单的产业链开始逐渐建设了一个相对完整的产业体系。

● 培养各个领域的人才

左宗棠在当初的《拟购机器雇洋匠试造轮船先陈大概情形折》中首次陈述了"人才培养重于造船"的思想，其中提到："如虑船成以后，中国无人堪作船主，看盘、管车，诸事均须雇请洋人，则定议之初，即先与订明：教习造船即兼教习驾驶，船成即令随同出洋，周历各海口……将来讲习益精，水师人材固不可胜用矣。"通过办船政学堂，最终培育出三届共93位造船和驾驶专业毕业生，他们大多成为船政自造舰船的管带、管轮以及造船各车间的技术骨干。

李鸿章筹办的北洋水师和天津水师学堂都在福建船政学堂的经验和基础上发展起来，其中最重要的就是人才。1875年，李鸿章陆续将福建船政学堂留欧生调至北洋水师任职，如船政留英学生罗丰禄、萨镇冰等12人。李鸿章也高度重视从船政毕业的人才，包括邓世昌在内的20多人都成为筹建北洋水师的中坚力量[13]，所属各主力战舰管带几乎全为福建船政学堂历届毕业生。李鸿章对此曾评价"福建船政学堂，实为中国近代海军的开山之祖"[14]。

洋务派办的海军学校，培养的学生后来成长为两类人：一类按照学校的培养目标学成后做了工程师，设计军舰和轮船，或者当了海军军官；还有一类学生学习了外语后被送到欧洲留学，在这个过程中，他们阅读了更多的西方书籍，对西方社会有了更深入的观察，产生了更多的思考。他们发现，我们的落后不是单一的海军问题，而是全方位的，严复就是其中一个代表。很多学生认识到，为了实现"自强"和"求富"的目标，中国不但要有海军，还需要学习各个领域，包括工程以及基础学科的知识。这些人后来都成了中国近代化发展在各个领域的变革火种，其中重要的代表是詹天佑和李四光。

纵观福州船政局的40余年历史，它对甲午战争以前的四大海军建设做出巨大贡献：福建海军20艘军舰中15艘是福州船政局制造的，南洋海军23艘中有14艘由福州船政局和江南制造局共同制造出产,广东海军18艘中有9艘由福州船政局制造,即便以外购为主的北洋海军也有5艘军舰产自福州船政局。[15]至1907年停产的30多年里,福州船政局为清王朝建造了44艘舰船,总吨位达57550吨,占当时国内总量的82%。在技术方面,造船材料结构从木壳无甲到钢肋木壳直到钢肋钢壳装甲舰,动力装置从明轮到暗轮(螺旋桨),再到双螺旋蒸汽机,技术方面在不断追赶世界前沿,在一定程度上跟上了当时国际上的发展水平与趋势。例如,福州船政局自制的110千瓦的蒸汽机的技术含量和做工精细程度可与当时英国制造的媲美。当然,福州船政局最关键和最重要的贡献在于,通过引进与模仿,以及在一些具体领域实现的自制,中国学到了技术与培养了许多人才,这对中国后来的追赶具有重大的影响。

遍布全国的兵工厂

洋务运动中设立的近代军事工业提高了清军的作战能力,推进了国防的现代化建设。前文提及的安庆内军械所、上海江南制造总局和福州船政局只是比较典型的由洋务派设立的军事工业机构。事实上,自安庆内军械所设立至辛亥革命50年间,清廷在全国各省先后设立44处规模不同的兵工厂。[16]以甲午战争为界,前设30个,后设14个,平均每年设立一个新厂。

制度创新

洋务运动从提升军事工业开始,逐渐深入并扩展到经济、文化、制度等方面,创造了很多对今天的中国仍具有重大影响的"第一",例如开设了第一个民用股份制企业——轮船招商局,第一个电报局——中国电报总局,第一家银行——中国通商银行,第一所近代大学——北洋大学(天津大学前身)和第一座公共图书馆,创办了中国红十字会,等等。从后发国家追赶的历程视角看,洋务运动更为重要的里程碑式贡献在于创造了很多新的组织方式和制度体系。

例如,围绕着造船、开工厂和建海军,福州船政局有很多制度性的创新。为了保证"权操自我",福州船政局与西方技术人员和工程师的合作方式是合同制,即船政与外国人个人签合同,而不是与外国政府签合同,确保我们对技术的学习和应用。[17]对中国来说,这是开始用一种较为现代的方式来看待和处理知识产权和技术引进。另外,船政学堂培养出来的人和它的教学模式后来辐射到全中国,对近代中国的海军教育产生了很大的影响,天津学堂、威海学堂、江南学堂、广州黄埔学堂的运作体系都有船政学堂的影子。从长远看,这种影响是持续且深刻的。

再如,洋务运动中民用企业普遍采用"官督商办"模式。这是清政府利用私人资本创办近代民用企业的一种重要组织形式。由于军用企业大量开办,原料、燃料和交通运输等方面的需求快速增加,民用工业即从19世纪70年代中期逐渐兴起。1872年,盛宣怀建议李鸿章建造商船来资助建兵舰之费用,李鸿章即委任盛宣怀办理中国第一家轮船航运企业"轮船招商局",盛宣怀由此登上历史舞台成为洋务运动的核心人物之一。轮船招商局是中国近代的第一家轮船航运企业,也是近代商资商办的第一家股份制企业。它的创立标志着洋务运动由军事转向民用,同时创造了"官督商办"的组织制度。官督商办的模式在晚清"数千年未有之大变局"的背景下,为轮船招商局这样的新事物的生存发展,提供了重要的基础。[18]"官督"为轮船招商局在"官尊商卑"的历史环境下寻求到了政治保护的生存条件,得益于李鸿章的推动和支持,招商局顺利创办且在面临金融危机困境时也有官方的资金与政策支持。而"商办"的积极逐利,为轮船招商局在与外商的严峻竞争中博得了发展。

"官督商办"的出现,一方面是由于清政府财力不足,无力拨巨款直接投资,且不能承担亏损;另一方面,如果完全商办,清政府会觉得无法掌握控制,于是出现了官督商办这类企业组织形式。通常,民间招募的商股是"官督商办"的资金来源,政府也会预先垫款作为开办资金,但开办以后需要由企业归还,而企业的行政、任免和财务大权均为洋务派委派的总办或督办所掌。同时,洋务派对"官督商办"企业也会给予专利或营业特权以及减免税收、津贴、缓息等方面的优惠待遇。"官督商办"企业属于资本主义性质的近代企业，吸收了私人资本，经营则以追求盈利为目的，这些与不计盈亏的官办企业相比是一种巨大的进步。这一制度作用深远，被之后的洋务企业作为范本，如开平煤矿、云南矿务招商局、上海电报局、登州铅矿等[19]，甚至中华人民共和国成立伊始的许多企业组织都从中得到了经验。

追赶的起点

1891年是洋务运动和东亚秩序的一个关键转折点。19世纪90年代，舰船技术开始加速迭代，这一时期也是世界海军舰船与武器装备更新换代的节点。日本抓住这一难得时机，以金融手段筹集军费扩充海军，而清政府为了节省海军经费，令北洋海军暂停购舰。中国与日本所选择的历史路径的不同，与当时两者在东亚秩序中所处的位置不同有关：中国致力于守成和防御，而日本则是野心勃勃的挑战者。1895年，甲午中日战争中北洋舰队全军覆没，轰轰烈烈的洋务运动也随着北洋舰队沉入海底。

> **THE FRONTIER OF THEORY 理论前沿**
>
> 洋务运动是中国追赶西方的重要起点。
>
> 洋务运动中的追赶并没有触及长期发展的基本理念和制度体系，但在这个过程中形成的有关"从领先国家引进技术，积极模仿并致力于最终自制"的普遍共识和追赶路径，一直到今天都具有非凡的意义。

洋务运动是中国追赶西方的重要起点。在"办洋务"的30年间，中国取得了令人瞩目的成果：开设的通商口岸由1860年以前的7个增加至1894年的34个；进口额由1864年的五千一百余万两白银激增为1894年的一亿六千余万两；进口货物中，19世纪80年代前鸦片占首位，80年代后棉纺织品跃居第一；出口货物中，80年代以前主要是茶和丝，80年代后则转为棉花和大豆。洋务运动自造舰船的意义还体现在带动了整个工业体系的构建。洋务运动初期把主要的精力投入军事技术的引进，但军事工业在发展过程中出现了原材料、资金短缺等问题。洋务派在技术引进和发展过程中认识到军事工业离不开基础工业的支撑。事实上，正如恩格斯所言，现代的军舰不仅是现代大工业的产物，而且同时还是现代大工业的缩影，军舰的制造涉及近代工业的各个环节：采矿、工业制造、运输等。1875 年，第二任船政大臣丁日昌这样上报朝廷："轮船、矿务、电线三者必须相辅而行。"[20] 各种近代工业以巩固海防的名义开始进入这个古老的国家。

更为重要的是，中国经过洋务运动逐渐改变了行政架构、官僚结构、军事制度、财税制度、司法制度和教育制度等的某些方面。尽管在洋务运动中既要通过学习西方的长技用以抵制西方的侵略，又要求"中体西用"，总体上看这样的追赶并没有触及长期发展的基本理念和制度体系，但在这个过程中形成的有关"从领先国家引进技术，积极模仿并致力于最终自制"的普遍共识和追赶路径，一直到今天都具有非凡的意义。

永不停歇

"短暂的春天"

1900 年，八国联军侵华战争再一次阻碍了中国近代工业的发展。直至 1912 年，民族资本主义才迎来了"短暂的春天"：从中华民国成立到一战结束，是近代民族资本工业繁荣发展的时期。

辛亥革命的胜利，结束了中国几千年的封建制度，建立的第一个资产阶级共和国极大激发了民族资产阶级的兴业发展。社会上工业建国的积极性极强，同时北洋政府采取自由主义的工业经济政策，对工业的干预极少，民营工业资本呈现出巨大的活力。一方面，在民营资本活跃的环境中，轻工业几乎由私人资本经营，表现出最蓬勃的荣景。加之民众对日用需求最迫切，市场条件促使这类生产企业得到发展，尤以面粉行业和棉纺织行业为代表的轻工业迅速崛起，出现了荣宗敬这样的"面粉大王"和穆藕初这样的"棉纱大王"。另一方面，机械工业也随着轻工业获得了相当好的发展。例如，由于五金工业的发展，车床的需求快速增加。至 1915 年，国产车床开始以商品形式出现在市场，并一度销往东南亚。到了 1924 年，上海制造车床的专业工厂增至 10 家，初步形成了车床制造业。[21] 其间外贸情况有所变化，1913 年进口总额约五亿七千万两白银，1915 年减至四亿五千余万两，减少约 20%，出口总额由 1913 年的四亿三百万两不断增长，1914—1918 年都较 1913 年增长 14.8%~20.5%，我国长久的贸易逆差得到改善。[22]

第一次世界大战结束后帝国主义卷土重来，加强了经济侵略，结束了中国经济和企业发展的"短暂的春天"。

政府引导与推动

1927 年至 1937 年的国民政府时期，社会经济蓬勃发展，被誉为"黄金十年"。国民政府进行了第一轮币制改革，放弃银本位，解决国内银储备大量外流的问题。因此，这一时期中国拥有基本统一的政权和有利的货币环境，这两个良性条件为时代动荡影响下的中国提供了难得的发展空间。

总体上看，由于农业大国的历史基础，农业在当时依旧占据主体地位，但薄弱的工矿业取得了最快速的发展，相比 1914 年，1936 年工矿业的产值增长了 61.5%。轻工业发展的行业十分广泛，如面粉、缫丝、棉纺、卷烟、火柴和水泥等行业都有很大的进步。重工业在政府大力扶持下，尽管历史基础薄弱，但也开始起步，其中电力、煤炭、钢铁等行业得到长足发展。另外在诸多领域从无到有，产生了电器用具、电机、燃料、酒精、酸碱等新兴工业，推动了工业部门的结构调整。

这一段时期，中国追赶的步伐中引人注意的特点是政府逐步发挥了引导与推动的作用。

首先，从政府组织的角度看，国民政府为推动国内工矿业发展，健全了组织单位。1929 年国民政府制订经济建设方案后，设立工商部和农矿部，推动工业与矿业的发展，后又设立实业部、全国经济委员会与资源委员会等组织单位。各个组织的设立与健全，从制度设计、技术引进、税费减免等各个方面帮助了工商领域各类企业的发展。

表2-2 中国国民所得表

单位：元（1936年币值）

行业	1914年	1936年	增幅
农业	128.01	166.41	30.0%
工矿交通	24.80	40.06	61.5%
服务业	34.72	51.51	48.4%
总计	187.53	257.98	37.6%

资料来源：卓遵宏（2015）[23]。

其次，政府的引导作用不断凸显。通过政策制定与引导，保证了国营和民营企业协同发展。国民政府继承孙中山的经济思想：国营企业和私人企业两种所有制分头并进。1920—1936年，国营工业资本增长率是10.64%，民营工业资本增长率则保持在9.37%的高水平。[24]至1934年，根据中央农业实验所调查，全国691所农事机关中，农业研究机构共有278所，其中国立32所，省立131所，县立61所，私立及团体所设54所。[25]这些机构在引进国际先进农业种植技术、培育优良农作物品种以及农业推广等方面都有很大贡献。

再次，国民政府重点推动工业发展。工业发展是"黄金十年"国民政府经济建设的重点，1929年国民政府制订的经济建设方案侧重工业，同时，政府通过制定和不断改进政策，奖励科技的研发创新，鼓励华侨归国投资。例如，1929年7月，国民政府颁布《特种工业奖励法》支持特种工业发展，后发觉受奖范围有限，对刺激工业发展的作用不够显著，又于1934年将其修改为《工业奖励法》。通过政策鼓励科技研发与创新促进工业技术进步，吸引华侨等多方资金投入工业建设，并相继设立单位推动工矿业的创建与发展，中国在工业制造等方面向着世界先进水平追赶并取得了一定的进步。当时中国钢铁与机器的进口量逐年增加，这种需求增长侧面反映了工业发展在经济建设中的突出地位。1932年至1936年，铁矿的产量增加32%，生铁的机器冶炼量提高30%，煤炭的机器开采量增加10%。[26]

最后,政府在企业发展困难和出现问题时直接干预市场。例如,面对20世纪30年代世界经济不景气,煤矿业受廉价进口煤冲击而衰退的局面,1933年上海的国煤救济委员会采取措施解决困境:一是政府发行2000万元债券,用于煤矿铁路维修、替换车辆;二是关税保护,1933年政府提高煤进口关税,减轻来自外国煤的竞争压力;三是在煤矿业实行各种形式的调整或"卡特尔化"。[27]

政府的引导与推动对这一时期的追赶起到了较好的效果:中国工业在1912—1936年的年均增长率高达9.4%[28];1923—1936年,中华民国工业平均年增长率为8.7%,GDP增长率每年都在8%以上,特别是轻工业水平排在世界第六。

艰苦卓绝

1937年,日本发动全面侵华战争使得民族工业陷入发展的困境,但这并没有阻碍中国人民为了抗战胜利和长远发展,继续推动中国工业发展和不断追赶的努力及信心。事实上,抗日战争能坚持到最后取得胜利,后方工业的发展功不可没。南京政府迁到重庆,沿海地区工厂也随之内迁,这些地区就成为支持抗战的重要经济版图。中国各个领域的企业一方面生产各种军需产品,另一方面推动经济发展,推动着中国在最为艰苦的条件下迈开追赶的步伐。

第一,钢铁工业成为救亡与发展的重点和基础产业。钢铁工业在战争期间的重要作用是不言而喻的,抗战期间国民政府在后方投资兴建、改造和扩建钢铁基地,并奖励扶持民营工业,使钢铁企业达到200家,初步建成西南钢铁工业网。重庆的钢铁工业则被设计成大后方的工业主体,受到政府极大关注和巨大投入。其后,政府以重庆、云南为基地建立了12家国营及民营的钢铁骨干企业,其中重庆占了9家,逐步在后方建立了以重庆为中心的完整冶金工业体系。[29]1937年资源委员会产铁矿砂仅6313吨,1945年已达42594吨,增长约5.7倍。1940年,资源委员会的生铁产量在后方总产量中只占5%,后逐年增至1945年的

47%，达 22556 吨。[30]钢铁工业的发展成就为抗战后方地区的工业发展创造了跳跃式发展的条件。

第二，中国第一次建立了独立的工业体系。战前我国许多新型工业由外资把控运营，抗战爆发后，许多外资并没有跟随去到后方。此时国民政府利用国家资本在后方建立基础工业和重工业，第一次建立了具有独立性的工业体系，工矿业逐步摆脱了对外的严重依赖，能够自给军需民用。同样，这个时期发展起来的民营工业也逐步摆脱了对外的严重依赖。由于战时交通阻隔，民营工业转向自己改良生产工具、革新技术。由恒顺、公益、顺昌、合作等厂家制造的大型动力纺织机，结束了中国纺织机器依赖进口的历史。[31]同期民营工业的专利技术大量增加，是其自立能力提升的另一大体现。例如，根据历史文献，1938 年至 1947 年中国工业技术在"首先发明""创造新型""创造新式样"等工业技术改良上的专利有很多。[32]

第三，民营工业获得了较大的发展。战前民营工业已有近代工业的萌芽，经历战时各种主客观因素的影响而提速发展，这一时期的民营工业产值在总产值中一直占据着较大比例。[33]

由表 2-3 可见，民营工业产值从 1938 年至 1941 年整体呈明显的增长趋势，年增长率约 11.4%，之后略有下降。鉴于战时的特殊条件，这个发展速度极为可观。民营工业迅速发展最主要的客观条件是国民政府的奖励扶持政策，其次是后方市场工农产品的悬殊价差，以及原本工业发达地区迁来的技术和工人。[34]

表 2-3 抗战后方主要工矿产品产值估计

单位：万元

年份	1938	1939	1940	1941	1942	1943	1944	1945
总产值	10931	12694	15796	20957	23330	22317	20117	18205
民营工业产值	8617	9706	11425	13432	13294	11265	9308	8820

注：1938—1945 年，产值按 1933 年不变价格估计。

第四，特殊条件催生了多样化的合作发展模式。由于战时各种资源匮乏，抗日战争同仇敌忾，后方民营工业的一大特点是空前团结的联合，并且形式非常多样：机器的联合利用，工活的联合承揽，原料的联合自给、联合运输，工业区的联合建设等。[35]这些精彩的合作，为中国近代工业的联合实践提供了宝贵经验。

新中国的艰苦奋斗

1949年中华人民共和国成立后，中国制造业进入了一个新的发展时期，不断在奋斗中成长。新中国第一个"五年计划"（1953—1957年）确立了优先发展重工业的经济发展战略[36]，经过近30年的艰苦奋斗，中国基本建立了较为完整的工业体系。这个过程伴随两次大规模技术引进：苏联援建"156项工程"和"四三方案"。

156项工程

从苏联引进的技术奠定了新中国的工业基础。这一人类历史上空前的技术转移主要是通过"156项工程"实现的。"156项工程"是指"一五计划"期间苏联对新中国工业领域的156个援助项目。苏联通过"156项工程"为中国提供了大量的关键技术、设备、物资等，约有3000名苏联专家被派到中国进行技术转移和技术指导。

在毛泽东1949—1950年访苏期间，中苏两国政府签订了一系列条约与协定，其中涉及了苏联向中国提供贷款并以此偿付由苏联交付的先进设备与国家重要基础设施的相关器材。[37]苏联政府利用这笔贷款向中国提供了第一批共50个项目，帮助中国恢复和建设重点经济部门。自此，对中国经济建设具有重要意义的苏联大规模援助进程开始了。

至1957年，苏联对中国共援建了156个项目（参见表2-4），其中有的项目被推迟或合并，最后投入建设的项目共150个，包括106个民

表 2-4 156 项重点工程列表

序号	省市	工程名称	序号	省市	工程名称	序号	省市	工程名称
	东北地区 55 项		13	辽宁 25 项	抚顺龙凤矿"竖井的新建扩建	26		长春第一汽车制造厂
1		鞍山钢铁公司	14		抚顺石油二厂	27		吉林化学工业公司
2		本溪钢铁公司扩建	15		抚顺铝厂	28		吉林染料厂
3		抚顺发电厂	16		沈阳第一机床厂（沈阳市机械修理厂）	29		吉林电极厂（今吉林炭素厂）
4		阜新发电厂	17		沈阳第二机床厂（中捷友谊厂）	30	吉林 8 项	吉林化肥厂
5		大连第二发电厂"增容	18		沈阳风动工具厂	31		吉林铁合金厂"钨铁生产部分
6		阜新新丘竖井	19		沈阳电缆厂	32		通化湾沟工井
7		阜新平安竖井	20		大连造船厂"改建	33		丰满发电厂"改建
8		阜新海州露天煤矿	21		杨家杖子钼厂	34		哈尔滨电机厂
9		抚顺东露天矿	22		一一二厂（现为沈阳飞机工业有限公司）	35	黑龙江 22 项	哈尔滨汽轮机厂
10		抚顺老虎台煤矿	23		四一厂	36		哈尔滨锅炉厂
11		抚顺西露天矿	24		渤海造船厂"的新建和扩建改建工程	37		哈尔滨轴承厂
12		抚顺胜利矿"刘山竖井	25		沈阳航空工业学校（现为沈阳航空航天大学）	38		哈尔滨伟建机器厂（现哈飞）

续表

序号	省市	工程名称
39	黑龙江 22项	哈尔滨东安机械厂
40		哈尔滨东北轻合金厂（原哈尔滨101厂）
41		哈尔滨量具刃具厂
42		电碳厂
43		电表仪器厂
44		阿城继电器厂
45		佳木斯造纸厂
46		中国第一重型机械集团公司
47		鹤岗兴安台10号立井
48		鹤岗东山1号立井
49		鹤岗兴安台洗煤厂
50		鸡西城子河洗煤厂
51	黑龙江 22项	鸡西城子河9号立井
52		鹤岗兴安台2号立井
53		双鸭山洗煤厂
54		友谊农场
55		齐齐哈尔钢厂
56		华北地区38项
57	北京 3项	北京电子管厂
58		北京战略火箭生产总厂改建（原是国民党的一个配件厂）
59		金属结构厂（其设计与布局采用莫斯科金属结构厂图样）
60	河北 10项	华北制药厂
61		保定胶片厂
62		保定化纤厂
63		604造纸厂
64	河北 10项	石家庄棉纺厂
65		石家庄热电厂
66		邯郸棉纺厂
67		承德钢铁公司
68		峰峰马头（中央）洗煤厂
69		峰峰通顺2号立井
70	山西 7项	山西柴油机厂
71		太原第二热电厂
72		太原制药厂
73		山西潞安洗煤厂
		大同鹅毛口立井（未建成）

续表

序号	省市	工程名称	序号	省市	工程名称	序号	省市	工程名称
74	山西 7项	大同市焦煤矿"有限责任公司	88		黄河冶炼厂	101		武汉重型机床厂
75		山西新华化工厂	89		三门峡水利枢纽工程	102		武汉钢炉厂
76		包头钢铁公司	90	河南	焦作中马村立井即焦作矿务局	103		武昌造船厂
77	内蒙古自治区 5项	内蒙古第一机械厂	91	13项	郑州火车站	104	湖北 9项	武汉肉联
78		内蒙古第二机械厂	92		平顶山2号立井	105		青山热电
79		包头第二热电厂	93		人造金刚石厂	106		大冶有色金属公司
80		包头第一热电厂		华中、西南地区37项		107		武汉长江大桥
81		东方红洛阳拖拉机厂	94		南方动力机械公司（原331厂）	108		湖北省电力建设第一工程公司
82		洛阳热电厂	95		株洲电厂	109	江西 3项	鸬美山钨矿
83		洛阳轴承厂	96	湖南 6项	株洲硬质合金厂（原601厂）	110		大吉山钨矿
84		矿"山机械厂	97		株洲洗煤厂	111		西华山钨矿
85	河南 13项	洛阳制币加工厂	98		湖南岳阳林纸集团有限责任公司（原湖南岳阳造纸厂）	112	安徽 1项	淮南谢家集中央洗煤厂
86		洛阳耐火材料厂	99		鄱县电站	113		重庆电站
87		高速柴油机厂	100	湖北 9项	武汉钢铁公司（武汉钢铁联合企业）	114	四川 13项	锦江电机厂

续表

省市	序号	工程名称	省市	序号	工程名称	省市	序号	工程名称
四川 13项	115	新兴仪器厂	云南 5项	130	个旧电站	陕西 14项	144	铜川王石凹立井
	116	西南无线电器材厂	陕西 14项	131	西北地区26项		145	玉门石油管理局
	117	成都发电厂扩建工程		132	西安高压电瓷有限责任公司		146	兰州炼油化工总厂
	118	重庆肉类联合加工厂		133	西安立井		147	白银有色金属公司
	119	红光电子管厂		134	西飞集团		148	西固热电厂
	120	国光电子管厂		135	陕西开关整流器厂	甘肃 10项	149	兰州石油机械厂
	121	成都电机厂		136	西安绝缘材料厂		150	兰州炼油化工设备厂
	122	四川长虹电子集团公司		137	西安高压电瓷器		151	兰州合成橡胶厂
	123	国营浩江机器厂		138	西安电力制造公司		152	兰州氮肥厂
	124	成都773厂		139	西安热电站		153	兰州热电站
	125	狮子滩电站		140	西安发动机附件厂		154	中科院近物所
云南 5项	126	开远电厂		141	飞机附件厂	新疆 2项	155	新疆医学院
	127	云南锡业公司		142	宝鸡航空仪表厂		156	乌鲁木齐热电站
	128	东川矿务局		143	兴平航空电器厂			
	129	会泽铅锌矿						

用工业项目和44个军用工业项目。这些项目的实施极大地改变了中国工业落后、布局不合理的情况，使中国初步形成了比较完整的工业体系和国防体系，为中国巩固国防和进行社会主义建设奠定了基础。[38]

20世纪五六十年代，新中国面临严峻的国际形势。1959年6月以来，苏联逐渐延缓向中国提供原子弹教学模型和图纸资料，并最终于1960年7月16日单方面召回全部在华苏联专家，在一个多月的时间内撤回了在华工作的1390名专家。同时，苏联撕毁了两国政府签订的一批议定书和专家合同，共涉及257个科学技术合作项目。[39]在这种情况下，中国并没有完全停止这些项目，大多数项目由中国科学家和工程技术人员在吸收苏联提供的技术援助基础上开始自主建设。中国科技逐渐走上了独立自主的道路。

自力更生

1960年以来中苏关系恶化，中国的技术引进进入低潮。1962—1965年，我国仅与日、英、法、意、联邦德国及部分东欧国家签订技术引进合同80多项，引进的成套设备约占外汇额的90%，涉及石油、化工、冶金、矿山、电子、精密机械、纺织机械等领域。[40]

1966—1971年，由于"文革"的影响我国基本停止了技术引进，主要是以"自力更生"为主要特点的工业化建设。1966—1976年10年间，总体上看，中国在生产力水平、工业和科学技术等方面都取得了一些重要成就。生产力水平方面，1976年与1966年的产品产量相比，钢产量增加了33.5%，原煤增加了91.7%，原油增加了499%，发电量增加了146%，农用氮磷钾化肥增加了117.7%；工业方面，中国1964年开始并持续到70年代末期的三线建设历时三个"五年计划"，投资2050亿元，国家的基础工业和国防工业得到了长足发展。

在此期间，中国在科学技术、国防建设、大型设备制造和民生工程等方面也取得了一些重要的标志性成果。在科学技术方面，实现了"两弹一星"尖端技术的突破。中国科技工作者在对先进技术的模仿和消化吸收基础上不断自主创新,在相对较短的时间里突破了核弹、导弹和人造卫星等尖端科技的研制。第一颗原子弹、第一颗氢弹和第一颗人造卫星,以及第一颗返回式地球卫星非常密集地在1964年10月、1967年6月、1970年4月和1975年11月分别研制成功。"两弹一星"是20世纪下半叶新中国在尖端科技领域取得的辉煌成就,不但鼓舞和振奋人心,更是深刻地影响了当时的国际战略格局,极大地提高了中国的国际威望和国际地位。

国防建设方面:1960年11月,中国自主研发的第一枚导弹发射成功;1966年10月,第一枚核导弹发射试验成功;1970年12月,中国首艘核动力攻击潜艇(汉级)下水。汉级核潜艇在很多方面具有突破性,如采用国际先进的水滴形艇体,采用单壳结构,外形短粗,艇体没有明显的开孔,与仿制的苏联常规潜艇明显不同。

大型设备制造方面:1962年7月,沈阳重型机器厂和第一重型机器厂联合设计并制造12500吨自由锻造水压机,并于1964年在第一重型机器厂正式投入使用。第一重型机器厂属于苏联援建156项重点工程项目,在建设期间采用"三边"(边建设、边准备、边生产)建设方针,填补了我国不能生产大型锻件设备的空白。1963年4月30日,中国第一艘国产万吨远洋货轮"跃进号"展开首航。该货轮由大连造船厂采用当时最新的技术装备建造,装备全套机械化、自动化、电气化设备,载货量13400吨,续航里程12000海里[①],成为中国船舶工业水平发生飞跃的重要标志。

在技术和资源条件的制约下,中国在技术学习和技术追赶过程中也形成了一些具有中国社会主义特色的机制和方法,通过顶层协调建立了技术共享和全国协作体系,极大地推动了全国相关机构和企业的共同技术进步。例如,1969年9月,上海汽车制造厂试制成功SH380型32吨矿用自卸车,就是采用了多机构、多单位协同攻关的全国大协作方式。

---

① 1海里为1.852千米。——编者注

该车的试制成功使我国摆脱了由于中苏关系破裂无法进口矿山车辆的困境。又如，1973年12月，长春一汽试制成功CA390型60吨矿用自卸车，而发动机由重庆新建机械厂提供。而后，一汽在上述基础上将整套图纸和全部试验资料移交本溪重型机械厂，由本溪重型机械厂负责生产。正是基于这样的技术合作和技术转移，本溪重型机械厂进一步于1975年11月试制成功LN390型60吨矿用自卸车。通过这样的协同合作关系，中国的大型设备研制和生产能力进步很快。当然，与国际最先进水平相比仍存在较大差距，例如，20世纪60年代中后期欧美国家矿用自卸车的载重能力达到了150吨，并开始发展全新的电动轮技术。

民生工程方面：1970年12月葛洲坝水利枢纽工程开工，至1988年年底全部工程建设完成。葛洲坝水利枢纽工程是万里长江建设的第一座大坝，一、二号两座船闸可通过载重1.2万~1.6万吨的船队，电站总装机容量达到271.5万千瓦；挡水大坝全长2595米，最大坝高47米，水库总库容约15.8亿立方米。[41]葛洲坝水利枢纽工程在一定程度上缓解了长江水患，具有发电、改善峡江航道等综合功能。葛洲坝工程建设采取的是边勘测、边设计、边施工的方式，在设计施工过程中充分发挥了学习先进技术、消化吸收以及"干中学"的创新模式，提高了我国水电建设的科技水平，是中国水电建设史上的重要里程碑。

在前文提及的很多项目的开发和研制过程中，中国科技工作者和工程人员在借鉴、学习及吸收国外先进技术的基础上，通过自力更生，用较少的投入和较短的时间实现了各种先进技术，甚至是当时国际最尖端技术的突破。在当时国家经济困难、技术基础薄弱和工作条件艰苦的情况下取得这样的成果，与中国充分利用集中力量办大事、全国协作攻关等制度特点具有密切关系，也与参与项目研制、实施工作的广大干部、解放军指战员、工人的努力和奋斗密不可分。

"四三方案"

受"文革"影响，1966—1971年我国基本停止了技术引进，直到 1972—1978 年才迎来了新一轮技术引进高潮。1973 年 1 月,国家计划委员会向国务院提交《关于增加设备进口、扩大经济交流的请示报告》,建议利用西方经济危机,在此后 3~5 年从美国、联邦德国、法国、日本等发达国家引进价值 43 亿美元的成套设备(其中 12.5 亿美元的设备项目中央已在 1972 年批准)。[42] 这个方案通称"四三方案","旨在改善民生"和"解决人民群众的吃饭穿衣问题"。至 1979 年年底,我国与西方国家共谈成 222 个项目,主要的 26 个大项目建设总额为 214 亿人民币(在 1973 年的基础上,后追加 8.8 亿美元达 51.8 亿美元[43])。

"四三方案"的技术引进范围扩大到冶金、钢铁、煤炭、石油、化工、机械、水利、轻工等领域,其中化肥、化纤和烷基苯项目占总投资额的 63.84%。[44] 在苏联援助之后的"四三方案"是新中国技术引进的第二个高潮,也打开了新中国从西方引进技术的大门。重点项目包括辽阳石油化纤总厂(投资额 29 亿人民币)、武钢的一米七轧机(投资额 27.6 亿人民币)、大庆化肥厂(投资额 26.7 亿人民币)、上海石油化工总厂(投资额 20 亿人民币)、天津石油化纤厂(投资额 13.5 亿人民币)等[45],这些项目的引进对我国建立自主完备的工业化体系发挥了基础性作用。

这一时期的特点是轻重工业并举,以大规模成套设备引进为主,既加强了中国的工业基础,也改善了民生,成为 20 世纪 80 年代中国经济发展的重要基础。"四三方案"从引进化纤、化肥设备开始,着力发展石油化工业和轻纺工业等行业,解决吃穿短缺问题,投资用汇约占总额的 50.7%。而冶金及能源工业降到次要位置,各占 20% 左右。[46] 例如,"四三方案"中钢铁工业的设备引进,主要用于对我国钢铁工厂原有设备的更新,如武汉钢铁厂轧机,南京钢铁集团、南京烷基苯厂的设备进口升级。通过这三个项目的引进,提高了多种钢铁产品的产出效率,并减少了中长期特种钢材的进口支出。其中,武钢一米七轧机投产至 1983 年年底,共产钢 556 万吨,年均产量增长 26.6%。另外,我国还引进了43套机械化综合采煤机组。[47]"四三方案"除成套项目外还包括许多单个设备项目的引进，如引进了透平压缩机、燃气轮机、工业汽轮机等世界先进水平的设备，并通过实验和比较，实现生产力的突破，减少对工业产品的进口依赖。

化肥和化纤项目的引进在"四三方案"中居首位。进口成套的化肥生产设备后，依靠投产的13个化肥厂，中国农用化肥产量和肥力效用显著提高，改善了农业生产水平，提高农业单位面积产量，并减少对外化肥产品的依赖，减少中长期的外汇支出。1977年年底，"四三方案"中引进的13套大化肥（"大化肥"指彼时西方肥力强的成熟化肥产品）设备已有7套投产。至1978年6月，累积生产尿素361万吨，当时的价值超过这7套设备的外汇成本1倍。至1982年全部投产，大致促进粮食增产2000亿斤。[48]通过引进工程完成四大化纤基地的建设，项目布局在辽宁、天津、上海、四川等地，建有辽阳石油化纤总厂、天津石油化纤厂等化纤厂。这些工厂主要生产布料、塑料等轻工业产品，解决穿衣和日用品的短缺问题。同时以石化产品替代棉花、橡胶等自然经济农作物，缓解棉田、胶木等作物对粮田的挤占。其中辽阳石油化纤总厂是我国第一批重点石油化工、化纤基地，是集炼油、化工、化纤于一体的特大型现代化联合企业。辽阳石油化纤总厂1974年动工兴建，1979年基本建成并投入试产，至1985年累积生产涤纶（当时称"的确良"）、聚酯切片等主要产品106.5万吨，生产柴油、碳四、碳五、重芳烃等副产品646.6万吨，支持全国28个省、市、自治区的700多家企业的石化产品需求，部分产品销往全球10余个国家和地区。[49]

至1982年，"四三方案"下的所有大型项目、设备更新工作全部完成并投产。"四三方案"的推动和执行，不但帮助中国企业引进了先进的机器设备和管理理念，还促进了中国企业在引进技术的基础上进行自主的技术改造。例如，在"四三方案"的背景下，中国在与10余个国家签订的222项新技术和成套设备项目中，引进专利使用权和关键技术的有216项。[50]事实上在国家计划委员会最初的报告中就提到坚持"学习与独创相结合"的引进原则。然而,"四三方案"尽管强调了"学习"和"自主的技术改造",要求对方在提供设备的同时提供配套设计等,但在当时的历史条件下仍然更重视通过引进设备形成生产能力而非设备的设计与制造能力,因而并没有真正消化吸收引进的技术[51],在一些关键领域仍然存在"引进—落后—再引进—再落后"的现象。

改革开放中的追赶

新型的发展道路

1978年,中国开启改革开放历史新时期,中国的制造企业经历了从封闭环境下的埋头苦干到开放环境下的"引进—消化吸收—再创新"的转变,整个国家确立了新型的工业化发展道路。中国工业化进程快速推进,中国从一个落后者上升为全球第一制造大国。中国经济总量从1978年的3678.7亿元增长至2021年的1143670亿元,实现了近311倍的增长。在加入WTO(世界贸易组织)之后,中国制造业迈入了崭新而又关键的发展阶段。中国政府通过制定不同的方针、政策为制造业的发展营造了良好的市场环境。大量外国企业涌入中国市场,中国制造业利用成本优势与人口红利实现了快速的规模扩张,成为国际制造业的生产外包基地。到2006年,中国有172个制造产品的产量居世界第一位,这些产品涵盖了集装箱、指甲钳、手机、铅笔等28个制造大类。

世界银行数据显示,自1960年以来,中国工业增加值占GDP比例一直居全球首位,明显高于美国、英国、德国、法国等。尽管1978年以前中国工业增加值增长率波动巨大,甚至出现了1961年负增长41.9%的情况,但自1998年以来中国的工业增加值年增长率一直高于美国。2011年,中国以35137.2亿美元的工业增加值首次超过美国,居全球首位,并一直保持增长趋势且差距逐渐扩大。目前,中国制造业部分产业已经实现局部领跑,比如以华为为代表的通信行业、以海康威视为代表的视频监控安防行业。2010年以来，中国的工业增加值增长率呈现下降趋势，2019年仅为5.8%，这主要是因为制造业中的大部分处于全球价值链的中低端，中国制造业开始进入结构调整与转型期，新时期的制造业同时也面临转型升级等诸多困难与挑战。

改革开放后的技术引进

党的十一届三中全会提出，中国工业经济发展的总体战略是"在自力更生的基础上积极发展同世界各国平等互利的经济合作，努力采用世界先进技术和先进设备"。在这一战略思想指导下，中国逐步形成了对外开放条件下的以技术引进为主的技术进步战略。在当时的政治、经济和社会因素下，中国希望通过产业政策的引导，快速引进先进设备并在短时间内形成生产能力，从而缩小与先进国家在生产力和技术上的差距。因此，中国采取市场开放和外资引入的政策，来积极快速推动国内产业发展，希望通过"市场换技术"的策略逐渐提升产业的竞争力，而把技术引进和提高研发能力放在相对次要的位置。具体来看，20世纪80年代初至2000年长达20年的时间里，技术引进以关键成套设备引进为主，技术许可、技术咨询服务以及合作生产引进为辅。[52]这种策略的成效显著：关键成套设备的引进提高了中国的工业生产能力，工业产值由1979年的1786.5亿元增加到1999年的126111亿元。

"以市场换技术"是指通过开放国内市场，引进外商直接投资，其目的是引导外资企业进行技术转移，或者经产业链获得外资企业的技术外溢，更重要的是可以通过消化吸收这些先进技术形成自主研发能力，提高整体技术创新水平。[53]"以市场换技术"的策略获得的主要成就有[54]：第一，外国直接投资额快速增加。1992年利用的外国直接投资额为110.1亿美元，到2001年则增长到468.8亿美元，增幅超过325%。第二，外国直接投资的领域大幅拓宽，特别是放宽了对第三产业的限制。在1992年之前，外国直接投资主要集中在第二产业中的轻工业。1992年中国政府开始放宽第三产业对外资的条件，例如允许外资试点投资商业、外贸、金融、保险、航空、律师、会计等领域，逐步放开和扩大外国直接投资土地开发、房地产、宾馆、饭店、信息咨询等产业[55]。第三，扩大国内市场。1992年以前，外国直接投资企业的内销控制很严。1992年以后，中国政府决定对高新技术项目逐步开放国内市场，包括高技术行业、进口替代行业，以及大型生产性行业和重化工业等，允许其中一些项目在一定条件下以内销为主，甚至是100%内销。

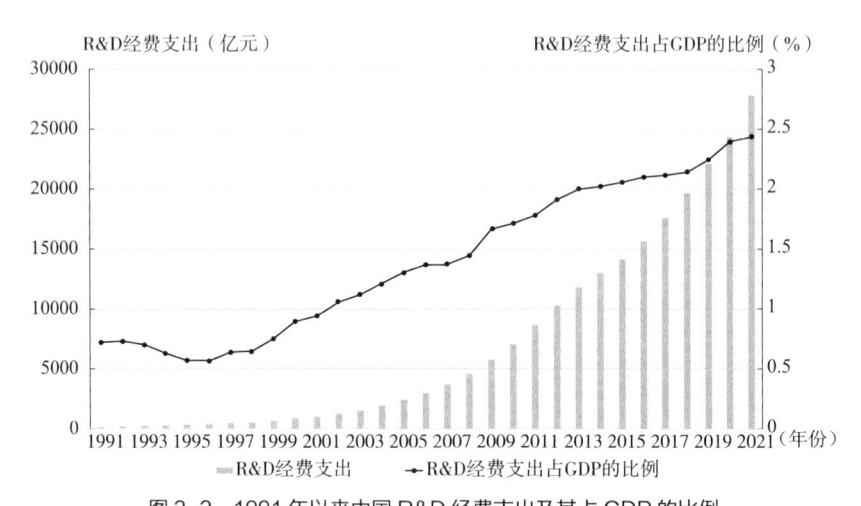

图2-2 1991年以来中国R&D经费支出及其占GDP的比例

资料来源：数据来自中国国家统计局及经济合作与发展组织（OECD），经整理后制作本图。

由于在引进技术基础上开展创新情况的路径差异，导致"以市场换技术"的政策效果在不同的领域具有较大差异，例如在高铁产业和汽车产业就产生了不同的结果。高铁产业成功地通过开放市场和技术引进，逐步完成了自主技术研发和中国高铁的品牌构建，最终实现了中国铁路"走出去"的战略目标。1980年9月，当时的第一机械工业部通过与美国西屋公司签订《汽轮发电机组和锅炉技术转让与购买部分零部件合同》购买了176项技术。外资企业同样也认识到中国市场的巨大潜力，积极寻求与中国政府和企业的合作，通过投资、与中国企业合资的方式，生产符合中国需求的本地化产品。[56]比如，改革开放后，随着中国经济的快速发展，铁路市场容量也快速增大，面临"市场换技术"的最佳机遇，中国制定了"引进先进技术联合设计生产，打造中国品牌"的基本战略。中国在起步阶段首先通过引进设备在较短的时间内大幅度提高了铁路技术装备现代化水平。为了适应铁路电气化的发展需求，我国的电力机车从最初向苏联引进技术转向主要从西方引进。[57] 20世纪80年代，铁道部从美国通用电气公司分两批共进口422台C36-7（ND5）型内燃机车。为了能够更好地学习先进技术，铁道部在进口设备的同时，与对方签订了有关机车牵引应用装置技术的转让合同。在技术引进和逐步消化后，中国开始面向欧洲和日本引进电力机车制造技术。至2000年6月，我国通过引进德国西门子公司的技术并与之合作，成功生产了首台东风4DJ型（原称4DAC型）交流电传动内燃机车。

接着，铁道部于1997年成立京沪高速铁路办公室，开始研究高速铁路的相关技术。在高铁技术的引进过程中，同样成功地运用了"市场换技术"的策略并取得了较好的效果。2004年，通过公开招标选择4家世界高铁技术巨头（包括德国西门子、加拿大庞巴迪、日本川崎重工和法国阿尔斯通）参与中国高铁的建设。在这个过程中，在引进技术的基础上进行创新，不断提高对高铁核心技术的掌握程度，最终在核心技术领域实现了70%以上的国产化。在这样的成就下，中国自主的高铁技术逐渐成熟，到了2009年，中国铁路"走出去"就成了必然。中国铁路"走出去"的重要市场方向包括欧亚高铁、中亚高铁和泛亚高铁。目前，中国铁路装备尤其是高铁产品已出口全球六大洲近百个国家和地区，区域涵盖从亚非拉到欧美的广大市场，产品涵盖中低端到高端的完整系列，合作模式涵盖产品、资本、技术、服务等多个层面。[58]

与高铁产业开始引进技术基本同步，我国汽车企业逐渐开始大量地引进国外的先进设备和先进技术。当时的情况是，我国汽车工业中小轿车的生产制造还是一个空白。早在1978年，中国就曾在重型卡车的开发制造中采用中外合资的模式，但汽车工业一直没有大规模引进外资。直到1983年，北京汽车制造厂与美国汽车公司（AMC）合资建立"北京吉普汽车有限公司"，主要生产越野车。1984年，上海汽车与德国大众汽车合资建立上海大众汽车有限公司，成为中国首个中外合资的小轿车生产企业，主要生产桑塔纳。成立上海大众汽车有限公司也是希望通过"以市场换技术"，引进国外先进的汽车开发和制造技术。差不多同一时期，中国北方的第一汽车制造厂通过引入散件组装的方式开展技术引进和学习，并通过这种方式生产出了"奥迪100"轿车，目标是能够自主掌握相关技术，实现自主生产和经营。1991年，一汽与德国大众汽车合资建立了一汽-大众汽车有限公司。

这一阶段，大量外资以合资形式进入中国小轿车行业，包括北京吉普、广州标致、上海大众、一汽大众、神龙汽车等中外合资企业，一定程度上改变了我国小轿车市场空白的现状。同时在指导思想上，中国也希望通过采取积极引进技术以及技术合作的形式来推动小轿车产业的发展。[59] 通过"以市场换技术"的策略，中国汽车工业特别是轿车业出现了相当长一段时间的蓬勃发展，也推动了以吉利、奇瑞、比亚迪为代表的自主品牌轿车的出现与逐渐壮大。然而，合资企业意味着必须使用对方的品牌，中国汽车企业对外资的依赖度居高不下，使得中国汽车企业普遍缺乏核心技术和自主品牌，造成了一种"合资过度"的威胁产业安全的局面。整体上看，中国汽车工业存在着"引进—落后—再引进—再落后"的问题，自主创新能力较低以及自有关键技术落后等问题没有得到根本解决。

技术追赶的辉煌成就

21世纪初期，大数据、云计算、物联网、人工智能等数字技术驱动的社会生产方式的改变带来了第四次工业革命，这场革命的核心就是网络化、信息化、智能化与共享化的深度融合，催生了基于价值网络的新制造产业迅速崛起。面对产业技术与先进信息基础设施跨界融合的趋势，加快产业的创新发展成为建设"创新型国家"与"制造强国"国家战略的重要举措。为了抢占21世纪先进制造业制高点，以美、英、法、德、日、韩为代表的发达经济体陆续推出了制造业转型升级战略，例如美国的"先进制造伙伴计划"，英国的"工业4.0"和"英国工业2050

战略",法国的"新工业法国"方案,德国的"工业4.0",日本的"再兴战略",韩国的"制造业创新3.0"等。2015年,中国推出《中国制造2025》,"力争用十年时间,迈入制造强国行列","到新中国成立一百年时,制造业大国地位更加巩固,综合实力进入世界制造强国前列"[1]。

这一阶段,中国技术追赶无论是在世界前沿的科研成果,还是与国际对标的技术创新,还有大型综合性科学工程等方面,都取得了辉煌的成就。

在大型的综合性科学工程方面,载人航天、探月工程、正负电子对撞机和北斗卫星导航系统为推动我国科技协同攻关系统的完善以及保障国家战略安全都发挥了重要的作用。中科院是中国载人航天与探月工程的发起者、组织者之一,在"神舟"系列载人飞船、"天宫"系列空间站和"天舟"系列货运飞船上完成多项突破性的科学研究任务,在多项科学和技术领域等取得了开创性和跨越式发展,包括:系列化的生命科学、微重力流体、基础物理、天文学和材料科学等理论研究,以及高光谱成像和微波遥感技术、空间对地观测技术、空间冷原子钟技术,还有地月数传链路、科学探测数据处理方法等关键技术。北京正负电子对撞机是我国改革开放以来建成的第一台国家重大科技基础设施,《人民日报》在报道这一成就时称其为"我国在高科技领域又一重大突破性成就",使我国在强流质子加速器和中子散射领域实现了重大跨越,为我国在众多学科前沿基础研究和多领域高新技术研发方面提供了先进实验平台,并带动相关产业协同发展。北斗导航系统(BDS)是中国自行研制和独立运行的全球卫星导航系统,也是继GPS、GLONASS之后的第三个成熟的卫星导航系统。无论是从规模、建设周期还是技术复杂度上看,研制北斗导航的系统工程都创造了中国航天史之最,最终该系统通过联合国卫星导航委员会认定,与世界其他卫星导航系统兼容共用。

在科学理论研究方面,中国在粒子物理与核物理研究、基因组研

---

[1] 《国务院关于印发〈中国制造2025〉的通知国发〔2015〕28号》,参见:http://www.gov.cn/zhengce/content/2015-05/19/content_9784.htm?trs=1。——编者注

究、人工合成生物学研究以及高温超导体研究等方面取得了先驱性和开创性贡献，在相关领域发挥了科学研究的引领作用。1981年，中国科学家首次人工合成了包含76个核苷酸的酵母丙氨酸转移核糖核酸完整分子，对揭示生命起源和核酸在生物体内的作用意义重大，在该领域进入世界先进行列。2000年4月，中国科学家提前完成了国际人类基因组计划1%基因组序列工作框架图，为我国生物资源基因组研究及参与国际生物产业竞争奠定了基础。2002年12月，中国科学家绘制完成水稻（籼稻）基因组序列精细图，成功研制出世界第一个覆盖水稻全基因组的基因芯片，中国继续保持在杂交水稻育种领域的国际领先地位。2008年，中国科学家创造55K的超导体临界温度纪录，持续推动国际高温超导研究发展。2011年，中国科学家参与首次发现迄今最重的反物质粒子。2012年，中国科学家参与中微子实验发现了中微子振荡新模式，在中微子实验研究领域进入世界前列，并获得2016年度国际"基础物理学突破奖"。2018年8月，在国际上首次人工创建了单条染色体的真核细胞，该成果回答了生命科学领域的重大基础问题，加深了对生命本质的认识。

在技术开发领域，通过自主创新，中国在纳米技术、量子计算技术、高性能计算技术等领域的水平处于世界前列。1995年，中国研究人员研制成功"曙光1000"大规模并行计算机系统，目前我国在高性能计算领域处于国际领先水平。中国研究人员在2013年首次实现了亚纳米分辨的单分子光学拉曼成像，并利用原子力显微镜（AFM）技术首次实现了对分子间氢键的直接成像，2017年则设计出低功耗、长寿命、高稳定性的新型高速相变材料。中国从2004年开始始终保持着纠缠光子数目的世界纪录，目前在多粒子量子纠缠的制备与操纵上处于国际领先地位。2014年，具有高智能自主避障能力和稳定航行控制能力的"潜龙二号"研制成功，标志着我国水下自主机器人技术达到国际先进水平。另外，2016年9月大天区面积多目标光纤光谱天文望远镜（LAMOST，又称"郭守敬望远镜"）落成启用。截至2021年3月底，具有自主知识产权、世界最大单口径和最灵敏的 500 米口径球面射电望远镜（FAST，又称"中国天眼"）已证实发现脉冲星 300 余颗，并首次发现毫秒脉冲星，开启了中国射电望远镜系统发现脉冲星的新时代。

企业发展的新阶段

进入新世纪，中国企业发展也进入全新阶段。2001 年中国加入 WTO 是中国企业追赶和发展加速的重要里程碑。加入世贸组织的 20 年来，中国不断扩大改革开放，全面履行入世承诺，积极践行自由贸易理念，大幅降低商品进口关税和非关税壁垒，中国关税总水平由 2001 年的 15.3% 大幅降到 7.5% 以下，接近发达国家水平。中国已发展成为世界第二大经济体、第一大货物贸易国和第一大外国直接投资（FDI）流入国。与此同时，中国加入 WTO 也极大地推进了世界经济发展。在过去的 20 年，中国对世界经济增长的平均贡献率接近 30%，是多边贸易体制最大的贡献者；更重要的是，中国加入 WTO 改变了世界经贸格局，成为促进世界经济稳定和安全最为积极的因素。特别是 2020 年以来在全球新冠肺炎疫情冲击下，中国是主要经济体中唯一实现正增长的国家，成为拉动世界经济复苏的重要引擎。正如 WTO 前副总干事易小准所言，"加入 WTO 的 20 年里，中国既是多边贸易体制最大的受益方，也是多边贸易体制最大的贡献者"[60]。

与此同时，中国一些优秀企业的发展，包括吉利、海尔、华为等，从不同的侧面展现了中国不断吸收西方先进管理理念、结合本国和本企业的实际，形成独特的追赶、成长的方式与路径的图景，中国企业的发展进入了一个全新的阶段。

吉利是入世后中国企业成功通过技术创新和商业模式创新相结合，从追赶走向超越追赶实现"非线性成长"的典型。2001 年 11 月 9 日，吉利几经努力终于获得了汽车行业的准入牌照，这是中国第一家具有轿车生产资格的民营企业。在起步阶段（1999—2001 年），吉利经历了艰难的开拓期和爬坡期。2010 年 8 月 2 日，吉利控股集团完成对沃尔沃轿车全部股权的收购，这是具有里程碑意义的中国首个跨国汽车并购案。

单位：辆

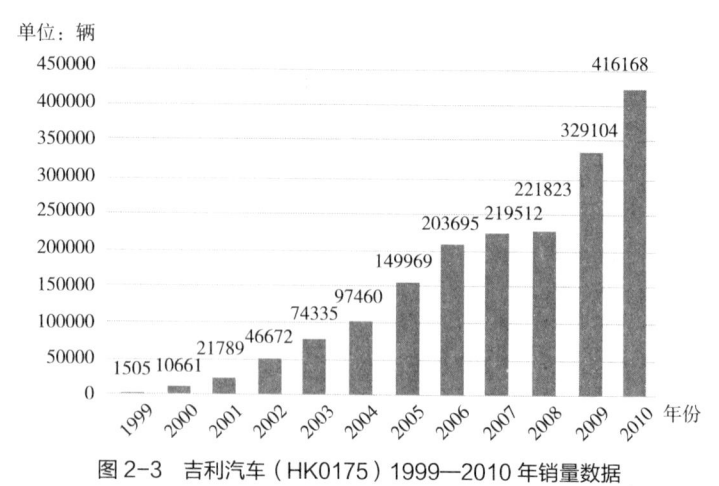

图 2-3 吉利汽车（HK0175）1999—2010 年销量数据

数据（按年份）：1999: 1505；2000: 10661；2001: 21789；2002: 46672；2003: 74335；2004: 97460；2005: 149969；2006: 203695；2007: 219512；2008: 221823；2009: 329104；2010: 416168。

资料来源：据1986—2011年吉利集团的发展报告整理后制作本表。

在 2010 年后，吉利通过研发体系升级、建立全球协同网络、商业模式创新等一系列战略行动和创新，实现了穿越周期的成长。[61] 数据显示，2020 年吉利汽车累计销量 1320217 辆，连续 4 年位居中国品牌乘用车销量榜第一。从整个汽车产业看，2001 年中国轿车年产量约 7 万辆，到了 2020 年中国汽车年产量达 2522.5 万辆，连续 10 年居世界首位。以吉利、奇瑞和比亚迪等为代表的中国汽车自主品牌在全球市场的占有率不断增加。从 2015 年开始，国产品牌，特别是涌现的一大批如蔚来、小鹏、理想等造车"新世代"，在以电动、智能为新特征的新兴汽车产业发展范式上成为国际领跑者。2021 年中国汽车企业出口 201.5 万辆，同比增长 101.1%，创历史新高。在新能源汽车方面，中国新能源汽车 2021 年的销量占全球销量的 60%，新能源汽车保有量全球占比在 50% 左右，新能源汽车出口占全球总量的 1/3，中国成为第一大新能源车出口国。在这样的大背景下，吉利通过坚持技术创新、重视人才培养和质量改善，尤其是通过国际并购实现高端技术积累与品牌国际化，逐步实现了从汽车制造公司向智能电动出行科技公司的转型，打造出一个立体出行新生态。在英国品牌评估咨询公司品牌金融（Brand Finance）

发布的"2020全球最具价值汽车品牌排行榜"中,吉利连续三年成为品牌价值最高的中国汽车品牌。这种非线性的成长轨迹代表了很多中国企业追赶和发展的规律。

海尔在标准领域的建设和引领从另一个方面很好地体现了中国企业向国际领先的管理理念学习并不断追赶的历程。海尔是我国最早获国际认证机构ISO9000认证的企业之一,并逐渐从技术标准的引领,向场景标准的引领和生态标准的引领转变,穿越一个又一个产业周期,从而实现了持续成长。创业36年,从濒临倒闭发展成具有引领地位的物联网时代生态系统,这都同海尔"高质量""高要求"的高标准意识息息相关。从1984年到2020年,中国家电领域80%的国际标准制定、修订提案来自海尔,80%的国际标准专家来自海尔。进入2010年,随着大数据的广泛应用,海尔认识到智慧场景的国际标准将更有利于场景品牌的快速发展,对用户体验迭代和生态共创共赢具有很大价值,将有力推动全球智慧家庭产业的规范、创新发展。因而在这个阶段,海尔主导发布了一系列智慧场景下的应用标准(见表2-5)。近几年来,随着物联网时代来临,海尔率先开启了生态品牌战略阶段,其标准体系的建设也从产品、技术、场景升级为商业模式体系的物联网生态标准推广。

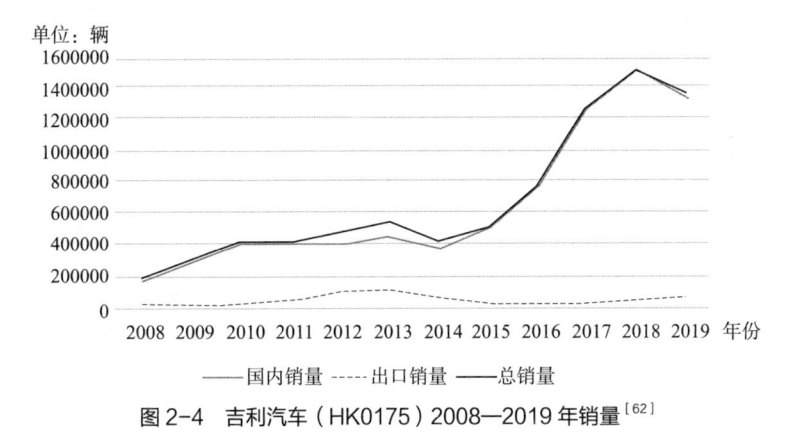

图2-4 吉利汽车(HK0175)2008—2019年销量[62]

注:该数据为吉利汽车公司销量,非吉利集团销量。

表 2-5 海尔标准建设的发展历程

阶段	时间	标准建设的内容
技术标准引领	1984	从德国引入了第一条冰箱生产线，并将德国的标准体系第一次引入中国，建立起 3724 项企业标准，覆盖设计、生产和质量控制等全流程
	1985	海尔砸掉了 76 台不合格冰箱，唤起了整个企业的质量意识
	1992.4	获得挪威船级社（DNV）认证组织 ISO9001 的国际认证证书
	2008	中国第一个自主创新、具有自主知识产权的家电 IEC 国际标准提案——防电墙热水器提案——正式进入 FDIS 阶段，实现中国企业在该行业 IEC 标准中"零的突破"
	2017	制定了行业首个《全空间保鲜电冰箱标准》，首次为全球统一了冰箱的国际标准测试方法
	2020.7	主导发布了首个 IEC 冰箱保鲜国际标准，这是中国同行业首个全新的国际标准。成为同行业唯一进入国际电工委员会市场战略局（IEC/MS-B）的中国企业，以及同行业唯一承担国际标准分技术委员会的中国企业
场景标准引领	2010	由海尔主导的《家庭多媒体网关通用要求》正式发布成为 IEC 国际标准
	2018	主导发布了全球首个人工智能（AI）白皮书；海尔在电气与电子工程师协会（IEEE）牵头成立智慧家庭、衣联网和食联网等 3 个工作组，主导开展 5 项场景国际标准制定
	2020.6	在 IEEE 牵头成立水联网工作组，主导制定水联网场景国际标准；主导发布行业内首个智慧厨房场景标准《T/CAS354.5-2020 基于大数据的智慧家庭服务平台评价技术规范第 5 部分：智慧厨房》
	2020.9	海尔水联网联合中国家电研究院发布了我国首个智慧浴室场景行业标准
	2020.9	发布了全球首个场景品牌"三翼鸟"，同时完成《智慧家庭场景设计与配置指南》国际标准提案立项草案的编制，提交给国际标准化组织（ISO）
生态标准引领	2018.11	在德国慕尼黑，海尔卡奥斯①牵头七国专家正式确定 ISO 大规模定制国际标准框架
	2020.9	美国管理会计师协会（IMA）联合海尔集团和复旦大学管理学院共同发布《共赢增值表——物联网时代的财务工具》，标志着全球首份物联网时代的财务工具报告诞生
	2020.9	参与发布《物联网生态品牌白皮书》，这是全球首个物联网时代的生态品牌标准，意味着全球企业生态品牌进化有"标"可依； 欧洲管理发展基金会（EFMD）发布了《人单合一计分卡认证体系》，这标志着海尔首创的物联网时代的商业模式"人单合一"模式，在全球复制推广有了统一标准和进阶体系

资料来源：本表根据公开资料整理制作。

① 即海尔 COSMOPlat，是海尔推出的具有中国自主知识产权、全球首家引入用户全流程参与体验的工业互联网平台。——编者注

华为通过学习世界领先企业的管理理念，不断实施管理变革，形成了独具特色的属于华为的管理体系，在市场竞争中逐步走到了世界的最前沿。20世纪90年代后期，华为完成产品线的延伸及客户群体的开拓，其市场在广度及深度上已有充分发展。但在快速扩张市场时，华为的研发系统却没有相适应的发展。串联的产品开发模式缺乏预见性与规划性，冗长的产品线滞缓于响应市场的速度，研发工程师忽视研发成果的商业转化，种种因素导致研发周期被拉长、交付能力被损害、市场效益被侵蚀，重重危机对华为未来的健康发展提出严峻挑战。

1997年任正非率高管团队赴美参访名企，旨在寻求突破组织管理瓶颈的方法。在年底访问IBM（国际商业机器公司）时，任正非深为其组织变革取得的发展所震撼，不禁将此时华为与彼时IBM的相似处境进行联系，意识到华为需要对产品开发系统做出根本改变才能提升企业的管理效率。回国后任正非发表文章《我们向美国人民学习什么》，借此强调华为面临的管理危机，并呼吁组织内部发起变革。1998年华为邀请IBM的顾问为华为拟定信息技术战略和规划（IT S&P）。IBM在调研形成的诊断报告中指出华为当时的问题和未来的危机，在初步建立合作关系的同时，更是明确揭示变革的迫切性与关键性，并提出IPD（集成产品开发）与其他信息技术项目和业务流程重组项目的计划。1999年2月，华为正式邀请IBM帮助其实施IPD变革。任正非和IBM的项目负责人共同担任顾问，主导变革指导委员会的重大决策，他自始至终地坚定推动变革的开展，对IBM的顾问团队进行充分授权，并表示IPD变革不会停止，会淘汰阻挠或无法适应变革的员工。

华为IPD变革基于逻辑分为三个阶段：先僵化，后优化，再固化。"僵化"分为内外两方面。一是组织对外要"僵化"地接受顾问团队的建议，克服企业对于变化的抗拒心理，以充分学习外部顾问的足够经验。华为IPD变革是中国企业穿"美国鞋"的探索实践，为确保组织接受所有可能的改变，任正非对学习改进的过程提出"削足适履"的方针，要求所有员工都聆听并遵循顾问专家的意见，并优先改变自身以适应 IPD 的执行。二是组织内部要"僵化"地模仿学习试点部门的成功实践，重点完成新系统的制度化，以降低变革的成本。2000 年 5 月，华为在无线业务部建立第一个试点 PDT（产品开发团队），随后又在宽带和传输业务部建立其他两个试点 PDT。在一年多的实验后，IPD 流程在三个试点均实现预期效果，随后渐进式地向整个研发系统推广；至 2003 年，华为所有产品研发都采用 IPD 流程。"优化"则要求企业根据实际情况调整组织实践。通过吸收外部知识重建组织系统，是在"去制度化"和"再制度化"中建立新平衡的过程。为推动外部知识与内部经验的整合以及组织系统的重构，任正非鼓励内部高管与外部顾问加强交流，并在 1998 年提出将自我批判精神视为组织进步的前提。从 1999 年到 2003 年，华为通过试点 PDT 收集大量数据，对 IPD 试行的每个细节进行反复讨论与优化，并在推广落地的过程中不断完善。经过试点项目的验证，2001 年华为推出 IPD 体系 1.0 版本，于 2002 年经过 50% 项目的试行推出 2.0 版本，至 2003 年 IPD 体系实现全线贯通，原先的中试部被分划职能而解散，组织完成新系统的重建。

最后，"固化"是建立制度化的体系以实现对变革标准化的控制。华为开发业务模板以及变革模板，接入配套的 IT 流程体系，以及使用变革进展评估（TPM）对持续的变革活动进行评价，终于形成了自己的独特变革管理体系，为"跟跑"到"并跑"直至"领跑"打下了基础。

中国情境的意义

日本科学史家汤浅光朝曾提出著名的"汤浅现象"，这是指当一个国家的科学成果数量达到或超过世界科学成果总量的 25% 时，这个国家就可以被称为"世界科学中心"。据此，可以将世界科学中心转移的历程分为五个阶段，分别是：1540—1610 年的意大利，1660—1730 年的英国，1770—1830 年的法国，1810—1920 年的德国，以及 1920 年以后的美国。各国科学活动的鼎盛期大约 80 年，汤浅光朝由此也预测美国世界科学中心的地位将会受到新兴势力的挑战。

2018年3月23日凌晨，中美贸易战打响了第一枪，时任美国总统的特朗普在白宫正式签署对华贸易备忘录，宣布将有可能对从中国进口的600亿美元商品加征关税，并限制中国企业对美投资并购。美国对中国加征关税的领域主要是《中国制造2025》计划发展的高科技产业，旨在遏制中国科学技术的发展。因此，中美贸易战背后是制造业之战，制造业之战背后是科技创新之战。而中美科技创新之战的根本起因就在于美国感受到了中国科技发展的威胁。

> **THE FRONTIER OF THEORY · 理论前沿**
>
> 中国企业正进入一个从"二次创新"向"一次创新"[①]加速追赶的阶段。
>
> 系统地研究中国特殊情境下的企业追赶和自主创新十分有意义并具有重要理论建构价值。

就中国自身来看，以海尔、华为、中兴、中集、阿里巴巴等一大批企业为龙头，通过技术二次创新或商业模式二次创新，在全球开放系统中逐步构建起"原始创新"的技术能力，中国企业正进入一个从"二次创新"向"一次创新"加速追赶的阶段。在中国企业迅速追赶并站到世界前沿的今天，以"创新"和"追赶"在我国现阶段发展中的特殊战略地位，系统地研究中国企业自主创新与技术追赶理论，有效加强企业自主创新能力建设，选择正确的创新模式与路径，推进中国企业的整体性技术追赶与提升，甚至实现跨越式的发展，进而带动我国经济的全面转型与升级，建设创新型国家和实现高质量发展，无论在基于中国实践的创新管理理论体系的建设与完善上，还是提供现实的创新战略指导上，均具有重大的理论与现实意义。而从世界范围看，研究中国特殊情境下的企业追赶和自主创新也是一个有意义并具有重要理论建构价值的问题。

第一，情境上的特殊性。中国企业的技术追赶是在特殊的"中国情境"下开展的，与西方发达国家和新兴工业化国家的技术追赶情境有本质区别。在西方发达国家情境下，企业通过原始创新站到了世界前沿，

---

① 有关"一次创新""二次创新"的内容详见本书第四章。——编者注

而在日本、韩国等新兴工业化国家情境下,企业通过模仿到创新实现了技术追赶。① 如今,中国企业的技术追赶是否还能用西方发达国家企业实践提炼的理论规律加以解释?是否又与日本、韩国等新兴工业化国家的追赶实践有本质的区别?对这些问题的回答不得不考虑"中国情境"的特殊性。西方发达国家企业崛起时所处的情境是政治制度稳定、技术体制完善、市场经济发达、全球网络尚未形成;而日本、韩国等新兴工业化国家企业崛起时所处的情境是政府主导追赶,技术体制决定企业研发,本国市场狭小主要面向欧美发达国家出口市场,全球一体化经济开始形成。中国企业的自主创新与技术追赶实践则在转型的"所有制制度"、多样化的"技术体制"、多层次的"市场空间"、新兴的"全球网络"四位一体的中国情境下开展,这决定了中国企业的自主创新与技术追赶理论的独特性和重要性。[63] 对中国企业技术追赶的研究必然要突出"中国式"技术追赶的特色。例如,中国作为特殊的大型后发新兴经济体,供给端的技术梯度(即存在连续的技术层级)以及需求端的市场梯度(即具备多层次的市场空间),使得中国企业面临着特殊的中国情境。[64] 以往的技术追赶只是强调技术层面,中国特色的技术追赶应该包括"制度+技术+市场+网络",甚至有些是从市场或者制度以及外围非核心技术先取得突破的。因此,对"中国式"技术追赶的多阶段性、多样性、多层次性和新兴性展开研究具有重要理论研究价值。

第二,实践上的引领性。中国崛起已经成为必须正视的现实,对于这样一个巨大的经济体在短短 40 多年实现了从"追赶到赶超再到超越追赶",其背后蕴含着的规律、路径与模式,对所有后发国家如何实现超越追赶具有丰富的实践指导和引领价值。21 世纪初,中国正式加入 WTO,借助全球化的浪潮再次实现超速增长。经历了 2008 年金融海啸的短暂下行,中国 2010 年的制造业 GDP 在全球占比超过美国,成为全球制造业第一大国。目前,随着中国经济增长速度逐渐放缓,企业发展

---

① 参见本书第一章。

也进入资源深度整合与结构再平衡的新常态,面对日渐消弭的要素成本优势,传统劳动密集型产业的竞争力正在逐步消失,中国企业实施创新驱动的转型战略已向高端价值链延伸,突破了关键核心技术的"卡脖子"枷锁,形成面向"无人区"的原始创新能力,建立全球性共享网络以实现创新资源的全球抓取、全球配置、全球优化,搭建全新的价值创造生态系统以应对高度不确定性环境中的机遇与挑战。中国追赶实践除具有鲜明的中国特色之外,同样具有被其他后发国家借鉴的普遍意义。中国企业所焕发出的创造力不仅成为中国经济发展的脊梁,成为世界经济发展的最大推动者,更应该为世界其他国家尤其是后发国家的企业提供学习样本。

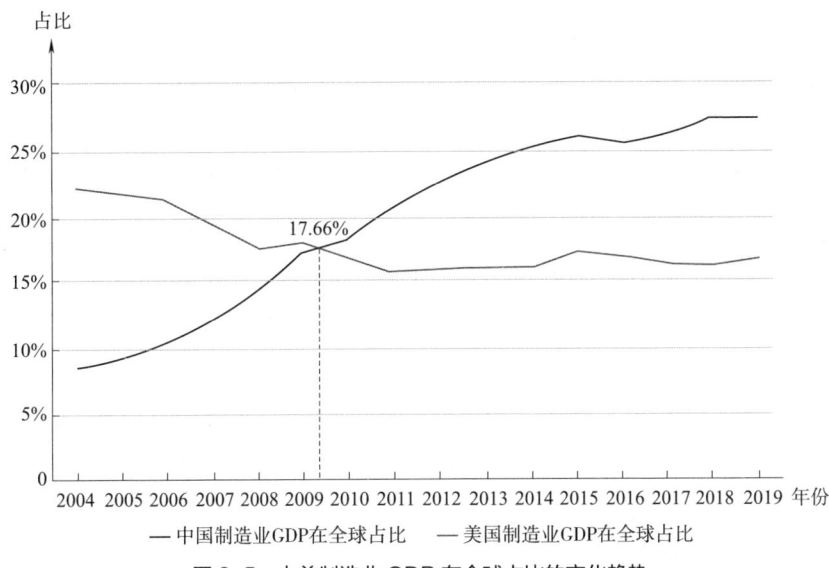

图 2-5 中美制造业 GDP 在全球占比的变化趋势

资料来源:根据世界银行相关数据绘制。

第三,理论上的创新性。西方发达国家主导的主流管理理论体系并不重视中国等发展中国家的企业实践。中国企业自主创新与技术追赶的巨大成就,要求并推动中国管理理论走到世界理论前沿,发挥重要的影响力。在中国企业实践获得巨大成功的背后,相应的理论贡献却未在国际主流管理学研究中得到体现,在国际学术界上也没有产生重大影响。这与当初日本、韩国等新兴工业化国家兴起后引发这些国家特定情境下重要管理理论的涌现,有着很大的区别。中国的技术创新管理理论研究起步于20世纪90年代,一批学者提出了许多创新与追赶的重要理论。这些理论体系得到了不断的完善与发展,并被广泛应用。但总体来看,中国的创新管理研究还有很长的路要走。例如,多是对国外理论的复制性研究,研究问题过于零散,缺乏系统化、体系化,缺乏重大理论贡献,概念的全球接受度不高,研究方法也比较单一。基于中国情境的研究将有助于弥补这一缺陷,研究具有中国特色的制度环境、技术体制、市场空间与全球网络情境下中国企业技术追赶的模式、机制及其演化规律,有助于提升我国管理学基础研究和理论的原始创新能力,推动技术创新管理领域的跨越式发展。通过提炼并总结中国情境下企业自主创新和技术追赶的特殊规律,同时上升到对发展中国家企业创新和技术追赶的普遍规律,将对全球广大发展中国家甚至世界经济的发展产生非常重大的影响,最终形成具有独特贡献并能影响世界的创新管理理论体系。

  后发国家的技术追赶得到了产业界、政府政策制定者以及国内外学术研究者的广泛关注。通过研究技术追赶的影响因素,为帮助实践者制定政策措施、提高技术追赶的成效奠定了基础。因此现有研究普遍关注对一般性影响因素的罗列。李根以韩国六大产业的技术追赶为例,分析了不同技术体制下不同行业追赶模式的差异,总结了路径追随式、路径跳跃式和路径创造式三种技术追赶模式,并强调了内部研发努力在技术追赶中的关键作用。[65]通过对中国台湾地区机械工具行业的研究,学者指出在低技术行业中,非正式的内部、外部联系在技术追赶中起到关键作用。[66]弗朗科·马雷尔巴(Franco Malerba)和理查德·纳尔逊(Richard Nelson)运用产业创新系统理论框架,对多个追赶中国家的六个行业进行比较案例分析,识别出影响追赶的普遍因素,包括企业的学习、能力的构建、教育和人力资源、外部知识的获取以及积极的政府政策等。[67]显然,这些研究所罗列的技术追赶的影响因素对特定的本土情境因素及其作用机制关注不够,使得研究缺乏系统性,研究结论也因此缺乏针对性。

此外,现有关于中国技术追赶的研究往往将西方情境或亚洲追赶情境下的研究理论直接运用于中国情境,而忽略了影响技术追赶的时代特征和中国情境的特殊性。如李根团队用根据韩国技术追赶经验提出的研究框架来分析中国电信行业,指出该行业实现追赶的三大关键因素:市场换技术战略,跨国公司子公司向本土研究联盟、本土企业的技术扩散,以及政府的产业促进政策。[68]国内学者对照"亚洲四小龙"的追赶经验,以中国彩色电视机行业的长虹和康佳为例,总结了中国企业追赶特有的五个关键因素:大量跨国企业的存在、国内企业的激烈竞争、巨大的国内市场,政府对国内市场逐步自由化和许多有远见的企业家。[69]尽管一些研究识别了中国企业技术追赶的一些特殊因素,然而这些因素与许多新兴经济体甚至发达国家还有很多类似之处,仍然忽略了中国本土情境因素的特殊作用机制。

从研究方法来看,关于技术追赶的研究以案例研究为主,也出现了一些定量研究。一些研究采用专利数据、劳动生产率等指标来衡量创新能力的水平,以此来检验影响追赶的主要因素。但这类方法不仅忽视了国家的特殊情境因素,也未能给出这些关键要素对技术追赶的具体作用机制。例如:韩国的研究人员采用韩国和中国台湾的美国专利数据分析了技术体制对技术追赶的影响,他们指出追赶更可能发生在技术生命周期更短、初始知识存量更多的行业,而在这类行业中追赶的速度取决于知识的独占性和可得性[70];并进一步检验了韩国相对日本的全要素生产率追赶的影响因素,发现追赶更易发生在那些技术更隐性、内嵌于进口设备和具有垄断性市场结构的行业。[71]以往关于电信产业的案例研究指出后发国家可以跳过固线电信系统阶段,直接在移动电信系统阶段实现追赶,但是黄春耀(Chun-Yao Huang)采用159个国家的面板数据分析发现后发企业在该技术轨道发生变化的行业追赶情形并不理想。[72]

还有个别研究采用仿真方法去探索技术体制与生产力追赶的关系。显然，相比关注情境嵌入的案例研究方法，定量研究方法很难注意到技术追赶中那些特殊的本土情境因素。

梦想点亮未来

自洋务运动以来，中国企业从没有停止向西方先进企业学习，从没有在巨大的技术差距面前失去希望，从没有放弃追赶，期待有一天我们能重新站在世界发展的前沿。在这个过程中，中国企业在技术追赶过程中不断推动技术成长。在漫长的追赶过程和不同阶段中，这种技术成长却有着完全不同的方式、路径和效果。

在洋务运动及民国时期黄金十年的建设中，中国企业初步领略了西方科学和技术体系，看到了西方的"船坚炮利"，体味到了落后必然挨打的痛彻心扉的教训，因而中国企业希望学习和掌握西方先进的技术，期望当我们自己也掌握了这些先进技术后将不必再受制于人。即使在抗日战争的民族危亡关头，中国企业也没有停止学习的步伐，这是一个中国企业充满艰辛地不断学习和模仿的过程。中华人民共和国成立后，在苏联援建的"156项工程"中，中国企业第一次完整系统地学习了西方工业的基础性知识和技术，完整的图纸和苏联专家的现场指导，使中国企业对显性知识和隐性知识的学习都有巨大的积累，为中国建设全球最为完整的工业制造体系打下了基础。这是一个中国企业孜孜以求地学习和模仿创新的过程。

20世纪70年代，在苏联援助之后的"四三方案"是新中国技术引进的第二个高潮。中国企业从西方引进成套设备的同时，也引进了很多技术专利。中国企业初次在西方知识产权体系之下开展技术学习和专利引进，对我国建立自主完备的工业化体系发挥了重要作用。改革开放以后，中国企业增加了对成套设备的引进，并通过与技术领先方办合资企业，希望实现"以市场换技术"。在这个过程中，中国企业在学习和模仿的基础上加强国产化，走"引进—消化吸收—再创新"的技术追赶之路。

21世纪以来，尤其是近十年，中国企业在消化吸收先进技术的基础上，结合中国本地市场的特定需求，对引进技术进行一定程度的衍化产品创新，以满足本地市场的特别需要。更为关键的是，中国企业能够运用自身形成的研发能力进行较重大的再创新，例如中国高铁就通过这种独特的路径走向了技术前沿。在中国企业创造性地开创属于中国企业的独特技术追赶路径过程中，最具有独特价值和意义的现象是，中国的一些领先企业实现了从跟跑到并跑到领跑的转变，实现了从"模仿"到原始创新的转变，例如华为通过3G技术的跟随，到4G技术的并跑，最终在5G阶段站在了通信技术的最前沿。

这是一个寄托着中华民族实现重新崛起梦想的技术追赶历程。120多年来，无数的中华儿女尤其是他们中的优秀分子，前赴后继，学习钻研，梦想着终有一天，中国企业能够自主拥有最先进的技术，中国的产品能够纵横国际市场，以企业的崛起支撑国家的崛起。而在这幅波澜壮阔的历史画卷背后，隐藏着中国企业实现追赶和超越追赶的特殊路径和极具价值的规律，隐藏着中国企业持续成长和基业长青的秘诀。

表 2-6 中国企业技术追赶的模式

阶段	干中学	模仿创新	"用中学"和国产化	二次创新	原始创新
时间	1873 年	1958 年	1973 年	1986	2015 年
案例	洋务运动中的福州船政局	156 项工程	"四三方案"中的项目	中兴	华为
案例中的技术/产品	开设很多车间，但凡船上用的东西，都有一个相应的机构：冶铁、造铁，指南针和响火炬；在这个过程中，通过雇用外国工程师和科技专家，指导中国工人在"干中学"。1873 年沈葆桢逐厂考核，要求中国工人自行按图制造，不许洋匠插手。从技术引进到模仿，最终到 1873 年实现了自己设计和生产上述设备和材料的能力。	苏联向中国提供机器设备、设计图纸、技术资料各种制品生产许可证等，从设计到制造都给予援助。在这个过程中，中方在很多项目上需要担负地质勘探、供按设计基础资料、选定厂址、制订设计任务书，担负 20%~30% 的设计工作以及 30%~50% 的设备制造任务，并依靠自己的人力、物力进行建筑安装、培养自己的专家和技术工人掌握生产。中方通过制度移植和技术模仿，实现了模仿创新。	"四三方案"中的设备引进，很多是用于我国企业原有设备的更新，如武汉钢铁厂轧机、南京钢铁集团、南京烷基苯等基地来厂的设备通过大规模引进，企业在使用新设备的过程中，结合国内的国产化设备配套，促进了企业的技术改造，引进了先进的管理理念。	在仿制香港怡富公司的 ESX-60 机型基础上进行重新开发。1987 年 7 月，ZX-60 小容量程控空分用交换机开发成功，这是中兴自主开发的第一个产品。在成功开发 ZX-60 的基础上，直接开发成功 500 门数字程控交换机，并沿着 "500 门用户机—500/1000 门用机—2500 门局用机—万门机"的产品轨迹不断突破。	早在 2009 年，华为就认为"5G 将成为未来数字世界的一项关键基础设施和技术平台"，因而确立了"5G 网络领跑者"的目标，对 5G 核心技术展开了超前研发布局。经过 6 年多的技术研发，华为在虚拟化无线接入、稀疏码多址接入、全双工、Massive MIMO、5G 毫米波系统等重点领域的核心技术都取得大量突破，拥有了 70% 的光传送领域核心专利、54% 的数字用户线路领域核心专利、30% 的 IP 领域核心专利，由此巩固了华为在 5G 技术领域的领导者地位。

第三章

从追赶到超越追赶

追赶中的创新

追赶是指落后国家通过努力缩小与领先国家的生产率和收入差距的过程。由于追赶过程涉及动机、战略、市场、制度、知识和技术等各方面的因素,追赶已经成为学者们观察落后国家或企业成长并走向前沿过程的一个独特视角,相关研究正蓬勃发展。这个研究视角拥有较为深厚的理论渊源,包括创新理论、经济学和新制度经济学、创新系统及创新生态等理论。

熊彼特创新理论

对创新概念最初的理解主要是通过技术与经济相结合的视角,探讨技术创新在经济发展过程中的作用。经济学家熊彼特 1912 年在著作《经济发展理论》中最早提出了"创新理论",强调生产技术的革新和生产方法的变革在经济发展过程中的重要作用。20 世纪 70 年代以来,弗里曼、克拉克、门施等学者验证并进一步发展了创新理论,这被称为"新熊彼特主义"和"泛熊彼特主义",对各国科技与创新政策产生了重大影响。学术界在创新理论的基础上开展研究,形成了丰富的成果,包括技术推动模型、需求拉动模型、相互作用模型等,构建起技术创新理论、全面创新理论和创新生态系统等理论体系。

根据创新理论，创新就是要"建立一种新的生产函数"，或者建立一个"生产要素的重新组合"，即把一种从来没有的关于生产要素和生产条件的"新组合"引进生产体系。而"企业家"的根本职能就是引进"新组合"实现"创新"，根本目的是最大限度地获取超额利润。所谓"经济发展"就是指整个社会不断地实现这种"新组合"，或者说经济发展就是不断创新的结果。熊彼特坚定地认为创新是经济发展唯一的根本来源，并指出"创新"的五种情况：第一，采用一种新的产品，或产品的一种新特性；第二，采用一种新的生产方法，但这种新的方法不需要建立在科学新发现的基础之上；第三，开辟一个新的市场；第四，掠取或控制原材料、半成品的一种新的供应来源；第五，实现任何一种工业的新组织，或打破一种垄断地位。这五个创新依次可以对应为产品创新、技术创新、市场创新、资源配置创新、组织创新或制度创新。

熊彼特创新理论强调创新是企业内生的。这种"创新"并非外部强加的，而是由于企业家追求超额利润，主动用新的方式重新组合当前的生产要素，打破旧的均衡，推动新方式在企业内运行，因而是从经济生活内部发生的。同时，创新是"革命性"的变化。创新具有突发性和间断性，因而理解创新必须采用动态视角。最后，创新必须包含发明的商业化应用，仅有新工具或新方法的发明并不能算作创新，创造新的商业价值是创新的本质规定。在这个过程中，企业家是创新的主体，其核心职能是推动并实现"新组合"，而企业家和企业家的才能才是实现企业超额利润的本质原因。

如果我们界定"追赶"为后发者与领先者在经济发展方面的"趋同"，包括经济追赶和技术追赶，那么创新应该是后发者追赶及实现赶超的必然要求。按照创新理论所强调的，创新是经济发展的本质理由，因此后发者需要积极主动通过内部生产要素的优化和新组合，不断积累技术能力，缩小与领先者之间的差距直至实现赶超。当然，早期的创新理论并没有说明上述追赶是如何发生的，以及追赶的具体方式和路径是什么。更重要的是,熊彼特的创新理论是在均衡状态下展开分析,强调创新的内生性。基于内生的创新固然是后发者实现赶超的一种模式,但事实上,追赶更关注对领先者成功经验的学习和技术引进。追赶特别强调开放性,当外部出现新的技术和新的市场趋势时,后发者的战略选择变得至关重要,很可能推动后发者实现追赶的跃迁。

创新扩散模型与先发优势

创新扩散理论由美国学者罗杰斯于20世纪60年代在《创新的扩散》(*Diffusion of Innovation*)一书中提出。罗杰斯认为创新是"一种被个人或单位视为新颖的观念、实践或事物"[1],而创新扩散是指创新以一定的方式随时间在社会系统的各成员间进行传播的社会过程,包括了解、兴趣、评估、试验和采纳等五个阶段。创新扩散模型本质上是对采纳创新的各类人群进行研究归类。该模型的基本思想是,当创新出现时,一部分人(或组织)会比另一部分人(或组织)更愿意采纳创新。因而,罗杰斯把人群分为创新者、早期采用者、早期大众、后期采用者和迟缓者(如表3-1所示)。

表3-1 创新扩散理论中的人群类别

类别	描述
创新者 (innovators)	勇敢的先行者,积极推动创新,在创新交流过程中发挥重要作用
早期采用者 (early adopters)	受人尊敬的公众意见领袖,乐意引领潮流和尝试新鲜事物,但行为谨慎
早期大众 (early majority)	有思想且行为较谨慎的人群,较之普通人偏向愿意和较早接受变革
后期采用者 (late majority)	对创新持怀疑态度的人群,只有当社会大众普遍接受了新鲜事物时才会采用
迟缓者 (laggards)	保守传统的人群,因循守旧且对新鲜事物吹毛求疵,只有当新的发展成为主流甚至传统时,才会被动接受

资料来源:《创新的扩散》。

如图 3-1 所示,创新扩散过程可以用一条 S 形曲线来描述。创新扩散过程存在两个关键节点。一是临界点(图中 CR),如果没有达到临界点,创新扩散往往就失败;如果达到了临界点,该创新进一步扩散则进入相对稳定阶段,出现自我维持的能力。二是边际效应由递增变为递减的转折点,若整个扩散持续时间为 T,一般情况下,变化时间点在 T/2 处。在创新扩散早期,采用者很少,扩散速度也很慢;当采用者逐渐扩大到人群的 10%~25% 时,扩散速度则迅速加快,即进入了创新扩散的"起飞期";当接近饱和点时,曲线则形成拐点,扩散速度进入减缓阶段。早期采用者就是愿意率先接受和使用创新事物并愿意为之承担风险的那些人。这些人不仅对创新初期的种种不足有着宽容的态度和较强的忍耐力,还倾向于对其他人展开"游说",使之接受以至采用创新产品,推动"起飞期"的来临。罗杰斯认为,只有当创新扩散比例达到一定的临界值,扩散过程才能"起飞"进入快速扩散阶段。在现实中很多创新在社会系统中最终只能扩散到某个百分比。当系统中的创新采纳者再也没有增加时,该创新扩散则到达了饱和点,即最终的创新采纳者数量或创新采纳者比例。

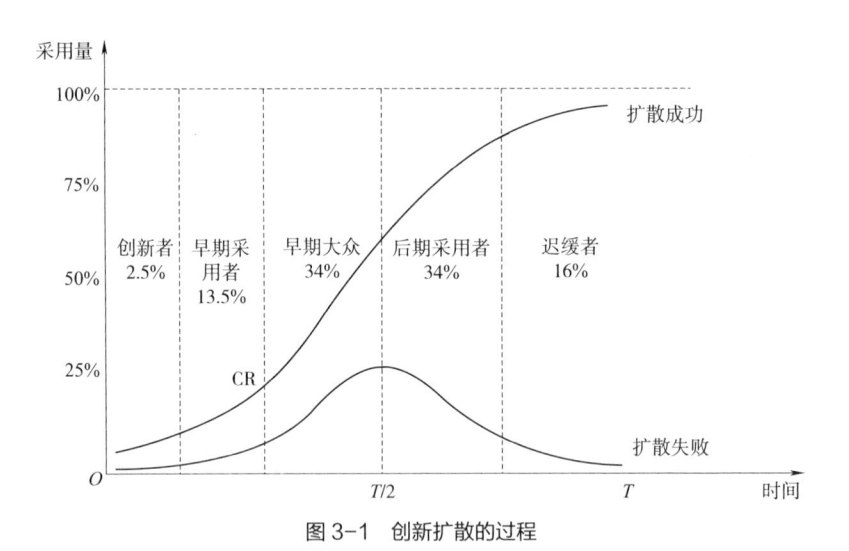

图 3-1 创新扩散的过程

罗杰斯的创新扩散理论说明，促进创新采用的最好方法是，首先积极吸引乐于接受新事物并愿意冒风险的人，找到创新的早期采用者。在创新扩散过程中，依据当前的创新采纳者比例可以估计未来创新扩散的趋势。创新扩散总是通过一定社会系统中的社会网络进行，因此影响创新扩散过程的四个关键因素是：创新者、扩散路径、时间及社会体系。

罗杰斯的创新扩散模型仅是扩散模型中的一种，除此之外还有各种模型用以描述技术扩散的情形。比较知名的还有美国管理心理学家弗兰克·M.巴斯（Frank M. Bass）提出的"巴斯扩散模型"（Bass Diffusion Model，见图3-2），主要应用于对新产品和新技术需求的预测。巴斯扩散模型的优势在于能够用简单的量化方式有效评估新技术的扩散，其意义在于它提出市场动态变化的量化规律，为企业在不同时期对新技术扩散的变化趋势做出科学有效的估计。

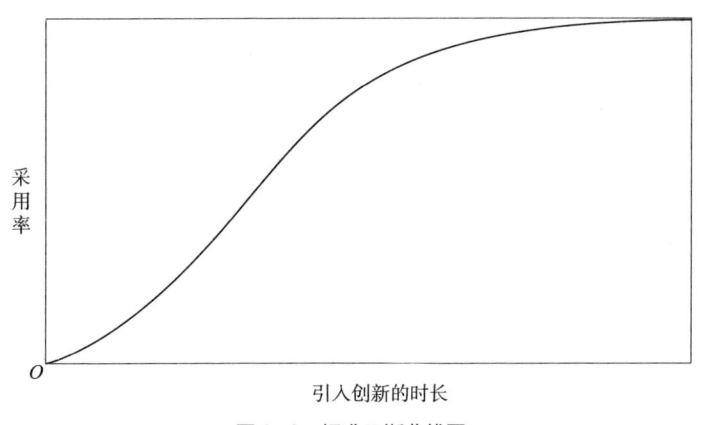

图 3-2　标准巴斯曲线图

罗杰斯和巴斯的扩散模型都说明，在创新扩散过程中，早期采用者为后来技术的快速扩散做了必要的准备。这个初期弱小的群体能够在创新扩散中发挥很大作用，不但对并不完善的创新具有宽容的态度，更能吸引和劝说其他群体接受创新，这对创新者而言具有非凡的意义。但只有采用者积累到一定的程度，才能进入快速扩散阶段。若采用者无法积累到某个临界值，可能意味着该项创新不具有在市场上推广的商业价值。

罗杰斯和巴斯的扩散模型同样没有解释追赶的动机，以及追赶的方式和路径，此外，扩散模型更没有指出创新在扩散过程中最终是否能够"起飞"或成为市场上的主导设计，这受到包括市场、技术、制度和政策等多种内外部因素的复杂影响，而绝不仅仅取决于技术创新本身。

在罗杰斯和巴斯的扩散模型的基础上展开进一步分析，可以发现上述过程对后发者追赶至少有两个启示。其一，当某项创新扩散已经进入增长的拐点而放慢扩散速度，意味着市场上主导设计的产生，这时后发者赶超的最佳机会已经失去。因此，创新扩散过程包含了后发者进入的机会窗口[①]，只有具备抓住机会窗口能力的后发者，才有赶超的可能。否则，失去机会窗口仍然进入市场，后发者很可能陷入"落后—追赶—再落后"的循环。其二，创新扩散过程还隐含这样一种可能，一些企业可以早于其他市场主体认识到某项创新的商业价值而积极成为"早期采用者"和市场推广者，这些企业在创新扩散快速成长的"起飞期"就具有先发优势，从而实现基于先发的竞争优势。当然，事先并无可能明确知晓某项创新是否能够成为市场主流并产生足够大的商业价值，抢先采纳该项创新可能包含巨大的风险。

新结构经济学与后发优势

传统的比较优势理论强调资源禀赋的相对差异，并由此得出贸易和产业发展的基本策略。在比较优势理论基础上，林毅夫进一步分析了发展中国家产业升级的路径与模式，认为后发国家可以基于要素禀赋的动态变化，学习先进国家技术，发挥政府在产业升级中的积极作用来加速技术变迁，从而使经济发展得更快。林毅夫的主要观点和理论体系被称为"新结构经济学"，认为后发国家可以依据动态的比较优势构建起

---

① 本书将在第七章对"机会窗口"展开细致的分析。

"后发优势"。

理论前沿 THE FRONTIER OF THEORY

新结构经济学认为，后发国家应该遵循比较优势，循序渐进地实现产业升级，而非直接模仿发达国家资本密集的产业结构。但更重要的是，后发国家和企业必须适时突破比较优势的约束，积极创造新的技术范式和新的商业模式，实现超越追赶。

新结构经济学的产生源于对后发国家追赶实践的观察。一方面，近一个世纪以来，仅有少数发展中国家和地区实现了向发达国家和地区的跨越，绝大多数发展中国家和地区在发展、追赶中落入了"中等收入陷阱"，或者仍在贫穷线徘徊。这种现象背后一定存在某种规律。另一方面，很多追赶中的后发国家认为发达国家的产业结构是合理的，这是发达国家成为发达国家的基础。因此，发达国家的产业结构是这些国家努力学习和模仿的对象。如"大跃进"时期，中国重点发展重工业，而重工业所需的大量资本正是当时中国所缺乏的，在新结构经济学看来，这属于不顾自身的比较优势。事实上，当时的中国在利率、汇率、城乡二元结构等许多方面进行了有利于重工业的制度安排，这种做法一定程度上造成了资源配置的扭曲。[2] 显然，产业结构的形成和构建应该与每个国家自身的资源禀赋密切相关。

因此，林毅夫倡导的新结构经济学认为，后发国家应该遵循比较优势，循序渐进地实现产业升级，而非直接模仿发达国家资本密集的产业结构。新结构经济学对此的分析是从一个基础性概念——企业自生能力——展开的。企业自生能力是指一个企业通过正常的经营管理预期，能够在自由开放和竞争的市场中赚取社会可预期正常利润的能力。自生能力是根据一个企业的预期利润率来定义的，是一种潜在的能力，也是一种自组织与内创新能力以及资源整合的能力。基于自生能力，企业能够基于产业链中某些环节或节点的比较优势而获利。新结构经济学进而认为，企业是否拥有自生能力，取决于企业是否遵循比较优势开展经营活动。而企业采用的生产要素的丰裕程度决定了企业的比较优势，即企业的比较优势与本国的要素禀赋相关。也就是说，一个国家的产业结构内生于其要素禀赋结构。后发国家资金相对充裕且劳动力相对便宜，决定该国竞争力的是劳动力相对密集的产业。比如，当一个国家劳动力相对丰富但资本稀缺时，当地企业从事劳动密集型的产业在市场上就会有竞争力，而从事资本密集型的产业则没有自生能力，但这并不是说后发国家只能生产劳动力密集型的产品。对一个国家而言，选择产业区段中哪一种产品很重要，比如信息产业总体上资本密集度很高，但至少可以分成四个区段：R&D、生产芯片、零部件和组装，这四个区段的资本密集度是逐渐降低的。很多产业都有这个特点。因此，一个国家到底要在哪个产业和哪个产业区段发展，依据就是所在产业需要的要素禀赋。

同时，一个国家的要素禀赋同样具有动态性，有效的市场将持续反映一个国家的要素禀赋水平。如果某个市场上劳动力较丰裕，企业应该以此为比较优势开展经营。当这种经营活动通过推动资本积累的速度，使得资本超过相对于劳动力的丰裕程度，要素市场上资本的相对价格会不断下降，而劳动力的相对价格会不断上升。这时企业会依据市场的价格信号来调整经营方式以改变要素投入比例，更倾向于资本密集型而减少劳动力的投入，从而可以继续依据改变了的要素禀赋结构保持比较优势。在新结构经济学看来，当前很多劳动密集型产业的升级和在不同地区间的转移，其内在的逻辑就是要素禀赋结构发生了变化。当然，要使企业能够及时准确地通过价格信号捕捉到要素结构的变化，就要有一个公平公正、能准确反映要素相对价格的要素市场，而这样一个有效市场的存在，在新结构经济学看来，需要一个"有为政府"在解决市场信息不对称和提供基础设施建设等方面发挥作用。因此，新结构经济学强调"有效市场"和"有为政府"的共同作用。

前述有关产业结构升级，新结构经济学认为发达国家产业结构的进一步升级主要依靠基础研究和前沿技术的创新，具有探索的性质，因而存在不确定性和较高的风险。而对于新兴国家或后发国家，则可以通过学习要素禀赋结构类似的发达国家产业发展的模式，依据这些国家的产业发展方向和路径进行产业升级，从而极大地降低后发国家产业升级的投入，也能够缩短所需的时间。同时，发达国家的创新往往会以比较优惠的价格普及开来，后发国家可以在短期内享受到这项创新带来的好处，而不需要前期的研发投入。因而，后发国家可以利用后发优势以更少的成本实现产业升级和结构优化，以更快的速度向发达国家靠拢。

综上所述，新结构经济学认为，后发国家的企业若从事符合该国比较优势的产业，并根据要素禀赋结构的动态变化持续优化，学习发达国家产业发展的技术、经验和模式，能够实现相较于发达国家更快速度的经济发展，这就是所谓的"后发优势"。新结构经济学因而也认为，二战后亚洲出现的经济快速增长被称为"亚洲奇迹"，原因就在于这些国家引进国外技术，并在使用过程中模仿、学习以及不断改进，借此推动经济快速发展，尽管基本上没有几项新技术是由这些国家发明的。也正是因为"后发优势"的存在，中国发展具有光明未来就拥有坚实的理论和逻辑基础。

分析新结构经济学的观点，可以发现其强调一国的经济发展应该考虑三方面的因素。第一是生产要素。生产要素是影响一个国家或地区经济水平的决定因素。第二是产业结构。即使不增加生产要素的总量，只要将生产要素从附加值比较低的产业转移配置到附加值比较高的产业，经济总体水平也会提高。第三是技术水平。在特定的生产要素和产业结构水平下，技术水平将发挥关键的作用。显然，在上述三个方面，技术水平是最关键的因素。

新结构经济学在强调市场因素比较优势的同时，也强调产业政策对于后发国家产业成长的重要性。一般而言，新结构经济学适用于后发国家旨在提升生产能力的早期追赶阶段，同时新结构经济学也低估了后发国家在追赶过程中抓住范式转变带来的机会窗口主动创造新范式的可能性，未将"创新"作为一个重要的内生变量给予足够的重视，未将"创新"这个重要的因素纳入分析范畴。如果后发国家一直遵循比较优势发展自身的产业，事实上并不利于追赶后期技术能力的积累，反而可能囿于固定的技术轨道，跌入"追赶的陷阱"无法自拔。对于后发国家和后发企业，追赶早期需要充分利用比较优势，但必须适时突破比较优势的约束，积极创造新的技术范式和新的商业模式，实现超越追赶。

后发优势与后发劣势

先发优势还是后发优势

近代自然科学是以天文学领域的革命为开端的，完成了"日心说"到"牛顿三大定律"的跨越。经典力学等近代科学体系的建立与完善推动了力学、地质、机械等学科的全面发展，为工业革命奠定了坚实的基础。迄今为止人类社会发生的三次由科学技术引领的工业革命（见图3-3），每一次都极大地改变了人类生产生活的方式，并推动了全球格局的深度重塑。

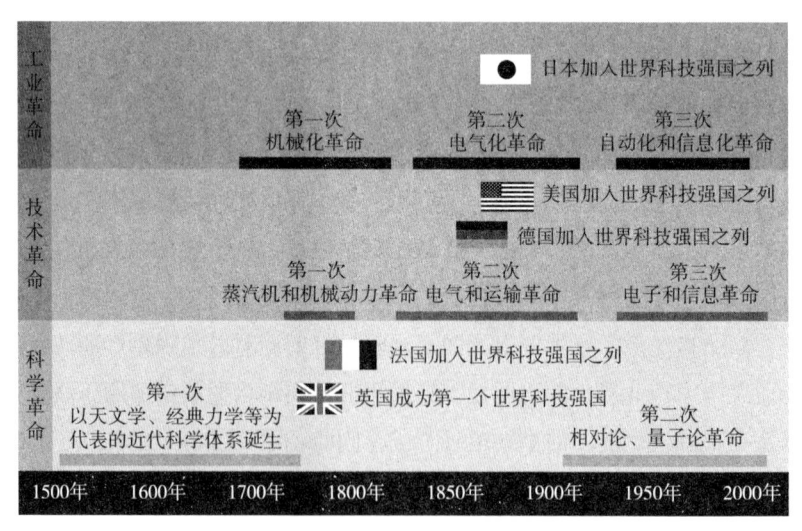

图3-3 科技、工业革命与科技强国崛起历程

资料来源：《科技强国建设之路：中国与世界》[3]。

18世纪60年代，源于英国的第一次机械化工业革命，蒸汽机和机械动力的广泛应用从根本上颠覆了传统的生产方式和社会的劳动分工，开启了人类的工业文明历史。1776年，第一台商业性的蒸汽机从英国索和工厂出厂并投入生产。蒸汽机在工业中的应用结束了人类生产对畜力和人力的依赖，人类历史上第一次实现了机械化代替人力的极大延伸。蒸汽机的出现，不仅极大推动了英国纺织业的进步，而且推动、造就了冶金业、采矿业和机械制造业的繁荣，促成了蒸汽轮船和火车，甚至汽车和飞机的发明。英国的经济发展和社会生活发生了翻天覆地的变化。19世纪50年代，英国取得了世界工业和国际贸易的垄断地位，成为当时真正的"世界工厂"和世界经济霸主，一跃成为全球第一个科技强国。与此同时，法国也在第一次工业革命的浪潮中迅速崛起。1789年爆发的资产阶级革命扫除了法国的封建障碍，资本主义工业开始迅速发展，使法国成为当时除英国以外工业最发达的国家。

19世纪70年代至20世纪初，内燃机的发明标志着第二次工业革命的到来，能源的即插即用在电气自动化时代成为现实，电灯、电车、内燃机车、内燃机轮船等一系列颠覆式创新如雨后春笋般冒出，人类社会进入第二次电气化工业革命。美国、德国等国家在第二次工业革命中相继加入世界科技强国之列。美国紧抓第二次工业革命的发展机遇，快速调整制造业结构，大力推动科学技术的研发。20世纪初期，美国的机器制造代替棉纺织成为增加产值最大的制造业部门。1937年，美国企业投入的研发费用是1.75亿美元，联邦投入7200万美元，远远高于英国的研发投入。美国已从19世纪初期英国科研技术的借鉴者变成了世界领先的科研技术创新者。德国采用第二产业带动型的产业结构模式推动了工业的快速发展[4]，产业结构朝着第一产业比重不断下降、第三产业比重不断上升的方向发展变化。

20世纪50年代以来，全球爆发第三次自动化和信息化工业革命，从信息技术进入社会到互联网广泛应用，推动经济迅速发展，将人类社会推向新的高度。知识的即取即用是这一时期的主要特征。20世纪

60年代起，日本开始从"贸易立国"转向"技术立国"，政府对基础研究、高技术应用等加大引导和支持。1980年，日本政府确立了"技术立国"战略，积极推动制造业结构从劳动密集型和资源消耗型向高附加值的知识密集型转化，推动了日本以机械工业为核心的制造业的迅猛发展。1980年日本汽车产量超过美国居世界第一，1982年日本机床年产量达到世界第一，1983年日本机械工业出口超过美国居世界第一，半导体和集成电路等新兴制造业也取得了巨大发展，日本成为新的"世界工厂"。韩国走出了一条与西方模式不同的现代化道路，被西方学者称为"第三种工业文明"。1982年，韩国加速由资本密集型产业向知识密集型产业转换，以发展研究知识型产业、高级组装型产业为主，逐步形成了以电子、汽车、船舶、石化、钢铁和机械制造等产业为代表的制造业体系。1999年，韩国首次超越日本成为世界第一造船大国。日本、韩国、新加坡等一批新工业化国家（地区）在第三次工业革命中崛起，尤其日本跻身世界科技强国之列。

总结人类社会由科学技术引领的几次工业革命可以发现，每一次工业革命都提供了让后发国家追赶成为世界强国的机会窗口，工业革命的历程就是一个后发国家不断追赶实现赶超的过程。追赶始终是后发国家发展的核心命题，为了实现从追赶到赶超，后发国家运用不同路径，在技术、市场和体制等各方面做出各种努力。历史上一些国家实现了赶超成为科技和经济强国，比如20世纪50年代至90年代德国和日本在经济和科技方面追赶美国，20世纪60年代中期澳大利亚在人均GDP方面超越英国。尽管总体上这样的例子不多，但也促使很多学者关注"先发优势还是后发优势"的问题。[5]事实上，这不是问题的本质与核心，真正的命题在于：怎样可以赢得后发优势？正确理解这一命题，才是后发者实现赶超的关键。

从技术发展规律的总体特征来看，后发者是以从领先者（发达国家）引进技术为技术发展的最主要源头。新结构经济学也强调技术引进对于"后发优势"的重要性。那么，技术引进是否一定能让后发者实现技术赶超呢？事实上，技术引进并不能自动地使差距缩小。在众多发展中国家普遍存在着"引进—技术差距暂时缩小—技术水平停滞在原引进水平上—差距再次拉大—再次引进"的现象，而且由于不能形成再生和发展的能力，加之资金、人才的匮乏，甚至就连这样的循环也难以为继。据不完全统计，自1979年至1990年，中国成交的技术引进项目总金额约302亿美元，其中通过中央外汇安排的项目约7000项，金额约171亿美元。[6]但由于缺乏能提升自主研发能力的关键技术，同时由于部分引进设备的质量和水平不高，导致当时的引进未能明显缩小中国技术与世界领先技术之间的差距。

通过技术引进培育本国的技术能力进而赶上世界发达水平，即最终实现"后发优势"，必须满足的前提是，后发国家引进技术后实现比技术输出国更快的技术发展速度。对后发国家而言，这是一个具有极大挑战的命题。

中等收入陷阱

从历史上看，后发国家在追赶和实际发展中都会面临一系列复杂的经济、社会、技术和制度等方面的挑战。"中等收入陷阱"就是后发国家在追赶过程中面临这些挑战后的一个特殊阶段。"中等收入陷阱"是指人均GDP为3000~10000美元的中等收入国家在迈向人均GDP 10000美元以上的高收入国家行列时，由于经济发展中的各种问题，包括经济增长内生动力不足，经济发展方式转变困难，长期的社会矛盾集中爆发且难以协调，最终导致经济发展进入徘徊停滞期。[7]如何避免落入"中等收入陷阱"，是后发国家实施追赶面临的严峻命题。

巴西是陷入"中等收入陷阱"的世界性典型。20世纪中期，巴西的国内生产总值年均增长超过10%，被称为"巴西奇迹"。到了70年代，巴西即成了中等收入国家，但这个增长势头并没有保持下去，它一直没能进一步发展为高收入国家。2011年，巴西的人均国内生产总值首次突破10000美元，达到10720美元，日益接近但终归没能突破高收入国家标准下限,即 12476 美元。巴西 2010 年经济增速为 7.5%,2014 年为 0.2%,2015 年为 2.26%,2016 年经济持续萎缩,同时国家债务高达 GDP 的 70%。学者们普遍认为,巴西目前仍然未显示出能够走出"中等收入陷阱"的趋势。

巴西像其他大多数拉美国家一样,从 20 世纪 30 年代开始实施"进口替代"战略,一方面希望保护和扶持民族工业的发展,更重要的是希望提高本国经济独立的能力。"进口替代"战略依托政府的干预和保护,减小了来自外部的冲击,刺激了本国工业生产和市场需求,在短时间内使巴西经济的表现令人瞩目,例如经济增长开始恢复,工业化进展顺利和制造业部门工资快速增长。但从 20 世纪 80 年代到 21 世纪初,如图 3-4 所示,巴西经济迅速衰退,增长乏力,基本处于相对停滞状态,不仅落后于世界平均水平,也低于同期拉美地区的其他国家。

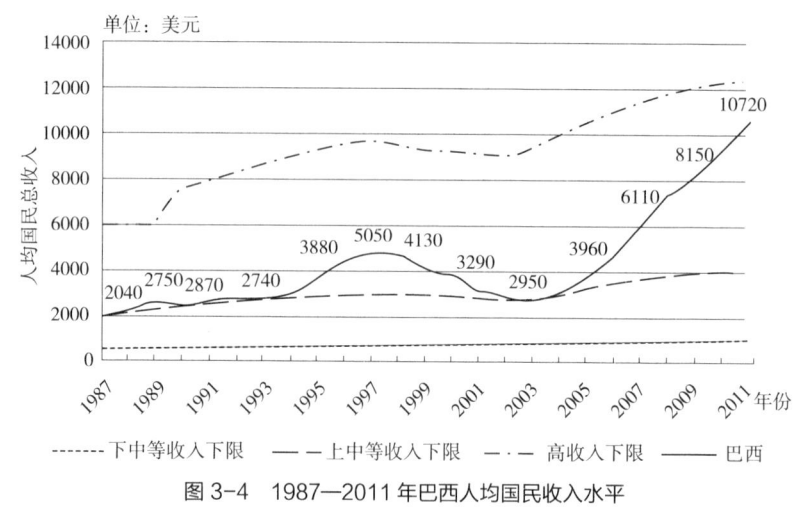

图 3-4 1987—2011 年巴西人均国民收入水平

资料来源:转引自齐传钧(2013)[8],数据来自世界银行。

有研究发现,拉美地区的情况不像东亚国家在经历 20 世纪 80 年代的经济崩溃后的表现,就业并没有受到太大影响[9],因此无法用劳动投入变化对拉美地区在 20 世纪 70 年代后期出现的经济停滞做出有力解释。也就是说，这段时间巴西经济增长的相对停滞绝非人口结构变动导致的，而更多是经济效率下降的结果。中国社科院的齐传钧基于已有研究[10]，精确地测算了巴西在这个时期的全要素生产率。他的研究如表 3-2 所示：从 1960—1980 年，巴西 GDP 增长率平均高达 7.2%，劳动、资本和全要素生产率分别贡献了 2.1、3.1 和 2.0 个百分点；但是，从 1981—2002 年，巴西 GDP 增长率下滑到平均 1.8%，其中劳动、资本和全要素生产率分别贡献了 1.5、1.4 和 -1.1 个百分点。可以看出，后一时期 GDP 增长率大幅度降低了 5.4 个百分点，但各个生产要素对巴西 1980 年后出现的经济衰退的影响不同。具体来说，劳动投入只造成 GDP 增长率下降了 0.6 个百分点，资本投入导致 GDP 增长率降低了 1.7 个百分点，而全要素生产率却解释了余下的 3.1 个百分点。[11]

表 3-2　不同时间段各要素对巴西 GDP 增长率贡献分析

时间段	GDP 增长率（%）	各要素对 GDP 增长的贡献（%）		
		劳动	资本	全要素生产率
1960—2002	4.3	1.8	2.2	0.4
1960—1980	7.2	2.1	3.1	2.0
1981—2002	1.8	1.5	1.4	-1.1

资料来源：根据齐传钧（2013）整理。

除了从经济学视角分析巴西的"中等收入陷阱"议题，从一些具体案例进行分析可以得到一些更为鲜活和具体的事实。巴西汽车产业的发展历程很好地诠释了"中等收入陷阱"。巴西的汽车产业发展基础薄弱，政府通过积极引进外资、引进国外技术，没有投入太多资金便借助跨国汽车公司的力量使汽车产业迅速崛起，并带动相关产业的发展，使巴西从一个落后的农业国迅速走向先进的工业国，成为二战后经济发展较快的发展中国家之一。从 1919 年开始，巴西允许外资在国内建立汽车装配厂，但只能从事汽车装配，且绝大部分零件进口。1956 年，巴西政府确定了"引进外资发展本国汽车工业"的战略目标,不仅允许外国汽车企业到巴西投资建厂生产汽车,而且允许国外车企100%控股,还豁免外资企业的进口税,免征外资在巴西新建企业第一年的销售税,并为外资企业提供优惠贷款等。在这样的政策刺激下,1950—1980年,通用、大众、福特、菲亚特先后在巴西建厂。引进外资为巴西汽车工业的腾飞和实行一体化生产赢得了时间,在短时间内形成巨大的生产能力。在大量引进外资和"进口替代"战略的推动下,巴西汽车工业取得了长足的进步,从完全依赖进口,逐步建成了一个门类比较齐全、具有相当竞争能力的一体化生产部门,为国内经济发展和对外出口做出了重要的贡献。1957年,巴西汽车产量仅3万辆;1978年,突破100万辆;1980年达116万辆;2005年为245万辆;2013年,巴西汽车产销量超过360万辆。[12]巴西成为继中国、美国、日本之后的第四个汽车生产大国。

然而,巴西政府采取的是完全依赖外商的"完全开放型"模式,在汽车产业发展和对外资的利用过程中"只求所在,不求所有",虽借助外商的资金、技术、管理经验、国际营销渠道等资源发展了本国汽车产业,却仅仅满足于成为跨国公司某些产品的地区性生产基地和跨国公司全球战略的重要组成部分,不追求建立民族汽车产业体系和发展自主品牌。"进口替代"一方面提高了汽车工业的本地化水平,并形成了较完整的工业体系,但另一方面也使国内企业缺少进一步研发技术、生产更好汽车的积极性。同时,巴西民族企业多为中小企业,缺乏国际竞争力,并不具备自主研发的能力,巴西的民族企业逐渐被排挤到维修配件市场上,相继退出了整车生产的舞台。到2004年,巴西仅有Agrale(生产中、重型货车)一家企业拥有民族品牌,其乘用车工业则全部被外资企业占据,民族汽车品牌的产量仅占其全部汽车产量的0.24%。[13]目前,巴西的汽车工业主要掌握在跨国公司手中,技术和市场都被垄断,成了没有自主产权的世界汽车加工厂。

无论是宏观经济层面的分析还是具体到汽车产业的分析都可以发

现，巴西引进技术后并没有实现比技术输出国更快的技术发展，这也是巴西全要素生产率对 GDP 贡献率降低的根本原因。

当然，学者们对"中等收入陷阱"这一概念涉及的内容并没有一致的看法和结论，甚至很多学者对于是否存在"中等收入陷阱"也提出了疑问。另外，一个国家的经济发展水平仅以人均收入为指标展开评价，似乎也不够全面和科学。然而无论如何，很多后发国家在追赶过程中遇到了在一定水平阶段的停滞现象，因此"中等收入陷阱"的挑战可作为深入探讨的一个好的出发点。

技术追赶中的两类陷阱

对于为什么后发国家在技术引进后并没有实现比技术输出国更快的技术发展，或者后发国家在技术追赶中都面临什么样的"陷阱"，学者们进行了大量研究。总结来看，后发国家在技术追赶中面临的陷阱，可以分成"能力型陷阱"和"投资型陷阱"两类。

> 在渐进性技术追赶过程中，如果落后企业不能实现技术创新能力的提升，会落入"能力型陷阱"。
>
> 在突破性技术追赶过程中，落后企业若沿着旧范式的技术轨迹进行改进，当范式发生转变时，落后企业会掉入"投资型陷阱"。

能力型陷阱

如果一种技术范式在市场上存在的时间足够长，随着技术发展进入成熟期，技术发展轨迹将逐渐逼近极限。这时技术领先者的技术机会越来越少，技术开发变得越来越困难，技术开发的边际产出也越来越少，最终导致技术发展越来越慢。这时后发企业可以通过引进领先企业的成熟技术，避开技术领先者的技术和市场风险，从而可以在节省技术开发投入的有利条件下，通过几次技术引进、消化吸收和改进的循环，达到技术领先者的技术水平，实现技术追赶。

这类技术追赶一般发生在传统成熟技术上，带有很强的线性特征,即具有累积性、逻辑性和可预见性等特征,称为"渐进性技术追赶"。[14]如我国的彩色电视机、冰箱和洗衣机等家电就是在技术引进的基础上开展二次创新获得了后发优势。但是,在渐进性技术追赶过程中,如果落后企业没有充分利用成熟期技术演进缓慢的特点加速引进技术的消化吸收,不能实现技术创新能力的提升,那么当技术沿着技术轨迹上升时(尽管在成熟期技术演进速度较慢,但是技术仍然呈不断发展之势),其技术水平和创新能力必然跟不上技术发展步伐,这时就会出现"引进—落后—再引进"的恶性循环,即落后企业掉入了"能力型陷阱"。[15]因此,当企业利用全球化机会,实施渐进性技术追赶时应避免能力型陷阱,需要在技术引进的基础上,加强资源的积累和技术的消化吸收,尽可能在较短的时间内提升自身的技术创新能力。

我国企业在引进先进技术的历史上,也有落入能力型陷阱的例子。例如,大化肥厂的建设是"四三方案"的首要项目之一,同时也最能反映该时期出现的引进盲目性问题。一方面体现为对引进项目的评估不够充分。1974年,对最初引进的13套大化肥设备的项目审定不够充分,部分设备质量不过关或技术不成熟,如广州、南京、安庆的三套大化肥设备,其中的关键设备是质量不过关的试制品,经过长时间的试车和多次的拆修,仍不能达到合格的标准。另一方面,没能在引进技术的基础上消化吸收并形成自己的能力。在大化肥的引进项目中,只注重成套设备的引进,却未能充分引入设备的使用和维修方法、工艺流程、设计工艺等技术。在1974年引进13套设备后,由于没有引进设备的制造技术,在设备出现老化或其他问题时,我国相对落后的机械制造水平无法满足同类设备的维修或制造,只能向外重新引进,于1978年再次引进4套,1980年、1985年又引进3套[16],明显陷入了"引进—落后—再引进"的不良循环。而彼时罗马尼亚只比我国早一年引进大化肥设备,但他们引进了所购设备的制造技术和翻版权,并快速掌握了设计和制造的技术。至1978年,罗马尼亚完成7套设备的翻版制造,并向我国出口。

投资型陷阱

当技术发展突破原有的技术范式，出现新的技术发展轨迹时，将在很大程度上摧毁领先者多年苦心建立起来的优势。由于技术领先者存在技术的路径依赖性，这使其转换成本很高，同时蒙受更大的损失。后发者则没有这样的成本负担，所以可以利用这一技术跃迁带来的机会，跳过旧的技术范式直接紧随新技术范式而实现技术追赶，这类追赶具有很强的非线性特征，即跳跃性、随机性和不可预见性等，被称为"突破性技术追赶"。如我国巨龙、大唐等一批从事通信装备制造的高科技企业，短短几年就跳过了步进制和纵横制阶段，直接进入数字程控交换阶段。再如，在信息传输方面，我国跨过了传统的铜缆阶段，直接采用光缆，在高速光纤数据传输系统的技术和应用上均进入世界前列。

反之，在突破性技术追赶过程中，落后企业若引进旧技术范式后端的技术，或沿着旧范式的技术轨迹进行生产改进，那么，当出现范式转变时，企业将面临巨大的竞争压力，长期投入形成的专用性资产会带来很高的转换成本，从而掉入"投资型陷阱"。因此，企业若要利用全球化契机实现技术的突破式发展，需要提高技术监测能力，注意跟踪最新技术，力戒投资型陷阱，积极利用技术跃迁的机会，直接进入新的技术范式。

追赶的内涵与特征

追赶的内涵

"追赶"的概念最早由美国经济史学家亚历山大·格申克龙在其著作《经济落后的历史透视》(*Economic Backwardness in Historical Perspective*)中提出。在这本书中，格申克龙对19世纪意大利、德国、俄国等欧洲较为落后国家的工业化过程进行了分析，发现后发国家可以借鉴领先国家的成功经验，吸取失败的教训，以及引进领先国家的技术、设备、人才,在一个较高的起点上推进工业化进程,从而缩短研发周期、降低研发风险、解决资金短缺等。因此,格申克龙认为落后国家具备后发优势,存在超越先进国家的可能。而成功的追赶是由技术动机(technological imperatives)、持续的追赶战略(consequent catch-up strategies)和制度回应(institutional responses)交互驱动的。1986年,美国经济学家、斯坦福大学教授摩西·阿布拉莫维茨(Moses Abramowitz)发表了一篇颇具影响力的文章《追赶、奋进和落后》(Catching Up, Forging Ahead, and Falling Behind),这篇论文在很长时间内保持着《经济史杂志》(*The Journal of Economic History*)历史引用率的第二名,"追赶"这个概念也从此在经济学领域被广泛使用。如今,经济学学者倾向于将追赶定义为领先国家和落后国家之间生产率和收入差距的缩小。[17] 学者们进一步将追赶分为经济追赶和技术追赶,即一个后发国家缩小收入差距(经济追赶)并提高其相对于领先国家的技术能力(技术追赶)的过程。[18]

理论前沿 后发企业能否实现赶超至少可以从两个方面进行分析:第一,外部制度特征是否有助于追赶所有相关主体的集体性能力获取;第二,内部基于学习的企业能力构建,是否有助于摆脱路径依赖或"锁定"而实现技术跃迁。

马修斯将"后发者"的概念由国家层面应用到企业层面。发展中国家的多数企业在国际市场上面临技术和市场的双重劣势,它们就属于后发企业范畴,需要通过工艺技术学习与产品技术学习提升竞争优势。马修斯从产业进入、初始资源、战略目的和竞争地位四个维度,界定后发企业是进入产业较晚并以追赶为主要目标,初始资源匮乏却拥有低成本等竞争优势的企业。[19] 显然,根据研究目的以及研究层次(国家或企业),可以使用收入、生产率和技术能力等几个指标来衡量追赶。[20]

20世纪以来,以日本、韩国、中国台湾、中国香港、新加坡为代表的东亚国家和地区通过政府驱动进入国际市场并在高科技领域实现赶超,为格申克龙关于后发者的论点提供了有力支持,很多基于这些国家和地区的研究结论具有非常强的代表性。现有文献采用了熊彼特经济学的资源观、从学习视角到制度视角的各种理论，在方法上包括案例研究、实证分析和模拟，在国家、行业和企业不同层次的分析中对技术追赶展开研究，但已有的研究尚未得出统一的结论。同时，梳理现有文献可以发现，大多数公司层面的追赶研究都使用案例分析，一方面使得研究内容翔实、丰富和感性，另一方面却也提高了将研究结论普适化的难度。

影响追赶的因素主要可分为外部因素和内部因素。其中外部因素主要包括技术体制与制度环境，内部因素则包括能力构建、追赶战略、追赶模式以及其他组织因素。[21] 后发者能否实现赶超至少可以从两个方面进行分析：第一，外部制度特征是否有助于追赶所有相关主体的集体性能力获取；第二，内部基于学习的企业能力构建，是否有助于摆脱路径依赖或"锁定"而实现技术跃迁。

集体性能力获取

制度在追赶过程中是一个首要的影响因素。大多数研究从国家层面展开，从不同国家后发企业实现成功追赶背后的制度环境中提炼共性。[22,23] 适宜的制度环境将推动打开机会窗口，引导后发者追赶并导致行业领导者轮换，最终影响追赶周期。[24] 在这个过程中，尽管导致赶超成功或失败的因素在不同行业存在显著差异，这是由于追赶是一个需要很长时间学习的过程，但是学者们比较一致的看法是，国家层面的制度体系是影响赶超的共同因素。中国的技术追赶历史得出了类似的结论，在追赶起步、追赶提升和后追赶三个阶段中，政府的政策与企业战略行为同步发生，共同推动了社会环境的改变，并反作用于各自行为选择的变迁。其中，政府的意志或行为，以及由此带来的政府干预、制度型市场和产权差异等因素对后发企业技术追赶形成了持续的影响。[25] 例如，在推动中国高铁这一复杂产品进行技术追赶的过程中，正是中国政府在机会条件、创新导向和微观主体互动方式等方面的干预，引起了高强度、高效率和大范围的技术学习[26]，才使得高铁产业打破总成企业与零部件企业的"合作悖论",成为中国极少数的——从整车到核心零部件(系统)——具有全产业链技术能力的产业。中国政府主导的制度变革在高铁全产业链的技术能力积累、自主知识产权创新能力的形成和创新体系的持续完善过程中,发挥了不可替代的作用。

技术体制也是追赶过程中的重要影响因素。一般而言,在技术周期较短、初始知识储备较多的技术类别中,更容易发生追赶。在这一技术领域,后发国家往往可以达到较高水平。有研究发现,韩国企业更适合于这种低可支配性和高累积性(持续性)的技术制度,而中国台湾地区的企业更适合于高可支配性和低累积性的技术制度。[27]该研究认为,产生这种现象的原因在于韩国企业以所谓的财阀为主,偏向于更独立的研发和学习,而中国台湾地区企业的特点是更灵活和网络化,倾向于寻求更多的合作研发和学习。

从现有针对外部制度作用的相关研究可以看到,后发者或追赶者取得成功的一个合理解释是,追赶过程就是后发者能力的构建过程,而且更重要的是,这不是单个企业的能力发展,而是集体能力获取的过程。[28]正如前文所述,制度性的因素通常能更为容易地在东亚国家(地区)的行业追赶者间通过互动和博弈而形成共识,或者说这些制度性的因素在政府管理部门、研发机构、企业和高校等诸多技术追赶所有相关主体的反复互动中达成"共享的信念"①,实现制度变迁并最终形成有利于追赶的网络化生态。在这样的制度环境和技术迅速变化的条件下,企业间是一种"超竞争"的关系,是一个所有追赶参与者能力的集体性获取和提升的过程。这里的集体性能力包括技术能力、合作能力、商业模式设计能力等等,其获取过程相当于"产学研体系"整体能级的提升,有助于后发企业和后发国家实现技术赶超。从资源观的视角来看,则是后发企业有效地使用了跨越企业边界的网络资源[29],从而形成价值网络,这对于网络内的每一个节点企业都有益处,表现为集体性

---

① 关于"共享的信念",请参见本书第一章第3节中青木昌彦的相关研究。

的能力提升。

锁定与跨越

追赶最早被认为是后发者沿着领先者的固定轨迹运行而具有更高的相对速度。[30]然而，李根和林采成（Chaisung Lim）却指出，追赶不仅仅是对新技术的简单模仿和学习，更需要对领先者发展路径进行创新与超越。[31]这是后发者面对技术和市场壁垒，开展学习和创新并接近技术前沿的过程。到底是沿着领先者路径还是突破旧路径而创造新路径，是追赶者面临的重大选择。

在分析追赶模式和路径方面韩国学者做出了很大贡献。李根和林采成对韩国在D-RAM芯片技术上的追赶过程进行了研究，总结了三种追赶模式和路径（参见图3-5）：第一，路径追随式追赶，即技术完全按既有轨迹演化，消费电子、个人计算机和机械工具等产品领域的追赶属于这种模式；第二，路径跳跃式追赶，即后发者尽管在技术系统演化体系中实现了跳跃，但只是跳跃到同一范式的更高阶段，通常发生在技术发展前景较为明确、演化轨迹相对容易预测的情况下[32]，汽车和D-RAM存储器行业的追赶属于这种模式；第三，路径创造式追赶，后发者通过一定时间的技术积累，基于某种新技术的引入融合或者制造、销售等方面的新要求，通过自主R&D创造一条新的技术轨迹，而这一新的技术（C'）在很大程度上与原有技术（C）呈现竞争关系——两条不同的技术S形曲线。CDMA移动电话的追赶属于这种模式。李根和林采成研究的根本目的在于厘清赶超发生的条件，尤其强调技术进步的累积性、技术轨迹的流动性（可预测性）和知识库的属性等技术体制特点对实现赶超的影响。其中，后两种追赶存在"跨越"（leapfrogging），后发企业并没有完全沿着领先者的路径，而是越过某些阶段或创造全新的技术路径。实现这种跨越是后发企业追赶战略的重要内容。[33]中国学者也有类似的有关追赶模式的研究。例如，黄江明和赵宁通过对北汽集团汽车技术追赶的研究，提出了北汽集团在不同情境下分别采用跨越式技术追赶、局部式技术追赶和高起点技术追赶等路径,强调跨越式追赶是技术进步的重要内涵。[34]

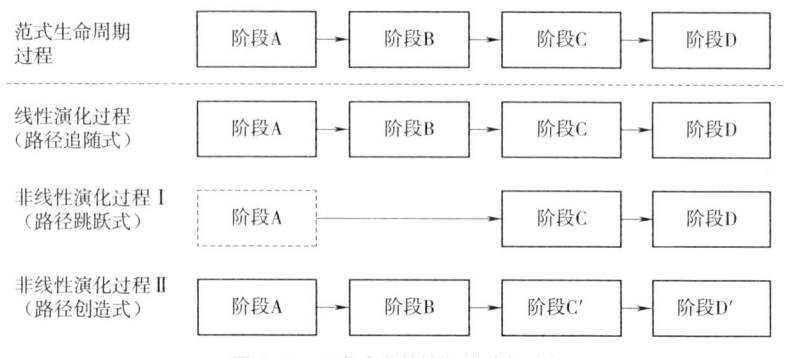

范式生命周期过程	阶段A	阶段B	阶段C	阶段D
线性演化过程 (路径追随式)	阶段A	阶段B	阶段C	阶段D
非线性演化过程Ⅰ (路径跳跃式)	阶段A		阶段C	阶段D
非线性演化过程Ⅱ (路径创造式)	阶段A	阶段B	阶段C′	阶段D′

图 3-5 后发企业的追赶模式与路径

资料来源:修改自李根和林采成的论文。

事实上,要实现技术跨越并不容易,更多情况下企业面对的是路径依赖:企业在初始技术上不断投入,推动规模增长而使单位成本降低,同时由于学习效应和行业内其他企业采用相同技术产生的协调效应,行业对该技术的发展潜力抱有预期,从而使得该初始技术存在报酬递增,并沿着既定轨迹不断自我强化,表现出一种技术的"收益递增规律"。[35]简单而言,路径依赖表明过去的选择将限制当前可做的选择,其重要原因在于既有能力的积累和既得利益的限制。过往选择基于过去的优势能力做出,选择本身则反过来进一步加强这种能力。路径依赖最严重的情况是,后发者基于自身比较优势而进行能力建设并不断强化,最终只能停留在这个轨道上而无法前进和突破,造成"锁定"。路径依赖和锁定是"落后—引进—再落后—再引进"的追赶陷阱的本质。

韩国金麟洙提到过追赶者——韩国现代汽车——摆脱锁定而实现跨越的例子。[36]现代汽车在技术追赶中将主动建构危机作为加强学习的手段。主动建构的内部危机表现出明显的绩效差距,推动企业的学习取向从模仿转向创新,并提高了组织学习的努力强度,最终获得了迁移知识，实现了技术跨越。类似的学习过程在韩国的其他行业也很明显。这些例子表明，跨越并不能在沿着领先者路径前进并不断缩小差距的过程中自动实现，而是需要有效的激励制度和更高的学习强度，归根结底，需要自主创新。显然，除了上一节提到的外部制度僵化导致"制度变迁失败"的锁定，从模仿到创新实现跨越是一个受更多其他因素影响的复杂过程。

THE FRONTIER OF THEORY 理论前沿

新范式为后发者消除了与领先者的能力差距，从而有利于快速追赶。

范式转变带来的机会窗口是后发国家和后发企业最重要的机会。

首先，学习和有效的知识管理是最重要的因素。后发企业通过学习实现"关键性转变"，即持续创新能力和动力生成[37]。澳大利亚学者马修斯对东亚国家企业的技术追赶开展了较多深入研究，并从组织学习理论出发，做出了很多独特的观察且得出结论。他认为，后发企业成功实现跨越的是有效的基于单环和双环的组织学习[38]，以及基于学习的能力构建[39]。同时，后发者还往往更善于学习短周期的技术，比领先者更依赖于"最近的"和"科学的"知识[40]，并且经常基于模仿以及对工艺的渐进式改进过程开展学习，经过技术迂回最终实现技术跨越[41]。

其次，技术本身的特点也会影响技术跨越过程。最近的关于创新系统和演化经济学的研究文献表明，成功的后发者通常专注于更短的技术周期、更平坦的学习曲线和更容易获得相关知识的领域。行业知识的复杂度和多样性将阻碍后发者对领先者的追赶。[42]

最后，机会窗口提供了技术追赶中实现跨越的可能性。李根将机会窗口概念引入行业层面，将其划分为技术、需求和制度三种类型。[43]尽管在技术追赶的前期，后发企业主要依赖于外部知识和互补性资产，但在追赶后期，则需要内部创新能力的支撑[44]，后发企业对于机会窗口的有效把握更需要企业内部能力的配合[45]。特别值得指出的是，在新旧技术转换的范式转变期，有双重的技术机会窗口：一方面，旧范式的成熟技术更容易获取，而新范式的通用技术与组织规则为旧范式的成熟技术注入新的活力；另一方面，新范式为后发者消除了其与领先者之间的能力差距，从而有利于快速追赶。伴随技术范式转变，市场需求条件与商业周期也发生了变化，为后发企业提供了进一步追赶的需求机会窗口。[46]可以这么说，范式转变带来的机会窗口是后发国家和后发企业最重要的机会。

分析现有研究可以发现，以往对于后发企业追赶的研究聚焦于追赶初期后发企业的学习路径和追赶模式等，而随着越来越多的后发企业从追赶者转变为领先者，创新前沿阶段的后发企业战略必须成为新的研究热点。[47]例如，改革开放以来，以华为为代表的中国后发企业快速崛起，在不断的技术学习过程中积累技术能力，加强自主创新，逐渐从"跟跑"到"并跑"，最终"领跑"，甚至成了"无人区"里的探索者。[48]而对于这样的从追赶到赶超最终实现超越追赶的企业，目前的研究还非常少。理论界需要提出全新的理论和方法，既对一种全新的创新现象提供理论解释，也为这样的新领先者避免落入再次锁定的陷阱、不断实现技术跨越提供指导。

超越追赶

跳出追赶的陷阱

正如上节所述，现有关于追赶的理论仍存在继续完善之必要。一方面，已有的研究仍无法提供越过追赶陷阱的机理。传统的东亚模式以及李根的"短技术生命周期理论"，在一定程度上提供了新兴国家实现追赶并越过陷阱的一个总结性模式，然而当前技术本身发展速度越来越快，以ABCDE（人工智能、区块链、云计算、大数据、边缘计算）为代表的信息技术的技术周期正在全面缩短，"短技术生命周期理论"的解释力正在受到挑战。另一方面，追赶问题并不仅仅局限于后发国家，在技术不断对创新与商业模式构成挑战的今天，任何一个国家，包括发达国家，都面临着在某些技术领域的追赶问题。因此，需要进一步提炼出世界各类企业都能接受的现代追赶理论。这样的追赶理论，应该提供全新的分析框架，并有着独到的视角和关注重点，分析技术范式转变带来的机会与在这样的条件下超越追赶的可能路径。

如前文所述，中国崛起的重要表现是中国企业的崛起。中国企业正在进入从"二次创新"向"一次创新"加速追赶的阶段，原始创新能力是中国企业崛起的源动力。原始创新能力的提升既是中国企业追赶过程中特殊的"超越追赶阶段"的重要特征，也是后发企业突破"追赶—落后—再追赶—再落后"陷阱的关键。事实上，中国企业的超越追赶有别于东亚传统的"引进—消化吸收—再创新"模式。然而，目前还没有理论框架阐明中国企业实现"超越追赶"的路径以及内在机理，对中国情境下从跟跑到并跑再到领跑的技术追赶模式也没有实质性的分析和准确的结论。

主流经济学在解释追赶的原因时存在缺陷，主要在于忽视创新的力量，只注重要素最优配置和最佳利用。实际上，"要素配置说"有一个隐含的假设前提，即要素的结构没有发生变化。其实这并不符合事实，要素利用的平衡经常为创新所打破。熊彼特的伟大之处在于指出"创新"就是"建立一种新的生产函数"，也就是说，把一种从来没有过的生产要素和生产条件的"新组合"引入生产体系。进一步地分析可以发现，技术上的领先并不等于创新的成功。技术创新的本意是一种要素的新组合在市场上得到价值的实现。一种技术上的领先可能仅仅来自一种要素的新组合，但这项技术未必能在市场上真正实现其价值。因此企业如何有效地创新才是需要真正关注的问题。

中国的许多高技术企业，如华为、吉利、海尔、海康威视、阿里巴巴等在国内、国际市场崭露头角，无论是市场表现还是技术能力都处于行业前列，在一定程度上已经从单纯地"追赶"转变为"超越"与"引领",取得了令国人为之振奋的成就。总结中国领先企业的成功经验,可以发现中国赢得后发优势具有自己的独特途径。

相对于西方发达国家领军企业,中国高新技术企业的崛起很大程度上利用了后发优势,而正是引进技术基础上的再创新给了这些企业利用后发优势的机会。这是一个企业能力不断积累、不断进化的动态过程:初期通过工艺创新对引进技术实现本地化掌握,之后通过产品创新挖潜增效,再通过融入更新颖的技术实现质的跃升。这个动态过程与西方国家传统的"基础研究—应用研究—技术开发—生产销售"的原发性创新过程相比,具有不同的性质与演进进程。这也反映了中国作为后发国家与发达国家在经济、科技、社会、文化等方面的差异对技术创新过程的深刻影响。与日本、韩国等本土市场狭小的后发追赶者相比,中国的技术追赶过程也有不同之处,中国的重要优势之一是不但拥有巨大的本土市场,而且这个统一的大市场存在显著的需求梯度,不同层次的需求给创新企业提供了丰富的机会,企业可以引进与创新并行,并且在引进阶段就开展面向本国市场需求的创新,在获得盈利的前提下更快地形成创新能力和竞争优势。

同时,从历史的经验来看,埋头"引进—消化吸收"到最后也没有实现"再创新"的技术追赶案例比比皆是。更有甚者,在技术范式转变时还会陷入又一轮落后的"追赶陷阱"。如我国汽车工业早期的"市场换技术",却陷入"不断引进却不断落后"的尴尬局面,最终彻底失败。很多企业怀抱"再创新"的热忱引进国外先进技术,但在"消化吸收"中始终没有实质性地提高自身的技术能力,很可能通过引进成套制造技术,一段时间内在国内市场占据优势,获得丰厚收益,但技术能力发展的停滞使企业一直受制于国外企业。随着时间的推移,从国外先进企业引进技术的成本必然越来越高,国外先进企业随时可能切断技术供给,又或者技术发生了演进,原先引进的技术不但失效还成了包袱。这样的技术追赶失败在所难免。

因此,有必要对中国企业技术追赶成功与失败背后的规律进行提炼和总结,找到中国企业跳出追赶陷阱、赢得后发优势的有效方法和基础规律。中国企业面临的环境正在发生巨大的变化,自身的能力也在不断学习和追赶的过程中获得了很好的积累。中国具有世界上最为丰富和生动的技术追赶实践,这正是形成基于中国情境的创新管理理论的巨大财富。

抓住范式转变的机遇

后发企业如何更好地发挥"后发优势"实现追赶,一直以来都是学术界和企业界讨论的主要话题之一。格申克龙从理论上指出了"后发国家在工业化进程方面赶上乃至超过先发国家的可能性"。在经济发展程度不同的国家中,技术创新有着各自不同的特点和规律。发达国家多以一次创新为主,而发展中国家的创新则大多是在引进发达国家技术的基础上进行的。

理论前沿 范式转变期的"不确定性"和"混沌"使在位者与新进入者回到同一起跑线,原有的技术积累不再是竞争的决定性要素,商业模式创新、价值网络、互补性资产在其中发挥了重要的作用。

现有的追赶理论,包括李根和林采成总结的三种追赶模式,并不能完全解释中国企业的追赶实践。

第一,很多中国企业抓住技术范式转变带来的机会窗口实现了技术赶超。范式转变期的"不确定性"和"混沌"的状态,正是行业进行"洗牌"的重要时期,在位者与新进入者回到同一起跑线,原有的技术积累不再是竞争的决定性要素,商业模式创新、价值网络、互补性资产在其中发挥了重要的作用。现有追赶理论一般并不将范式转变作为追赶的重要节点,李根和林采成提出的三种路径也没有突破单一范式的局限。

第二,中国企业拥有特殊的情境因素。转型的"所有制制度"、多样的"技术体制"、多层次的"市场空间"以及新兴的"全球网络"四位一体的中国情境[49]，促成了中国特色的技术追赶，甚至有些技术追赶是在市场或者制度以及外围非核心技术上先取得突破的。改革开放至今，中国大量企业通过"技术二次创新"或"商业模式二次创新"实现了对领先者的追赶。

第三，以大数据、人工智能为代表的新兴信息技术广泛应用，同时技术生命周期前所未有地缩短，数字时代的到来直接推动不确定性成为现代社会的本质特征。[50]传统上，理论构建主要是站在寻求确定性的立场上去分析和化解不确定性，因为不确定性一直被认为是风险的本质和首要特征。[51]例如，无论是艾伯纳西和厄特巴克的 U-A 模型还是野中郁次郎（Ikujiro Nonaka）的 SECI 模型①，都致力于将不确定性排除在理论框架之外。然而，面对外部的高度不确定性，变革已经成为常态。另外，第四次产业革命浪潮、人才红利的释放、中产阶层的崛起等大环境的变化又为中国企业从"追赶"迈向"超越"提供了巨大的机会，以华为为代表的很多中国优秀企业已经进入"无人区"。传统西方管理学将建立和维护稳定作为企业提升绩效的核心命题，这自然需要在新环境和新时代下的重新审视，技术轨道与技术范式的快速变迁与不确定性更迭也对原有的追赶模式提出了挑战。

THE FRONTIER OF THEORY 理论前沿

后发企业的第四种创新路径——超越追赶路径：
- ◇ 强调跳出既定技术轨迹与既定技术范式；
- ◇ 强调技术创新与商业模式创新的"双轮驱动"；
- ◇ 强调组织在学习与忘却学习之间保持平衡；
- ◇ 强调组织在开放、变革的情境中借助自身能力与互补者的力量；
- ◇ 强调技术体系演化的动态性。

基于现有研究的不足以及中国后发企业的创新管理实践，本书提出后发企业发展的第四种创新路径：超越追赶路径。

---

① SECI 模型的原型由野中郁次郎和竹内弘高（Hirotaka Takeuchi）在其合著作品《创新求胜》（*The knowledge-Creating Company*）中提出，是对知识创造和知识管理的新颖认识。——编者注

第一,在微观机制上,"超越追赶"强调跳出既定技术轨迹与既定技术范式,构建穿越技术周期的竞争优势。与原有的"追赶"囿于给定的技术轨迹不同,超越追赶有能力在产业组织演化的成熟阶段和流动阶段对领先者发起挑战。后发企业不仅要紧盯对领先者的追赶,还要提升组织的技术视野,在进行现有范式的渐进式创新时,超越现有的追赶轨迹,用更高、更宽、更前瞻的技术视野和布局开展技术创新,即通过组织的"二元性"摆脱领先者的技术轨迹制约。与此同时,"超越追赶"将不确定性和随之而来的变革视为常态,鼓励后发企业主动打破现有平衡从而进入超越追赶阶段。

第二,在驱动力上,"超越追赶"强调技术创新与商业模式创新的"双轮驱动"。"超越追赶"模式不同于以往经典的追赶模式和财务追赶模式,将技术追赶和市场追赶纳入同一个理论框架。在技术追赶方面,强调采取从二次创新到全面创新的技术领先战略,在不同的技术范式转变期,随着自身技术与知识的积累,能够从引进成熟技术向引进新兴技术、实验室技术转变,从而实现对知识产权的控制。在市场追赶方面,强调采取从价值链创新到价值网络创新的市场领先战略,利用"后发优势"逐渐渗透在位者忽视的利基市场。强调充分利用价值网络中的互补性资产开展商业模式创新,在掌握了国内市场主导权后再开拓全球市场网络,从而实现对市场的控制。技术追赶层面的技术创新与市场追赶层面的商业模式创新共同驱动了中国的后发企业完成"超越追赶"的创新路径。

第三,在内在机制上,"超越追赶"强调组织要在学习与忘却学习之间保持平衡。后发者的追赶过程本质上是追赶企业的组织学习过程,而组织学习模式则与技术系统演化进程有着特别的动态匹配关系。技术范式的转变为后发企业提供了最为重要的超越追赶机会窗口,并从底层重新定义了企业价值创造的机理。因此,此时组织既要继承现有知识和能力,也要对新知识和新技能进行探索,即保持学习与忘却学习的平衡。学习是组织内能力与知识继承的连续过程;而忘却学习是对原有知识结构的消除，以及改变理解事物最根本的准则以获取新的能力。忘却学习在范式转变中的作用尤为重要，是组织跨越前述技术生命周期中的混沌区和摆脱路径依赖必需的学习模式，否则组织将无法进入新的技术范式。

第四，在制度环境上，"超越追赶"强调组织在开放、变革的情境中借助自身能力与互补者的力量，特别强调由政府、企业、高等院校、科研机构、金融机构、科技中介以及用户"七位一体"构成的新型国家创新体系是实现超越追赶的基础支撑和牵引环境。在技术追赶的过程中，需要充分借助外部互补者的力量，"利用性"和"探索性"研发并重，在开放和变革的情境中积极实施竞争与妥协交织的"灰度"管理，有节奏地超越现有追赶轨迹，摆脱领先者的技术轨迹制约，谋求革命性的创新发展。

第五，"超越追赶"强调技术体系演化的动态性。值得注意的是，中国后发企业所面临的劳动力、市场、制度与技术环境，以及在快速迭代中所积累的能力已经发生了根本性的改变。在当前的情境中，后发企业已能够为解决特定的商业需要而采取不同的或跨界的新技术，显著区别于原先以全球单一产业内领导者主导的技术范式。因此，在"超越追赶"模式中，后发企业创新能力的发展，并不只是被动地沿着由全球产业领先者发起的技术范式所决定的技术轨迹前进，相反，这种创新能力的跨界"超越"推动后发企业发展出与商业模式创新并进的新技术范式，走出一条与往日的全球领导者不同的创新道路。

第四章

二次创新

二次创新

二次创新的过程

从熊彼特到西蒙·史密斯·库兹涅茨（Simon Smith Kuznets）及至现代关注技术变革的经济学家们，都肯定 S 形技术创新生命周期的存在。基于发达国家技术创新的实际，美国学者艾伯纳西和厄特巴克于 1975 年提出著名的技术创新动态模型，即 "U-A 动态创新模型"[1]。他们首次把技术创新与其主体和技术体系的发展阶段动态地联系起来，用三个阶段分析了工艺创新和产品创新的变化规律，并称之为"一次创新的动态模式"（参见图 4-1）。"一次创新"过程是指依赖自主研发，遵循"基础研究—应用研究—技术开发—生产销售"路径的技术创新模式。

然而，作为一种社会过程，技术创新的特点和规律与其主体所处的经济、技术、社会环境有着极其密切的关系。学术界已经逐渐认识到发达国家与发展中国家在技术创新及其过程中的本质区别和特征，因而后发者的技术追赶存在很强的情境性。西方后发国家的企业崛起时所处的情境是政治制度稳定、技术体制完善、市场经济发达、全球网络尚未形成的电气时代；韩国、新加坡等新兴工业化国家的后发企业面临的是政

```
创新频率
  ↑
  |       产品创新
  |        ___
  |       /   \         工艺创新
  |      /     \        ___
  |     /       _____/   \___
  |    /                        \_____
  |___/_____→ 时间
  O   Ⅰ易变阶段    Ⅱ过渡阶段    Ⅲ定型阶段
      工艺：不协调 ─────────────→ 系统化
      产品：产品性能最优化 ──────→ 产品成本最小化
```

图 4-1　一次创新的动态过程模式

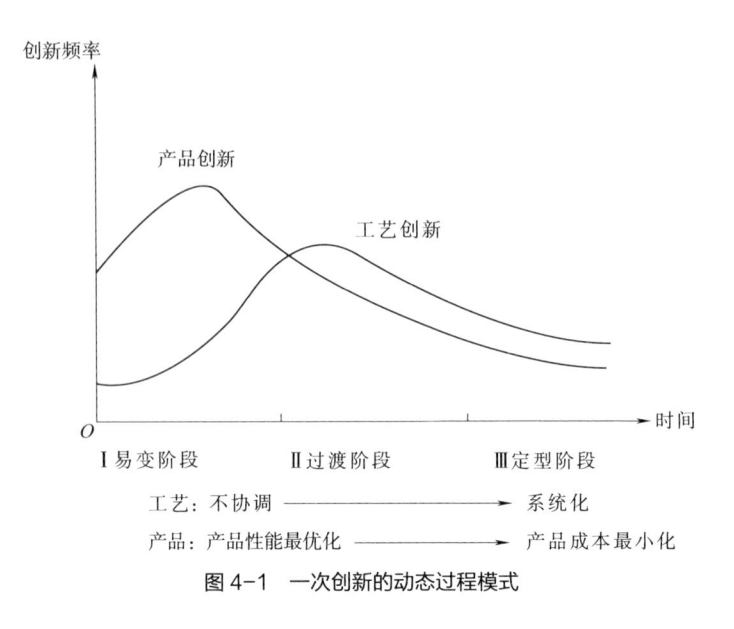

府主导追赶、本国市场狭小、全球一体化经济开始形成且信息技术方兴未艾的情境；而中国企业的后发追赶实践是在转型的"所有制制度"、多样化的"技术体制"、多层次的"市场空间"、新兴的"全球网络"四位一体的信息时代情境中开展的。基于中国情境的特殊性，伴随着全球化浪潮，中国企业的竞争边界不由自主地从本国市场扩大到全球市场，全球竞争的新环境决定了中国企业所走的是一条"二次创新"的追赶之路。

理论前沿 "二次创新"是指在技术引进基础上进行的，囿于已有技术范式，并沿既定技术轨迹发展的技术创新，其动态过程包括模仿创新、改进型创新以及后二次创新三个阶段。

"二次创新动态模型"[2]是基于经典的西方管理理论与中国的创新管理实践总结出的，与经典"U-A 模型"不同的从工艺创新向产品创新演进的创新规律。[3]"U-A 模型"是在发达国家情境下提出的创新规律，遵循从产品创新向工艺创新转变的规律。"二次创新动态模型"则是基于发展中国家情境提出的从工艺创新向产品创新转变的创新规律。一次创新指主导了技术范式和技术轨迹的形成、发展及变革的技术创新。二次创新与一次创新相对，指在技术引进基础上进行的，囿于已有技术范式，并沿既定技术轨迹发展的技术创新。二次创新的主体为开放系统，过程为积累进化。（参见图4-2）

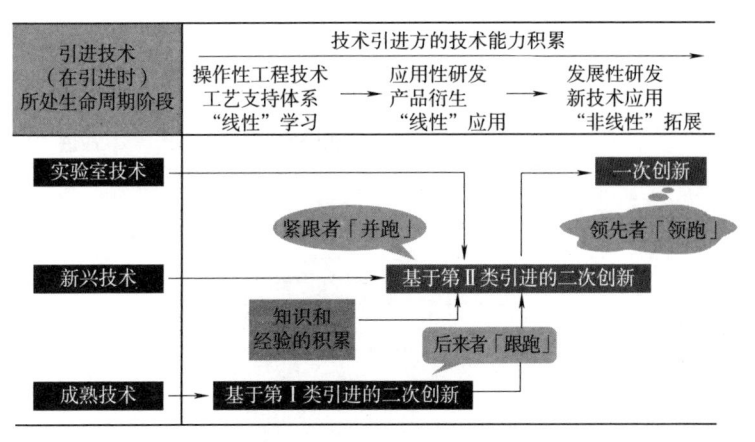

图4-2 二次创新的动态过程

表4-1 一次创新动态过程模式特点

	易变阶段	过渡阶段	定型阶段
竞争焦点	产品性能	产品多样化	降低成本
创新动力	用户需求	扩展自身技术能力	降低成本，提高质量
创新主类型	产品创新	工艺创新	渐进型创新
产品种类	多样化、按需设计	至少稳定一种产品的设计，保证批量	基本标准产品
生产过程	灵活、应变能力强，效率不高	较稳定，仅在主要工序上有变化	高效、稳定，资本密集
设备	通用设备为主，需熟练工人	部分工艺自动化出现"自动化岛"	专用设备，大型化、自动化
材料	现有常规材料	专用材料增加	专用材料，趋向"纵向一体化"
组织管理	非正式、企业家式	重相互联系，重小组工作模式	强调结构、目标和规章

第四章 二次创新

"二次创新"的动态过程主要包括基于第Ⅰ类技术引进（成熟技术）和基于第Ⅱ类技术引进（新兴技术）的技术能力提升过程。具体而言，它包括三阶段，即基于引进成熟技术的二次创新（包括模仿创新或创造性模仿）和改进型创新，以及基于引进新兴技术的二次创新即后二次创新阶段。（见表4-2）

表4-2　二次创新动态过程模式特点

	模仿阶段	消化吸收阶段	改进
竞争焦点	产品质量	降低成本	改进产品性能
创新动力	企业内部技术"瓶颈"	社会需求内部技术"瓶颈"	市场需求
创新主类型	工艺创新	工艺创新/产品分化	改进型产品创新
产品种类	单一	标准产品系列化	多样化
生产过程	向预定方向跃迁，效率不高	适应性调整，提高国产化率	高效、稳定、"国产化"
设备	引进关键设备需培训工人	增加通用设备	专用设备，大型化、自动化
材料	专用材料需进口	国产化、常规化	关键材料高级化
组织管理	强调目标和规章	重标准化和工艺协调	发挥企业家精神

"二次创新"着眼于发展中国家情境的"后发优势"，开拓了后发追赶的研究情境。"二次创新"理论提出后，结合新时代发展特点与后发企业创新管理实践，先后从组织学习和商业模式创新视角进行了丰富、完善，特别是提出了技术范式转变期的重大"机会窗口"之于后来居上者的重要意义，从而构建了一个科学的创新管理体系，指导中国后发企业的追赶。

二次创新的动态模式

"二次创新"管理体系最早源于20世纪80年代末对中国最大的空分设备制造基地杭州制氧机厂（现更名为"杭氧集团股份有限公司"，

以下简称"杭氧")的实地调研。田野调查根据从一线员工处获得的一手资料,于 1995 年总结出适用于中国后发企业追赶的"二次创新"管理体系。二次创新的周期包括引进(模仿)、消化吸收、改进创新、危机、更新五个阶段。2009 年,通过对杭氧在更为开放的技术与市场环境下开展的二次创新过程的深度研究,探索"开放环境下动态的技术引进"与"封闭环境下静态的技术引进"(埋头苦干式)之间的差异,并且分析"积极型消化吸收"(开放集成式)与"被动型消化吸收"(被动依赖式)的不同,"二次创新"理论模型得到进一步的完善与深化。研究发现,杭氧在 20 世纪 50 年代和 60 年代处于封闭环境下静态的技术引进阶段,企业处于"盲目的探索—失败—再探索"的循环状态。20 世纪 70 年代末,杭氧引进了国外成熟的第三代、第四代空分技术;80 年代中期,杭氧引进了国外成熟的第五代空分技术;90 年代中期,杭氧引进了国外新兴的第六代技术,成功地从第Ⅰ类技术引进(成套、成熟技术)向第Ⅱ类技术引进(非成套、新兴技术)升级。相比于封闭、静态、线性的埋头苦干式"引进—消化吸收—再创新",处于改革开放环境下的中国后发企业,动态地分析了外部环境条件与内部资源能力,选择合适的组织学习模式,积极地进行开放、动态、非线性的集成式的"二次创新"。具体而言,在二次创新的引入阶段进行秩序调整的适应型学习,在消化吸收阶段进行使系统更有效的维持型学习,在改进创新阶段进行产品功能改进的发展型学习,在危机阶段进行系统重构探索的过渡型学习,在更新阶段进行技术创新的创造型学习。

"二次创新"过程可细分为三个阶段。第一阶段是模仿中的学习,即引进本国或本地区尚不存在的技术,通过模仿、学习,以及充分利用本地供给要素的工艺创新(第Ⅰ类二次创新)而逐渐掌握这门新技术,并达到提高产品质量、降低产品成本的目的。第二阶段是改进进型的创新,即通过前一阶段的"第Ⅰ类二次创新"所形成的工艺能力,开始结合本国市场的需求,对引进技术进行一定程度的衍化产品创新(第Ⅱ类二次创新),用新产品满足本地市场的特别需要。第三阶段是"后二次

表4-3 二次创新进化过程的基本特征

阶段	引进 > 设备与工艺重组 > 国产化 > 掌握设计技术 > 改进 > 生产……> 一次创新				
特征	引进	模仿	消化吸收	改进型创新	后二次创新
目标	获取系统的生产技术	掌握运行技术	国产化、掌握设计技术	扩展市场	开拓新市场、参与国际竞争
主要活动	可行性论证、洽谈	安装、调试、工人培训	与原技术体系的协调	新技术体系的形成	实现重大创新
关键事件	成交	投产	国产化	开发出改进型产品/工艺	技术出口、新品进入国际市场
关键人物	官员、企业家、总工程师	工程师、熟练工人	工程师、R&D人员	R&D人员	R&D人员、企业家
工作的焦点	对潜在机会的识别、评估	使引进技术见效	形成稳定的生产体系	扩展应用领域	R&D、开拓新市场
技术转移媒介	人、图纸资料、设备	运行规则、关键设备	成套设备与工艺	改进型产品/工艺	新技术
技术积累	掌握有关信息	"干中学"	"用中学"、结构性"理解"	功能性"理解"	发展新技术
R&D能力	几乎无	几乎无	初具（以开发为主）	较高水平	国际水平
创新活动	基本无	模仿创新	工艺创新、组织创新	渐进型创新	重大创新
主要障碍	信息不足	不熟悉原理	与原技术体系矛盾	技术体系不平衡、配套难	技术不平衡、信息不灵
政府影响	较大	弱	大	中	弱
投资	中	大	中	小	大

创新"，即真正意义的"二次创新"。此时，引进技术的一方已完全掌握该引进技术的原理并能灵活运用其满足市场需求。在此基础上，能够运用自身形成的研发能力，开发运用或再引进应用新兴技术，结合目标市

场的需要，进行较重大的再创新，直至上升到能够自行通过"原始创新"形成新产品的商业化能力。

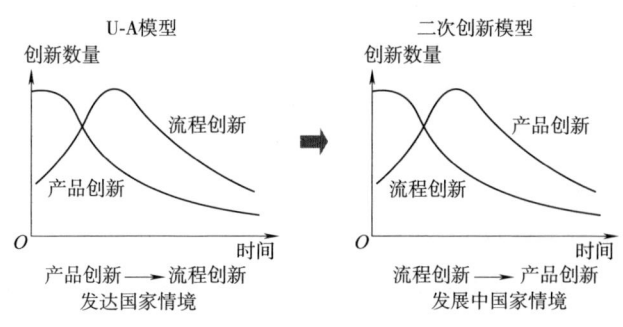

图 4-3 U-A 模型与二次创新模型

在市场、技术和制度都发生巨大变化的情境下，二次创新模型重新思考传统理论的适用性，探索后发企业在追赶阶段的特征与模式，有助于企业正确认识并把握和抓住下一个范式兴起的机会窗口，实现广泛的"超越追赶"。

理论前沿

"二次创新"与线性的"引进—消化吸收—再创新"过程有本质的区别，要求从引进技术之初就开始创新，"创新"蕴含在"模仿"之中。

"二次创新"使企业摆脱路径依赖，走出"引进—落后—再引进"的恶性循环，最终走向原始创新。

首先，"二次创新"是一个企业创新能力不断积累进化的动态过程。"二次创新"过程中，后发企业通过工艺创新实现对引进技术的本地化掌握；通过产品创新实现对引进技术的创新应用及挖潜增效；通过融入更新颖的技术实现创新能力质的跃升。通过上述过程，二次创新使企业技术能力不断积累提升。

其次，"二次创新"与线性的"引进—消化吸收—再创新"过程有本质的区别。"二次创新"要求从引进技术之初就开始创新，并非单纯的埋头苦干，而是实现国外技术获取与内生技术创新的良性循环。虽然"二次创新"是在引进国外技术的基础上进行的,但与单纯模仿和改造引进技术有着根本的区别。基本同化只是二次创新的第一步,其次是结构理解、功能理解和概念理解。如果没有积极地消化吸收,后发企业很可能陷入"引进—落后—再引进"的恶性循环。"二次创新"模型建立起"模仿"与"创新"的紧密桥梁,认为两者不是割裂的,从第 I 类技术(成熟技术)引进开始,"创新"便蕴含在"模仿"之中,其思想显著区别于单纯的"引进—消化吸收—再创新"的线性过程。所以"二次创新"意味着企业持续积聚技术且提高创新水平的演化流程,实现由"线性"学习至应用的转变,直到"非线性"拓展,使企业摆脱路径依赖,走出"引进—落后—再引进"的恶性循环,最终走向原始创新。

最后,"二次创新"提出了全新的后发企业创新路径。二次创新重要的突破在于从我国的后发情境入手,跳出了单一技术创新周期的局限,特别强调了技术范式转变期机会窗口之于后来居上者的重要意义。从"引进技术之初就开展创新"的二次创新构建了后发企业从跟随到陪跑再到领跑的全新的创新和赶超路径,不但是中国企业实现赶超实践的理论总结,也是发展中国家实现技术追赶的主流形式。它是在技术引进之初即开展的创新活动,虽然囿于已有技术范式,并沿既定技术轨迹而发展,却是动态提高创新水平的关键环节。二次创新不仅包括核心技术的二次创新,也包括辅助技术的二次创新。"二次创新"是渐进积累赢得后发优势的进化过程,是一个从"量变"到"质变"并存的创新能力升级过程,是一个从原有落后技术体系向新技术体系在"学习中创新"到新、旧技术体系相互竞争和"理解"的非线性过程,也是打破原有技术平衡到形成新的技术平衡的非平衡过程。

显然,"二次创新"是对中国后发企业从追赶到领先的创新实践的理论总结。当前,中国已稳居世界第二大经济体,继农耕文明时代的强盛和工业文明时代的跌落,中国终于在世界格局重大变化中发现重新崛起的机遇,从追赶到超越,成就了一个又一个"世界第一"。在全球范围内第四次大规模的制造业转移的机会窗口中,中国充分利用人口红利与资源禀赋，成为第四次世界产业转移的最大承接者和受益者。在这个过程中，一大批中国企业通过技术和商业模式二次创新，在开放系统中逐步从追赶向领先迈进。"二次创新"总结了在第四次产业革命浪潮的冲击与挑战下，面对技术范式的转变，中国后发企业如何摆脱"追赶—落后—再追赶"的陷阱，创造性地分析中国企业向领先靠近的后追赶阶段的战略行为。尤其在新的时代背景下，中国后发企业拥有了不同于以往的资源和能力的积累，同时又面对着截然不同的市场、技术与制度情境，因此，系统地提炼和总结属于中国的创新管理理论是这个时代给予的机遇与使命。

从二次创新到一次创新

技术范式的转变

技术演进中的规定性

现代科学理论认为，系统的演化是以范式内的线性演化和范式间的非线性演化交替进行的方式推进的。"范式"（paradigm）的概念最早由罗伯特·金·默顿（Robert King Merton）于 20 世纪 40 年代提出，他在确立社会学定性分析的方法时，提出了著名的功能分析范式。1962年，托马斯·塞缪尔·库恩（Thomas Samuel Kuhn）在其著作《科学革命的结构》中应用这个概念分析和刻画科学理论的演进模式，认为范式就是一种"科学共同体"的"共同信念"，不同的范式之间具有"不可通约性"[4]，范式这个概念因而广为传播。此后，伊姆雷·拉卡托斯（Imre Lakatos）的《科学研究纲领方法论》（*The methodology of scientific research programmes*）[5] 在批判波普的证伪主义和库恩的范式论基础上把科学理论看作具有某种结构的整体。基于这些研究可以认为，范式是科学活动中被公认的范例，为某种科学研究传统的出现和持续存在提供一个模型。显然，范式通过一整套核心内容和方法，将一个学科的学术共同体成员凝聚在一起。本质上,范式是一门学科所具有的质的内在规定性。

科学发展理论为技术演进研究提供了理论基础。1982年,乔瓦尼·多西(Giovanni Dosi)提出了"技术范式"(technological paradigm)和"技术轨迹"(technological trajectories)的概念。[6] 多西发现,技术创新与经济增长、技术变革方向、经济环境存在着复杂的互相制约关系。技术范式是一组处理问题的,为设计师、工程师、企业家和管理人员所接受与遵循的原理、规则、方法、标准和习惯的总体;而技术轨迹则是为技术范式所规定的解决问题的具体模式或发展方向,由技术范式中隐含的对技术变化方向做出明确取舍的规定所决定。技术范式转变则是技术共同体——人或组织——"格式塔"的转变。技术范式的主体是具有某种特定技术经验和背景的个人或组织,这些特定的经验和背景限制了他们仅能以某种视角观察这个世界,并审视和解释所面对的问题。技术演进因而可以划分为范式内技术演进的线性阶段,以及范式转换过程中的技术演进的非线性阶段。

当技术共同体抛弃某一技术而转入另一技术研究的路径时,实际就是格式塔发生了转换。这种格式塔体现在技术范式的内涵中,可将技术范式分为"核心结构"和"外层结构"。"核心结构"实质上作为技术发展知识内容的本质部分(如科学定律、技术原理),在技术发展进化的过程中不会发生太大变化,相当于拉卡托斯《科学研究纲领方法论》中的"硬核部分"。"外层结构"作为技术原理在应用中的变化部分,要和已有的技术进行磨合,类似于拉卡托斯提出的"保护带"。当技术范式在发展过程中时,技术范式的主体首先按照旧"保护带"的内容改造吸收创新知识,在这种"外层结构"变化而"核心结构"不变的时候,技术呈现线性演化。而当旧"保护带"已经不能适应技术发展的需要,必须进行"核心结构"变化并以此重建新的"保护带"时,技术范式的转变就发生了(这在技术S形曲线上就表现为另一条S形曲线)。新旧范式之间存在质的差别,这种新旧范式之间的"不可通约性"使得两者完全无法兼容，技术原理、应用方法和判断标准都不相同。整个过程综合在一起就构成了技术系统的演化。

多西指出，这种为技术范式所限定的技术轨迹有六大特征。

第一，较广泛或较有限，较有力或不太有力的技术轨迹，可能同时存在。

第二，这些轨迹之间存在互补性，而且一种技术发展与否都有可能促进或阻碍其他技术的发展。

第三，对一定的技术和经济范围而言，技术前沿可定义为沿一定技术轨迹所能达到的最高水平。

第四，沿某一技术轨迹的进展具有积累特征，即一个企业或一个国家未来发展的可能性，与其现有技术水平及其相对于技术前沿的位置有关。

第五，当一条技术轨迹非常有力时，它很难转到另一条可替代的轨迹上去。即使两条轨迹之间存在某种可比性，新轨迹的技术前沿也可能在某些方面（甚至在所有方面）不如原轨迹的技术前沿。

第六，一条技术轨迹的优劣，是否能够事先做出评价，是很值得怀疑的。一旦选定了某些目标，的确可能存在某些客观的衡量标准，但这只能是在事后。这也是导致 R&D 活动内在不确定性的原因之一。

这六大特征表明，技术进步可以解释为在技术轨迹上的渐进积累，具有内在的不确定性。同时，某一技术范式中技术轨迹也不是唯一的，从一条技术轨迹转移到另一条技术轨迹是有条件和代价的。其中，技术机会可以表述为某一技术的现有水平与其前沿（技术极限）的距离。当某一技术的进展在技术轨迹上所处的位置离技术前沿尚远时，就存在技术机会。需要指出的是，技术前沿是难以事先精确测定的。它不仅取决于技术范式的技术性质，也取决于其市场渗透的有限性。通常把在一定领域内改进现有技术"规范—性能"关系的可能性称为"内涵"技术机会，而把技术在别的领域中应用和发展的机会称为"外延"技术机会。

技术生命周期中的混沌区

在"技术范式"和"技术轨迹"概念分析的基础上，菲利普·安德森（Philip Anderson）和迈克尔·图什曼（Michael L.Tushman）提出了"技术生命周期"[7]，他们认为一种新技术产生于技术轨迹演进的非连续阶段，不同的新技术之间将出现激烈竞争，最终将产生主导设计范式，技术的演进随即进入渐进变革阶段，直到新的技术以非连续性状态出现。一旦技术范式形成，该技术系统便内在地存在一个事先难以精确测定的极限。技术轨迹便在这一极限之下按 S 形生命曲线发展进行。技术机会就存在于技术水平与这一极限的距离之中。

尽管技术水平在既定技术范式下呈现为图 4-4 的发展轨迹，但创新活动的频率却随着技术水平的提升而逐渐下降。囿于已经确定的技术范式，随之而发生的将是一系列受制于该技术范式、沿着一定的技术轨迹进行的产品性能改进和生产工艺改进，即改进型创新活动。整体上看，技术始发国的技术创新过程实质上是一个范式转变的过程。在前范式阶段，技术路径尚不确定，更多表现为产品创新，进入主导设计确立后的范式阶段，技术路径获得公认，更多表现为过程创新，而两者之间是混沌的过渡期。这种不断进行改进创新的技术发展观和创新扩散观，最早可追溯到库兹涅茨[8]，后来则以罗森伯格（Rosenberg）[9]、梅特卡夫（Metcalfe）[10]、撒赫勒（Sahal）[11]和弗里曼等人为代表。这种观点可用图 4-5 表示，反映了创新的周期性特征。

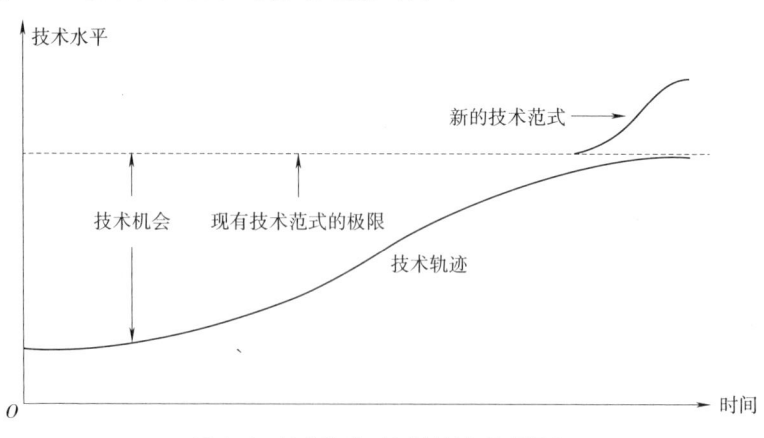

图 4-4 技术范式、技术轨迹与技术机会

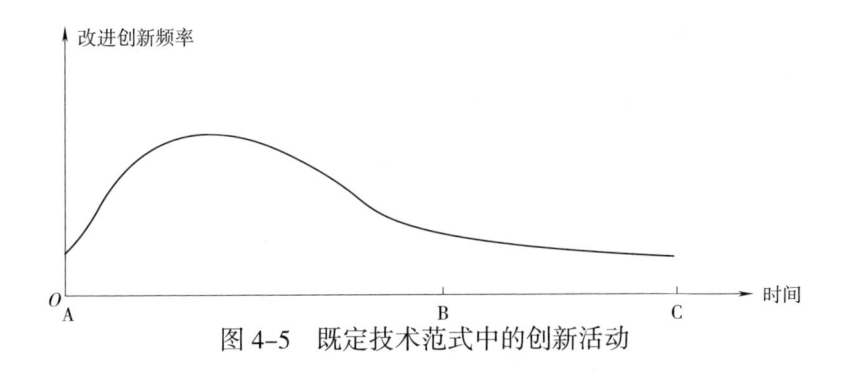

图 4-5　既定技术范式中的创新活动

THE FRONTIER OF THEORY
理论前沿

在一定的技术范式下，进一步技术创新的可能性有限。当一种技术在生命周期中演进到成熟阶段，或逼近了技术的极限，就预示着新技术范式的产生。

由于路径依赖、性能指标、多种新技术并存，以及认知和情感因素，在位企业往往无法认清新技术范式的到来。

前文所述的 S 形技术创新生命周期曲线提供了两个基本共识。其一，在一定的技术范式下，进一步技术创新的可能性有限。例如，集成电路的光刻机精度最终会受限于光的波长（当然也有学者认为，这种有限性是由于逐渐主观感知到技术即将临近性能极限而人为减少了研发投入，实际上可能仍然存在提升的空间）。其二，在一定的社会经济条件下，创新的市场渗透可能性是存在的。从整个技术体系发展演化的历史进程看，技术创新的主体总是处于一定的技术、经济、社会环境中，反过来看，按一定的序列发展的技术创新本身就是技术体系演化的重大原因。

如果从一种跨技术生命周期的视角看，当一种技术在生命周期中演进到成熟阶段，或逼近了技术的极限，往往预示着新技术范式的产生，技术演进将发生范式转换。这时将出现一个多种新的替代技术激烈竞争因而表现出混沌的非连续状态（如图 4-6 所示）。[12]

对在位企业而言，技术范式转换中的混沌表现在以下一些方面。第一，处于前范式阶段的在位企业由于路径依赖的存在，无法及时和灵敏地识别出技术即将进入下一个范式；第二，由于新技术刚出现时往往

第四章　二次创新

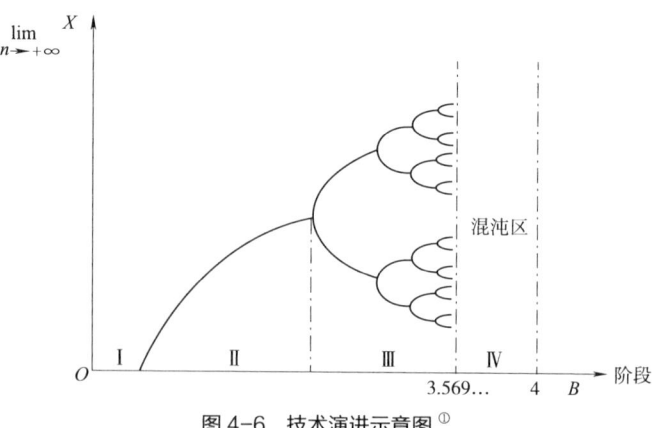

图 4-6 技术演进示意图 [①]

在性能指标上并不如旧技术，在位企业通常会忽视它的革命性；第三，由于下一个范式具有多种可能性，当多种新技术一起出现时，在位企业通常无法事先确知哪一种新技术最终会成为主导范式，因而造成技术投资上的困惑和犹豫。除此之外，新范式还会给在位企业带来认知失调和情感上的不匹配。

技术追赶过程中的很多现实案例说明了技术范式转换中混沌的存在。首先，新技术带来的转换成本会影响主导范式的选择。目前最广泛使用的键盘布局被称为"QWERTY 键盘布局"，是在 1873 年由工程师克里斯托夫·肖尔斯（Christopher Sholes）发明的[13]，设计思路是通过加大常用字母按键的间距，避免短时间内敲击邻近按键造成连动杆卡死，实现打字员输入速度的提高。1936 年美国华盛顿大学的奥古斯特·德沃夏克（August Dvorak）认为 QWERTY 式键盘的布局不够科学，影响了输入效率，并设计了以 AOEUI 形式排布的键盘，这一键盘被称为"德沃夏克键盘"。在使用 QWERTY 键盘时，左手承担了 57% 的输入负荷，

---

① 图中参量 B 表示技术系统内部的结构以及对技术系统发生影响的外部环境特征，比如系统的学习能力、系统的激励机制、技术机会、外部市场的需求等，由于 B 随着时间而变化，所以它兼有时间的含义。X_n 代表系统 n 次迭代或反馈后的技术状态。详见参考文献 [12]。

而使用德沃夏克键盘时，右手承担 56% 的负荷。[14] 由于大部分人的惯用手是右手，所以德沃夏克键盘改善了对双手的负担分配，对广大使用者更友好。有研究者证明，德沃夏克键盘确实能提高约 5% 的输入速度。[15] 2005 年芭芭拉·布莱克本（Barbara Blackburn）使用德沃夏克键盘在 50 分钟内平均每分钟输入 150 个词，创造了英文输入速度的吉尼斯世界纪录。但即使有证据能支持德沃夏克键盘的输入速度更优秀，但它仍未能取代 QWERTY 键盘成为主导设计。1971 年，国际标准化组织规定 QWERTY 键盘为国际标准键盘。保罗·A. 戴维（Paul A. David）依据路径依赖的特征，从三个方面解释了 QWERTY 键盘成为主导设计的原因。[16] 第一是技术相关（technical interrelatedness），键盘技术与键盘使用者的打字技能具有相关性，当具备使用 QWERTY 键盘技能的人数增加时，采用该布局的键盘的购买量也会增加，这个循环过程是一种正反馈机制。第二是规模经济（economics of scale），随着 QWERTY 键盘的市场占有量增加，降低市场对该技术的学习成本在标准化的竞争中取得了更大的优势，这种市场活动也是一种正反馈机制。第三是准不可逆性（quasi-irreversibility），培训打字员使用其他布局技术的键盘需要投入高昂成本，这就在市场中形成了成本壁垒，使主导设计从 QWERTY 键盘向其他技术的转换受到阻碍。综合来讲，由于 QWERTY 布局在键盘的硬件层面与打字技能的软件层面形成了深远的网络效用，同时凭借领先德沃夏克键盘半个多世纪的先导优势，通过长时间的正反馈机制巩固了市场占有量，形成了"技术锁定"。[17] 待到德沃夏克键盘问世，由于"5%"的输入速度提升不够显著，即技术转变的收益不够可观，所以不足以驱动市场支付高昂成本改变技术路径，该键盘最终失去成为主导设计的机会。

其次，市场是技术范式选择的最终决定因素。在 20 世纪 70 年代末，两家日本企业 SONY（索尼）和日本胜利公司（JVC）在盒式磁带录像机（VCR）技术标准上的竞争说明了一项优秀技术想成为主导设计必须考虑市场条件。索尼凭借 U-Matic 制式的技术经验，于 1975 年率先推出 Betamax[①] 制式的 VCR。而日本胜利公司则于 1976 年推出家用录像系统（VHS）。除了市场先入的优势，Betamax 得益于前代技术 U-Matic 的积累，其具备的音像技术比 VHS 更优秀，能提供更好的音频和画面：Betamax 具有 250 线的水平高分辨率，且能够通过 SuperBeta 达到 290 线，而 VHS 只有 240 线的水平分辨率。[18] 即便有如此优秀的技术水平和先导优势，Betamax 最终也未能成为主导技术。在 1978 年，Betamax 与 VHS 各自的市场占有率旗鼓相当；在 1984 年，40 家公司联合支持 VHS 格式，而支持 Betamax 的只有 12 家；到了 1987 年，全球 95% 的 VCR 被 VHS 占领。这个选择的主要原因是市场的相关因素。第一，索尼没有充分考虑民用市场的需求，这体现在录像时长上。由于 U-Matic 主要面向如电视台等专业市场领域，录像带的时长以满足电视节目为基准，依旧设计为一小时。VHS 的不同点在于录像时长更久，可以达到两小时。民用市场的录像内容通常长于电视节目，如电影、足球赛等节目的时长都远不止一小时。第二，索尼没有充分考虑民用市场愿意负担的成本。索尼设计的民用产品在音像质量和操作体验等方面具有出色的表现，但伴随的是更高的价格。如将索尼的 SL-5400 录像机与日本胜利公司的 HR-3300U 对比，索尼的 SL-5400 体积更小也更轻便，只有 29.5 磅[②]，而日本胜利公司的 HR-3300U 达到 36 磅；此外索尼产品的磁带盒在弹出磁带与闭合的过程中更顺滑。[19] 但普通消费者的需求在当时普遍没有达到这么高的标准，同时也没有足够强的意愿为这些先进的设计和体验完成支付。第三，索尼没有充分考虑在民用市场的分销，与电影公司等下游企业的渠道建设不够完善，主要体现在发行费用的收取和制作内容的限制。Betamax 制式收取的发行费用比 VHS 制式收取得高，意味着电影公司使用 Betamax 制式利润更低。此外索尼还限制发行的电影内容，并不允许任何内容都能制作成 Betamax 制式的录像带发行，最终导致 Betamax 制式的电影不如 VHS 制式的内容丰富。总体上看，索尼在推动 Betamax

---

① 一种较早的 0.5 英寸（1.27 厘米）的磁带格式。——编者注
② 1 磅约 0.45 千克。——编者注

成为主导技术的过程中过于聚焦产品和技术，而技术表现略逊一筹的VHS阵营通过更好的营销表现取得了市场的青睐而成为主导设计。

另外，政治性的因素也会影响主导范式的选择。1956年美国开始民用核能的研究。当时存在包括高温气冷堆、轻水反应堆、重水反应堆、气体石墨反应堆、液体钠反应堆等各种设计，其中使用氦气作为冷却剂的高温气冷堆的设计更安全、高效，同时获得了广泛信任和支持。[20]但由于一定的历史事件和路径依赖，20世纪60年代美国采用了轻水反应堆的设计。1957年苏联第一颗人造卫星发射，加剧了美国艾森豪威尔政府对建造反应堆的需要，美国安全委员会迫切需要争取许可，来建造民用核反应堆并投入使用。在紧急条件下，反应堆投建的即时性成为首要标准。而轻水反应堆作为核潜艇的动力部件，在当时具备最长足的技术发展和最丰富的建造经验。罗宾·考恩（Robin Cowan）认为，即便其他备选设计比轻水反应堆在安全和性能等方面更具优越性，轻水核反应技术所具有的历史积累也能使之脱颖而出。[21]最终，轻水核反应技术在美国打败了其他的设计方案。

后发者的学习与忘却学习

后发者的两种策略

从技术范式的相关分析可以发现，技术的发展有其积累渐进的基本特点，同时又有打破旧范式而变革的必然趋势。技术机会同时受到这两个因素的作用和制约。理性上看，领先者的技术机会远较后发者多，但是技术机会的获得还受到沿技术轨迹进步速度的影响。从技术发展的S形曲线看，技术领先者经历了困难和投入都较大的技术范式发展早期，而后发者避开了这一代价颇高的阶段，却又面临着技术机会不足的危机。

由此，后发者开展技术追赶实现后发优势的第一种策略是，以较低代价获取领先者所费不菲积累起来的经验结晶——先进的设备与技术，并结合自身的条件和环境，对先进技术进行消化吸收，且在此基础上展开技术创新，最终实现赶超。赢得这一类后发优势需要两个重要的前提：一是该技术范式的存在时间（或该技术的生命周期）足够长，后发者有充足的时间消化吸收再创新直至赶超；二是领先者前进的步伐放慢，或者至少在一个时期内后发者的技术进步速度要快于领先者。在传统产业如纺织、钢铁产业中，存在许多这样的成功事例，在基础科学研究中同样也存在一些这样的事例。这类后发优势称为第一类后发优势，带有很强的线性特征，即积累性、逻辑性、可预见性等。第一类后发优势主要表现为：第一，节省了研究开发费用（尤其是基础研究费用）；第二，减小了开发新市场的风险和不确定性，节省了市场开拓成本；第三，能在短时间里获得技术输出国多年积累的知识和经验；第四，能采用最新的生产手段。事实上，新结构经济学提出的后发优势主要指的就是第一类后发优势。

然而，科技的发展越来越具有动态性和非线性，技术生命周期普遍在缩短。如果仅仅引进技术进行消化吸收而没有创新，在后发优势体现之前，这种技术可能已经就被新技术替代而失去了应用价值。像日本发展初期那样赢得第一类后发优势的可能性已经大为缩小。但是，受技术范式更新步伐加快影响的并不只是后发者。技术范式的更新往往会革命性地摧毁领先者苦心经营多年所建立的优势，使领先者蒙受巨大的损失。由于技术的相关性、规模经济和投资的准不可逆性，造成了领先者的路径依赖。技术范式更新带来危机、混沌的同时，更给后发者带来了机会：面对新的技术范式，后发者与原先的领先者站在了相同的起跑线上。因此，后发者开展技术追赶实现后发优势的第二种策略是，后发者跳过旧范式直接紧随新范式。通过这种策略赢得的后发优势在电子通信、生物工程、材料科学等技术进步周期较短的高新技术领域表现得尤为突出。这类后发优势称为第二类后发优势，带有很强的非线性特征，即跳跃性、随机性、不可预见性等。

李根和林采成提出的路径追随模式和两种"蛙跳"（leapfrogging I & II）模式，本质上也在描述后发者赢得后发优势的两种策略。其中，技术路径追随模式表示技术完全按既有技术轨迹演化，路径跳跃模式表示技术跳跃到同一范式的更高阶段。通过上述两条追赶路径获得的后发优势实际上就是第一类后发优势。而在路径创造模式中，后发者创新出一条新的技术轨迹，这时后发者获得了第二类后发优势。

国内也有学者认为，单纯的技术追赶很难使后发者实现技术赶超，即使能够无限趋近于前沿技术，通常也无法通过技术追赶模式跨越赶超的"最后最短距离"，真正帮助后发者实现赶超的是技术前沿的扩张。这种技术追赶和技术前沿扩张是后发者展开追赶的两种不同技术进步模式。[22]这两种技术进步模式基本上对应了前文讨论的后发者的两种策略。技术前沿的扩张可以理解为后发者通过自主R&D形成新的技术轨迹，从而确立技术领先地位。

通过上述讨论可以发现，后发者并不能够简单地在两种策略或模式中进行转换。在不同追赶阶段，后发企业应结合内外部环境采取不同的追赶策略。首先，技术追赶必须遵循技术动态演化的客观规律。后发者可以通过对先进技术进行消化吸收然后在固有技术范式下展开技术创新，或者跳过旧范式直接紧随新范式，最终实现赶超。其次，实现后发优势的关键在于对赶超机会的预见和把握。后发者必须利用领先者业已掌握的知识、技术、管理和市场经验，减少研发投入，更快地改进生产投入要素的质量和促成技术进步，在减少"试错"成本的有利条件下，实现技术赶超。后发者尤其要关注和抓住外部性的技术轨迹变迁，特别是通过原始创新实现"换道超车"。最后，两种不同的追赶策略和路径，需要与之对应的不同的组织体系和资源配置模式，尤其要采取不同的组织学习模式，其中在后发者试图直接进入新的技术范式而实现第二类后发优势的过程中，致力于摆脱固定框架和旧有经验的忘却学习具有非常重要的地位。

THE FRONTIER OF THEORY
理论前沿

后发者的追赶过程本质上是组织学习过程。后发企业需要抛弃一些原有的经验，摆脱路径依赖，这时"忘却学习"发挥了非常重要的作用。

有计划的忘却学习是为了打破组织现有路径和运营规则的刚性以获取新能力的组织重构。

第四章 二次创新

"有意的扬弃"

后发者的追赶过程本质上是追赶企业的组织学习过程。金麟洙的"从复制模仿、创造性模仿再到创新"的追赶模式，实际上就是韩国后发企业技术学习的动态过程。在范式转变期的转换过程中，后发企业需要抛弃一些原有的经验，摆脱路径依赖，这时"忘却学习"发挥了非常重要的作用。

植根于组织文化和精神地图的学习是一种有用的组织导向，能把过去的能力和优势有效地传承下去，但也会阻碍组织进一步学习新的知识。正是面对这样的困境，才产生了术语"忘却学习"。这一术语与赫德伯格在该领域的早期研究密切相关，赫德伯格认为，忘却学习是学习者主动丢弃或扬弃知识的过程。[23] 忘却学习是一个有计划、有目的的主动忘记过程，是对组织过时的或有可能引起误解的知识的抛弃。这一过程不仅是"记忆忘却"，更是"有意的扬弃"。组织内的忘却学习是为了打破组织现有路径和运营规则的刚性以获取新能力的组织重构。学习是组织内连续的学习过程，而忘却学习是个人和组织知识结构的共同变化，通常是对我们认知——理解事物最根本的准则的改变，是对原有知识结构的消除①。

从此，这个概念被学者们广泛使用，他们强调：认识并且放弃过时的、不适合组织发展的知识或惯例是尤为重要的。[24] 之所以需要忘却已学知识，是因为学习并非只是积累知识的过程，有时候为了发展新的行为和构建新的精神地图，尤其是技术范式转变时期，组织面临的"游戏规则"、标准和基础都发生了变化，很难依据历史经验对从现实环境中得到的反馈信息做出解释，内部知识整合丧失了目标，大量知识的过时使组织对知识的运用迷失了方向，组织必须对过去观察和办事的方式提出疑问并将它们抛在一旁。那些认为不需要忘却旧知识的组织会面

---

① 在中文里，"学习"和"忘却学习"在概念上构成包含关系。实际上，赫德伯格和其他外国学者一般将学习（learning）和忘却学习（unlearning）作为对应。本书采用赫德伯格的观点，认为"学习"和"忘却学习"是"组织学习"下的两个并列概念。

临坠入"能力陷阱"的风险[25],因为他们不会去开发更适合变化了的环境的全新技能,而是继续致力于完善现有的技能。詹姆斯·G.马奇(Jamas G. March)认为,组织需要在对现有知识和能力进行"开发"与对新知识、新技能进行"探索"之间求得平衡。忘却学习正是组织跨越前述技术生命周期中的混沌区必需的学习模式,否则组织将无法进入新的技术范式。

基于这样的理解,有学者将忘却学习过程分为"利用式忘却学习"和"探索式忘却学习"。[26]对过时的和具有误导性的组织知识进行识别、抛弃的过程是利用式忘却学习。这个过程是对有碍组织发展与创新的旧知识、惯例进行识别并有意识地丢弃或者过滤的组织行为,能为突破性创新营造灵活、多样的组织创新氛围。而探索式忘却学习是指对新知识进行再学习,是对新形成的关于市场、技术、新产品架构及工艺等创新观念的吸收与内化,促进企业对快速变化的市场和技术的灵活反应,获取新颖的知识和技术来发现新的机会。由此可见,学习与忘却学习的平衡在组织的长期生存中显得尤为必要。

后发者的学习模式

根据技术生命周期各个阶段的特点,迈耶斯将组织学习总结为从适应型学习、维持型学习、发展型学习到范式转变期的过渡型学习,再到创造型学习的演进,以实现企业能力的积累(参见表4-4)。[27]显然,组织学习模式与技术系统演化进程有着特别的动态匹配关系。

技术系统演化进程中,尤其是发展中国家技术引进后的二次创新循环进程,一般会经历适应型学习、维持型学习、发展型学习、转换型(或过渡型)学习和创造型学习等几种组织学习模式。[28, 29]其中,转换型学习适用于技术范式发生了改变,组织需要进行战略调整的时期;创造型学习适用于新技术范式的知识集已形成,组织在经历一个定义与再定义活动的集中时期,重新构建相互作用的合作,解决冲突,通过内部发明或外部获取采纳新的技术范式以迎接挑战。技术范式转变时期,组织学习模式的一个本质性特征是"扬弃"和"遗忘"。这一阶段,

表 4-4 技术生命周期中的学习模式

发展阶段	新技术出现	增长	成熟	危机	更新
创新阶段	流动	转换	专业化	替代技术出现	进入新一轮知识生命周期
主导学习模式	创造型	适应型	维持型	过渡型/转换型	创造型
学习特征	发明或采纳新技术范式，定义新的求解模式	采纳已经出现的主导设计，模仿新技术	改进程序，提高效率	消除现有的思维定式，调整心智模式，准备接受和开辟新的轨道	

资料来源：修改自 Meyer（1989）[30]。

企业会遇到前所未有的问题，这依靠技术转让方的援助是不能解决，线性的学习已不能适应此时的需要。也就是说，在这个特定的阶段，组织必须对过去的知识学习和管理方式提出疑问并迅速实现转变。因此，企业应学会有效地"扬弃"。企业应学会扬弃老化的知识和不再获利的工艺，创造新的方式来获取核心能力，这就是组织知识的更新，也是忘却学习的结果。[31]因此，这些组织学习模式的研究虽然是在一个技术范式周期内，但发展型学习已体现了技术范式转变时期典型的以"忘却"为主导的学习特征。忘却学习与技术范式转变的关系如图4-7所示。可以看出，从学习到忘却的过程是技术变革进程从渐进性向根本性发展的过程，是组织学习从线性到非线性的演化过程。

在技术范式发生转变时，要经历过渡型学习向创造型学习演化的非线性阶段，组织需要同时完成学习和忘却学习，实现组织的知识链重组。组织内所有知识实质上都以"链"的形式存在。应对范式转变带来的"非线性打击"，关键在于将业已形成并流畅运作的知识链打断、清理、吐故、纳新和重组。这个过程可以类比为DNA重组的过程。企业在面对范式转变时，其知识链将通过忘却学习断开，其中部分知识和知识要素将被抛弃。与此同时，一些知识和知识要素将通过外部学习、内部研发而引入。最终这些知识将重组为新范式下的知识链。

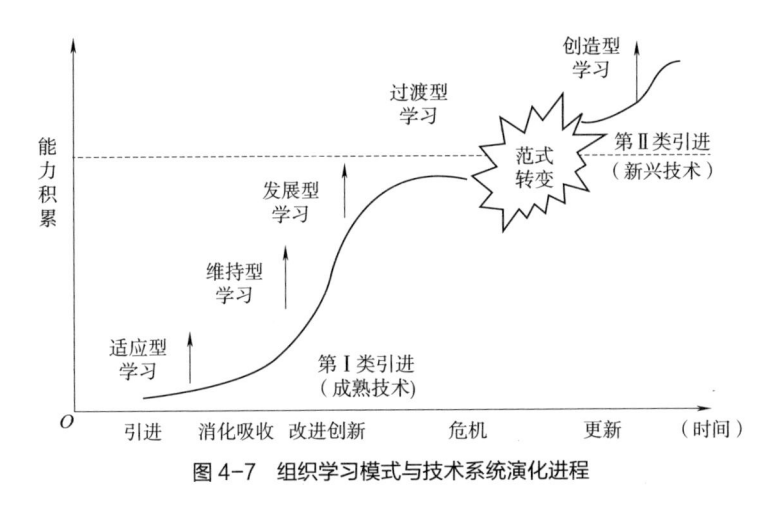

图 4-7 组织学习模式与技术系统演化进程

从学习到忘却学习

学习是组织内连续的学习过程,而忘却学习是个人和组织知识结构的共同变化,也是对我们认知和理解事物最根本的准则的改变。通常,组织内的知识具有一定的路径依赖性,或依附于个人头脑,或以有形物以及组织结构为载体而存在。忘却学习不但要消除原有知识和知识结构,也涉及对组织内知识搜寻、存储、筛选、整合、激活和创新等一系列对知识利用及操作规则的革命性改变。忘却学习的核心是知识与流程。

基于此,可以从知识与流程的角度构建从学习到忘却学习演化的概念模型。[32] 这里的学习与忘却学习都是组织学习的狭义模式,相对于学习这一连续的积累过程,忘却学习是一个间断的、根本性的、彻底的变革过程。

如图 4-8,横轴表示知识的变动程度,纵轴表示组织流程的变动程度。可以看出,当组织的知识变动和流程变动都相对较小时,可以认为这时的组织学习是以渐进性积累为主的学习过程;当一个组织所拥有的知识发生了较大变动,同时需要对组织的流程做出较大调整或更改时,则是以打破原有路径和规则为主的忘却学习。实际上,技术演化的不连

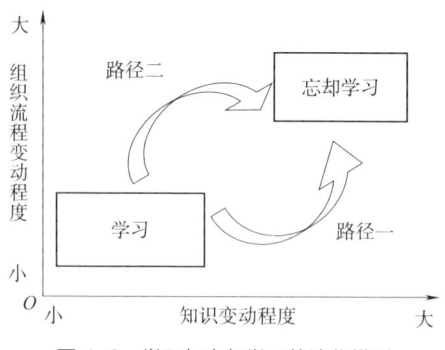

图 4-8　学习与忘却学习的演化模型

续性必然导致组织原有的技术战略、组织结构、企业文化和管理风格做出相应的重大改变。因此，从学习到忘却学习是一个组织知识的渐进性积累到知识结构的根本性变革的发展过程，同时也是组织流程从不断改进到关键环节的变革或全新组织流程重构的发展过程。处于图4-8左下角的学习和右上角的忘却学习是组织学习的两种典型模式，而组织流程变革较大但知识变动较小或组织的知识变动很大而流程变革很小的情况较为少见。因为，根据克里斯·阿吉里斯（Chris Argyris）和唐纳德·舍恩（Donald Schon）对组织学习的定义，组织学习是关于有效地处理、解释、反应组织内部的各种信息，进而改进组织行为的过程。[33] 也就是说，组织对知识的处理是与组织行为互动发生、相互影响的，组织通过调整一系列活动和任务的重新组合改变流程，而组织流程的调整需要相应的配套知识来支持；知识的不断吸收和创新也会导致组织的流程发生相应的变革来应用新知识。

显然，从学习到忘却学习的发展有两条典型的路径。路径一是组织知识的变动带动组织流程的根本变化而产生的忘却学习。如格兰仕集团从微波炉到光波炉的生产就是在技术知识不断积累的基础上引进生产线调整工艺流程，并根据新产品的需要调整组织的管理流程，从"橄榄形"模式转变为"串糖葫芦形"模式，建立了研发、生产、工艺改进、品牌推广、消费服务的一体化经营模式。路径二是组织流程的根本变化促使组织知识发生了结构性的改变。如三星集团在从模拟技术向数字技术转变的过程中,首先改变了经营理念——从"量经营"转向"质经营",然后通过组织结构调整、精简机构,加强与科研院所等多方合作,从而促使了员工知识的更新、专家知识的整合,并通过营销方案的改变引导客户知识的完善和对新产品认识的改变。

忘却学习作为技术范式转变时期的主导学习模式,是组织知识和流程发生根本变化的诱因,也是组织成功面对新技术范式的前提。忘却学习改变了组织原有的知识结构,而知识结构的变化导致了知识使用的规则如知识获取的途径、知识的存储方式、知识在组织内的重新分配等都发生了变化。同时,相应的组织流程如新的生产线的引进,新的战略计划、监督体系的重建等也陆续发生。当然,忘却学习并不是技术范式转变时期组织学习的唯一模式,如何有效地平衡学习与忘却学习,使组织在扬弃旧的知识和流程的同时,及时学习新的范式集合,是后发追赶者必须解决的问题。

因此,不同追赶阶段后发企业应采取相应最为有效的学习模式。后发者一方面必须利用领先者业已建立的知识、技术、管理和市场经验,通过学习和渐进积累,实现技术赶超。另一方面,后发者要尤其关注技术范式转变,通过忘却学习和原始创新实现技术赶超。这两种学习模式即对应着第一类后发优势和第二类后发优势。总之,后发者技术追赶的过程,是从技术引进获得生产能力到形成原始创新的组织学习过程,这种组织学习过程必须从开始囿于固定范式到最终通过忘却学习实现具有突破性的原始创新能力,来推动企业的非线性成长,利用后发优势后来居上。

超越追赶的技术创新过程

技术始发国的技术创新过程实质上是一个范式演化和转换的过程,从产品创新逐渐过渡到工艺创新。而发展中国家后发企业的技术创新过程则被理解为一个技术学习和技术追赶的过程。这是在技术引进的基础上进行的，囿于已有技术范式，并沿着既定技术路径发展。它表现为一个反向的技术追赶过程，并体现为从引进技术之初就开始创新的二次创新过程。虽然囿于已有技术范式，并沿既定技术轨迹发展，二次创新却是一个由"量变"到"质变"的创新能力升级过程。在这一过程中，企业不断地进行技术学习，实现由过程创新型向产品创新型过渡的多轮次的技术能力积累过程，所以二次创新是企业持续积聚技术且提高创新水平的演化流程。随着创新能力不断提升，后发企业主动打破原有技术平衡状态，通过忘却学习摆脱路径依赖，走出"引进—落后—再引进"的恶性循环，最终走向原始创新并主导形成新的技术平衡，实现超越追赶。因此，超越追赶的技术创新过程分成二次创新阶段、忘却学习阶段和自主创新阶段三个阶段。

对后发企业而言，最大最重要的超越机会窗口将出现在技术范式转换的阶段。

从二次创新阶段到忘却学习阶段，再到自主创新阶段，后发企业实现了一个完整的超越追赶过程。

对后发企业而言，最大最重要的超越机会窗口将出现在技术范式转换的阶段。因此，以忘却学习为主要标志的混沌期是一个标志性分水岭。这一过渡阶段是在前一范式创新能力积累基础上的一个非线性过程，后发企业只有经历忘却学习才能真正走向自主创新。（参见图4-9）

第一阶段，二次创新阶段。后发企业通过技术引进、模仿中的学习以及改进创新，持续提升技术能力。特别是到了二次创新的后期，后发企业逐渐掌握该引进技术的原理并能灵活运用以满足市场需求，且具备足够的研发能力进行较重大的再创新，为上升到能够通过自行"原始创新"形成新产品打下基础。二次创新阶段发生在同一个技术周期内，总体上表现出线性的平衡状态。

第二阶段，忘却学习阶段。在这个阶段，后发企业面临的是技术范式转变期。虽然处于范式转变期的后发企业不可避免地要遭遇危机和混乱，但技术范式转变的同时也破坏了领先企业的优势。因此，这是一个

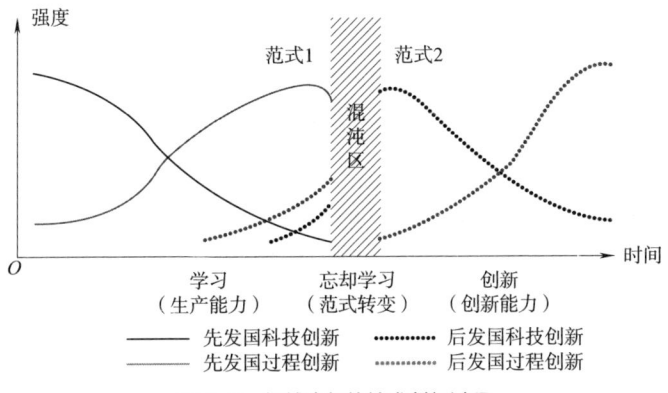

图 4-9 超越追赶的技术创新过程

后发企业通过忘却学习实现"换道超车"、到达技术前沿的重大机会窗口。由于下一范式具有多种可能,这是一个从原有落后技术体系向新技术体系"学习中创新"到新、旧技术体系相互竞争和"理解"的非线性过程,会有多种因素综合影响最终主导范式的形成,因此这个阶段是一个非平衡的、混沌的非线性阶段。

第三阶段,自主创新阶段。在新的技术范式下,后发企业与原技术领先者面临一样的技术与市场环境,但后发企业具有更多的优势。一方面,后发企业已经具备了能够自行通过"原始创新"形成新产品的能力;另一方面,后发企业不像原技术领先者那样由于背负过多专用性资产而形成路径依赖。后发企业通过自主创新并推动主导范式的形成,走向技术领先。这是一个形成新的技术平衡的过程。

从二次创新阶段到忘却学习阶段,再到自主创新阶段,后发企业实现了一个完整的超越追赶过程。

基于超越追赶的竞争优势

后来者居上的秘诀

创新,正在成为这个时代最为流行的主题。后发企业若希望实现超越追赶和构建穿越周期的力量,则需要持续创新。经典著作《基业长青》《从优秀到卓越》《公司进化论》等,无一不在强调持续创新的重要性。

世界上诞生过许多优秀的企业,它们都具有很强的创新能力,并能持续创新。但是,就算是这样的企业有时也摆脱不了破产和被收购的命运,这样的例子不胜枚举。例如,2007年,手机市场主流从功能机转向智能机,诺基亚遭遇非线性打击。在打击来临前,诺基亚市值约1500亿美元,净利润达72亿欧元,手机年出货量4亿部,全球市场占有率为40%,正处于该公司历史上手机业务的顶峰。这时,iPhone和iOS隆重登上历史舞台并成为市场主流,而安装了安卓操作系统的手机则占据了其余市场份额。诺基亚这个昔日的通信巨头悄然离场。2007年,英特尔(Intel)遭遇非线性打击。尽管其个人计算机(PC)芯片在市场上处于绝对垄断地位,但它在手持设备芯片市场的占有率却几乎为零。2007年,微软遭遇非线性打击。微软是PC操作系统领域的唯一"王者",但在手机操作系统领域的份额几乎为零。同样是2007年,雅虎(Yahoo)也遭遇了非线性打击。雅虎是PC互联网的代名词,但在移动互联网时代却完全没有机会。如诺基亚这样优秀的企业要实现基业长青也并不是想象得那么简单,因此,持续创新绝对不是简单的重复创新,而是一个复杂的动态演化体系。

THE FRONTIER OF THEORY 理论前沿

基业长青的关键就在于在范式的曲线变得平缓之前就开始寻找并且跨越到下一条S形曲线。因此,基业长青的秘诀就在于,企业能够在"打破平衡—再建平衡—再次打破平衡"中实现螺旋式上升,构建出完美的超越S形曲线。

"范式"这一视角可以使我们对持续创新有全新的认识。从范式的视角出发,可以识别三类持续创新:第一类是范式内的持续创新,第二类是跨越范式的持续创新,第三类则是创造新范式的持续创新。

第一类,范式内的持续创新。这是最典型也最常见的持续创新方式。

企业在不改变原有产品和服务框架的基础上,通过对要素模块不断改进来持续提升产品和服务的绩效。这种不断追求完美、精益求精的战略思维要求企业不断进行开发性学习。但是,这种创新优势随时有可能被打乱,因为它们很可能没有注意到竞争对手正在建立新的竞争范式。大量以模仿学习为主的企业就处于这样的阶段。

第二类,**跨越范式的持续创新**。当市场上出现新的竞争范式时,敏锐的企业会设计一个全新的技术和管理体系框架来提供产品和服务。这意味着对整个企业组织系统进行革命性的改造,企业原来积累的优势荡然无存,员工知识体系、组织管理流程等也会因不适应新的范式而被废弃。为了能够进行跨越范式的持续创新,企业需要忘却性学习,扬弃旧有的正在过时的战略思维模式和企业运营惯例,在摆脱路径依赖的同时学习进入新的范式,这样才能适应新范式下的市场竞争。

第三类,**创造新范式的持续创新**。这对于企业更具挑战性。最优秀的企业总是希望成为整个行业的引领者,创造一个属于自己的时代。创造新范式需要企业进行创造性学习,这需要强大的想象力。此时企业最大的竞争对手便是自己,丰富的创造力成为企业持续保持活力的法宝。成功者如 IBM 以及华为便是如此。

对企业而言,创新是这个时代最基本的生存之道。创新难,意识到持续创新更难,而做好持续创新则更是难上加难。正是因为如此,尽管有大量积极致力于创新的企业前赴后继地倒在了持续创新的征途上,但仍有更多的企业在创新中赢得了自己的发展空间。当许多企业处于"不创新等死,创新找死"的纠结之中时,那些能够从"技术范式"的视角厘清持续创新的三个层次的企业能够在创新之路上走得更好。

上述三类持续创新不但有层次之分,而且整体上是一个不断循环往复和螺旋上升的过程。跨越范式和创造新范式的过程就是企业打破经营的现有平衡的过程。这个过程对应技术赶超中的非连续性,这种技术发展的不连续变迁或根本创新使企业在技术能力、知识、设计、生产技术、工厂和设备等方面的大部分现有投资变得无效,甚至带来公司或整个行业的调整。事实上，新旧技术范式的更迭是技术演进非连续性的集中表现，是技术演进的混沌时期，恰是后发者实现技术赶超的最佳时机。这种非连续性不仅对当前在位企业构成了巨大的威胁，同时也为后发企业提供了进入窗口。如果继续囿于现有范式，一定会落入追赶陷阱，导致不断地付出引入成本，但技术能力却不能显著提升。当意识到新技术范式出现时，企业应该有壮士断腕的决心，勇于打破现有平衡，第一时间跃迁到新范式。

当企业顺利越过这个不连续的变迁而进入新范式之后，则需要尽快地建立起新的平衡，在已经构建的既定范式下开展不断追求完美和精益求精的持续创新，追求平衡状态下的高效率。随着既定范式不断成熟，而成熟很可能意味着衰落的开始，这时，企业又应该保持观察市场上是否出现了一些新的竞争态势。或者，当自己一路领先时，更应该居安思危，思考是否在原有的范式内循着"路径依赖"走过了头。也许市场中有企业已经另辟蹊径，被甩在后面的不是别人而是自己。基业长青的关键就在于在范式曲线变得平缓之前就开始寻找并且跨越到下一条 S 形曲线。因此，基业长青的秘诀就在于，企业能够在"打破平衡—再建平衡—再次打破平衡"中实现螺旋式上升，构建出完美的超越 S 形曲线（参见图 4-10）。

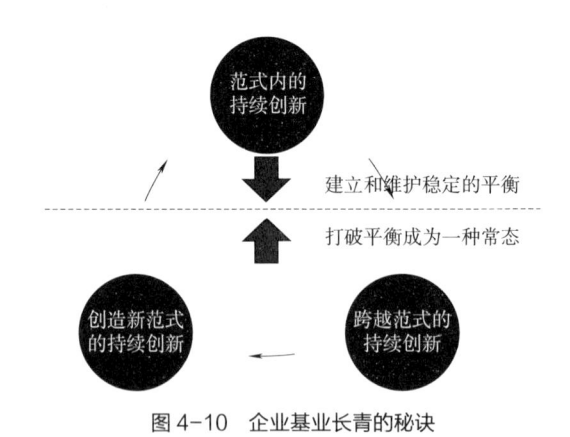

图 4-10 企业基业长青的秘诀

只有充分厘清持续创新的三个层次和相互转化的关系,才能帮助企业更好地把握创新,赢得持续竞争优势。越来越多的中国企业正在持续创新,并且把握得越来越好,比如华为、阿里巴巴。它们正从旧有范式上的追赶者跃迁为新兴范式的创造者。这样一批能够找准自己持续创新模式,有战略地开展持续创新的企业,将会成为中国经济未来发展的脊梁。

穿越周期的力量

创新一直是推动产业发展、生产率增长和国家综合实力进步的强大力量。改革开放至今,中国大量企业通过二次创新实现了对领先者的追赶。当前,中国正处于一个新的范式转变期:从技术环境的角度看,ABCDE 技术劲推下的第四次产业革命时代已经到来;从劳动力市场的角度看,正在由"人口红利"向"人才红利"转变;从消费者市场的角度看,中产阶层的快速崛起带来需求的转变与升级;从制度环境的角度看,国家从强调引进技术转变为强调关键技术的突破与创新系统布局;从大的外部环境看,中国面临着全球格局深刻变革下的巨大挑战与机遇。同时,我国后发企业现阶段的资源和能力也与追赶初期有了显著的差异。在追赶早期,我国后发企业缺乏必要的资源和能力,技术和市场双重落后,因而在战略的选择上较为被动与局限。然而,在今天的追赶后期,后发企业逐渐"成熟",已能够为解决特定的商业需要而采取前沿和跨界的新技术。面对崭新的技术、市场与制度变革所带来的"机会窗口",企业亟须重新思考在后追赶阶段应该采取何种创新战略以实现领跑。

在这个巨大的范式转变期,技术生命周期正前所未有地缩短。韩国学者李根关注和强调的"迂回战略"——后发者先进入技术生命周期较短的领域,待积累实力后进入技术生命周期较长的领域——已成为一厢情愿的遐想。过短的技术生命周期使得留给后发者"消化吸收"领先技术的时间窗口变得越来越窄,后发者很可能不再像当初一样有足够的时间来通过学习积累能够支撑后发者紧跟并赶超领先者的技术水平,更遑论"创造路径"进入新的技术生命周期较长的领域。同时，后发者需要保持柔性以适应外部的挑战，充斥着不确定性的组织变革成为常态。因此，传统西方管理学把建立和维护稳定的平衡作为企业提升绩效的核心命题（参见图4-11），这一观点需要在这样的范式转变期重新被审视，技术轨道与技术范式的快速变迁与不确定性更迭也对原有的追赶模式提出了挑战。

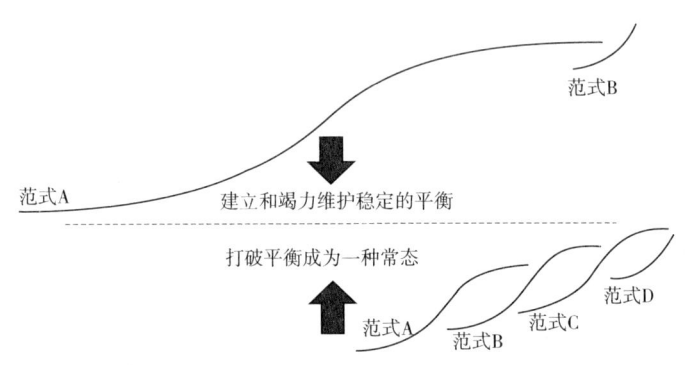

图4-11 重新审视传统西方管理学的核心命题

理论前沿 "超越追赶"是指后发的企业或者国家主动去创造新的范式，并能让不同行业、地区或其他企业认同这个范式，且在这个新造就的范式上前行，即实现从后发者向领先者的转变。

"超越追赶"的概念更好地描述和分析了中国现阶段大量已通过"二次创新"等模式实现追赶并向领先迈进的后发企业的创新战略。"超越追赶"是对原有发展中国家"二次创新"管理理论体系的进一步丰富和拓展，是指组织在开放和变革的情境中借助自身能力与互补者的力量，既注重"利用性"又开展"探索性"研发，摆脱和超越现有技术轨迹，谋求革命性创新的发展模式。（参见图4-12）

"超越追赶"需要主动创造新的范式。"追赶"一词隐含的一个重要假设是后发者前面有一个"领跑者"，后发者通过能力积累缩小差距，其

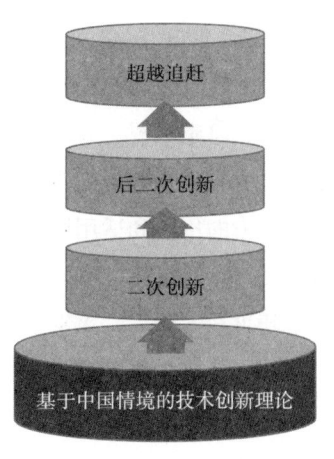

图 4-12　超越追赶理论的渊源

至达到、超越一定的指标，这可以被认为实现了"赶超"。追赶是大量后发企业所遵循的追赶规律，即在原有技术范式体系内追赶。从技术体系演化的动态视角看，追赶受限于领先者的成熟技术范式，容易落入"追赶陷阱"（参见图 4-13）。而"超越追赶"是指后发的企业或者国家

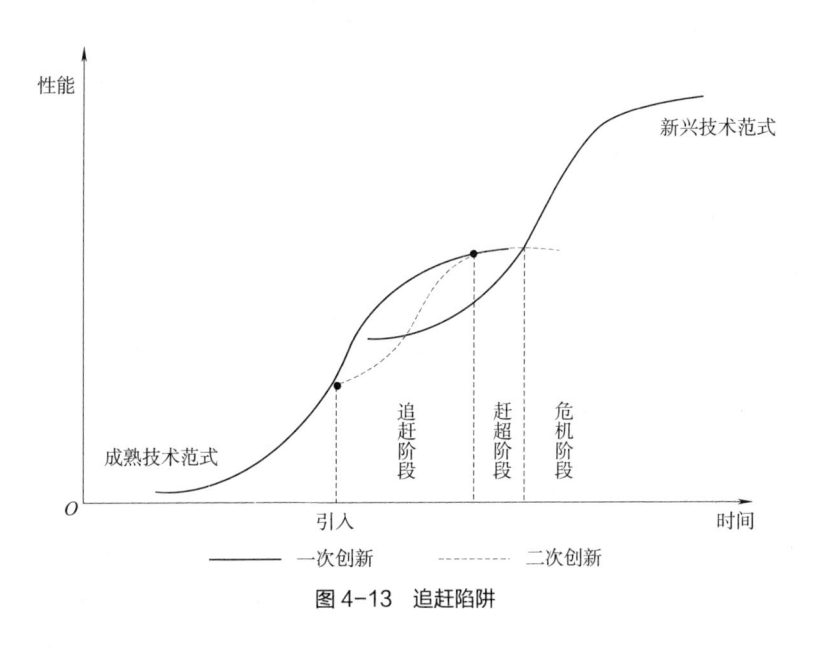

图 4-13　追赶陷阱

主动去创造新的范式,并能让不同行业、地区或其他企业认同这个范式,且在这个新造就的范式上前行,即实现从后发者向领先者的转变。

国内领先企业,如华为、海康威视、大疆科技也通过不断抓住新范式带来的机会而牢牢站在技术与市场的最前沿。基于超越追赶的创新的竞争意义取决于它对现有能力的价值和适用性的影响,即体现在技术能力和市场能力两方面的"超越"。如图4-14所示,将垂直维度划分为强化成熟技术能力和探索新兴技术能力,水平维度划分为强化现有市场连接和探索新兴市场连接,可以将实现超越追赶的中国领军企业进行分类。

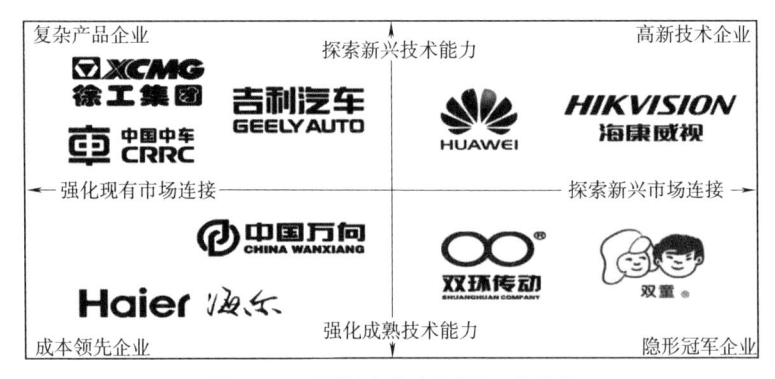

图 4-14 超越追赶的中国领军企业分类

"超越追赶"更在于构建穿越周期的力量。成功企业发展的历史给予的启示是,在多数企业追逐当前范式内的渐进式创新的时候,卓越企业能预见并提早进入下一个范式,从而构建起穿越周期的强大力量(如图4-15所示)。国际卓越企业,例如特斯拉、苹果、微软等,就是这样保持持续竞争力的。

海康威视就是一个构建起穿越周期力量、实现超越追赶的典型案例。海康威视的二次创新过程主要经历了两个阶段(见图4-16)。第一阶段的主要任务是引进国际上成熟的技术,因为海康威视没有相关技术知识和经验的积累,吸收能力较差。海康威视首先是从国外引进成熟的 MPEG-1

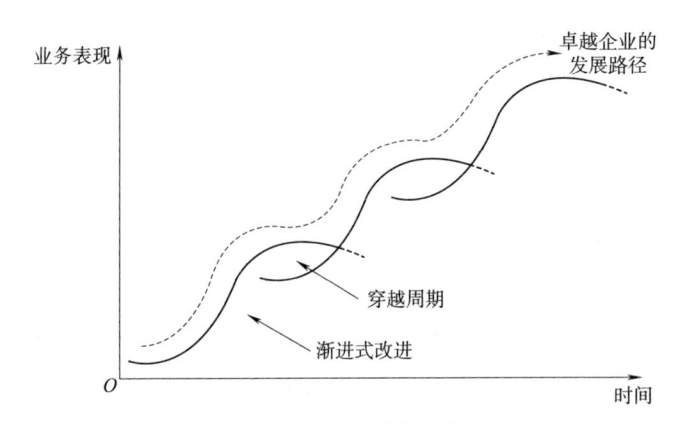

图 4-15　卓越企业的超越 S 形曲线

在现有业务陷入停滞之前，高绩效企业早就积累了开始新业务的能力。

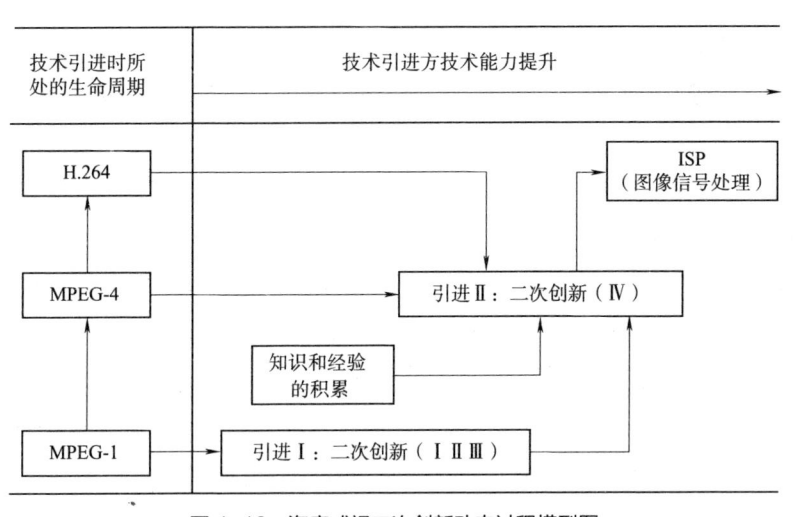

图 4-16　海康威视二次创新动态过程模型图

硬压缩方案，之后以"逆向工程"的方式简单模仿国外的产品和工艺，并且将已有的技术结构与引进的技术结构做适配，针对本地市场做改进型创新，成功开发出基于 MPEG-1 标准的视音频压缩板卡。第二阶段的主要任务是引进新兴技术，形成主导设计能力。海康威视通过与专利管理公司签订专利授权许可协议引进 MPEG-4 和 H.264 两种算法，与竞争对手同时开始研发新一代产品，由于第一阶段已经积累了视音频压缩板卡的互补性技术，技术能力的快速提升促使其引入通用的DSP芯片，自主研发核心压缩算法。短短半年，海康威视就推出成熟的新一代产品，由于技术性能稳定，该产品销量达到全国第一。

2007年起，海康威视全面进入"超越追赶"新阶段，从"国内领先"迈向"国际领先"。在该阶段中，海康威视敏锐地察觉到安防行业由"数字技术范式"向"网络技术范式转变"的"技术机会窗口"，由"日益专业化"与"特色化需求"催生的解决方案市场的"需求机会窗口"，以及由上海世博会等国家重要活动和政策带来的"制度机会窗口"。通过不断探索ISP（图像信号处理）、3D降噪、视频编码、网络传输、SOC（系统级芯片）等这一时期的关键技术，海康威视以持续的技术创新战略作为其超越追赶的主要模式。基于自身技术能力与行业发展，海康威视于2004年开始自主研发ISP技术，并于2009年取得突破，推出国内第一款采用完全自主研发ISP技术的实时百万像素网络高清球机，这是海康威视"原始创新"的首创。当国内厂商都聚焦于后端数字视频录像机（DVR）产品时，海康威视在2004年便开始投入研发人员，深入前端核心产品摄像机的ISP技术研发，通过对ISP技术的不断突破，并使用多种类型的SENSOR芯片，利用高效的编码技术对高分辨率图像进行高效编码。最终，海康威视于2010年拿到上海世博会安保项目，并于2012年从技术方面超越瑞典安讯士（摄像机前端设备全球领先企业），引领高清监控时代发展。如今，海康威视已发展成位居"全球安防50强"榜首的以视频监控为核心的安防企业，真正意义上实现了从"后发追赶者"到"领航者"的角色转变。

从更广阔和长远的视角来看，当变革成为新常态，当打破平衡成为一种主动的管理行为，这就需要一种全新的理论和管理体系。"超越追赶"是从少数中国领军企业的追赶过程中识别出的追赶规律，即能超越原有技术范式内的追赶，在下一代技术范式兴起初期就开始"追赶"。这是一种与经典技术追赶截然不同的追赶模式，是一个面向后发者的向领先者转变的创新战略分析框架。

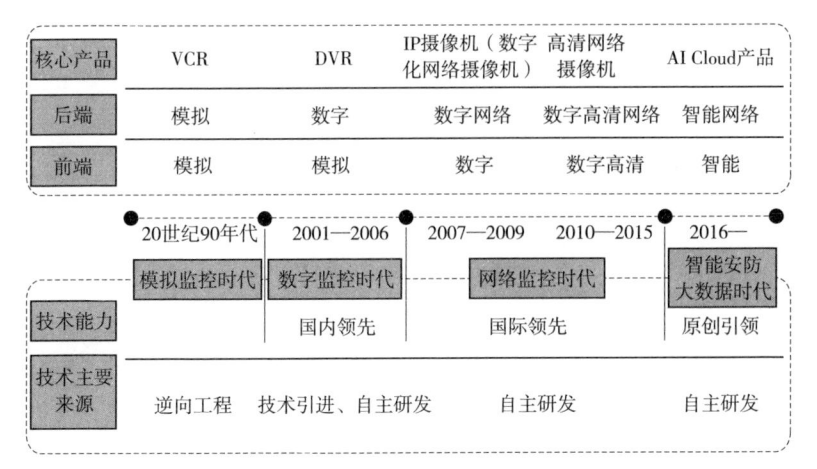

核心产品	VCR	DVR	IP摄像机（数字化网络摄像机）	高清网络摄像机	AI Cloud产品
后端	模拟	数字	数字网络	数字高清网络	智能网络
前端	模拟	模拟	数字	数字高清	智能
	20世纪90年代	2001—2006	2007—2009	2010—2015	2016—
技术能力	模拟监控时代	数字监控时代 国内领先	网络监控时代 国际领先		智能安防大数据时代 原创引领
技术主要来源	逆向工程	技术引进、自主研发	自主研发		自主研发

图 4-17　海康威视技术演变过程

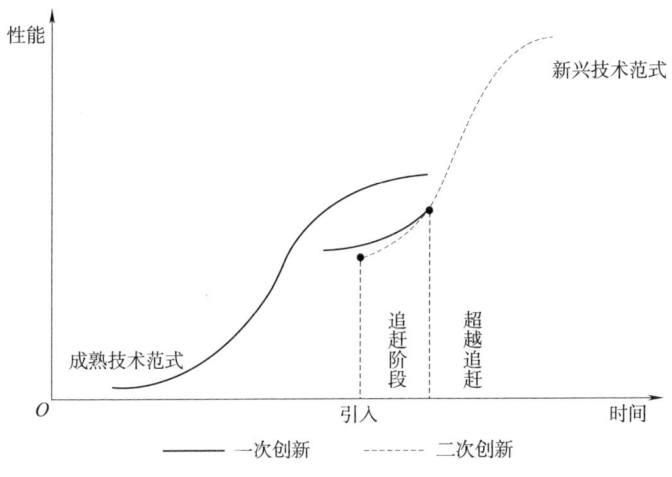

图 4-18　从追赶到超越追赶

第五章

二次商业模式创新

针对新兴市场的后发企业如何在资源和能力处于劣势的情况下，克服在位企业的优势并创造自身的竞争优势，超越追赶理论从"二次商业模式创新"的视角给出了进一步的答案。

"二次商业模式创新"是指从发达经济体调整原有商业模式到新兴经济体满足当地客户偏好和市场基础设施的全过程。在位企业在全球化的战略布局过程中，通常只关注发达经济体的主流消费者，而不愿意承担为新兴市场客户构建本地化商业模式的成本和风险，从而为新兴市场的后发企业改变现有竞争焦点和发展合适的商业模式提供了机会。后发企业通过设置合理的价值主张，如提供简单易用和价格合理且足够好的产品或服务，以满足新兴市场客户需求，构建具有新的成本结构和互补性资产的价值网络，从市场低端切入以创造和获取价值。

"二次商业模式创新"为后发企业追赶在位企业提供了新思路，不再局限于以往埋头苦干式的核心技术研发，而是关注本地市场未被满足的潜在需求，通过商业模式的调整适配实现对领先企业的追赶。

商业模式的二次创新

移植与本地适应

越来越多的中国企业充分利用后发优势展开追赶,一些优秀的企业完成了从跟跑到并跑直至领跑的过程。这些后发企业实现超越追赶的模式不尽相同,以技术创新为主导的追赶仅是其中的一种模式,除此之外,商业模式创新也在后发国家的追赶过程中发挥了重要的作用。特别是基于技术创新与商业模式创新的"双轮驱动"成了一种重要的追赶模式。

商业模式创新

在学术界,对商业模式的研究在20世纪90年代中期开始引起广泛关注,其中沃顿商学院的拉斐尔·阿密特(Raphael Amit)教授、加州大学伯克利分校哈斯商学院的亨利·切萨布鲁夫(Henry Chesbrough)教授,以及商业模式画布的提出者瑞士洛桑大学亚历山大·奥斯特瓦德(Alexander Osterwalder)和伊夫·皮尼厄(Yves Pigneur)教授等都是具有代表性的学者。一般认为,商业模式是反映商业活动的价值创造、价值提供和价值分配等活动的架构。近年来,大众对商业模式概念的关注程度迅速提高,主要得益于互联网广泛应用、以高新技术为基础的新兴经济体的发展以及后工业时代的企业发展需求。

阿密特教授与合作者克里斯托夫·佐特(Chirstopher Zott,曾是阿密特的博士生)从战略管理的视角,以价值创造为出发点对商业模式展开了深入分析。阿密特教授认为,可以把商业模式作为一个独特的分析单元来考察交易的治理模式以及交易各方如何创造价值,而战略管理的因变量也由持久竞争优势与卓越经营绩效转向创造价值(value creation)。阿密特和佐特进一步认为,商业模式分析具有总体性和系统性,应该能够同时解释价值创造与价值获取的过程。[1]因此,商业模式创新指的是"为寻求竞争优势而充分发掘技术创新或非技术服务创新的潜在价值,以更好地实现消费者价值主张的一整套连续和动态的逻辑"[2]。相比于产品创新和技术创新,商业模式创新能够以更快速和高质量的方式满足顾客的多样化需求[3]，并且能够重塑产业，创造新的价值增长点，帮助企业超越竞争对手[4]。

移植

商业模式的这种快速带来价值的特征，使得很多后发企业将商业模式创新作为超越追赶的"捷径"。后发企业虽然在技术能力和市场资源上处于劣势，但能够通过商业模式创新成功地将发达经济体的成熟商业模式适应性地引入新兴经济体。它们提供了更便宜、更简单，但足够好的产品或服务，新兴经济体的普通消费者很容易负担得起和获得。后发者一般通过构建对当地客户有吸引力的适当价值主张，并充分利用战略合作伙伴的互补性资产，在当地基础设施中构建适应本地的价值网络。因此，后发企业可以凭借更低的价格和本地适应性，巧妙地绕过领先者或跨国公司的先发优势和全球优势。这也可以视为新兴经济体大量客户和非消费者群体带来的破坏性增长机会。很多后发企业，例如百度、阿里巴巴、腾讯、滴滴等，通过引入源自发达国家的原创商业模式，并根据本地市场的独特需要进行二次创新，从而在很短的时间追赶上并超越了来自发达国家的竞争对手，成为本土市场的领导者。这种直接对发达经济体原创的商业模式进行二次创新，以迎合本地客户偏好和市场基础设施的特定过程，被称为"二次商业模式创新"。[5]

理论上讲，商业模式天然地拥有在一个与原生情境具有差异的新市场环境中运行的可能性。例如，大卫·蒂斯（David Teece）认为商业模式是可以从一个空间被移植到另一个空间的。然而，由于存在一些难以复制的系统、细节、过程和资源，以及一些商业关系与利益，成功的商业模式复制可能会存在一定障碍。蒂斯还认为，商业模式和企业绩效之间的关系高度依赖环境背景和原始状态两种因素。因此，许多来自发达国家的跨国企业希望通过原创的、在原生环境已获得成功的商业模式进入发展中国家，但这往往会遇到较大阻力。它们需要让原创的商业模式适应发展中国家本地的市场文化、经济、制度和地理等特征，不过它们往往在本地市场缺乏解决这些挑战的有形资源和无形知识。[6]根植于发达国家市场的商业模式,市场技术(如市场研究、物流、人力资源、研发等第三方独立企业与机构)至关重要。但是,这些关键的市场技术在后发国家却往往非常薄弱甚至根本不存在。在这样的条件下,把发达国家的商业模式直接照搬到后发国家的可行性不大。

这种情况下,二次商业模式创新发挥了重要作用,帮助许多后发国家的企业实现快速追赶。把一种情境下的创新引入另一种新情境的行为也是创新。[7] 通过二次商业模式创新,后发企业在理解原创商业模式的逻辑基础上,对原创商业模式进行适当地改造以适应本地市场,这样构建的商业模式实际上相对于原创商业模式创新有了本质性的改变,这种改变可能表现在价值主张、价值网络等多个方面。事实上,正因为后发国家与发达国家有着截然不同的市场情境,所以要求必须对原创商业模式进行适当地改造以克服后发国家市场基础设施上的劣势,这样才能提升其在新的市场情境中的生产率和竞争力。[8]

THE FRONTIER OF THEORY
理论前沿

一方面,商业模式是可以被复制、模仿和学习的,适应性调整是成功的前提。另一方面,正是由于实施了适应性改造,很多商业模式二次创新后形成了相对于原始商业模式更强的竞争力。

本地适应

成功实施的二次商业模式创新具备一些显著的特征。首先,大多数成功的二次商业模式创新发生在消费类业务领域,并且主要集中在产业下游。阿里巴巴、腾讯、拼多多和京东以及诸多快递公司等都通过二次商业模式创新快速发展起来。但是,由于集中在产业下游,往往缺少较为核心的技术,模仿壁垒就很低。

其次,二次商业模式成功的前提条件是后发企业能对本地市场基础设施及消费者的独特之处有深刻和准确理解,并对发达国家原创的商业模式进行裁剪以适应发展中国家独特的市场条件。[9] 通常而言,把一个已有的商业模式引入另一个新的市场情境,需要对原有商业模式进行大幅修改以适应新的情境。一方面,商业模式是可以被复制、模仿和学习的，适应性调整是成功的前提。另一方面，正是由于实施了适应性改造，很多商业模式二次创新后形成了相对于原始商业模式更强的竞争力。

例如爱奇艺在对标网飞（Netflix）的同时，在价值主张、业务系统、盈利模式和关键资源等方面都依据国内市场需求进行了适应性改造。网飞一度垄断了美国的 DVD 租赁行业，2007 年，面对来自 YouTube 等视频网站崛起所带来的巨大冲击，它适时对商业模式进行了调整，持续推动营业收入与净利润不断增长，成为全球付费用户最多的视频网站，并成功转型为流媒体平台。因此，网飞成为中国视频网站竞相模仿的对象。爱奇艺由百度于 2010 年 4 月投资创建，一直致力于打造涵盖电影、电视剧、综艺、动漫等多种类型的中国最大的正版视频内容库。在对标学习网飞的基础上，爱奇艺对原创商业模式进行适当地改造以适应中国市场，并引入新的资源，成功地构建起一个涵盖了视频、电商、游戏、电影票、文学等业务的视频商业生态体系，成为中国视频网站行业的领先者。通过本地适应性改造，爱奇艺采用"独播+自制"的方式实现了内容的差异化，构建了一个符合中国用户需求的商业生态并获得了成功。（参见表 5-1）

再次，二次商业模式创新为后发企业构建新能力，获取新优势。后发企业在核心能力、技术能力等方面不及先发企业，商业模式二次创新则能够为其提供容易被忽视的、难以被竞争者模仿的价值。而且，商业模式创新为后发企业提供价值和构建竞争优势的这种作用，甚至比对先发企业更为明显。[10] 这种价值源于商业模式二次创新，能够帮助企业拓展交易边界，在价值网络中引入新的合作伙伴进而获取新的资源。此外，商业模式二次创新还可以成为后发企业拓展新市场的可行工具。

最后，二次商业模式创新往往不需要在研究开发上进行较大的投入即可展开对市场领先者的追赶。二次商业模式创新通过对已有模式的移植，实现对现有资源的整合与商业价值的获取。同时，由于人工智能、区块链、云计算和大数据等新技术的深入应用，商业模式高度多样化，

表 5-1　网飞与爱奇艺的商业模式比较

	网飞	爱奇艺
价值主张	提供多终端、高清流畅的优质在线视频服务；迎合不同国家用户需求；付费用户不受广告打扰	定位于中国的年轻用户，打造综合性视频媒体，构建包含视频、电商、游戏、电影票、文学等业务的视频商业生态体系
业务系统	实现全平台覆盖；将 IT 系统构建在亚马逊 AWS 云平台之上；与独立制作公司合作，深度参与内容制作，扩充视频内容资源	收购 PPS，提高网页端与移动市场渗透率；强化内容的品质和深度，采用"独播 + 自制"的策略实现内容的差异化；加强基于优质内容的全产业链开发与运营，构建丰富的数字娱乐生态系统
盈利模式	向用户直接收取订阅费用	形成广告、付费会员以及延伸至衍生产业等多样化的盈利模式
关键资源能力	收集并分析用户行为数据，与用户建立良好的关系；使用定制视频服务器，保障用户流畅的观看体验	借助百度在流量、用户资源上的优势；内容类型开拓、排播模式创新、服务领域延展的差异化服务

资料来源：修改自饶佳艺等（2017）[11]。

跨领域的联结和价值创造异彩纷呈。后发企业不但对已有模式进行移植，更将交易方式与新技术、新渠道、顾客的新要求相结合，而不仅仅是通过技术端的研发获取新的市场资源和发现新的经济增长点，从而实现赶超与发展。

随着全球化速度的加快和跨产业价值网络的形成，中国的后发企业进入快速追赶阶段。在这个过程中，面对中国情境的特殊性，很多企业能够充分利用商业模式和新兴技术的共同作用，开发出一种既适应本地需求又快速的追赶模式。因此，有效地运用二次商业模式创新成为后发者实现对领先者赶超的一个"捷径"。

效率与新颖性

效率和新颖性是运用二次商业模式创新实现赶超"捷径"的必然要求和关键要素。早在 2001 年，阿密特和佐特即分析电子商务赖以成功的商业模式特征，试图探究电子商务创造价值的关键要素。阿密特和佐特的研究工作借鉴了诸多战略管理、创新和交易成本领域的理论和分析框架，并认为上述领域尚没有成熟的理论足以解释电子商务在新经济中的表现。因此，他们提出应该把商业模式作为基本分析单元，以此来考查交易的内容和结构、治理模式，以及商业模式涉及的各种实现价值创造和价值分配的方式。这样的分析框架对战略管理的研究也具有推动作用，战略管理的根本目标也开始由经典理论所强调的持久竞争优势与卓越经营绩效逐渐转向价值创造。在这样的分析框架下，他们提出电子商务是否能够创造价值主要取决于四个相互依存的要素：效率（efficiency）、互补（complementarities）、锁定（lock-in）和新颖（novelty）。这四个价值创造来源的界定也成为"商业模式设计"概念的基础。

2007年，阿密特和佐特进一步运用商业模式框架分析新创企业的绩效。[12]他们接受丹尼·米勒（Danny Miller）将创新和效率作为连接商业模式各要素的主题的观点[13]，将商业模式设计分为新颖性主导和效率主导两类，并发现：新颖性主导的商业模式对企业的绩效影响相对较大，而试图追求同时具有新颖性和效率的商业模式的企业则往往并不能获得预期的效果。阿密特和佐特还进一步考察了新颖性主导的商业模式与企业战略的关系，发现如果新颖性主导的商业模式与企业竞争战略（差异化或低成本）恰当匹配，则能够获得更好的企业绩效。阿密特和佐特由此推测，商业模式和竞争战略之间具有匹配要求，存在一种协同与互相补充的关系。效率和新颖性在后发企业的二次商业模式创新中同样占据重要地位。姚明明等人对6家中国后发企业的技术追赶进行了探索性案例研究，发现侧重效率和新颖性的商业模式设计均能够通过发挥后发企业优势、克服后发企业劣势提升后发企业的技术追赶绩效。[14]

效率和新颖性有助于后发企业通过二次商业模式创新实现技术追赶具有多方面的原因。

首先，效率和新颖性是商业模式价值创造和价值获取的基本前提。商业模式采用的是一种描述企业如何在市场中开展商业活动的整体性或全局性视角，解决的是企业价值创造、价值传递和价值获取的过程问题[15]，还提供了企业进行活动的模板。后发企业需要通过构建商业模式提高交易效率和降低各交易方之间的交易成本，并通过新颖的交易方式和模式来实现价值创造及获取。例如，比原始的商业模式连接更多跨界交易伙伴，设计更新的合作方式和交易机制等。后发者必须随时间的演进，改进其商业模式原型，实现二次商业模式创新。

微信的商业模式及创新就非常好地体现了跨界交易伙伴带来的潜在和实际用户价值。在直接网络效应下，微信平台实现了用户规模的持续扩大。当某人关系网中的人（QQ好友和通讯录联系人）开始使用微信时，对他就产生了一种辐射和吸引作用，他希望继续与这些好友保持联系的社交需求会使其也加入使用微信的队伍。同时，随着用户规模的扩大和伴随而来的异质性提升，微信平台为用户群体创造了差异化价值，用户使用微信的黏性随之进一步增加，从而进入一种正循环。平台用户规模的逐渐扩大，也吸引了越来越多第三方接口平台（如大众点评、滴滴、购物、旅行以及企业和个人公众账号等）的入驻，附加的产品种类不断增加，微信通过连接跨界交易伙伴实现了商业模式的创新。相比于脸书（Facebook），微信更注重商业模式的新颖性，为用户构建了一种在移动互联网时代具有私密性的、便捷的通信体验（参见表5-2）。

其次，效率和新颖性有助于后发企业对原始商业模式的合理性改造。企业所在市场的情境因素会制约企业商业模式原型的有效性。原始的商业模式从发达国家移植到新兴的市场环境后，环境的不确定性、政策的模糊性、市场设施的不完备、竞争环境的变化、整体经济环境的变化，都可能与原始商业模式的要求发生冲突。[16]为了维持商业模式的有效性，实现企业的持续发展，后发企业必须进行商业模式创新来应对上述的不一致与冲突。后发企业在理解原创商业模式逻辑的基础上，对原创商业模式进行适当改造以适应本地市场，通常在价值主张、价值网络等多个方面来改善商业模式的效率和新颖性，包括加强该商业模式对交易伙伴的吸引力，有效降低成本，或者更好地满足客户需求，从而在本地市场

表 5-2 脸书与微信的商业模式比较

	脸书	微信
价值主张	一个更加开放和互联的世界（To a more open and connected world.）（通过产品改变世界，属于破坏性创造）	给用户带来一种在移动互联网时代通信沟通的极致体验（创意性模仿）
用户参与	开放隐私	私密互动（强调熟人社交）
市场定位	PC 社交平台（系统较臃肿，无法方便、快捷地回应用户的需求）；全球用户	手机社交平台；以中国用户为主
盈利模式	广告盈利	增值服务盈利
成本控制	数据中心扩建（应对全球用户增加）与人员扩招的成本	用户持续增长所造成的硬件设备的不断投入 + 海外业务拓展

资料来源：修改自窦毓磊（2016）[17]。

赢得认可，避开本国市场上的不利环境因素和限制性制度等外部因素冲突。

最后，效率和新颖性也是市场和客户对商业模式的要求。后发企业所在的本国市场的市场机会也驱动着二次商业模式创新。客户关系和与之相关的渠道通路是商业模式中重要的因素[18]，客户的消费习惯和需求水平影响企业不断地革新自身的商业模式。当后发企业通过商业模式的二次创新，从发达国家企业移植其商业模式进入新兴国家市场或者发展中国家市场时，不但需要考虑本地市场中客户的需求情况、商业模式原型是否依旧符合当地客户的需求，更需要思考如何通过改善效率和新颖性，有效地将创造的价值传递到客户的手上，实现企业的组织目标以及社会目标。

从价值链到价值网络

价值创造范式的重大革命

价值链（value chain）的概念最早由迈克尔·E. 波特（Michael E. Porter）

于 1985 年在其代表作《竞争优势》中提出。他认为企业的价值创造是通过一系列活动构成的，包括研发、生产、市场销售和一些辅助性活动等，这些不相同但又相互关联的活动，构成了一个价值创造的动态过程。波特最初所指的价值链主要强调单个企业的竞争优势，后来进一步提出了"价值体系"（value system），将视角拓展到产业内不同企业之间。如果把产业内的每一个企业依据价值链连接起来，实际上波特关注的是整个产业的价值创造过程和环节。

波特提出价值链概念以后，国内外学者在此基础上进一步展开研究。例如，杰弗里·雷鲍特（Jeffrey F. Rayport）和约翰·斯维奥克拉（John J. Sviokla）提出了虚拟价值链[19]，从跨越企业边界的视角来观察价值创造更全面的过程。与此类似的还有供应链理论、需求链理论等，都倾向于将价值创造或价值转移嵌于由产业内不同企业构成的、从原材料（包括知识）到客户产品与服务的完整链条上。价值的创造和转移不仅仅发生在企业内部，也必然同时发生在跨企业的产业链上。价值创造的效率不再仅仅与单个企业相关，还取决于整个价值创造体系的协同与效率。由此，企业的竞争也不再是发生在单个企业之间，而是发生在各自的价值链之间。2001 年，加里·杰里菲（Gary Gereffi）在分析全球范围内国际分工与产业联系的研究中，提出了"全球价值链"（global value chain）的概念。[20] 全球价值链提供了一种基于网络的、用来分析国际性生产的地理和组织特征的分析视角及方法，揭示了全球产业布局的动态性特征和治理模式。一方面，全球价值链理论进一步解释了生产活动跨地域布局：由于价值链包含设计、生产、组装、运输、营销和售后服务等一系列环节，同一产品的这些环节可以依托全球价值链分布在不同的地域，因而产品的国别属性越来越模糊，各国产业的相互依存度不断增强。另一方面，更重要的是，全球价值链概念强调在全球价值链上各个环节的利润程度各不相同，总存在一些能够创造更高利润的战略环节。对单个企业而言，需要找到和关注这些关键战略节点，因此，全球价值链理论则又促进了各国产业的垂直分化。

理论前沿 THE FRONTIER OF THEORY

产业中价值创造表现出一种很强的网络化特征。

企业间的竞争并非零和博弈，而往往会通过"竞争—合作"的动态关系实现共赢。

产业结构并非由传统的"五力"所决定，企业之间往往通过互补实现价值共创。

前文所述的理论为企业如何在动态、联系越来越紧密的产业环境中获得和保持竞争优势提供了指导及帮助。然而，传统的价值链思想仅仅局限在单向、静态和缺乏创新的价值创造过程中[21]，并主要基于企业边界内的资源利用，这对企业在当前新形势下保持竞争优势有所限制。同时，随着全球化进程的加快和信息技术的深入应用，企业在较之过去竞争更为激烈的市场中保持可持续的竞争优势变得越来越困难。正如杰里菲的全球价值链概念所关注的，产业边界正趋于模糊，价值创造主体从单一产业内的企业个体向跨产业的企业网络转变，推动价值链不断瓦解、碎片化和模块化，并重构成以全球制造网络为新产业组织形式的价值创造模式。[22]因此，通过商业模式支撑企业的持续创新成为一种新趋势，主要做法就是对价值链进行分拆、延展、模块化和重组，产业中价值创造表现出一种很强的网络化特征。

新兴数字技术的广泛深入应用促进企业边界的重构。依据交易成本理论，公司存在的理由在于节约搜索、协同和签订合约带来的交易成本。而随着技术环境的快速变化，尤其是互联网等技术的深度应用，企业外部交易成本的下降幅度远大于企业内部管理协调成本的下降幅度。企业的边界正在重构，越来越倾向于把一些职能放在企业以外，尤其技术的边界被完全打破。来自不同行业的企业有了更加紧密的联系，封闭的环境变得开放，企业间关系由竞争逐渐向协作共生演化。

同时，新兴数字技术推动企业经营模式和产业结构发生革命性的变化。由于互联网、物联网、云计算等技术的飞速发展，技术范式转变的速度远远快于以往并表现出突变的、跃迁的、非连续性的特征。在这样的情境中，企业精心培育的核心能力可能瞬间被市场淘汰，从而成为制约企业发展与成长的核心刚性。追赶企业如何突破惯性资源和能力，突破对已有路径的依赖进而超越现有追赶轨迹已成为其新的挑战。同时，产业间有机会实现前所未有的共同协调。传统的价值链理论认为，价值是从产业链的上游向下游转移和累积的。而在当前的情境下，产业链的概念已经淡化，价值由网络内参与者共同创造，结构更加灵活。[23] 新的商业组织体系通过构造、协调、整合各个分散的市场，将企业间的活动置于同一个跨产业的网络下有效运营，创造一个新的市场，最终获取或创造新的价值。

最后，价值创造范式的变革推动商业模式的新趋势。商业模式是关于企业交易内容、结构及治理的分析单位。因此，价值创造范式发生变革，意味着商业模式本身向跨产业、多主体价值协同演化，用跨产业价值网络的视角分析商业模式更能反映当前商业活动的新趋势。在价值创造的新范式下，传统的商业模式分析框架也需要进一步升级和改造。

商业模式的研究视角必然也随之发生根本性的改变，由传统的、线性的产业价值链向网络化的跨产业价值网络转变。而在这一转变过程中，企业的商业模式将随之发生巨大调整，出现一些与以往完全不同的商业模式类型。这些类型的调整不是简单的一个要素或相互作用的改变，而是整体、动态的演化，并将推动整个价值网络的发展。

总之，新一轮技术革命推动的价值创造范式的变革，要求有全新的理论框架和视角来进行更有效的诠释。蒂斯提出的动态能力的概念有助于帮助企业摆脱动态环境下的路径依赖和结构惯性，通过持续对现有资源进行重构，实现对动态机会的识别和利用。然而，从本质上看，动态能力仍属于既定范式下的"线性思维"或"一元思维"，并未构建打通范式转变带来的混沌区的有效路径，无法帮助企业实现穿越周期的非线性成长。显然，基于价值链、动态能力等理论，还无法诠释价值创造范式重大革命带来的深刻变化。例如，企业内的探索性与利用性活动并非对立，而是需要有效的机制以保持两者的动态平衡；企业间的竞争并非零和博弈，而往往会通过"竞争—合作"的动态关系实现共赢；产业结构并非由传统的"五力"所决定,企业之间往往通过互补实现价值共创。

价值网络

在新情境下,价值网络(value network)成为代替价值链并反映产业中网络化价值创造的概念。亚当·M. 布兰登勃格(Adam M. Brandenburger)和拜瑞·J. 内勒巴夫(Barry J. Nalebuff)在其论文《竞合战略》中最早提出了价值网络的概念。[24]他们强调的共生网络的本质就是价值网络。企业的价值网络跨越企业边界,根植于企业间的资源和惯例,并从组织间的协作和互补关系获得竞争优势,包括"特殊关系资产、知识共享制度、互补性资源/能力、有效治理"[25]。这种存在于企业间并能为企业提供价值的资源也被称为"网络资源"[26]。一个企业的价值网络的构成主体包括客户、供应商、竞争者、同盟者、规制者、互补者及所有对本企业价值创造有影响的个体和组织。

THE FRONTIER OF THEORY 理论前沿

互补力指的是企业在构建持续竞争优势的过程中,从价值网络中获得外部资源和能力的程度。

企业通过价值网络获得互补性资源形成自身竞争优势的过程,正是提供"互补"的企业寻求互补性资源的过程。

当产业内互补力较高的时候,对在位企业而言是一种优势。

价值网络不是简单的依靠价值成员的增加而构成的链条状线性协作关系,而是依赖于新兴信息技术,把相互独立的主体或跨领域中的交易各方相互联系起来而构成的网络。价值网络强调,价值创造的决定性因素不是传统纵向的线性产业链以及产业链上的匹配程度,而是网络化的各种异质资源与能力的互补和协同。价值网络也不是一种按顺序连接的固定链,而是一种包含各交易方协同关系和信息与资源交互的明确的高业绩网络。[27]由于网络中异质的交易各方之间的学习、溢出、互补等效应,价值网络通常蕴含了不同的潜在机会,并促使价值网络具有提供更高价值的发展趋势。最后,价值网络也对网络中企业的战略行为有着巨大的影响。

表 5-3 价值链与价值网络的区别

	价值链	价值网络
企业	异质，排他	开放，连接
范围	产业内	跨产业
构成主体	上、下游企业	客户、供应商、竞争者、同盟者、规制者、互补者等
竞争哲学	非此即彼，赢得竞争优势	共生，包容，互利
价值创造模式	纵向产业链上的匹配程度	网络化的异质资源与能力的互补和协同
价值创造主体	企业本身	客户、企业和供应商等互补者

按照价值网络的概念界定，价值创造对非价值网络中的企业具有排他性，而仅仅处于价值网络中的企业才能享有价值创造的额外收益。价值网络中丰富多样的伙伴、与伙伴密切的合作关系，以及企业作为网络中的一个节点等，都为企业的价值创造产生了影响。而这种影响是价值网络外部的企业无法享有的。从价值网络的价值创造机理（如图 5-1 所示）来看，价值网络中主体间的学习效应、溢出效应、协作效应和互补效应是额外价值形成的根本来源。

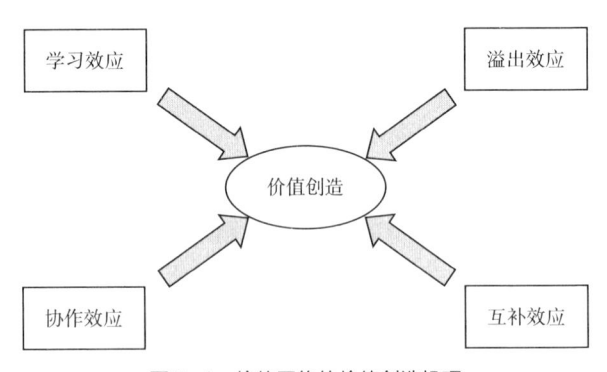

图 5-1 价值网络的价值创造机理

首先，学习效应提高了价值网络内所有主体获取多样化信息和知识的水平,并通过主体间的频繁互动,提高了企业对获得知识的消化吸收和运用程度。按照社会网络理论的观点,有价值的信息是外来的行动者带入的(异质性理论),价值网络成员往往包括客户、同行、供应商、大学和研究机构,甚至是跨行业的组织,主体成员的多样性必然带来信息、知识的多样性和价值性。特别是由于互联网等技术的应用,信息搜索成本和转移成本得到下降。另一方面,从知识转移理论出发,由于价值网络成员间具有知识共享和网络参与的动机、意图都比较明确,通过长期合作形成了相互间的信任、合作经验和合作规范,这些因素都促进了伙伴间的知识转移。

其次,溢出效应使得价值网络内的主体在相互学习过程中获得了意想不到的技能和知识。如果说学习效应是企业的一个主动的学习过程,而溢出效应则基于价值网络成员双方无意识的互动过程。溢出效应的具体内容和发生机制是一个复杂的很难精确定义的过程,伴随网络成员间的互动而发生,可能源于网络成员间的示范、模仿、传播和竞争,属于经济学意义上的外部性效应。在网络成员间日常的会议、见面、讨论、外包和合作开发等过程中,很多知识和信息在非主观意图的驱动下实现了扩散,尤其是这种"技术扩散"过程中的缄默知识,对溢出接受方具有重要的意义,使企业成为这种外部经济性的受益者。

再次,协作效应降低了价值网络主体间的交易成本。价值网络中的主体由于具有相互学习和合作创新的共同目标,需要相互协作,建立了基于信任的联结。这种联结由于互惠、信任和长期互动而形成的共同信念与规范得到了维持和加强,减少了奥利弗·E.威廉姆森(Olive E. Williamson)提出的主体间交互活动的机会主义行为,从而降低了交易成本。因此,从制度经济学的视角来看,这种面向价值共同创造的价值网络甚至可以视为一种减少交易费用的制度安排。

最后,互补效应有利于企业低成本地利用其他主体的资源。企业往往无法拥有经营过程中需要的所有资产,由于与合作伙伴建立了基于互惠的协作关系,企业可以利用对方的某些资源,从而达到资源相互补充，增强参与竞争的基础。另一方面，由于企业可以利用某些伙伴的资产，这也减少了其在今后某个经营阶段结束后资产闲置带来的投入损失。这种互补效应具有很强的隔离性，价值网络外的企业根本无法从这种效应中获益，因而也成为价值网络中企业具有区别于价值网络外企业的竞争优势的一个重要来源。

综上所述，在基于价值网络的竞争结构中，除迈克尔·波特提出的五力之外，还有一种新的、非常重要的作用力影响了产业的竞争结构和企业的外部环境，可以称之为"互补力"（参见图5-2）。互补力指的是企业在构建和维持竞争优势的过程中，从价值网络中获得外部资源和能力的水平。一般而言，企业基于成本等因素并不会主动获取获得竞争优势的全部资源，尤其在当前环境动荡加剧、技术变迁加速和企业间连接协作变得更容易的环境中，企业对持有和获得某些特定的资源与能力的意愿变得更为低下，因此往往通过价值网络获取外部资源和能力，与自身的资源形成互补。而由于以互联网为代表的新技术的广泛深入应用，涉及外部资源的互补利用的交易成本越来越低。一种更可能的情况是，企业通过价值网络获得互补性资源形成自身竞争优势的过程，正是提供"互补"的企业寻求互补性资源的过程。即双方(或多方)除了资源互补，在构建各自竞争优势的需求上也存在"互补"。从产业的竞争结构视角

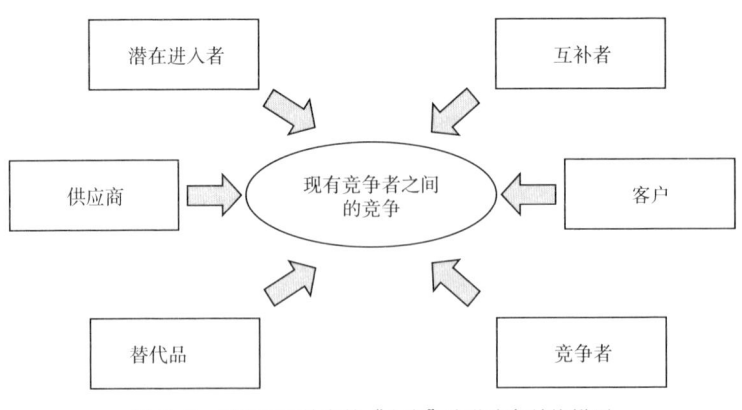

图5-2 增加了互补力的"六力"产业竞争结构模型

看，当产业内互补力较高的时候，对在位企业而言是一种优势。

能力与资产是商业模式的基础，商业模式设计具有与所需资产相一致的发展逻辑。价值网络带来了互补性资源，一方面，企业在创新过程与市场化中形成了由企业所有和掌控的竞争性技术能力、人力、分销渠道、服务网络及市场等资产[28]；另一方面，企业可以利用商业模式跨组织边界的特点，与价值网络中的其他企业如供应商、客户、平台等构成相互依赖的运营关系。商业模式设计的一个主要目标就是利用跨边界的互补性资源创造独特的价值主张[29]，价值网络以及随之而来的互补性资源对商业模式设计和创新产生了重要的影响。当前产业中基于平台的竞争生态蓬勃发展，正是产业中甚至跨产业的互补力充分发挥作用，并在商业模式创新中得到应用的表现。美团、滴滴和小米分别用不同的方式运用产业互补性资源构建了自身的竞争优势。

美团是基于平台互补性资源构建发展战略的典型（参见图 5-3）。美团网成立于 2010 年，业务模式最初为 O2O（线上线下电子商务）团购，于 2013 年开始设立外卖业务。美团外卖基于美团的品牌背书，短时间内汇聚大量客户进行新的消费。[30]美团在确认了异质性平台商业模式

2010	2011	2013	2015	2016	2017	2019	2020

美团网成立，定位为独立的第三方团购组织者

美团网荣获"团购之星"和"年度最佳团购网站"称号。11月销售额超2.5亿，稳居团购业第一

由团购迈向O2O，电影票正式独立，形成移动端。年底，美团外卖上线

与大众点评合并，减少恶意竞争，成立酒店旅游事业群

2月，在南京推出美团打车服务；4月，推出整租业务榛果民宿，后推出美团旅行

新美大①于7月获得华润旗下的投资；9月收购钱袋宝，正式获得第三方支付牌照

10月，美团买菜App整合线上服务小象生鲜，更名为"美团买菜生活超市"

5月，升级配送开放平台，优化美团闪购板块，建立全球最大的即时配送网络

图 5-3 美团的发展历程

资料来源：修改自唐艳和詹莹然（2020）[31]。

---

① 美团与大众点评合并后被媒体称为"新美大"。——编者注

后,将发展和提升上下游双边市场的用户、商家的能力作为核心战略,加大对竞争生态的投资与并购。通过对计算能力和云开发业务的投资与并购,美团提升了平台网络效应和对双边市场的黏性,有利于实现业务的多元化,并能够不断培育出新的增长极,保证平台的持续性发展与盈利水平的不断提升。[32]通过深化对数字化和智能化技术在业务领域的应用,美团沿产业链进行了一系列的整合,构建的整个产业链包括对上游餐饮原材料供应链的管理、对中游商户的营销和管理,以及对下游消费者的订餐和配送服务管理。同时,充分使用大数据和人工智能技术精准、及时地提升对产业链上商家的服务质量,提升对商家的价值,包括在配送调度系统提供配送时间预测,分析各类用户对餐饮的需求并建立精准的用户画像,从而帮助商家实现高效率、低成本和个性化的供求匹配。同时,美团分别在C端(消费端)培育美团闪购、美团买菜和美团优选等新业务,在B端(商家端)打造RMS餐厅管理系统、快驴进货和美团金融等应用,并利用数字化和智能技术打通所有的应用。这些新兴业务的战略布局,使得消费者和商家能够直接互动,既满足了消费者多元化的需求,且利用数字技术提升了商家的竞争力,也进一步增强了平台的网络效应,增强了消费者和商家的黏性[33],构建了包含丰富的互补性资源的企业生态,充分发挥了产业内和跨产业互补力的作用,为生态内的所有企业都提供了价值。

滴滴出行运用产业互补性资源实现生态布局和多元化发展。滴滴出行在利用产业互补性资源发展的过程中,分为几个明显的阶段。在初创阶段,滴滴聚焦于智能手机打车软件,先后做大出租车业务、专车业务和代驾业务,在充分运用新兴技术的基础上,从颠覆传统出行行业的低端市场和外围市场入手,逐步渗透出行的主流市场,构建了一个基于分享经济网约车的全新市场系统。在快速成长阶段,滴滴聚焦扩张战略,急速增加用户数量的同时,在用户与营收、盈利之间实现了正反馈。[34]在多元化阶段,滴滴凭借已经积累的几个亿的用户规模,以交通出行为核心拓展相关多元化业务板块,构建了快车、专车、顺风车、豪华车等基于分享模式的新兴出行业务版块，业务也逐步拓展到出租车、公交车和代驾等传统领域[35]，充分运用产业中互补性资源建立全方位覆盖的交通出行业务体系。在平台化发展和规范阶段，滴滴进一步扩大了利用产业互补性资源的范围和视野，在出行业务的基础上拓展非相关多元化业务，如金融业务、小桔车服、滴滴科技、滴滴资料库与滴滴清风等，逐步形成了基于互补性资源的业务生态系统，并将发展目标升级为打造引领汽车和交通行业变革的世界级科技公司。纵观滴滴的发展历程，它通过充分发掘生态中的互补性资源，实现闲置分享、"两权"分离、精准匹配、高效流通和个性满足，依托产业互补力的发展战略实现了可持续、高质量发展。

与美团和滴滴构建发展战略或业务生态系统有所区别，小米通过引入互补性资源，在一些特定的价值创造环节上实现对冗余价值（如专业知识、智慧能力、创意发现等相对模糊的价值）的挖掘，从而构建起独特的商业模式。其中，发展过程中积累起来的技术"发烧友"成为小米非常重要的互补性资源。小米是互联网时代典型的基于"创生逻辑"发展的企业。创生逻辑是在开放性创新平台上通过大量异质用户的参与和多主体间的信息共享形成的创新逻辑。[36]创生逻辑适合企业支持、用户主导的创新，是数字时代创新的重要基础。小米在产品测试优化阶段，充分利用外部对自身产品认同度高且具有较强相关技术技能的"发烧友"作为新产品的"测试员"，依据他们的反馈不断改进产品甚至开发全新的产品。[37]小米早期的100位"天使用户"就是其核心产品的第一批测试员，正是这批"测试员"推动了小米将MIUI系统开发成继安卓系统和苹果的iOS系统之后的又一重要操作系统。在这个基础上，小米继续扩大对技术"发烧友"群体这个重要的互补性资源的利用，优化基于创生逻辑的产品创新和价值共创。这种创新形式尽管没有正式契约保证，但由于产品依赖、情感投入与共同愿景等因素，使小米与这些技术"发烧友"保持了较为紧密的关系。而这些技术发烧友也因为自己的反馈及创意融入了产品的更新与创新，获得了设计参与感和成就感。

从前文美团、滴滴和小米的案例分析可以发现，基于平台的生态变得越来越普遍，互补者之间的相互赋能成了超越传统战略分析的重要因素。对于后发企业而言，基于互补力和互补性资源的商业模式创新与竞争构建，既为后发企业在追赶的过程中提供了传统环境下不曾有的机遇和挑战，也必将成为后发企业竞争的常态。

商业模式创新的软肋

价值网络的价值创造过程和模式主要通过商业模式创新实现。由于在价值网络的分析视角下，企业竞争优势的来源增加了"互补力"，因此价值网络视角下的商业模式应该有全新的分析框架，如图5-4所示。

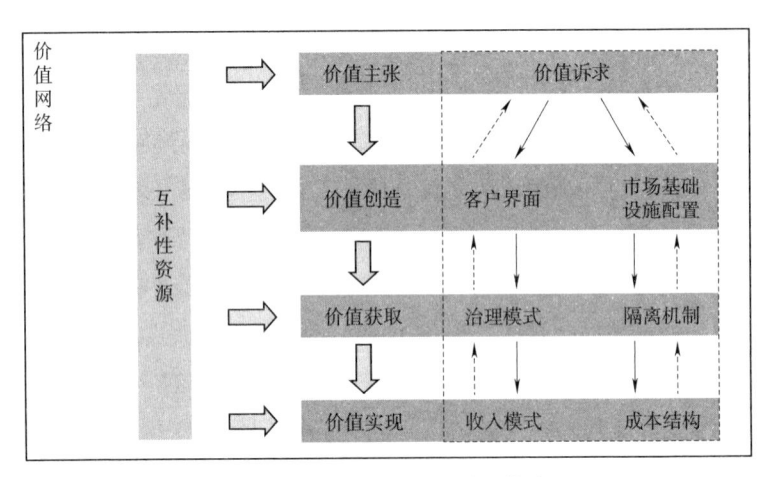

图 5-4 基于价值网络的商业模式

价值网络视角下的商业模式分析框架由4个要素组成，分别是价值主张、价值创造、价值获取和价值实现。[38]为了满足客户的需求，企业首先要有自己的价值主张，然后在价值主张完善的基础上，基于价值网络进行价值创造，并从中获取价值，最终实现价值。客户界面和市场基础设施配置是价值创造的最直接要素，价值获取的多寡取决于价值网络中的治理模式和隔离机制，而价值实现具体通过收入模式与成本结构实现。其中，价值主张通过产品（服务）内容、传递渠道、传递方式来表达，客户界面通过目标客户、公司与客户接触的方式、公司与客户的关系来表达，市场基础设施配置通过核心资源和能力、合作网络、价值配置来表达，治理模式通过管理手段和控制手段来表达，隔离机制通过保密、防御、应对措施来表达，收入模式通过收入来源方式和定价机制表达，成本结构通过花费消耗方式和价值转换利润表达。

THE FRONTIER OF THEORY 理论前沿

企业与相关利益者的合作关系存在不确定性时，利用互补性资源应对不确定性，对商业模式设计的新颖性与效率都会产生正向影响。

在不确定的环境中，与稳定关系带来稀缺性进而提供竞争优势的逻辑不同，企业可以通过短期合作建立暂时性的专用互补性资源，在短期内提供竞争优势。

在上述的分析框架中，企业的商业模式会受到其价值网络中其他参与者的影响。[39]企业可以从价值网络中互补者的商业模式中获得经验、信息和互补性资源等不同资源。[40]这种学习、模仿或适应，往往并不局限于价值网络中的互补者。首先，当互补者的价值主张发生变化时，为了能保持互补关系保证价值创造的持续，企业会对自身的价值创造模式进行改造，甚至会调整价值主张。除此之外，企业总是会对成功的竞争对手的商业模式进行学习和模仿，因而当竞争对手改变商业模式时，企业也会随之进行调整，以保持或改善竞争态势。因此，上述的适应过程，实际上是企业能动地调整商业模式以适应价值网络的动态性。企业能够针对价值网络中其他参与者商业模式的改变，对自身商业模式进行适应性调整，实现价值创造、价值获取和价值实现的整体或局部改变，企业的收入模式和成本结构甚至都会受到影响而改变，从而实现商业模式创新。因此，价值网络中企业间商业模式创新的相互作用，是企业商业模式二次创新动态性的驱动因素之一。

随着技术不断迭代,在位企业容易陷入现有核心能力的刚性陷阱,出现竞争趋同、现有商业模式涉及的各项成本不断增加、交易流程日趋复杂、难以满足个性化客户新需求等问题,此时正是后发企业超越追赶的好时机。虽然后发企业的核心技术和能力通常与在位领先企业具有较大差距,但它们能通过商业模式创新发掘出难以被竞争者模仿的新价值。特别是通过对互补性资源的利用,后发企业能够构建基于开放的跨企业乃至跨行业技术生态的核心能力。与在位企业相比,二次商业模式创新的收益对后发企业来说更为突出。二次商业模式创新为企业的技术引进、学习与吸收提供了机会。一方面,这使后发企业在短时间内即可构建起追赶基础,为后发企业的自主研发节约大量时间,并且拥有更长的时间去实现产业化。另一方面,二次商业模式创新还能帮助企业利用外部技术创新和资源,开拓并创造新的市场需求、找到新技术的新应用场景等,最终在短时间内实现超越追赶。

通过上述分析,应重新对互补性资源在商业模式创新中的价值进行评估。例如,以往研究认为,企业与外部合作企业的互补性资源能促进商业模式设计的新颖性提升,而不利于商业模式设计的效率提升[41],而互补性资源的专用性不利于企业进行商业模式设计[42]。实际上,这种情况以合作关系稳定为假设。当前环境充满各种不确定性,超越追赶理论的一个底层逻辑就是需要将这种不确定性纳入分析框架。研究表明,企业与相关利益者的合作关系存在不确定性时,利用互补性资源应对不确定性,对商业模式设计的新颖性与效率都会产生正向影响。[43]传统观点认为,在稳定的合作关系中,专用互补性资源在市场中较难获取[44],稀缺性是专用互补性资源可以作为企业竞争优势来源的基础。[45]而在不确定的环境中,企业同样可以通过短期合作获得暂时性的专用互补性资源,这在短期内能够提供相同的竞争优势。

同时,上述的分析框架同样隐含了商业模式创新的软肋。企业依据互补者价值主张和价值创造模式的改变进行演化,商业模式的各个环节都会受到互补者的影响,这在某种程度上也反映了企业对基于价值网络的商业模式的控制能力和影响力较弱,很多时候是为了保持与互补者的关系使商业模式可行的不得已选择。事实上也是如此,基于二次商业模式创新实现超越追赶的后发企业,往往缺乏支撑商业模式的自主底层技术,更擅长对各种互补性资源的整合,是价值网络提供价值的"收割者",却不是"主导者"。无论是滴滴、美团,还是拼多多,都属于这种情况。同时,从产业发展的现实看,基于平台型商业模式的企业往往堆积在产业的下游,或者聚焦于消费互联网业务,进入壁垒较低,被其他企业模仿的可能性较大。

第六章

超越追赶的双轮驱动

殊途同归

技术创新通常被认为是后发追赶的最重要影响因素。同时，对不具备技术优势的企业而言，商业模式创新已经逐渐成为企业建立竞争优势和持续成长的新的驱动力。技术创新将科学理论与技术转化为生产力，从而创造出全新的或者更有竞争力的产品，推动企业成长和赢得竞争优势。而商业模式创新通过构建全新和高效率的价值创造、价值传递与价值分享体系，在为客户和合作伙伴等利益相关者创造价值的同时也为自身创造、获取价值，推动企业实现变革性的发展。

后发者仅关注技术领域的学习和追赶，而忽视价值创造、传递与分享的商业模式，这样的做法并不是追赶的最佳途径。

特别是对于技术密集、资本密集又迭代很快的产业，后发者追赶的焦点不能仅局限于技术，还应对商业模式创新予以战略性的关注。仅依赖技术创新和追赶的"突围"之路，企业只会囿于已有技术范式，始终受制于领先者，落入追赶陷阱。

显然，技术创新与商业模式创新都是企业竞争优势提升的关键因素。[1]不但如此，技术创新和商业模式创新两者之间还存在重要的互相影响和互相促进的关系。事实上，很多现实例子给予了这样的启示：后发者若仅关注技术领域的学习和追赶，而忽视价值创造、传递与分享的商业模式创新，将会遇到很多困难，这样的做法并不是追赶的最佳途径。可以说，没有商业模式创新就没有"摩尔定律"。在先发优势极其明显的半导体产业中，单纯就技术来谈半导体产业的"技术突围"，只能囿于已有技术范式，受制于人。在半导体产业，行业层面的技术密集和强独占性体制限制了知识的溢出效应，后发者很难通过吸收完成对于已有技术知识的纳入从而顺利进行二次创新，更难以简单地实现技术的超越。在产品层面，大量研究通过半导体产业的数据证明，半导体产品的创新连贯性要求高，从上游的组件创新、到中心的创新者、再到下游的创新采纳者，共同组成一套完整、连贯的产品创新方案，后发者一般缺乏能力和足够的资源持续跟进。在技术层面，半导体技术包含大量的缄默性知识，提升了知识转移难度，限制了后发者对于领先者的知识侵蚀效应。由此，产业、产品与技术3个层面的特征导致了半导体产业中的后发者劣势明显，在这种情境下，后发者难以通过技术创新完成对领先者的追赶。[2]

上述3个层面的后发者劣势导致我国芯片产业呈现出供给侧严重不足，需求侧对"外源性"芯片依赖性强的市场特征。2020年中国半导体行业的产值约8056亿元人民币，而芯片进口总额为3500.36亿美元[2020年我国贸易（不含服务）进口总额为14.29万亿元人民币]，远超石油进口总额（1784.5亿美元）。事实上，自2014年以来，芯片进口额在进口总额中的占比一直在上升（参见图6-1）。在这样的市场结构下，贸易保护主义进一步降低了我国半导体产业在全球市场的竞争力。特别是2019年以来，美国政府频频出手制裁中国高新技术企业，破坏了基于全球产业大循环的中国半导体产业链，以期从战略上削弱中国制造在高科技领域的竞争力。

从前文的分析可以发现，后发者仅通过技术的追赶很难实现真正的赶超乃至超越。后发者不论是引入基于全新技术的突破性创新致力于重

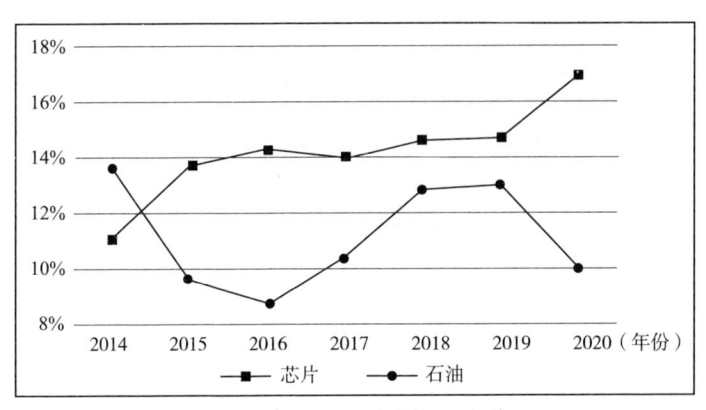

图 6-1 我国芯片和石油进口总额占贸易（不含服务）进口总额的比例

资料来源：根据中国海关总署和国家统计局相关数据绘制。

塑产业，还是利用全新价值主张的颠覆性创新从利基市场开始逐步占领主流市场，或是在已有组件基础上对于组件间结构进行技术上的再创新或"二次创新"从而战胜在位者，又或是利用技术范式迭代的机会窗口实现"换道超车"，都必须认识到的是：上述技术创新理论和实践，一般在弱独占性体制、创新扩散连贯性较弱、以显性技术知识为主的产业情境中的后发者的追赶过程中更具指导和借鉴意义。对于技术密集、资本密集又迭代很快的产业，例如半导体产业、芯片产业，后发者追赶的焦点不能仅局限于技术，还应对商业模式创新予以战略性的关注，否则只能囿于已有技术范式，始终受制于领先者，落入追赶陷阱。相反，很多后发企业首先通过商业模式创新成功突破瓶颈，克服了后发劣势，例如半导体产业中的三星[①]与台积电走的就是以商业模式创新进入市场并获得认可的路径，然后逐渐转向技术创新，最终实现整体上的赶超。国内许多领先企业也是通过相同的路径逐渐形成了自身的竞争优势，例如，阿里巴巴首先基于商业模式创新进入市场，随着商业上的成功逐步加大对研发的投入，并最终通过技术创新在云计算、芯片半导体、人工

---

① 关于韩国半导体产业的追赶详见本书第一章。

智能等领域领先世界。

无论是首先聚焦技术范式的转变实现技术的追赶,再通过基于商业模式创新的市场追赶实现市场控制,还是先通过价值网络重组实现市场控制,再转向基于技术创新的知识产权控制,这两种超越追赶模式殊途同归。特别是对于先发优势特别明显的高技术产业,这两种路径都是超越追赶的有效模式。

商业模式创新与技术创新的共演机制

二次商业模式创新与技术创新共演导致的结果:一方面,二次商业模式创新为企业的技术引进、学习与吸收提供了机会,使后发企业迅速获得有利的基础,节约了自主研发所需的发现和利用技术机会的时间;另一方面,在共演过程中,本地技术创新扎根于二次商业模式创新所提出的竞争性要求,使得在技术发展方面更具问题针对性和市场推动力,从而拥有更快的技术发展与追赶速度。

超越追赶的路径

后发企业如果能够将技术创新与商业模式创新有机结合起来,产生协同效应,则能对赶超产生积极的作用。然而,现有理论对两者的互动模式和机制,尤其是商业模式如何动态地推动技术创新还没有明确和完整的认识。现有的研究更多地倾向于认为是技术创新推动了商业模式的发展。实际上,后发企业应该利用技术创新与商业模式创新互动共演,实现技术与商业模式互相促进与协同发展,以便更好地实现赶超。为了实现这个目标,首先需要弄清技术创新与商业模式创新的共演机制,包括技术创新与商业模式创新协同发展的阶段,以及技术创新与商业模式创新互动影响的路径。

从实践上看，在过去20年间，中国的电子商务企业通过建立自主的技术研发，并基于独特的市场结构构建符合中国市场特征和需求的商业模式，成功实现了对发达国家领先企业的快速追赶。在这个过程中，这些企业的成功无疑充分利用了商业模式创新与技术创新共同演进的模式。而在这个模式体系中，外部环境所代表的市场结构也在动态演化，也在影响着商业模式创新与技术创新的共演过程。因此，后发企业之所以能够通过商业模式创新与技术创新最终走向超越追赶，实际上就是厘清商业模式创新与技术创新的共演阶段和共演机制，并建立一个将市场结构、商业模式创新、技术创新以及技术追赶以一种复合视角联系起来的框架。

阿里巴巴是中国过去20年来电子商务领域成功的典范。在阿里巴巴从追赶到超越的成长过程中，其商业模式和技术能力均经历了比较完整的从模仿到创新再到领军的演进过程，商业模式创新与技术创新的共演过程得以充分展现。同时，互联网领域中的商业模式创新和技术创新相对于其他行业更加快速和活跃，因此两者之间的共演效应也更加明显和易于观察。显然，我们可以通过梳理阿里巴巴面临的环境因素、商业模式设计和技术创新战略，分析清楚其成长路径、成长机制，以及揭示商业模式创新与技术创新共演的机制。阿里巴巴成立至今，其二次商业模式设计与技术创新的共演过程可以划分为3个不同阶段（见表6-1）。

表6-1 阿里巴巴技术追赶动态过程

	起步阶段	追赶阶段	赶超阶段
时间范围	1999—2003年	2003—2008年	2008年至今
产业发展阶段	中国互联网初步成形	中国互联网步入正轨	中国互联网蓬勃发展
研究对象	阿里巴巴网站	阿里巴巴网站、淘宝、支付宝、雅虎中国、阿里妈妈、阿里软件	25个事业部
电子商务模式	B2B	C2C	B2C

资料来源：根据吴晓波等（2013）和姚明明等（2017）修改而成。

第一阶段：起步阶段（1999—2003 年）

以全球互联网经济的快速兴起为背景，阿里巴巴于 1999 年以 B2B（企业对企业）电子商务的形式在国内创建，其核心商业模式是"作为第三方平台为进行贸易的国内外小企业提供贸易信息，而自身不直接参与任何具体商品的买卖，并以收取会员费和增值服务费作为盈利来源"。实际上 C2C（消费者对消费者）和 B2C（企业对消费者）的电子商务模式在当时已经得到了发达国家中如易贝（eBay）和亚马逊这样的领先互联网企业的成功实践，而阿里巴巴选择了鲜有人尝试的 B2B 模式，这符合当时中国经济发展的需求和特征，更重要的是有效避开了在处理大规模用户信息和复杂流程管理领域的信息技术能力的不足，避免了与发达国家领先企业在当时的直接竞争。创立之初，阿里巴巴在国内电商领域几无竞争对手，电子商务模式是其最大的竞争优势。因此，阿里巴巴在当时的目标就是使自己在国内相对落后的情境下生存下来。通过直接引进国外先进计算机与通信技术，特别是服务器、数据库、操作系统等大型硬件设备和关键软件技术，解决了国内技术供应商无法满足 B2B 模式对支撑技术的基本要求。

阿里巴巴以技术引进为主导的技术创新战略，不仅是它基于当时的外部环境和自身技术能力做出的选择，而且与其商业模式设计相匹配。在商业模式和技术创新的共同作用下，阿里巴巴实现了初步的技术追赶：技术引进在客观上使它在极短的时间内具备了一定的技术基础，而效率型商业模式设计使它在应用技术的过程中通过解构与重构提升了能力。与此同时，技术能力的提升不断推动阿里巴巴进行商业模式创新，反过来又促使其提供具有更高交易效率的新产品，从而形成了技术创新与商业模式创新的良性共演。

第二阶段：追赶阶段（2003—2008 年）

在这个阶段，基于由 B2B 模式的成功所积累的技术优势与经营经验，阿里巴巴的电子商务模式进一步二次创新，推动商业模式向 C2C 演进与扩展。此时，更多的中小企业认识到了电子商务的商机和前景，一些大型网络公司也开始进军电子商务行业并在市场上形成寡头竞争。多家大型互联网企业的并存使行业内的技术资源变得丰富，技术梯度相较前一阶段显著缩小。

新的环境因素促使商业模式设计，包括价值主张、价值创造、价值获取和价值实现的形式等都发生了较大的转变。阿里巴巴于2003年成立了C2C网站淘宝网，但与当时国外C2C模式的领导者易贝不同的是，淘宝网直接针对个人与个人之间的新商品交易，并对交易双方均免费。而在商业模式设计的导向上，阿里巴巴则通过对淘宝网的不断改进，从以效率为主导向以新颖为主导转变。淘宝网发现，在国内情境下的C2C市场中，"沟通与信任"问题始终困扰着交易双方，于是于2003年10月成立了内部支付技术部门（现在的支付宝公司），后又推出"第三方担保交易模式"（支付宝）和"阿里旺旺"（一款嵌入网页的即时通信工具）来解决这一问题。在这个过程中，阿里巴巴迅速掌握了电子支付中的SOA技术平台、缓存技术等一系列关键技术，在超越国内其他借助自身技术优势的独立电子支付工具供应商的同时，亦快速缩小了与国外先进支付工具，如贝宝（PayPal）的技术差距。另外，基于阿里旺旺的开发，也实现了通信协议、独创显IP技术等通信技术的从无到有。这意味着阿里巴巴的技术创新战略由技术引进为主向以自主创新为主转变，这不仅是技术能力积累以及在引进、消化吸收的基础上进行的二次创新和原始创新的结果，而且是对环境和商业模式设计变化做出的反馈。在商业模式设计和技术创新的共同作用下，阿里巴巴实现了较好的技术追赶：第一，技术引进向自主创新的转变使阿里巴巴独立地掌握了一些整体技术；第二，从效率型商业模式设计向新颖型商业模式设计的转变对技术能力提出了更多的需求；第三，技术能力的积累推动了阿里巴巴的商业模式设计从效率型向新颖型转变。到2005年年底，淘宝网市场份额达57.74%，而易贝为31.46%；到2008年年底，淘宝网市场份额为86%，而易贝只有6.6%。[3]

第三阶段：赶超阶段（2008年至今）

在这个阶段，阿里巴巴集团内部已经具备了相当的技术基础与相对完善的技术创新体系，除了典型的支付技术、通信技术，还有如分布式存储技术、大规模数据处理与分析、搜索引擎技术（源自雅虎中国）等一大批前沿技术。而此时，国内 B2C 模式电子商务迅速崛起，电子商务进入密集创新和快速扩张阶段，相关技术的获取更加容易，成本也更低。这标志着中国互联网已步入蓬勃发展阶段，政府给予了电子商务行业更多的支持。

综合考虑技术和国内环境的变化，阿里巴巴集团于 2008 年 4 月在淘宝网内部成立了 B2C 业务模块——淘宝商城（后独立为"天猫"）。至此，立足于适当的本地化改造与技术研发支持，阿里巴巴实现了商业模式设计从效率型主导向新颖型主导的转变，形成了从 B2B 到 C2C 再到 B2C 的系列模式，并推出了更多全新的将产品、服务和信息结合的产品及模式。而此时国内电子商务全行业交叉竞争的市场结构，促使阿里巴巴重新思考未来战略。它认为国内电子商务市场未来必然会形成一个复杂、开放和动态的商业生态系统，阿里的商业模式转变为"电子商务商业生态系统的基础设施提供商"，并先后提出了"大淘宝"和"大阿里"战略。一方面，成立"一淘网"（2010 年），定位为"面向电子商务的全网最专业的独立购物搜索引擎"，将阿里集团下属 B2B、B2C 和 C2C 业务及国内外其他独立电子商务网站，如京东商城、当当网、凡客诚品等均纳入这一统一接口。另一方面，致力于云计算基础技术及架构的研发，为阿里巴巴集团下属业务提供云计算服务的同时，在未来逐步对外提供犹如"水、电、煤"的电子商务生态系统基础设施服务。在这个过程中，阿里开发和掌握了大量诸如飞天操作系统（Apsara）、云计算调度、手机云 OS 等云计算技术和开源引擎技术、新一代 HA3 引擎技术等购物搜索引擎技术。

实际上，阿里于 2005 年收购雅虎中国的主要战略目标就是其搜索业务（技术），但因为当时有百度、谷歌这样的强劲竞争者，以及国内电子商务市场的规模问题导致即时效果并不是很好。从这个角度讲，一淘网在 2010 年的诞生得益于国内情境下逐渐成熟的电子商务环境。同时，一淘网在很大程度上也改变了国内电子商务市场的竞争状态，如它让相当一部分实力弱、品牌小的 B2C 站点能以更小的成本拥有更大的机会出现在消费者面前。而阿里云技术要解决的是电子商务生态系统中的底层技术与架构问题，基于这样的底层技术与架构，衍生出各种各样上层的电子商务商业应用以及可能的新兴商业模式，如海量数据分析服务、云存储、移动电子商务、软件即服务（SaaS）等。

由此，阿里巴巴站在了电子商务技术的前沿，这时的国外技术发展不仅不适用于中国的特殊情境，而且跟不上阿里巴巴快速发展的步伐。这个阶段，阿里巴巴通过自主创新来实现大多数的技术研发与创新。在商业模式和技术创新的共同作用下，阿里巴巴实现了成功的技术赶超：自主创新战略的实施使更多前沿的技术被发明并使用；而新颖型商业模式设计更充分地发挥了技术能力的潜力，提升了新产品的开发速度、成功率和在市场上的推广效率。更重要的是，技术能力的进一步积累使阿里巴巴有可能进行更多的商业模式创新。

表6-2 阿里巴巴三个阶段的商业模式设计、技术创新战略和技术追赶

构念	测度变量		起步阶段	追赶阶段	赶超阶段
环境因素	技术		梯度很大	梯度一般	梯度较小
	市场		完全垄断	寡头竞争	垄断竞争
	制度		缺乏关注	关注并支持	非常支持
商业模式设计	效率型/新颖型		效率型	效率型—新颖型	新颖型
技术创新战略	技术引进/自主创新		技术引进	技术引进—自主创新	自主创新
技术追赶	技术追赶绩效	劳动生产率	国内一般	国际一般	国际领先
		技术水平	国际成熟	国际一流	国际前沿
		新产品产值占销售总额	较少	较多	多
		新产品开发速度	一般	较快	快
		创新产品成功率	较高	高	很高

资料来源：修改自吴晓波等（2013）和姚明明等（2017）。

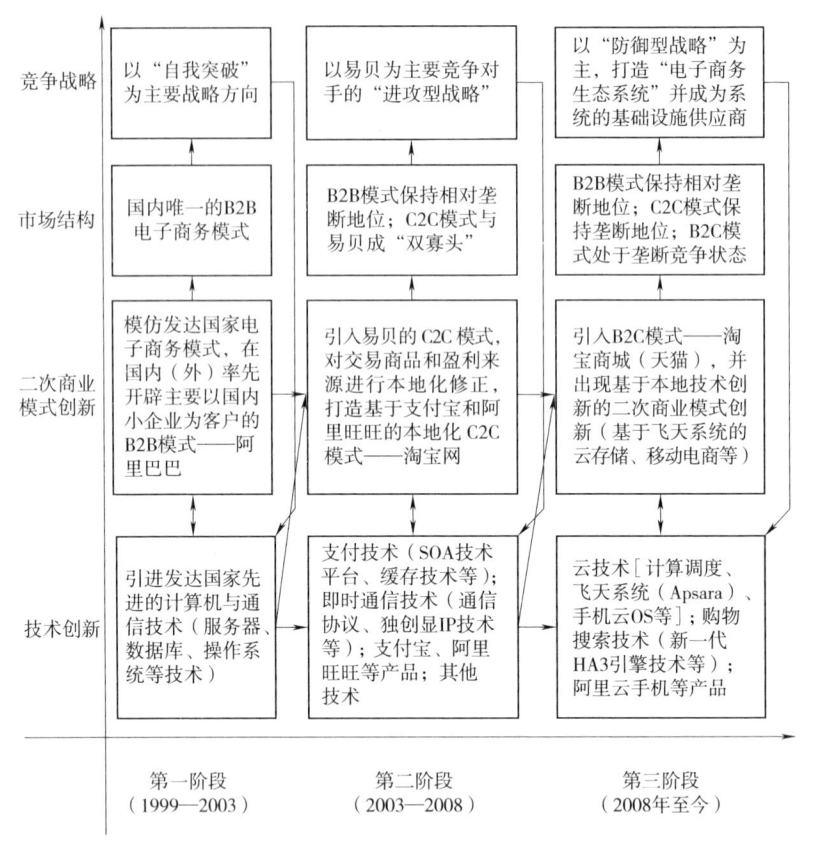

	第一阶段 (1999—2003)	第二阶段 (2003—2008)	第三阶段 (2008年至今)
竞争战略	以"自我突破"为主要战略方向	以易贝为主要竞争对手的"进攻型战略"	以"防御型战略"为主,打造"电子商务生态系统"并成为系统的基础设施供应商
市场结构	国内唯一的B2B电子商务模式	B2B模式保持相对垄断地位;C2C模式与易贝成"双寡头"	B2B模式保持相对垄断地位;C2C模式保持垄断地位;B2C模式处于垄断竞争状态
二次商业模式创新	模仿发达国家电子商务模式,在国内(外)率先开辟主要以国内小企业为客户的B2B模式——阿里巴巴	引入易贝的C2C模式,对交易商品和盈利来源进行本地化修正,打造基于支付宝和阿里旺旺的本地化C2C模式——淘宝网	引入B2C模式——淘宝商城(天猫),并出现基于本地技术创新的二次商业模式创新(基于飞天系统的云存储、移动电商等)
技术创新	引进发达国家先进的计算机与通信技术(服务器、数据库、操作系统等技术)	支付技术(SOA技术平台、缓存技术等);即时通信技术(通信协议、独创显IP技术等);支付宝、阿里旺旺等产品;其他技术	云技术[计算调度、飞天系统(Apsara)、手机云OS等];购物搜索技术(新一代HA3引擎技术等);阿里云手机等产品

图 6-2 阿里巴巴的技术创新和商业模式创新的共演模型

资料来源:根据吴晓波等(2013)[4]修改。

综上所述,在起步阶段,阿里巴巴在技术梯度很大、市场完全垄断和缺乏关注的制度环境下,选择效率型的商业模式设计,采用技术引进的战略,积累了一定的技术基础,并进行持续的商业模式设计改进。在追赶阶段,由于起步阶段的商业模式设计和技术基础,阿里巴巴所处的环境转变为技术梯度一般、市场寡头竞争和关注并支持的制度环境。同时由于上一阶段技术能力和技术水平的积累,阿里巴巴能够尝试提供其他类型的业务并进行自主研发,商业模式设计由效率型向新颖型转变,技术创新模式也由技术引进向自主创新转变,并初步实现了技术追赶。

在赶超阶段，由于追赶阶段商业模式设计转变和初步技术追赶的实现，阿里巴巴所处环境的特点转变为技术梯度越来越小、市场呈现垄断竞争的态势，制度环境也具有支持性。在这样的环境与已经初步实现追赶的背景下，阿里巴巴选择了以新颖为主导的商业模式设计和以自主创新为主导的技术创新战略，实现了对国际领先企业的赶超，成为全球领先的互联网企业。

通过上述分析，可以看出有三条路径构成了商业模式创新与技术创新的共演机制（见图6-3），形成了商业模式创新与技术创新之间的影响关系。需要特别指出的是，商业模式创新环节是商业模式创新与技术创新共演的切入点和起始点。

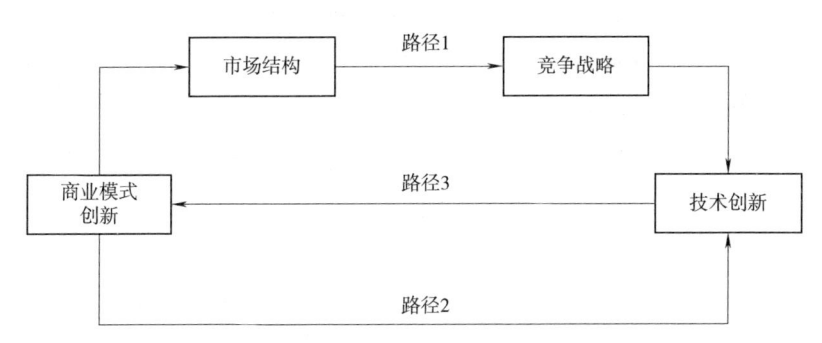

图6-3 技术创新与商业模式创新的共演机制

- 路径1："商业模式创新—市场结构—竞争战略—技术创新"

商业模式创新的每一次重大演进都会对现有的市场结构产生影响，包括进入壁垒、产品差别等，特别是产业集中度，从而影响在位企业的竞争战略。而创新经济学揭示技术创新是经济增长的内生变量后，技术创新一直被企业看作未来发展的重要战略资源。同时，技术创新也经常被企业用作竞争战略的基本模块和重要支撑，也就是说，竞争战略会在很大程度上影响企业的技术创新战略。

- 路径2："商业模式创新—技术创新"

竞争战略往往包含企业对产业未来发展的判断，也就是说带有一定的不确定性和风险,从而在竞争战略引导下的技术创新也必然带有很强的战略性,其核心技术则具有一定的典型性、复杂性和超前性,并能在很大程度上成为企业未来的核心竞争力,比如阿里巴巴的支付技术、购物搜索技术、云技术等。因此,路径1是商业模式创新演进对技术创新推动作用的主要方面。而路径2更多地强调商业模式创新演进对最基本的技术创新的要求,这些基本的技术创新能够最低限度地支撑商业模式创新的构建,而且很容易通过各种手段获取,但不能给企业带来核心竞争力,如电子商务中的数据收集、网站设计等。

● 路径3:"技术创新—商业模式创新"

路径3实际上是路径1的延伸,但这种延伸是以路径1中的技术创新成功实现为前提条件的,即成功的技术创新为商业模式创新在本地市场的竞争带来了新的核心竞争力,从而在迅速提升企业技术能力的同时,有效促进商业模式创新的演进。

通过对技术创新与商业模式创新共演途径的分析,结合阿里巴巴的例子,可以进一步总结两者共演的阶段模型(见图6-4)。

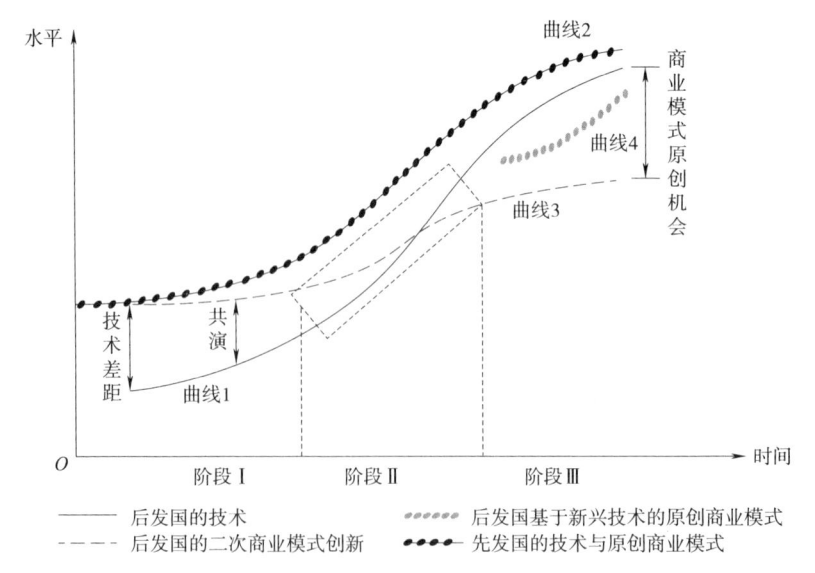

图6-4 技术创新与商业模式创新的共演模型

- 阶段Ⅰ：支撑技术引进以最低限度地支持商业模式创新的建立

阶段Ⅰ属于起步阶段。企业会把核心资源放在如何使商业模式创新在本地存活上，并且其创新程度才是真正引人注意的，这种创新或将对本地市场造成冲击，改变本地市场的市场结构与竞争状态；或将建立一个全新的市场，形成一个新的价值网络。而此时的本地技术因为与领先者存在一定的技术差距，还没有达到能够支持商业模式创新正常运作的最低水平，其核心技术只能向领先者引进与学习。

- 阶段Ⅱ：自主技术创新以更好地支持二次商业模式创新的本地化

阶段Ⅱ属于追赶阶段。来自商业模式创新内部的竞争会变得尤为激烈，能够很好地满足本阶段逐渐凸显的本地化需求将在很大程度上成为企业的核心竞争力。同时，满足本地化需求在很大程度上需要企业自主技术创新能力的支持。也只有通过在本阶段的自主技术创新能力的积累以及技术学习与吸收能力的培养，企业才有可能进入阶段Ⅲ，而进入阶段Ⅲ才能真正体现企业未来在商业模式原创方面的潜在竞争力。本阶段最大的特征是企业的自主技术创新能力极大地提升，开始出现技术创新超越商业模式创新演进的实际需求。

- 阶段Ⅲ：新兴技术引领本地原创商业模式创新

阶段Ⅲ属于赶超阶段。此时，二次创新的商业模式已经被本地市场充分接受，替代性和竞争性的新兴商业模式正在崛起，企业因为商业模式创新而拥有的核心竞争力受到威胁。进入本阶段的企业，其技术创新更多地会从顶层应用研究向底层基础研究转变，并涌现一批具有自主性、前瞻性和复杂性的技术创新，这些新兴技术虽已远远超越商业模式创新演进所需要的技术水平，却往往可以激发大量的新兴技术商业化的机会与需求（曲线4），而这样的新兴商业模式创新与原先的商业模式创新存在本质区别，它是新兴技术的首次商业化，即本地原创商业模式。

综合以上共演的三个阶段，可以发现后发企业在短时间内迅速缩短了与领先企业之间在技术水平上的差距（曲线1与曲线2的差距），这是二次商业模式创新与技术创新共演的结果：一方面，二次商业模式创新为企业的技术引进、学习与吸收提供了机会，使后发企业迅速获得有利的技术追赶基础，节约了后发企业自主研发所需的发现和利用技术机会的大量时间。另一方面，在共演过程中，本地技术创新深深地扎根于二次商业模式创新所提出的竞争性要求，这就使得拥有共演机会的企业比处于共演之外的企业，在同类技术发展方面更具问题针对性和市场推动力，从而拥有更快的技术发展与追赶速度。

根据对技术创新和商业模式创新共演机制的总结，可以得到以下的结论。

第一，技术创新和商业模式创新的共演过程提升后发企业的技术追赶成效，进而反过来促进技术创新和商业模式创新，形成正反馈循环。商业模式创新演进一方面直接对技术创新提出了最基本的功能支撑要求；另一方面，通过"商业模式创新—市场结构—竞争战略—技术创新"的路径将外部环境融合进来，间接对技术创新提出了竞争性、前瞻性和复杂性的战略要求，并通过该路径的长期循环作用，使企业的技术创新水平逐渐高于商业模式创新演进的实际需求。以上两方面的技术创新最终都反过来直接支持和促进了二次商业模式创新的竞争优势与突破性演进，不断推动后发企业技术追赶过程并获得更好的追赶成效。同时，技术追赶的成效会影响企业战略的选择。一段较长时间积累的技术能力和技术水平，或是质的突破的技术追赶，会对企业的商业模式设计和技术创新战略产生影响，不仅使商业模式保持持续的创新，提高效率或新颖的程度，而且能够更好地支撑企业技术创新。

第二，技术创新和商业模式创新的共演为后发国家和后发企业实现快速追赶提供了新解释。共演阶段模型展现了本地企业技术水平与发达国家企业技术水平的差距快速缩小的过程，为一些后发企业（如阿里巴巴集团）为什么能在"非常短"的时间内实现技术与市场的快速追赶提供了全新的解释。阿里巴巴的成功成了发展中国家后发追赶成功的标志性事件，也为中国其他企业以及其他发展中国家企业提供了参照模式。

事实上，这个解释框架也加强了对中国经济崛起模式的认识。具体而言，阶段Ⅰ是二次商业模式创新的生存期，创业者需要准确判断本地市场和本地技术环境与发达国家的差距，而不仅仅看商业模式本身的新颖度；阶段Ⅱ是影响二次商业模式创新发展的关键阶段，在这个阶段，二次商业模式创新的进入门槛低，市场需求多，技术多变复杂，各种竞争激烈，最适合二次商业模式创新的本地跟随者进入；阶段Ⅲ是二次商业模式创新的稳定期，此时，企业需要考察企业内外部的技术创新是否有在本质上区别于二次创新商业模式的本地原创商业模式，以应对现有商业模式的衰退及竞争性新兴商业模式的威胁。

双轮作用

技术创新、商业模式创新以及两者的互动关系，在后发企业的超越追赶过程中均具有非常重要的积极作用，可以称为超越追赶的"双轮作用"。技术追赶通常被当作衡量后发企业追赶绩效的一个重要维度。关于后发企业技术追赶的研究，一般更多地关注和强调后发者的技术引进和消化吸收，以劣势克服和优势开发为战略重点，这一类技术追赶的研究主要集中在制造业的工业技术上。无论是追赶的"东亚模式"，还是"二次创新"理论，都还是主要从技术学习和技术创新的角度来阐述技术追赶的过程。然而，近年越来越多的研究支持和强调商业模式是企业有效经营并获取良好绩效的重要因素，商业模式的构建和运行需要与企业的战略定位相匹配。本质上而言，商业模式是一个价值创造的过程，通过将技术商业化创造经济价值。很多后发企业通过商业模式二次创新的"捷径"实现了超越追赶。

事实上，"双轮作用"一方面体现在技术创新与商业模式创新各自对后发企业超越追赶的作用。在后发企业的技术追赶过程中，商业模式创新与技术创新是两个完全不同的概念，两者具有各自解决的问题和关注点，且相互独立存在，都对后发企业的技术追赶具有积极意义（见表6-3）。另一方面，也是更重要的方面，"双轮作用"体现为技术创新与商业模式创新两者共演过程中互相促进、共同推动超越追赶进程。

表6-3 商业模式创新与技术创新对比

	商业模式创新	技术创新
定义	企业捕捉商业机会从而以创造价值为目的设计的交易内容、交易结构和交易治理	企业以技术发展为中心,通过不同的创新方式为企业创造更多价值、提升竞争优势
解决的主要问题	如何将技术进行商业化?	相对于竞争对手采取什么定位?
	将哪些合作者联系在一起进行商业机会的探索,以及如何将他们与焦点企业连接起来进行交易?	采取哪种技术创新战略(例如自主研发战略和/或技术引进战略)?
	哪些信息和产品在合作者之间进行交易,以及使这些交易实现需要哪些资源和能力配置?	如何进行技术创新?
	如何控制合作者之间的交易,以及采用哪些措施来激励这些合作者?	要进行哪类技术的创新? 如何应用技术创新成果?
分析单元	企业及其交易伙伴	企业
关注点	外部导向:关注企业与其他人的交易过程	内部/外部导向:关注企业在竞争过程中的活动和行为

资料来源:整理自 Amit & Zott(2001)。

技术创新

技术创新推动企业不断跨越竞争范式实现超越追赶。从竞争范式的视角出发可以厘清三类基于技术创新的变化,第一类是范式内的变化,第二类是从旧范式转移到新范式的变化,第三类则是创建一个全新范式的变化。

这三类持续创新不但有层次之分,还是不断循环往复和螺旋上升的过程。跨越范式和创造新范式的过程就是企业打破经营的现有平衡的过程。这个过程对应于技术赶超中的非连续性,这种技术发展的不连续变迁或根本创新,使企业在技术能力、知识、设计、生产技术、工厂和设备等方面的大部分现有投资变得无效，甚至导致公司或整个行业的调整。事实上，新旧技术范式的更迭是技术非连续性的集中表现，是技术演进的混沌时期，也恰是后发企业实现技术赶超的最佳时机。而当企业顺利越过这个不连续的变迁进入新竞争范式之后，既定范式的不断成熟则可能意味着新衰落的开始。这时，企业又应该持续观察市场上是否会出现一些新的竞争态势，关注新一轮的竞争范式产生的可能，从而进入一个不断螺旋上升的发展路径。

商业模式创新

商业模式创新通过构建基于技术创新的价值创造机制实现超越追赶。商业模式是企业竞争优势的重要来源，近年来随着后发大国中国的不断崛起，商业模式在中国后发企业成长过程中扮演的重要角色逐渐引起了人们的重视，中国许多优秀企业通过破坏式的商业模式创新（二次商业模式创新）实现了快速追赶。台湾地区的集成电路（IC）产业的技术发展与技术追赶也同其商业模式密切相关。[5]

首先，在技术创新出现后，商业模式创新是实现技术创新以获得商业价值的具体模式。技术进步是商业模式创新的主要动因，许多文献把商业模式放到一般技术进步的背景下考查企业商业模式的作用。亨利·切萨布鲁夫和理查德·罗森布鲁姆从商业模式是企业为了从技术中获取价值而建立的合理收益架构的认识出发，认为商业模式概念与艾尔弗雷德·D. 钱德勒（Alfred D. Chandle）的规模经济和范围经济、H. 伊戈尔·安索夫（H. Igor Ansoff）的战略管理、迈克尔·波特的竞争战略等理论一脉相承，因为这些理论关注的都是如何将企业的经营机会及威胁联系起来，从而最大限度地获取技术提供的价值。[6] 切萨布鲁夫和罗森布鲁姆认为商业模式应该具备如下六项功能：（1）明确价值理念；（2）识别细分市场；（3）界定公司内部价值链结构；（4）定义成本结构和潜在收益；（5）描述公司在价值网络中的位置；（6）明确陈述竞争战略。可见商业模式本身即内在地规定了基于技术创新的价值主张、外部合作伙伴、内部价值链和成本收益结构等价值创造要素与整体的要素间关系和结构，亚历山大·奥斯特瓦德和伊夫·皮尼厄的商业模式画布对此有非常好的可视性结构化呈现。[7]如前所述，后发企业在移植领先企业商业模式并开展商业模式二次创新的过程中，效率和新颖性因素将与本地适应进程紧密联系在一起，成为后发企业超越追赶的一个重要途径。

其次，商业模式是将技术特征作为潜在输入，同时通过客户和市场将其转换为经济产出的框架。新的商业模式取代旧的商业模式往往充分利用了技术和组织创新[8]，这种新的技术和组织创新是新商业模式可行的前提条件。切萨布鲁夫和罗森布鲁姆的研究说明了技术和商业模式之间的互动关系，为了创造经济价值，企业一方面需要依据自身的商业模式做出技术投资决策，另一方面也需要根据技术环境对商业模式做出调整。企业通常倾向于对适合其商业模式的技术进行投资，而对于不适合其商业模式的技术则不会投资。这是因为商业模式决定了以多大的成本从何处取得收益，所以需要在一定的商业模式框架下对技术投资进行评价与选择。企业在通过商业模式进行交易的过程中会发现新的需求。如果技术无法满足新需求，则会促使企业进行技术上的改进和提升。[9]尽管切萨布鲁夫和罗森布鲁姆的研究并没有提出技术与商业模式之间适应性的评估和判断标准，也没有进一步研究商业模式的转换动机和机制，但他们认识到商业模式是一种"技术创新和价值创造之间的协调和转换机制"。

最后，商业模式是技术商业化的必要手段。在一个技术进步的社会里，商业模式创新与技术创新对企业与社会同样重要，新产品的开发（新技术的商业化）必须有一个合适的商业模式进行配合。否则，技术创新无法实现商业价值和带来利益。在一些失败的案例中，并不是技术的短板导致了失败，而是创业者没有很好地开发一种能挖掘技术潜在价值的商业模式，例如施乐公司（Xerox）。此外，切萨布鲁夫从开放式创新的角度认为企业现有的商业模式会在一定程度上导致企业技术创新的浪费与失败[10]，因为对新兴的、破坏性的技术进行商业化所需要的商业模式与企业当前的商业模式往往并不相容，企业往往会放弃对新技术的开发。

技术创新与商业模式的共演互动关系

技术创新与商业模式创新的共演互动是"双轮"驱动的核心机理。通过对中国后发企业技术追赶实践的观察与研究，可以发现商业模式设计与技术创新战略的匹配对后发企业技术追赶绩效有显著影响，不同的匹配对绩效的影响结果不同。[11]如上一节针对阿里巴巴的研究则更进一步提示，正是充分运用了商业模式创新与技术创新的共演机制，处于相对劣势的后发本地企业才实现了技术创新对国外领先企业的快速追赶。

> THE FRONTIER OF THEORY
> 理论前沿

技术创新与商业模式创新的共演互动是"双轮"驱动的核心机理。

后发企业充分利用技术创新与商业模式创新共演互动关系带来的丰富的市场机会窗口、技术机会窗口以及制度变革机会窗口，同时实现知识产权控制与市场控制，属于超越追赶模式，这是后发国家和后发企业实现赶超的核心模式。

首先，技术创新与商业模式创新存在互相转化的关系。从技术创新与商业模式创新共演的视角来看，企业的技术创新能够将新技术转化为生产力，产生新工艺、新产品乃至新范式；而商业模式创新能够实现新技术的商业化，或者避免技术范式转变为企业带来的威胁。对新创企业来说，商业模式创新的收益更为突出，除了能够将它们的技术和想法商业化，也能够帮助企业的新技术寻求市场机会，激发新的市场需求。而对在位企业来说，商业模式创新和企业技术创新之间存在一种反馈机制，商业模式创新能够改变和提升企业技术能力以适应商业模式的演化，而进一步的技术创新提升能够反过来促使企业进行二次商业模式创新。[12]

其次，技术创新和商业模式创新之间存在相互促进的关系。技术创新能够将新技术转化为企业生产力，通常以新产品的形式体现；商业模式创新则是将利益相关者关系重组为新型产业生产力。一方面，技术创新为商业模式创新提供重要的触发点，成为企业竞争优势的基础。技术创新创造了把技术推向市场的要求以及满足消费者潜在需求的机会，技术范式的变革还影响着商业模式的创新，技术本身的特点会影响后续商业模式创新以及商业模式的成本结构。另一方面，商业模式创新则在内源或外源技术创新基础上，开放式地实现新技术和核心产品商业化，或是在促进其他企业价值实现过程中完成自身价值实现。[13]显然，新技术的商业化必须有合适的商业模式来配合，否则技术创新无法实现商业价值并给企业带来利益，因而商业模式创新也会反过来促进企业进一步研发新技术。

最后，技术创新与商业模式创新的动态匹配及其共同演化，是后发企业实现超越追赶的重要模式。从阿里巴巴的案例中可以看到，企业的商业模式创新和技术创新战略都会作用于技术追赶，而在技术追赶的动态过程中，两者动态匹配的共同作用能够更好发挥后发优势、克服后发劣势，从而更快实现技术追赶。而且，商业模式创新与技术创新战略的共演过程会与外部环境和市场结构形成良好互动，从而更好实现技术追赶。一方面，市场结构对商业模式创新和技术创新战略产生直接的影响，并通过二者的共同作用间接对技术追赶产生影响。另一方面，那些对行业发展有重大影响的企业（如龙头企业），其商业模式创新以及技术水平的提升会对市场结构产生影响。由于这类企业规模一般很大，所占的市场份额比例很高，不仅它们的商业模式创新可能会成为行业内阶段性的标志，而且其技术水平很大程度上决定了行业的整体情况，技术水平的发展速度、质量与方向也决定着行业的走向。另外，技术追赶成效会对企业商业模式设计和技术创新战略选择形成反作用。质的突破的技术追赶会对企业的商业模式创新和技术创新战略产生影响，不仅使商业模式创新能够持续推进、提高效率或保持新颖性，而且能够更好地支撑企业技术创新战略的实施。

技术创新与商业模式创新的动态匹配及其共同演化，可以分为静态视角下的匹配与动态视角下的共演。

● 静态匹配

技术创新和商业模式创新两者之间的匹配程度与企业绩效具有密切的关系，这一观点具有较为深远的理论渊源。权变理论通过分析企业内每一个独立的部分，对比变量与变量之间以及它们与绩效之间的关系来了解企业的行为。[14]权变理论的一个突出贡献是提出了企业战略与架构之间的联系，并验证了它们对企业绩效的影响。近年来，更多的研究聚焦于企业战略、架构、绩效之间的动态匹配和因果关系[15]，并且扩展到不同类型的战略和结构之间的研究。阿密特和佐特基于权变理论，通过实证验证了商业模式设计和产品市场战略的匹配与企业绩效之间的关系，而且进一步阐述了商业模式与战略的不同，即商业模式并不由企业战略决定。[16]从某种程度上说，商业模式比企业战略更为普遍，但只有将战略和商业模式结合起来，才能从新的商业模式中获取持续的竞争优势。[17]

基于这样的理论逻辑，姚明明等人的一个基于多案例的研究发现，在技术追赶过程中，中国后发企业的商业模式与技术创新战略的匹配能够促进技术追赶绩效的显著提升，而且不同的匹配关系对促进技术追赶绩效提升的结果和作用机制都不同。[18]根据商业模式设计主题和技术创新过程中技术来源的不同，姚明明等人将二者的匹配分为四种：效率型 × 自主研发、效率型 × 技术引进、新颖型 × 自主研发、新颖型 × 技术引进。不同的匹配关系对技术追赶的影响不同：效率型商业模式设计只能与技术引进战略呈现良好的匹配，而新颖型商业模式设计与两种战略的匹配性都较好。企业技术追赶绩效越好，说明商业模式设计与技术创新战略的匹配度越高。

这种匹配关系对技术追赶的作用机制实际上是通过发挥后发企业优势及克服后发企业劣势来实现的：效率型商业模式设计能够使企业在技术引进的过程中实现信息流动和共享，通过技术的解构和重构，提升自身技术能力，从而实现持续性的追赶。而新颖型商业模式设计能够使企业不仅在技术引进的过程中获得更多的技术来源,并甄别其中最好的,从而提高新产品开发的效率和成功率,而且使企业在自主研发的过程中最快搜索到技术前沿信息和潜在的市场需求,从而促进技术升级和自主研发产品的销售。而效率型商业模式设计和自主研发战略的匹配却不利于技术追赶,尽管两者本身都有助于技术追赶,但效率型更注重交易成本的降低和交易效率的提高,与自主研发专注地进行产品开发冲突,二者相互矛盾,削弱对技术追赶绩效的交互作用。

● 动态共演

"双轮"驱动更为重要的来源在于技术创新与商业模式创新两者的动态性共演。首先,技术创新创造了把技术推向市场的需要以及满足消费者潜在需求的机会,商业模式创新的背后动因往往就是技术创新。其次,技术创新会带动商业模式创新。商业模式随着外部条件的变化而变化,其形成实际上是提出假设、在实践中检验和做出必要修正的过程。[19] 所以,一个新的商业模式总是暂时的,随着时间的推移,它很可能被另一个更新的商业模式取代,而后者往往更充分地利用了最新的技术创新优势。[20] 最后,技术本身的特点还会影响后续的商业模式[21],并对商业模式的成本结构有决定性的影响。

另一方面,商业模式创新是技术商业化的必要手段。在一个技术进步的社会里,商业模式与技术创新对企业和社会同样重要,新产品的开发(新技术的商业化)必须有一个合适的商业模式进行配合,否则,技术创新无法给个人、企业和社会带来利益。在一些失败的案例中,并不是技术的短板导致了失败,而是创业者没有很好地开发一种能挖掘技术潜在价值的商业模式。[22] 此外,切萨布鲁夫从开放式创新的角度认为,新兴和具有破坏性的技术创新出现后,必然需要全新的商业模式与之匹配,因为这样的新技术所需要的商业模式一定与企业当前的商业模式存在冲突。否则,要么企业现有的商业模式会在一定程度上导致企业技术创新的浪费与失败,要么由于无法充分发挥新技术的商业价值而导致企业放弃对新技术的开发。[23]

在企业发展过程中，商业模式设计与技术创新不仅要相互匹配，而且要共同演化，形成动态匹配机制。商业模式创新会影响企业技术创新战略的选择，企业技术创新战略会通过技术能力和技术水平的提升驱动商业模式设计变革。两者的共演是企业构建竞争优势的重要保障。

因此，在共演机制下，技术创新与商业模式创新"双轮"驱动后发企业实现超越追赶。图 6-5 总结了超越追赶中的"双轮"驱动模式以及后发企业超越追赶的实现路径。第一种模式是本书第四章以及在追赶理论中强调较多的技术追赶路径。后发企业通过抓住技术范式转变带来的机会窗口，从"二次创新"逐渐走向一次创新，实现对知识产权的拥有和控制，属于技术创新驱动，是经典追赶模式。第二种是本书第五章分析的基于二次商业模式创新的追赶模式。后发企业学习领先者的商业模式，通过移植与本地适应以及价值网络重组，实现对本地市场的控制，属于商业模式创新驱动，是财务追赶模式。第三种是本章分析的技术创新与商业模式创新"双轮"驱动的追赶模式。后发企业充分利用技术创新与商业模式创新共演互动关系带来的丰富市场机会窗口、技术机会窗口以及制度变革机会窗口，同时实现知识产权控制与市场控制，属于超

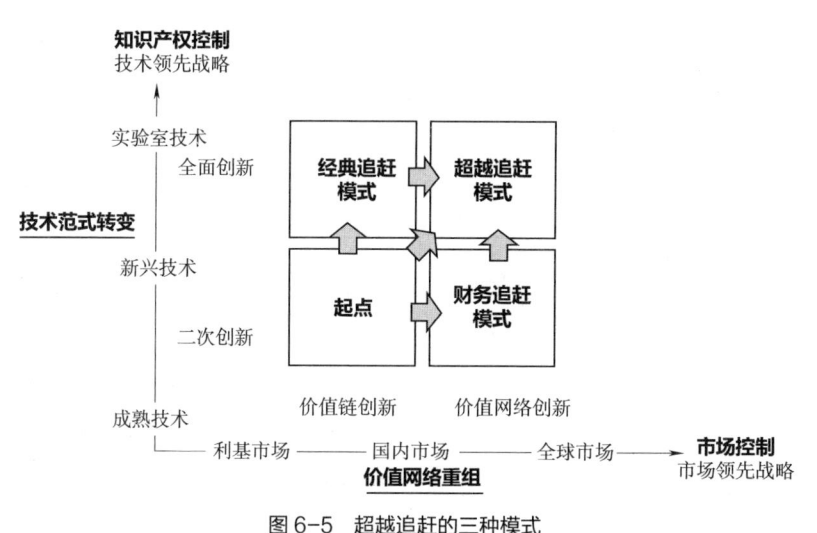

图 6-5 超越追赶的三种模式

越追赶模式,这是后发国家和后发企业实现赶超的核心模式。

当然,无论是第一种还是第二种追赶模式,后发企业都存在最终走向超越追赶的可能性,这就需要后发企业在强调技术创新与商业模式创新的一个方面时,能更好地兼顾另一个方面,并把握好平衡。

新商业文明的引擎

创新生态系统的构成

创新链

对于创新链的理解,可以从"创新"概念本身开始。《奥斯陆手册》(第三版)将创新表述为开发新技术并将其转化成生产力和成果且扩散的全过程。[24] 这个对创新概念的理解,反映了创新是把各类生产要素转换成具有更高绩效特征的产品和服务的一个系统过程,这个过程包含了一系列的转换环节,构成了一个相互影响、紧密衔接的完整体系,该体系的任一环节或者是整个体系都采用了一种区别于传统的"新颖"方式来运作。可以看出创新的本质包含了从技术走向市场,并创造出商业价值的整条链。因此,创新过程不但包含了技术创新,同样必然包含了商业模式的构建与不断创新。

创新涵盖的范围非常广泛,涉及新思想、新发明的产生,新产品的设计开发,新的生产流程,新的营销策略和新市场的开发扩散等环环相扣的一系列职能活动。这些职能活动的序列集合可以用一条"创新链"来表示。许多学者根据创新链职能的不同对创新链的基本结构进行了阶段划分。保罗·蒂默斯(Paul Timmers)认为创新链是包含基础研究、技术开发、应用和部署等的一系列过程,各个阶段应有集中且相对独立的工作单元。[25] 创新链分析可以使这一系列过程的职能井然有序。此后,特肯伯格(Turkenburg)在能源可持续发展的论著中检视了创新链的三个不同阶段:研究与开发、示范和扩散。[26]

有关创新链模式的认识与研究存在一个不断演进的过程。罗伊·罗思韦尔（Roy Rothwell）认为创新链的思想源自技术推动和市场拉动，通过反馈环实现研发和营销的耦合。[27]特肯伯格在其三阶段创新链观点的基础上，提出了线性创新链模式，描述了从基础研究到技术开发再到开拓一个新市场或占领现有市场的线性过程，呈现的是一条正向线性创新链。[28]第一代创新链模式是起始于基础科学研究终结于商业化应用的正向线性创新链，第二代创新链模式是更强调市场的反向反馈线性创新链。[29]线性创新链基本上可以视为包含上游的研发、中游的示范、下游的扩散三个阶段的线性流，这是一个有序过程，在时间上也体现出了前后继起的时序特征。随着商业的进步，创新不再只是一个从研发到新产品的线性流，而是正在被看作一个从匹配技术可能到市场机会的非线性过程，包括多个创新参与者之间的多重互动和学习类型[30]，呈现的是一条非线性创新链。这个新技术的开发过程由许多明确的阶段组成：研发、示范、前商业化（大规模示范）、支持性商业化（一般的支持计划）和商业化。因此，第三代创新链模式越来越非线性化，与公司战略越来越相关。[31]在跨企业边界、跨产业部门的新的商业环境下，第四代创新链模式则发展出了新的方向，出现了新的内容。[32]新型商业环境下强调一种跨企业边界、跨产业部门的开放性。此外，创新也有了新的特征，在传统上它被认为是一个有序的现象，但实际上它是一个与知识基础（knowledge base）、商业世界、政府、市场互动的"创造性破坏"的链环过程[33]，体现出互融互通、循环开放、网络化的特征，呈现的是一条循环创新链。组织的边界变得更加开放，创新链中的不同环节被打散并系统整合，这是一个利于组织持续变革的循环创新链[34]，以确保企业获得持续竞争优势。企业之间的关系由单一市场交易关系越来越偏向战略网络[35]这样的网络化组织合作关系，并形成全球制造网络[36]等新型组织形态。同时，知识成为贯穿其中的一个非常重要的潜在因素。[37]

总的来说，随着企业创新活动的增加和复杂化，创新链模式也随之进化，其主导的创新链模式从线性向非线性以及循环结构系统演化，关注点也从外部科学技术、市场向战略投资和组织开放网络关系等转移，并通过系统的循环和整合维持企业的持久竞争优势。在系统性创新过程中，大多数创新技术及其支持机构都是共同演化的。但这样很容易造成一种"锁定"，使得新技术难以进入。[38]从这个意义上来说，非线性的创新链框架是一个非常适宜研究创新过程的方法，它能够保证在考虑创新的主要特点时做到充分细致，而在思考相关的政策问题时又能做到简单明了。

不容忽视的另一个方面是，非线性创新链的分析框架仍不能完整地刻画广泛存在于由各种创新参与者构成的网络的创新合作与协同关系。例如，相互合作与学习的企业间的协同创新需要政府提供相应的政策支持，也需要大学、研究机构以及技术服务中心提供高水平的专业化技术支持[39]，因而新型的创新协同关系包含了大学、产业、政府之间的网络化伙伴关系。更广泛地分析创新中的协同关系，可以发现创新实际上存在于企业、大学、研究机构、政府、中介机构以及用户等相互交织的关系中。因此，更完整地分析创新过程，还需要一个更有利于分析各创新参与者之间关系及协同成长的分析方法与框架。

创新生态系统

生态学理论是揭示系统内在关联的重要理论基础。创新链中的企业、大学、研究机构、供应商和顾客等各种创新主体之间相互交织的关系呈现出深度交叉和融合协作，在运行中还具有开放性、动态性、稳定性和自我调节性等生态学特征，因此可以采用隐喻的方法将这样的创新链与自然生态系统进行类比分析。[40]

自然生态系统与创新生态系统具有很多共性，构成两个系统的要素在系统运行过程中都存在共生、寄生和竞争等现象，系统本身都具有生命周期，利用能量进行转化活动。创新生态系统中的创新主体更有自主性，在为了创新而协作的过程中寻找和扩展最适合自己生存与发展的位置，从而形成了高校种群、企业种群、科研机构种群、政府种群等不同种群，在生态系统中发挥不同的作用。其中，高校种群是创新生态系统的技术研发源头,是系统中知识的生产者和分解者。企业种群在创新生态系统中将知识转化为满足客户需求的商业价值,是系统中知识的生产者、消费者和分解者。科研机构种群在创新生态系统中发挥参与、协同作用,主要扮演系统中知识的生产者。政府种群在创新生态系统中扮演制度和政策的设计者、财政投入的承担者,以及利益协调者,属于系统中的生产者。影响整个创新生态系统存在、发展和运行的外部条件被称为"生态环境"。诸多创新环境要素共同作用,能够使产、学、研协同创新顺利进行。其中,创新环境包括创新政策、创新市场、创新文化以及外部创新资源等。

表6-4 自然生态系统与创新生态系统的对比

自然生态系统		创新生态系统	
构成要素	内涵	构成要素	内涵
个体	具有生长、发育和繁殖特征	创新组织	独立的个体创新单位
种群	同种有机体的集合群	创新种群	相同资源和能力的创新实体集合
生产者	利用无机物制造食物的自养生物	创新主体	实施技术创新的高校、企业等
消费者	消化或吸收有机生物	创新成果和人才的使用	使用新技术、聘用创新人才
分解者	将动、植物残体中的有机物分解为无机物	技术的再创新者	对旧技术的再次创新和应用
互利共生	互相以对方的存在发展为前提	创新联盟	创新主体间的协同
信息传递	信息在生态系统中传递	知识传递	知识和成果在创新生态系统中传递
能量流动	能量在生态系统中流动	能量流动	能量在创新生态系统中流动
生态环境	生物个体和群体生活的具体生态环境	创新生态环境	创新主体所处的创新生态环境

资料来源:修改自《高科技产业集群持续创新生态体系研究》[41]。

因此,生态学视角下的创新生态系统是由高校种群、企业种群、科研机构种群、政府种群和创新生态环境构成的。[42]从创新生态系统运行机理看，各要素构成一个系统存在于环境中，进而拥有整体上的功能。系统中的各个要素相互关联、相互影响和相互制约。各构成要素之间存在各种互动关系，例如生产者与消费者之间存在互利共生关系，生产者、消费者和分解者之间存在反馈调节和信息传递关系。

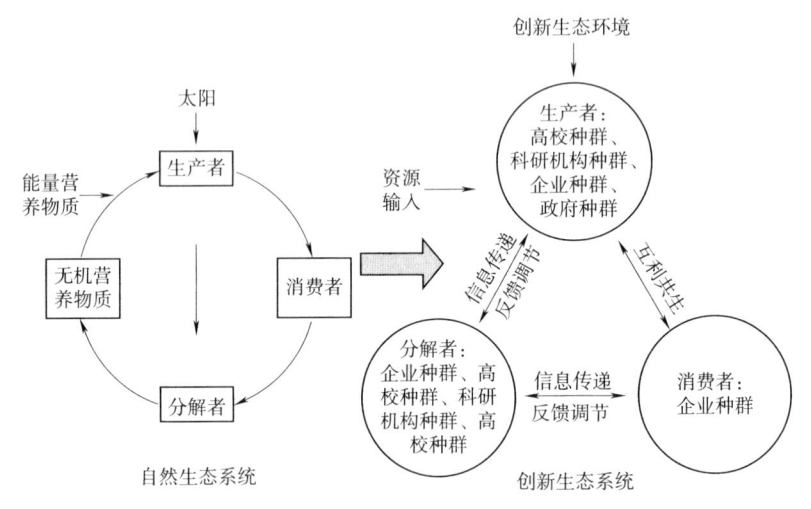

图 6-6　自然生态系统与创新生态系统类比

资料来源：引自《技术创新联盟管理理论与实证》[43]。

无论是创新链还是创新生态系统，尽管在分析创新从研究到商业价值实现的过程上有所区分，创新链强调阶段性，而创新生态系统强调各主体间的协同与互补性，但两者都强调后发者在追赶中需要将价值创造过程与技术进步联系起来，尤其是从创新生态系统的视角，需要用一种整体的视角看待技术创新与商业模式创新的共同作用。创新生态系统中的生产者子系统更侧重于技术创新驱动，推动创新生态系统新技术的产生与新知识的生成；消费者子系统更侧重于商业模式创新驱动，推动创新生态系统将技术与知识转化为客户价值。除此之外，还有分解者子系统，通过对技术的利用性应用和二次创新，来更顺畅地连接生产者子系统和消费者子系统，使两者间互利共生的关系更为稳定和可持续。因此，技术创新与商业模式创新的"双轮"驱动保证和有效维护创新生态系统各构成要素间关系，并推动"研究开发—新知识生成—商业成果—扩散"这个创新过程循环往复运行，因而也是创新生态系统得以持续运行的驱动力。

互动融合

以阿里巴巴、海康威视、海尔、华为、吉利等为代表的一大批中国后发企业迅速崛起，不断有企业进入快速追赶阶段，也不断有企业实现超越追赶。不同于早期西方发达国家的后进企业和新兴工业化国家的后发企业，中国后发企业的技术追赶面临着特殊的情境，这也使它们的技术追赶凸显出中国特色；同时，借力于互联网技术和商业模式，中国后发企业嵌入全球化价值网络，获得了与先发国家企业重新站在同一起跑线上竞争的机会。更具现实意义的新机遇还表现为，由于技术变迁的周期大大缩短，以及新兴信息技术广泛应用带来的竞争范式转变，当前环境充满不确定性，组织结构、经营准则，甚至企业存在理由和存在方式都发生了根本性的变化，西方经典管理理论的前提条件受到了严重质疑。正是在这样的背景和条件下，中国后发企业融合技术创新与商业模式创新，通过"双轮"驱动实现"中国特色"的技术赶超。

技术创新与商业模式创新的互动框架是后发企业，特别是中国后发企业实现技术赶超的重要基点。以往研究认为后发企业的竞争优势不仅源于技术创新，还来自商业模式创新。然而，基于中国后发企业技术追赶的实践，可以更深入地认识到，企业竞争优势更重要的来源在于技术创新与商业模式创新两者的动态共演。

后发企业在技术追赶的过程中，通过商业模式避开技术和市场的劣势。后发企业通过技术创新掌握了新兴技术后，则应致力于基于新兴技术开展商业模式创新，而不是被动地跟随先发者。

技术创新与商业模式创新的匹配和共演是后发企业在新商业文明时代从追赶到赶超再到引领的有力引擎。

总结来看,"双轮"驱动理论认为,商业模式设计与技术创新战略的动态匹配及其共同演化,是后发企业实现技术追赶的重要模式。中国情境下后发企业通过技术创新与商业模式创新的匹配与共演,由利用已有技术开展商业模式创新克服后发劣势,到利用新兴技术形成全新的商业模式,最终实现了超越追赶。在这个过程中,后发企业首先基于已有技术的商业模式创新去克服后发劣势。后发企业在技术追赶的过程中,通过商业模式避开技术和市场的劣势,发挥后发优势。当后发企业通过技术创新掌握了新兴技术后,则致力于主动发现新兴技术对应的新市场需求,基于新兴技术开展商业模式创新,而不是被动地跟随先发者。通过上述商业模式创新和技术创新的相互促进和共同演化的过程,"双轮"驱动最终有机会推动后发企业成为行业新技术范式的开拓者和领导者。

"双轮"驱动理论通过探索后发企业技术追赶过程中技术创新与商业模式创新的共演机制,建立了一个将技术创新战略、商业模式创新和技术追赶以一种复合视角联系起来的框架(见图6-7)。该共演过程会与所处环境形成良好互动,从而更好地实现技术追赶,而技术追赶的成效会反过来影响后发企业的战略选择。这个理论丰富了后发企业追赶理论,一定程度上弥补了传统单一从技术创新视角考察后发企业技术追赶问题的不足,是新商业文明时代后发企业技术追赶理论的新发现。在技术变迁的周期缩短,新兴信息技术广泛应用,以及竞争范式快速转变的新商业文明时代,技术创新与商业模式创新的匹配和共演不但是后发企业实现技术赶超的重要手段,而且是后发企业在新商业文明时代从追赶到赶超再到引领的有力引擎。

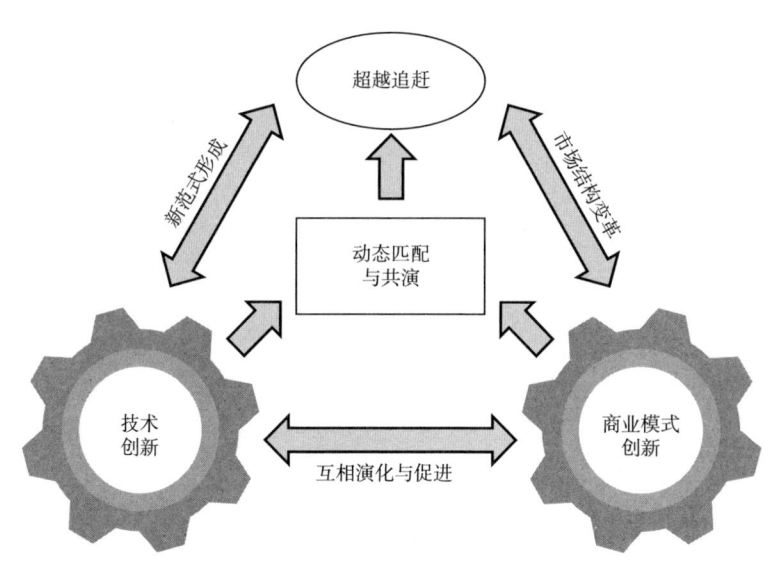

图 6-7 "双轮"驱动理论框架

第七章
超越追赶的"机会窗口"

机会窗口

什么是机会窗口

机会窗口视角整合了技术、市场、制度多层次情境因素，是解释后发企业成功追赶的重要理论基础。机会窗口为后发者提供了追赶乃至超越领先者的有利时机，如果错失机会窗口，后发者将陷入继续落后的状态。后发者关注机会窗口意味着它越过了追赶初期探究学习路径、追赶模式的阶段，进入突破"追赶—落后—再追赶"陷阱的超越追赶的关键阶段。因而，后发企业需要从战略高度认识机会窗口的重要性，掌握机会窗口的规律，以及构建利用机会窗口的策略体系。

卡洛塔·佩雷斯（Carlota Perez）和罗克·苏特（Luc Soete）在解释后发国家技术追赶现象时，从跨范式角度首次引入机会窗口的概念，认为机会窗口是后发者利用技术经济范式的转变实现追赶的有利时机。[1]随后一个时期的研究多从技术范式转变的角度解释行业领导者易位现象。[2]费尔南多·苏亚雷斯（Fernando Suarez）等学者从范式内角度以主导范畴（dominant category）和主导设计（dominant design）界定机会窗口。[3]主导范畴是指当提及满足相似需求并争夺相同市场空间的产品时大多数人遵循的概念模式，主导设计是指在某一产品类别中确立主导地位的单一架构[4]，机会窗口则是主导范畴与主导设计之间的区域（见图 7-1）。换言之，机会窗口指的是市场上绝大多数企业都接受某一产品的概念模式，但具有主导地位的产品架构还没有形成的这一特殊时期。后发企业如果错失机会窗口则会继续保持落后的状态。[5, 6]

图 7-1　机会窗口

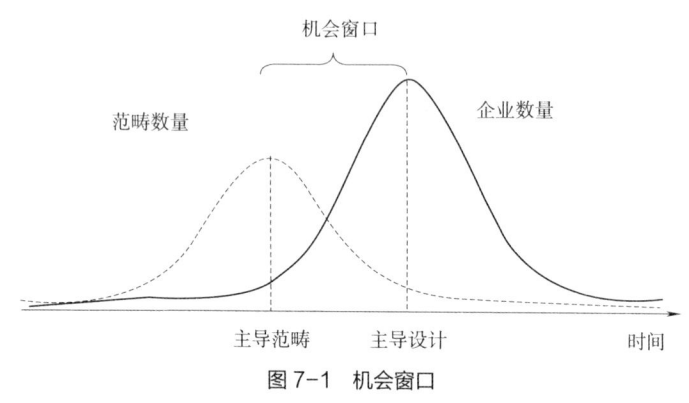

资料来源：修改自费尔南多·苏亚雷斯（2015）[7]。

进一步的研究发现，除了技术维度中与主导设计相关的机会窗口，市场需求条件与商业周期的变化同样为后发企业提供了追赶的机会窗口[8]，政府产业政策和监管规则的变化也应纳入考虑范畴[9]。因此，机会窗口理论的研究学者基于行业创新系统的知识与技术体制（regimes of knowledge and technology）、需求条件（demand condition）、制度（institution）和参与者（actors and networks）构建了机会窗口理论框架。[10, 11]学者们将技术、市场、制度 3 个要素纳入同一理论框架，并指出企业外部机会窗口是渗透主流市场和掌握主流标准的重要机遇。例如，李根和弗朗科·马雷尔巴的研究提出了一个框架，用以解释为什么一个行业的领导地位会随着时间的推移发生连续变化（也称为追赶周期）。[12]在追赶周期中，后发企业和国家成为国际领导者，而在位者则失去先前的地位。通过对手机、相机、半导体、钢铁、中型喷气式飞机和葡萄酒等六个行业的研究，李根和弗朗科·马雷尔巴发现知识和技术的变化、需求的变化,以及体制和公共政策的变化都会对机会窗口产生影响,而且追赶者和领先者对上述因素的应对也将影响追赶周期的性质及持续时长。根据这一发现他们在行业层面进行深入研究,从行业创新系统角度完善了机会窗口的概念,并将其划分为技术、需求和制度3种类型。《研究政策》期刊于2017年出版了关于"追赶"的特刊,自此"机会窗口"的概念被大量引入以解释追赶现象。学者们一般认为,追赶能否实现与机会窗口的密度和数量密不可分。[13]

随着机会窗口及产生机理得到广泛关注,学者们对于不同类型机会窗口的相对重要程度、发生顺序、驱动因素以及共演机制做了初步的研究。例如,李根等人考察韩国企业在数字电视领域的追赶,发现了互补性资源对抓住机会窗口的意义。[14]尽管数字电视的技术体制隐含着不利因素,早期进入者在轨迹选择和初始市场也打造了重要壁垒,同时韩国企业缺乏足够的能力和核心知识库,但韩国企业拥有一些互补性资产,例如生产模拟电视的经验,可以通过海外研发岗位和收购外国公司获得有关开发数字电视原型和ASIC芯片的知识。因此,向数字技术转变的范式转变期成为后来者(韩国企业)的机会窗口。在中国企业的追赶实践中,同样发现了机会窗口之于追赶者的重要作用。一个针对华为技术和市场追赶的最新研究表明,华为在20世纪80年代末至2014年的电信业发展过程中,对各种机会窗口的反应——利用双重技术建设和市场寻求战略来利用技术、政策和需求变化带来的机会窗口——实现了持续追赶的动态过程。[15]还有一些研究将机会窗口与资源观结合,认为后发企业对于机会窗口的有效把握需要企业内部资源与能力的配合[16],特别是在产业追赶前期主要依赖外部知识和互补性资产,追赶后期则需要内部创新能力的支撑。[17]

总体上看,现有关于机会窗口的研究主要还是聚焦于国家和产业层面[18,19,20],也较少讨论同一行业不同类型机会窗口的作用。因此,进一步的研究需要在企业层面和管理学视角继续深入,探究不同类型机会窗口作用的微观机制。

完整认识影响机会窗口的因素，不但需要将后发企业面临的内外部环境因素结合起来，而且需要考虑内外环境因素的动态性。

影响机会窗口的因素

从学者对机会窗口的分类看，现有机会窗口理论一般强调外部因素，即技术、市场和政策等相关因素都能影响机会窗口的出现和窗口期的持续时间。然而，企业在机会窗口出现后能够识别并且抓住它带来的机遇，还需要相关的能力。机会窗口推动的创新追赶过程可分为三个阶段：识别、突破和拓宽机会窗口。[21]识别机会窗口的阶段需要有市场预见能力和技术选择能力。突破机会窗口的阶段，需要具备在技术整合、互补研发投资、新市场开发等方面果断采取风险行动的能力。最后，拓宽机会窗口的阶段需要紧密的产业网络整合和快速的市场扩张能力。因此，完整认识影响机会窗口的因素，不但需要将后发企业面临的内外部环境因素结合起来，而且需要考虑内外环境因素的动态性。

超越追赶是在一定的环境条件下发生的，必须和环境动态演化特征相吻合，否则无法实现。因此，正确识别环境动态演化特征，辨别环境动态演化特征与超越追赶机会窗口开启的对应关系，可以更好地分析超越追赶的成因，指导超越追赶的实现。在超越追赶过程中，企业的内外部环境以及技术的演化特点会对企业的技术追赶产生显著影响。外部环境主要考虑市场环境和技术环境，内部环境则从资源观的角度重点考虑企业的能力环境，对于技术则根据其生命周期从演化特点来考查它对超越追赶的影响。[22]

首先需要考虑的是市场实现环境。在市场竞争中，特定产品的市场实现需要建立在该产品的市场需求和特定的价格基础之上，因此，市场实现环境主要包括市场需求大小、变动以及生产的规模经济和学习效应。其次是技术环境，即主要由技术的动态演化特征构成的环境，可以从技术发展的可预测性和动态性两个维度进行分析，另外还要考虑技术所需资源（包括研发投入、人才强度等）的多少。最后是内部能力环境，主要说明企业的技术研发能力，包括企业内部研发人力资本和物质资源的丰裕度、企业调用和整合外部资源的能力、企业现存技术和外部先进技术的差距，以及获取外部技术的难易程度。后发企业需要根据市场实现环境、技术环境和能力环境来确定超越追赶的战略。以下分别是市场实现环境、技术环境和能力环境的有利情形：市场需求大（也包括潜在需求的迅速成长），生产易获得规模经济和学习效应；技术演进具有可预测性且变动缓慢或者技术演化处于混沌期；资源越丰裕，调动外部资源的能力越强，技术差距越大，外部技术越容易获得。在内外部环境因素越有利的情况下，超越追赶的机会窗口越易打开。

企业必须根据面对的机会窗口的特点，做出技术追赶模式的选择。从知识学习和转移的角度，后发企业主要有四种技术追赶模式可以选择：引进型技术追赶，即后发企业有步骤、有选择地引进技术，通过逆向工程，消化吸收后，在引进技术的基础上实现技术赶超；自主创新型技术追赶，即依靠自身的技术创新能力和技术积累实现赶超；合作型技术追赶，即通过企业之间或企业与大学、研究机构、政府等组织部门的合作实现技术赶超；并购型技术追赶，即通过并购外部公司的无形资产（特别是技术），实现技术赶超。[23]

后发企业在进行环境和追赶模式的匹配选择时，所面对的不是一种单一的环境，而是三种环境的复合体，因此需要对三种环境进行综合分析评价，可以得出如表7-1所示的结果。

从表中可看到，在第一列中，三种环境都处于有利状态，机会窗口最易开启，适合这种环境的技术及产品是技术追赶的最佳选择，企业可选择自主型的技术追赶模式，即通过自身资源的调用整合，迅速实现技术、产品的产业化和对领先者的赶超。第二列中，市场实现环境和能力环境都处于有利状态，而技术环境处于不利状态，如生物医药等新兴的高科技行业，市场成长性好，但由于技术的变化更新比较快，可预测性和明确性较差，这类企业自身的能力较强，可选择自主型或者合作型技

表 7-1 不同环境组合下的机会窗口

序号	1	2	3	4	5	6	7	8
机会窗口：开启↑↓闭合								
市场实现环境	有利	有利	有利	不利	有利	不利	不利	不利
技术环境	有利	不利	有利	有利	不利	不利	有利	不利
能力环境	有利	有利	不利	有利	不利	有利	不利	不利
环境总体有利性	最有利	较有利	较有利	较有利	较不利	较不利	较不利	最不利
适用的超越模式	自主型	自主型/合作型	引进型/并购型	合作型	—	合作型/自主型	并购型	—

术追赶模式（通过技术协作，可降低追赶风险）。第三列中，市场实现环境和技术环境较为有利，而能力环境不利，如化工等资本密集型行业，这类企业适合引进型或者并购型追赶模式，通过购买专利和相应的技术设备，或者通过并购具有该项技术的研发型企业实现技术追赶。第四列中，技术环境和能力环境都处于有利状态，而市场实现环境则处于不利状态。一些新兴行业就处于这种状态，产品所采用的技术较为成熟，企业也有相应的研发能力，但市场的需求却不甚明朗，企业可以采取合作型技术追赶模式，共同研发以规避相应的风险，获取网络效应。第六列中的环境比较适合刚刚兴起并且产业的主导设计没有确立，技术较为不明朗，而拥有较强的研发实力等条件的企业，它可以采用合作型技术追赶模式，以求扩大在产业内的市场和影响；另外，如果资金能力较强，该类企业也可考虑自主型追赶模式。第七列中，市场实现环境和能力环境都不利，而技术环境良好，此时可以考虑采用并购型追赶模式，此种情况比较适合具有较强的资金和整合能力，又要开展非相关多元化的后发企业。而对于第五列的情况，由于技术的明确性较差，企业也无相应的内部能力进行追赶，不建议介入该行业。同样对于第八列所

对应的情况，由于三种环境都处于不利状态，技术机会窗口近乎关闭，也不建议介入。

即使后发企业在初期选择了适合的模式进行追赶，也不是线性的、一劳永逸的。如引进型追赶要防范落入技术引进的陷阱；并购型追赶要处理好相关的业务、人员、文化等的整合，发挥出最大的协同效应；合作型追赶要处理好各方责任、利益的分配；自主型追赶也要考虑到赶超后相关技术标准的扩散和采用问题，如当年大唐电信虽然开发出具有世界先进水平的中国第三代移动电话（3G）标准 TD-SCDMA，但由于没有移动运营商的支持，最终面临财务上的危机。同时，还应该考虑环境的动态性特征。例如，市场会逐步从投入期、发展期、稳定期走向衰退期，市场需求也会相应地变化（从增长到衰减的过程）。根据艾伯纳西和厄特巴克的观点，在主导设计出现之前，技术具有较强的不确定性，难以预测，之后则相反；但随着技术极限的突破和新技术范式的出现，技术的可预测性变差，U-A 模型会出现循环交替。后发企业的技术能力也会通过"干中学"和"用中学"等组织学习方式不断地积累自身的技术能力，逐步走向成熟；然而随着技术范式的转变，有些能力会过时，企业又要学习新的能力。因此，机会窗口也会出现一个动态的变化过程。为了与上述的内外部环境因素相对应，追赶模式的选择也要做出相应变化。当然，无论选择哪种模式，后发企业最终都要充分利用机会窗口带来的机遇，通过自身技术能力的积累，提高自主创新能力，以求成为行业内的领跑者，才能最终实现超越追赶。

另外，根据新结构经济学的观点，产业政策对于后发国家产业成长具有非常重要的意义。在推动和帮助后发企业有效利用机会窗口方面，产业政策显然同样发挥重要作用。后发国家要实现关键技术的突破，重点在于把握追赶的"机会窗口"，新技术—经济范式的酝酿期为后发国家的技术赶超提供了更大的可能性。[24]因而，后发国家在不同的经济发展阶段，需要根据技术—经济范式演化特征，不断推动国家创新系统转型并适时调整产业政策。

范式转变期的机会窗口

专用性资产与核心能力

技术范式转变期的机会窗口是后发企业追赶中面对的最大和最重要的机会窗口。技术范式转变期双重的产业技术机会开启,其中旧范式的成熟技术更容易获取,而新范式的通用技术与组织规则为旧范式的成熟技术注入新的活力,从而有利于快速追赶。范式转变期为后发者提供了有利的条件:首先,后发者与在位者都需要投入时间学习新技术,范式转变期提供了一个让后发者和在位者站在同一起跑线的机会,而由于在位者的经验、知识和专用性资产形成了路径依赖,在学习新技术和培育新能力方面后发者甚至更具优势;其次,考虑到在新范式下,生产能力并不是竞争取胜的决定性因素,以及新技术领域要求的人力资源数量相对较少,后发者相比于原来拥有更低的进入壁垒。

专用性资产

资产专用性是交易成本中的核心概念,由奥利弗·E.威廉姆森在《资本主义经济制度》一书中提出,他认为资产专用性是"在不牺牲生产价值的情况下,资产可重新用于其他用途和由不同使用者使用的程度"[25]。威廉姆森用资产专用性来解释交易成本的起源并以此考查各种经济制度,便于从效率上对这些制度进行比较。不同行业有不同的要素品质、要素结构和特征,资产要素在不同行业间的再配置必然涉及一定的费用和成本,表明资产具有专用性。某行业的要素资产专用性越强,说明改变该要素用途的转换成本越高,于是行业的进入壁垒和垄断程度越高。威廉姆森将资产专用性划分为五类,包括地理区位的专用性、人力资产的专用性、物理资产的专用性、完全为特定协约服务的资产和名牌商标资产的专用性。

具有较强专用性的资产就可以认为是专用性资产。威廉姆森认为,只有和某项特殊的用途结合在一起,专用性资产才是有价值的,否则它的价值无法有效体现,或者即使有价值,与为了获得这项资产所进行的投入相比，资产的所有者所获的收益是负的。显然，在位者（领先者）在旧的技术范式中获得的竞争优势，以及为了保持这种竞争优势而构建的进入壁垒都基于大量的专用性资产。

当技术范式转变时，一方面，由于在旧的技术范式中拥有成功经验以及赖以成功的大量专用性资产，在位者往往形成在位者惰性[26]，这种劣势使得在位者无法尽早发现新范式出现的可能，或者由于为了保护、延续旧范式下专用性资产的价值，忽视新范式的威胁，从而形成了较强的路径依赖。类似的例子不胜枚举，柯达发明了数码相机，但由于其在传统相机上的优势，它在胶片摄影领域蓬勃发展，公司上下根本不在乎这种数码相机，并不重视数码相机作为一种新范式的威胁，最终柯达在向数码摄影这一新范式过渡的过程中破产。另一方面，当新范式最终确立了主导设计后，在位者原先的资产由于较强的专用性而失去了价值。基于以上原因，技术范式转变让在位者面对新进入者（后发者）时处于相对劣势。

核心能力

1990年，C. K. 普拉哈拉德（C. K. Prahalad）和加里·哈默在《哈佛商业评论》上发表了《企业核心竞争力》（The Core Competence of the Corporation）一文，提出核心能力是指：企业在长期经营中的知识积累和特殊技能，以及相关的资源组合成的一个综合体系。核心能力是企业在竞争中处于优势地位的强项，是竞争对手无法具备的一种能力，可以给企业带来长期竞争优势（competitive advantage in long-run）和超额利润（superior profit）。

核心能力一般源于企业特定的流程、知识、技术以及上述各个方面之间的关系，主要是关乎各种技术和对应组织之间的协调和配合，因此核心能力具有体系性，竞争对手一般无法简单地学习和模仿。与专用性资产类似，在位者（领先者）在旧范式中拥有很强的核心能力，这就意味着它的流程、知识和技术均可支撑旧范式下的经营方式以及维持旧范式下的竞争优势，形成在位者核心刚性。[27]这种核心刚性有时候甚至会来自社会学意义上的心理失调。例如，社会学家黛安·沃恩（Diane Vaughan）这样描述道：

所有事物是在这个框架①的基础上被认知的。这个框架会变成自证实的。因为，只要我们能够，就总是倾向于将这个框架置于经验、事件之上，创造符合它的变化和关系。我们对那些不符合这种参考框架的事物往往采取忽视、误解或否认的态度……这个参照系是不易被改变或铲除的……[28]

因此，在位者往往无法识别和利用新范式带来的机会，更缺乏改变原有流程、知识和技术的意愿。例如，丰富的研发经验是在位者的重要能力，根据交易成本理论，在位者可以依据经验降低后续的开发成本，从而使内部研发更高效。若采用和过去相同的开发模式，企业也可以不投入其他附加成本。更重要的是，企业丰富的研发经验使得员工掌握的隐性知识、成员间的团队合作模式、合作研发中的企业间协作以及对外来技术吸收转化的方法，都与旧范式下的竞争优势密切相连，并且相互间形成了严密的协同和配合关系，这既是企业的核心能力，也构成了企业人力资本的专用性[29]，极大地增加了企业更换技术范式的交易成本，形成了锁定效应。同样，技术范式转变让在位者拥有的核心能力失去了价值，在面对新进入者（后发者）时处于劣势。

突破路径依赖

当前，技术周期变得越来越短，意味着企业将越来越频繁地面对技术范式转变。如前文所述，当技术范式发生转变时，领先企业的专用性资产和核心能力会变成其顺利度过技术范式转变期并在新范式中保持竞争优势的障碍。或者说，领先企业只有有效克服旧范式的专用性资产和核心能力带来的不利影响，才能穿越技术周期。而对后发企业而言，则要克服技术劣势，改变旧有的技术来源、技术平台、研发体系和生产工艺流程，才能实现技术追赶。无论是领先者还是后发者，面临的

---

① 沃恩提到的"框架"实际上就是范式。

调整都是突破路径依赖。要突破路径依赖，根本的方法就是对能力进行根本性变革，或者称为"能力重构"。

能力重构从本质上推动着技术创新，尤其对后发企业而言，只有通过能力重构才能实现技术追赶。[30]从技术范式转换的角度，能力可以区分为通用性能力和专业性能力。[31]通用性能力是企业在范式转换后仍能起作用的能力，而专用性能力是企业根据一部分特定的需要重新构建的能力。能力重构主要涵盖知识重构和惯例重构两个层面：从知识层面来看，能力重构不仅是扩展原有知识，更重要的是实现新旧知识的新陈代谢[32]；从惯例层面来看，能力重构意味着对构成能力的惯例要素、惯例特征以及惯例之间的关系进行变革[33]。显然，技术能力的本质是知识[34]，主要表现为设计、研发、生产、商业化等行为惯例。因此，进行能力重构的过程就是组织学习的过程。

组织学习存在多种学习模式，从简单到复杂，从线性到非线性。如克里斯·阿吉里斯与唐纳德·舍恩的环状模式（单环和双环），赫德伯格的三分模式，以及迈耶斯的四模式等等。不同的学习模式可以改善企业的生存和发展，组织学习模式和环境是否适应也至关重要。而在技术范式发生转变时，后发者需要积极转向创造型学习的非线性阶段，通过忘却学习达成组织的知识链重组，实现对认知和理解事物最根本的准则的改变。忘却学习不但面向消除原有知识，更针对组织内的知识搜寻、存储、筛选、整合、激活和创新等对知识利用、操作规则进行革命性的改变。因此，忘却学习是突破路径依赖的根本方法。

机会窗口中的创新管理

下一个范式的多种可能

混沌是范式转变期的重要特征。在主导范式确定之前，存在多个相互竞争的产品设计或技术路线，范式本身也难以清晰定义，各个企业都有可能成为主导下一个范式的领先者。为了争夺范式竞争的领先位置，这一阶段的创新以突破式创新（radical innovation）为主。突破式创新也意味着新技术/新模式的引入，而新技术/新模式的引入往往与企业现有的管理体系、技术能力、市场模式产生冲突。在从马车到汽车、从胶卷到数码相机的范式转变过程中，大量在位企业在上一轮主导范式下建立的竞争优势，成了范式转变过程中难以摆脱的负担和沉没成本。

范式转变期的另一个特征是企业、技术、社会需求以及制度环境的共演互动，这使得主导范式存在多种可能的选择，也为追赶企业提供了机会窗口。彭新敏等人认为，在共演互动和后发追赶的情境下，双元是后发企业技术追赶的重要战略[35]，也就是说，后发企业应该追求突破式创新（探索）与渐进式创新（利用）的平衡。当后发企业感知到机会单一且确定时，应该采用利用战略；当机会单一但不确定时应该采用探索战略；当面临多重且不确定性较大的机会窗口，同时具备较高吸收能力时，企业应该采用共时双元战略。更进一步的，在从追赶向超越追赶的发展过程中，后发企业的双元战略将由次序型模式向共时型模式演化。

范式转变期的间断性（discontinuity）也是一个需要关注的特征。范式转变期中，技术从实验室到市场，需求从模糊到确定，政策法规从观察鼓励到规范监管，成本从高到低，各种因素交织在一起，决定了范式转变期的外部环境不是线性的，而是间断变化的。企业需要识别"断点"，并据此调整战略。面对范式转变期的间断性，在位企业更依赖于已有的路径、方法和习惯，这就给后发企业带来了追赶和赶超的机会。

范式转变期的混沌、共演和间断性，加之在位企业受限于其已有的组织、市场、技术和政策，即使面临范式转变的机会窗口也难以做出突破性的决策，都让后发企业看到了追赶的机会窗口。面对主导范式的多种可能，限制企业突破的不是技术本身，而是其原有的管理体系和指导思想，尤其是在以高度不确定为特征的机会窗口期却使用强调确定性的传统理论和方法来指导其实践。针对以华为为代表的中国领先企业的研究表明，对"灰度"、混沌等机会窗口特征的明确认识和制度的安排，是中国企业超越追赶的重要特征。[36]

混沌和不确定性中的抉择

面对相同的机会窗口，有些企业能够快速实现从追赶到超越，而有些企业却无法抓住甚至无法识别机会窗口。这与机会窗口总是伴随着混沌和不确定性密切相关。在这种情况下，企业及其领导者通常面临内外部压力，需要同时满足多种相互竞争的战略需求，例如探索或利用，全球或局部适应，以及企业盈利或社会责任等悖论，必须对可能的变化抱着积极的态度，并对市场不确定性做出适当的反应，即抓住并利用机会窗口，在混沌和不确定性中做出正确的选择，以便生存、发展以及与其他公司竞争。

THE FRONTIER OF THEORY 理论前沿

"灰度"和管理的关系表现为：任何事物都不会以极端的状态呈现，要懂得用相对的思维来管理企业尤其是范式转变中高度不确定下的企业，避免绝对化。

2007年12月，华为董事长任正非在中国香港与美国前国务卿奥尔布莱特进行会谈，其间，任正非阐述了华为成长和成功的底层秘诀，第一次提到"灰度"这个词，认为"开放、妥协、灰度"是华为公司从无到有、从小到大、从弱到强快速发展的思想逻辑。事实上，真正让任正非震撼和思考的是英国的"光荣革命"。1688年的英国"光荣革命"依靠理性精神以及基于理性的妥协，建立起议会权利超过君主的君主立宪制度以及两党制度，对英国的历史发展以及其他欧美国家的政治进程产生重要影响。任正非从英国"光荣革命"看到了华为立足世界的思想逻辑，即以相对的妥协替代绝对的对立。

在自然界中绝对的黑和绝对的白通常是不存在的。光子往往是一部分被吸收，同时另一部分被反射，这就是相对的灰。"灰度"和管理的关系表现为，任何事物都不会以极端的状态呈现，要懂得用相对的思维来管理企业尤其是范式转变中高度不确定下的企业，避免绝对化。华为的"熵减理论"认为,企业经营需要不断输入负熵,做到"熵减"。但把企业看作封闭系统时,熵增又是必然事件。以"灰度"的观点看待,当熵无法被消灭时,企业在容忍内部适当熵增的同时,要确保负熵大于熵增。既然不可能消灭熵增,这是极端而又高成本的事情,那么重点在于协调负熵与熵增的关系,把握适当的度。这就需要企业家运用智慧,结合灰度管理发挥现实价值。灰度是新生事物的初始状态,往往非黑非白,是灰色的,是人无法一下子完全看懂的。

管理中的灰度与妥协

中国传统哲学注重两种不同条件的混合平衡,即"一阴一阳之谓道"。阴阳是一枚硬币的两面,位于世界的两端,但同时阴阳是交织在一起的,既相互约束又相互生成。阴阳之间的相互作用和互补机制,代表了一种能够达到均衡的"中庸之道"。同样,在西方语境中"妥协"(compromise)并非一个贬义词,而是与成熟、共赢等理念联系在一起。灰度管理,即"妥协"在管理领域是一个移植和升华。阴阳的和谐平衡在管理领域就像在黑白之间注重平衡和妥协,即在团队不搞"一言堂",寻求团队最大公约数,发挥团队整体战斗力,节制个人英雄主义等。而且,灰度管理中很难区分黑和白的比例,以及在多大程度上达到了适当的灰色。任正非先生首先承认灰度管理是他的领导原则,然后将灰度管理引入华为管理的各个方面。他认为灰度管理主要在于领导力,领导者的关键素质之一是方向和速度。他的领导力水平是适当的灰色度。

灰度管理是外部高度动态环境的要求在企业内部管理上的反映,来自和植根于范式转变期的属性,并反映为悖论和挑战,需要企业制定一系列具体的战略和策略以整合矛盾、应对挑战。

在外部环境中,全球竞争意味着面对强大的全球竞争对手、快速的技术变革、缩短的产品生命周期、快速的技术扩散、知识的日益重要性以及数字技术的巨大变化。新兴的后发企业面临更广泛的价值网络和技术变革带来的更大不确定性,需要建立广泛的合作关系以利用组织间的专业知识和资源,或获取互补性资源。与此同时,后发企业还需要考虑如何利用现有资源来支撑日常经营并产生盈利能力。因而要求企业根据行业生命周期的不同阶段探索可能的创新，并有效利用现有资源。因此，在同时追求"探索"与"开发"时，需要在两者之间找到一个平衡点。在追赶过程中，企业可以在行业主导设计的基础上开发属于自己的技术。灰度管理以中庸之道整合"挑战与机遇"的悖论，从而在动态环境中减少技术升级中的不确定性和风险。

在内部环境中，后发企业需要有效管理组织内部的模糊和混乱。熵是一种无序或混沌状态。企业一旦陷入无序和混沌，主动性、效率和创造力将大大降低。员工可能会开始质疑自己的价值，同时由于重要性准则的模糊而消耗不必要的资源，从而使组织陷入混乱。后发企业能够通过逐步优化组织结构和促进忘却学习来应对混乱。灰度管理要求企业保持冷静和专注，这有助于减少企业无目的的活动，减少企业内部的混乱。

在内外环境高度变化的双重压力下，企业应该做什么或不应该做什么往往没有明确的界限，这可能需要企业为所有可能发生的情况准备灵活性。正如任正非先生所警告的那样，"华为的危机、衰退甚至破产即将到来。我们现在是春天，但冬天很近"。因此，灰度管理本质上是一种认知行为，在很大程度上取决于后发企业对动态环境的认知和对内部冲突的容忍度。灰度管理就像驾驶一辆汽车，过程中要始终微妙地调整方向盘（渐进式优化），并透过两侧的窗户确定安全措施（减少风险和不确定性）。无论路线是什么，目的地永远不会改变（目标）。

灰度管理的四大原则

华为的实践是灰度管理有效实施的优秀案例。任正非强调"灰度管理是我们的生命之树"，灰度管理原则也在华为的组织常规和战略活动中得到了很好的执行。结合华为的实践，灰度管理需要强调四大原则。

> **THE FRONTIER OF THEORY 理论前沿**
>
> 妥协是实现灰度管理的过程。妥协意味着既不放弃原则，也不改变最终方向，而是调整实现目标的方式。
>
> 妥协也是为了获得优势而做出的让步和进行的适当权衡。

- 开放性

在当今的商业世界中,企业应该超越专注于自身的资源,对价值网络和商业生态系统持开放态度。开放性提供了获取先进技术和未知知识以及更广阔市场的途径。任正非表示,开放旨在向竞争对手和领先者更多地学习。只有这样,企业才能"制定新的目标,发现差距,激发紧迫感"。华为从IBM引进了集成产品开发系统,但它并没有盲目地创建自己的IPD系统,而是首先实现了IBM的设计,遵循"先僵化,后优化,再固化"的战略。通过开放地向领先者学习汲取力量,华为将自己定义为"具有西方思维的东方大脑",最终形成独特的竞争优势。根据世界知识产权组织(WIPO)的数据,通过学习、传授知识和创新,华为超越了传统的领先者,在全球有累计超过20万件申请量、累计授权量超过11万件的发明专利,其中专利合作条约(PCT)超过6万件,华为已连续五年PCT申请量全球第一。开放性还为企业提供了与客户直接接触的机会,这反过来可以帮助企业清楚地了解客户的需求。根据开放原则,华为的海外市场远远超过了国内市场。

- 容忍

"允许异议是一种战略储备。"每个人的价值观都不同,能否集聚具有不同价值观的人在很大程度上取决于领导者的宽容度。对领导者来说,灰度体现的就是一种宽容:宽容个性不同的人,才能将不同性格、不同偏好和不同特长的员工集聚在组织的目标和愿景下;宽容员工犯错误,才能够鼓励员工勇于创新、勇于突破自我,创造更多贡献;宽容不同的观点和看法,才能够团结大多数人坚持正确的方向。容忍是华为的核心价值观之一,这在它的管理实践中得到了很好的体现。为了激励员工,华为制定了长期激励措施,如员工持股计划,将公司的盈利能力与个人贡献有机地结合起来,共享机制形成了共同努力。华为特别注重在公司内部培养容忍度,而不仅仅是鼓励不同的意见来实现自我评估和自我批评。例如,"蓝军"的目标就是制度性地从不同的视角观察公司的战略与技术发展,进行逆向思维,审视和论证现行战略的问题。通过"蓝军"唱反调，甚至提出一些危言耸听的警告，保证华为一直走在正确的道路上。又如，华为对试错具有极高的容忍度。2021年华为研发投入达1427亿元，占全年收入的22.4%，近十年累计投入的研发费用超过8450亿元，这也使它的创新产出位居世界第一。除了高强度的研发投入，华为创新成功的一个很重要的原因在于对研发失败有很高的容忍度。再如，容忍还表现在华为追求规则性时"避免除恶务尽"。既然熵是不能被消灭的，那么除恶务尽就是高成本的，其本身对企业管理也是一种"恶"。管理者眼里应该揉得下沙，这也是一种灰度。

● 妥协

妥协是实现灰度管理的过程。妥协意味着既不放弃原则，也不改变最终方向，而是调整实现目标的方式。妥协首先是适应不断变化的环境，坚持对发展方向进行微调，而不是坚持固有的想法不回头。妥协也是为了获得优势而做出让步和进行适当的权衡。例如，华为宣布放弃美国市场，因为它找不到太多的市场机会，也不会投入更多的能源或资源。任正非先生在2014年表示："美国可能需要十年或二十年才能知道华为是一家诚信的公司。"与此同时，华为已将精力投入更受欢迎的市场，例如欧洲市场。这样的选择背后的原则是妥协。而华为在拓展欧洲市场时，通过设立允许客户和政府检查其设备的机制来缓解西方国家对安全的担忧，这一点在欧洲得到了很好的认可。华为向西方风格妥协，不断调整战略和活动，但其核心价值观"以客户为中心，以奋斗者为本，长期坚持艰苦奋斗"从未动摇。

妥协也需要表现在企业内部管理上。妥协是双方或多方在某种条件下达成的基于谅解的共识。从长远来看，这种妥协可能并不是解决问题的最好选择，但在更好的方法出现之前，却可能是最优选择。明智的妥协是一种适当的交换，通过适当的交换来确保目标的实现，即为了达到主要的目标，可以在次要的目标上做适当的让步。因此，这种妥协并不是完全放弃原则，而是以退为进。

- 实用主义

灰度管理的出发点是实用主义，而不是盲目的完美主义。实用主义的一个体现是对现有系统的逐步改进和优化，这更可能依靠渐进性创新，而不是代表着完美的激进性创新。看似保守的实用主义原则可以极大地吸收过去的经验并逐步推动创新，强调创新应以前期投资为基础，通过沉淀和内在创造产出，而不是分散过去投资的积累。就华为而言，保守的实用主义与开放原则并不矛盾，而是保留和保护过去的部分经验，不断优化现有经验。任正非曾清楚而有力地阐述了创新的目的："不是获得诺贝尔奖，也不是在媒体上为其产品的酷度喝彩，而是为客户创造价值。"实用主义能够提供更具操作性的指导，代表了一种持久的创新方式。

实用主义还表现在华为强调要吸收世界上最新的、前沿的信息，包括来自需求方的信息，来自技术方面的信息，基础理论方面的信息等。华为要求公司的高管、高级专家走出去，接触外界前沿的科学家、技术达人、运营商或者客户的高管、高层的领导者……与他们喝咖啡，参加世界性的论坛、博览会和展览，参加世界性的研讨会等，从交流中吸收外界对未来的创见，形成自己对未来的假设。

在灰度中把握正确方向

任正非说："一个清晰方向，是在混沌中产生的，是从灰色中脱颖而出，而方向是随时间与空间而变的，它常常又会变得不清晰。并不是非白即黑，非此即彼。合理地掌握合适的灰度，是使各种影响发展的要素，在一段时间的和谐，这种和谐的过程叫妥协，这种和谐的结果叫灰度。"灰度从字面意思看是混沌的状态，抽象来说是对未来不确定性的认知，企业的发展实质上也是探索世界的过程，也是面对不确定的决策过程。华为对不确定把握的基本方法是"以规则的确定性来应对未来的不确定性"，保证"方向大致正确"。其中，规则的确定性指的是华为基于对人性、对规则、对事物底层逻辑的洞察，以及对价值创造、价值评价与价值分配的底层规律的清晰认识，以理性的精神据此进行制度的顶层设计带来的对企业经营的明确要求和基本规范。

> **THE FRONTIER OF THEORY 理论前沿**
>
> 灰度管理诞生于混乱之中，但有效的灰度管理可以为企业提供清晰的方向。灰度管理可以进一步解释为一种"将两个矛盾的方面结合起来"、"用有序的原则解决无序的活动"以及"将悖论转化为动力"的能力。

在灰色世界中把握正确方向，一方面需要清晰的方法论指导，凭借清晰的规则来应对未来结果的不确定性。另一方面，所有方法论都是处于动态变化中的。所有方法论都需要优化调整以达到与时俱进。华为有针对方法论适应性的管理内容，就是"治中求乱"和"乱中求治"。"治中求乱"是指当外界发生重大变化，原有的管理系统和组织结构不再适应时，组织要勇敢地进行变革，打破并重构原有的系统。"乱中求治"则是指当业务发展开始走向成熟阶段时，需要收敛粗放行为，向有序的状态转变。其中的方法论是：过程管理只对结果负责，应倾向于简单有效，并且"避免除恶务尽"。任何方法论在特定时空下都有局限性，所以要敢于质疑固有的方法论，只要对结果有利都值得打破，如此才能提供重构新方法论的空间，才能不断在灰度中把握正确方向。

综上所述，范式转变带来的混沌期需要企业拥有能够平衡和联系两个不同发展阶段的战略思维，以及融合同一事物的两个不同方面的能力。灰度管理的价值对于企业在不断变化的环境中的成长至关重要。灰度管理诞生于混乱之中，但有效的灰度管理可以为企业提供清晰的方向。灰度管理可以进一步解释为一种"将两个矛盾的方面结合起来"、"用有序的原则解决无序的活动"以及"将悖论转化为动力"的能力。灰度管理体现了华为系统整合范式转变期的悖论的能力。事实证明，灰度管理是范式转变的混沌时期可行的管理方式。

混沌中的抉择

除了管理理念上的灰度管理，具体创新管理过程中的战略设定、创新模式选择和动态能力培育，都对在范式转变期的混沌和不确定性中做出正确的选择具有重要的影响。

首先,企业创新战略应该与机会窗口建立恰当的匹配关系,这对后发企业追赶绩效具有重要的影响。一方面,后发企业创新战略的选择与所处阶段和窗口类型有关。追赶阶段,后发企业资源和能力有限;超越追赶阶段,后发企业的吸收能力、整合能力等得到有效提高。因此,后发企业的不同追赶阶段就意味着能力的差异。不同类型的机会窗口差异较大,对后发企业的技术、市场能力有不同的要求。技术机会窗口和制度机会窗口开启时,后发企业在不同追赶阶段倾向于采用同种技术创新战略;而需求机会窗口开启时,后发企业会根据所处追赶阶段的不同对市场创新战略做出调整。另一方面,机会窗口与创新战略的匹配能够促进后发企业追赶绩效的提升,不同的匹配关系对追赶绩效的作用结果存在差异。一个针对安防行业的企业海康威视和大华的案例研究发现,在追赶和超越追赶两个阶段,技术机会窗口与技术探索性创新战略匹配性较好,制度机会窗口与技术利用性创新战略匹配性较好。[37] 在追赶阶段,需求机会窗口与市场探索性创新战略匹配性较好,在超越追赶阶段,需求机会窗口与市场利用性创新战略匹配性较好。

其次,后发企业在面对混沌和不确定性时选择正确的技术创新模式,能够推动后发企业的追赶和超越。[38]

技术导向的自主创新模式一:充分激发内源技术的创新。内源技术是指依赖企业内部资源,在组织内部产生的革新型和原创型技术,是企业自主创新能力的集中体现。[39] 企业进行自主创新是以充分激发内源技术为核心的,这个过程不仅是技术创新的过程,还是创新管理的过程,即以构建和提高核心能力为中心,以价值创造和增加为目标,以技术创新为核心,与其他组织功能创新有机结合并协同创新。除了技术创新,创新管理还包括组织创新、制度创新、文化创新等诸多因素。研究发现,企业之所以能在创新领域取得持续发展,除了对技术本身进行持续的资金和人力投入,还要重新构架组织的部分甚至全部体系,使资源能够更通畅地流向所需的部门,并采用与绩效挂钩的激励制度,有效地在企业内部形成鼓励创新、激发创新的文化和机制。

技术导向的自主创新模式二：高效利用外源技术的创新。内源技术是推动企业创新进步的关键动力，但是要形成可持续的内源技术具有较大难度，需要巨额资金的投入，同时研发周期长，成功率也难以保障。因此，技术的"拿来主义"成为很多企业快速摆脱规模小、研发能力弱、研发体制不健全等制约因素，抢占市场先机的法宝之一。在获取外源技术之后，企业通过二次创新进行消化吸收和应用，将外源技术组合创新为内部知识，以此作为自主创新的养料，逐步形成健康的、自我增强型的创新体系。典型企业如杭氧集团通过二次创新自主发展出了世界领先的第八代空分技术。

战略导向的自主创新模式一：基于全球价值链分工和集成的创新。全球价值链上的分工和集成主要体现的是产业升级与企业自主创新的关系。[40]产业升级既是创新的目的，也是创新活动所要立足的战略环境动态。研究发现，企业为了实现产业升级，倾向于两种战略选择：一是占据全球价值链的某一特定环节形成专业化规模优势；二是对全球价值链中的某些环节进行集成，形成组合的业务模式。综合来看，越来越多的企业正逐步实现从原始设备制造商（OEM）到原始设计制造商（ODM）和原始品牌生产商（OBM）这类高附加值制造的转型。

战略导向的自主创新模式二：基于全球化战略的创新。全球化与经济一体化对当今的企业而言既是挑战也是机遇。国内以各种形式进行海外投资的企业近年呈逐年上升的明显趋势，体现了中国企业参与国际竞争、寻找机遇、占领国际市场的战略和运营思路。以海尔、华为、吉利为代表的中国领军企业的全球化战略，侧重于战略与资源的匹配性，根据不同类型、不同属性的企业特征采取差异化的全球化战略。综合来看，这些企业都充分利用了跨国公司知识转移的契机和遍布全球的网络优势，通过多种形式的合资、合作和技术联盟，实现企业的持续成长。

最后，动态能力是后发企业在混沌和不确定性中做出正确抉择的基础。[41]一方面,后发企业在动态能力的支撑下,感知技术范式转变带来的机会窗口,并通过能力重构整合企业内外部资源,实现从初始追赶向行业前沿的跨越;另一方面,企业也需要根据机会窗口的性质促使动态能力由低阶到中阶再到高阶演化。

第八章

七位一体的国家创新系统

国家创新系统的演进

理论来源

从技术创新到国家创新系统的概念演进,反映了对科技与经济发展关系的进一步理解。在熊彼特之后,创新理论出现两个分支流派:一是技术创新学派,以埃德温·曼斯菲尔德(Edwin Mansfield)、南茜·L. 施瓦茨(Nancy L. Schwartz)、理查德·纳尔逊等为代表。该流派强调技术创新和技术进步在经济发展中的核心作用,基于技术扩散、转移和推广的技术创新过程,提出技术创新扩散、创新周期等模型,分析研究技术创新动力、技术创新与市场结构的关系。而另一个则是制度创新学派,代表人物包括道格拉斯·C. 诺斯(Douglass C. North)、兰斯·E. 戴维斯(Lance E. Davis)、罗伯特·P. 汤玛斯(Robert P. Thomus)等。该流派强调制度创新与技术创新的互动关系:一方面,认为制度创新对技术创新起决定性作用,因此制度安排和制度环境对经济发展具有重要作用;另一方面,承认技术创新可以改变制度的安排和降低某些制度安排的交易成本,以形成对成本和收益的影响。

在以上创新理论流派的基础上以及随着演化经济学的兴起,以克里斯托夫·弗里曼(Christopher Freeman)、理查德·纳尔逊为代表的国家创新系统学派逐渐形成。针对国家创新系统的研究源于20世纪60年代雅各布·施穆克勒（Jacob Schmookler）对经济增长与技术创新关系的研究，他认为市场需求是推动技术创新的关键性力量。显然，与此类似的相关研究的结论尽管强调创新活动是一个复杂的多种力量相互作用的过程，但并没有把社会、历史、环境等作为对创新活动具有重大影响的因素考虑进去。作为一个复杂的社会过程，创新显然无法用单纯的"技术—经济"或"经济—技术"过程进行完整的描述。到了20世纪70年代末，埃里克·冯·希佩尔（Eric von Hippel）和本特-奥克·伦德瓦尔（Bengt-Åke Lundvall）提出，在技术创新中，用户、供应商等都对技术创新的发展和最终成果起着重要作用。这是最早的关于技术创新是一个系统的阐述。后来，克里斯托夫·弗里曼在1987年考察日本时发现，日本的技术创新并不主要源自研究机构和大学的研究开发，而是主要表现为由来自生产部门的工程师及车间里的技术工人主导的渐进式创新。除了技术创新，这些实践一线的工程师和技术人员还往往同时开展组织创新和制度创新以更好地推动技术创新发展和应用。同时，日本政府部门如通产省也在推动技术创新的过程中起着重要的作用。而自20世纪80年代初以来，新古典经济学流派的思想已经不断向政府政策制定领域渗透。

弗里曼等人认为当时的主流经济学对知识、技术和技术变化的关注较少，并且创新、技术等要素无法被纳入假定稳定均衡的经济理论。面对新古典主义经济理论的缺陷，结合对日本的考察分析，加之受熊彼特和李斯特提出的国家生产系统（national systems of production）等思想的启发，弗里曼等因而提出了国家创新体系（national innovation system，NIS）概念。[1]其后，纳尔逊、伦德瓦尔则进一步发展了国家创新体系的概念。[2,3]如此一来，国家创新体系的概念与公共政策之间也就具有了内在的联系。在弗里曼等人的概念里，国家创新体系的实质是一组与创新相关的制度与机构，它们决定了企业、大学、研究机构、中介机构、金融机构等在推动知识的创造、扩散、应用中的联系和互动的能力。[4]简言之，国家创新体系是一种从制度角度出发理解国民经济发展速度不同的方法。从这一角度出发，马里奥·奇莫里（Mario Cimoli）和玛丽娜·德拉·朱斯塔（Marina Della Giusta）提出了一个衡量国家创新体系能力的方法，认为一个国家的能力决定了一个国家的技术能力，即企业、机构或国家解决技术和组织问题的能力，而国家的绩效表现是一个国家的竞争力和产业增长；处在国家的能力和绩效之间的是国家创新体系。[5]当国家创新体系组织得恰当并发挥积极效用时，将成为一个强有力的增长引擎；反之，创新将受到严重制约。

总体而言，国家创新体系理论根植于新成长理论、新制度学派、演化学派以及产业组织理论。其中，新成长理论强调知识是驱动经济成长的主要力量；新制度学派强调财产权的重要性与制度如何影响创新机制的运作；演化学派强调技术进步在经济体系中所扮演的角色与演化过程；而产业组织理论认为，越来越多的厂商愿意与其他厂商或研究机构开展共同研发活动，以快速获取其所需要的知识，或是借助于合作活动有效降低研发费用、分担创新风险以及共享研发资源。[6]国家创新体系理论继承了这些理论的一些主要观点，强调政府对技术创新的有效干预是提升一国创新能力的重要因素，很快成为各国创新政策的重要理论依据。正如本·马丁（Ben Martin）在《创新研究：演化与未来挑战》中写道："国家创新体系的观念是创新研究产生的最重要的概念之一。"① （参见表8-1）

由于对国家创新体系理论性的不同认识，国内外产生了对国家创新体系概念发展的不同观点：一些学者认为国家创新体系概念需要更加深入地理论化和更为详细地阐述，以便于更加精确地应用；另一些学者则认为国家创新体系方法的有效性正是来自概念本身的宽松与弹性，反对国家创新体系过于理论化。同时，学者们对国家创新体系的内涵也有不同视角的认识。面对这样的局面，需要进一步梳理其理论来源与演进逻辑。[7]

---

① 詹·法格博格，本·马丁，艾斯本·安德森，等.《创新研究：演化与未来挑战》[M].陈凯华，穆荣平，译.北京：科学出版社，2018.——编者注

表 8-1 国家创新体系的内涵

弗里曼	国家公共部门和私营部门的各种机构组成的网络,这些机构的活动和相互作用,促进新技术的开发、介绍、改进和扩散
伦德瓦尔	创新系统的组成源自各体系间的互动,包含生产要素的互动、新知识的使用及扩散,而这些体系可能彼此联系在一起
巴尔特和帕维特	决定一个国家技术学习方向和速度的国家制度、激励结构和竞争力
OECD(1997)[8]	由公共部门、私人部门和其他机构组成的网络,这些机构的相互作用和活动决定了知识、技术在一个国家的扩散能力,并且影响国家创新绩效

根据OECD(经济合作与发展组织)所下的定义,国家创新系统是指政府、企业、大学、研究院所、中介机构等为了一系列共同的社会和经济目标,通过建设性地相互作用而构成的组织网络,其主要活动是启发、引进、改造与传播新技术,而创新是这个系统变化和发展的根本动力。参考OECD的分类,国家创新体系包括知识创新系统、技术创新系统、知识传播系统和知识应用系统四个主要部分。其中,知识创新系统是由与知识的生产、扩散和转移相关的机构和组织构成的网络系统,其主体是国家科研机构(包括国家科研机构和部门科研机构)及教学科研型大学。技术创新系统是由与技术创新全过程相关的机构和组织构成的网络系统,其主体是企业。知识传播系统主要指高等教育系统和职业培训系统,其主要作用是培养具有较高技能、最新知识和创新能力的人力资源,以学校为主体。知识应用系统的主体是社会用户和企业,其主要功能是知识和技术的实际应用。近年来,国家的创新系统研究已经从早期的强调技术创新,转移到既重视技术创新又关注知识在经济中的作用。从1994年开始的OECD国家创新系统实证研究,在当时就已经把知识扩散力、知识网络、知识和人才流动以及创新指标研究作为重点。目前,国家创新体系的主要研究指标为"研究与开发"相关的投入、利用和产出程度。

国家创新体系的意义

我国在改革开放 40 余年中建立起来并得到快速发展的"国家创新体系"当前正面临外部环境的重大转变。2021 年,美国国会参议院继 5 月通过《无尽前沿法案》(Endless Frontier Act)后,紧接着于 6 月又推出所谓的"2021 年美国创新与竞争法案"(The United States Innovation and Competition Act of 2021)[①]。后者其实是把近期所有法案打了个包,是应对中国的一揽子法案,主要由 1 个拨款方案和 4 个相互独立的法案构成,分别是芯片和 5G 紧急拨款方案、《无尽前沿法案》、《2021 年战略竞争法案》、《确保美国未来法案》以及《2021 年应对中国挑战法案》。该法案旨在向美国技术、科学和研究领域投资逾 2000 亿美元,强调通过战略、经济、外交、科技等手段同中国开展竞争,涉及产业发展、贸易政策、外交国防、教育医疗等方方面面,以一套高度细化的对华竞争战略"对抗"中国日益提高的影响力。美国希望通过这些行动,进一步加强对关键核心技术的控制,以维持其在全球科技竞争领域的领先地位和对华战略优势。

美国面对中国在高新技术领域的赶超,仍想继续保持强大的科技实力,这是一场围绕核心领域而打响的国家科技竞争战。而美国这么做的底层逻辑是,美国认同国家机制在发展关键核心技术方面的积极作用,希望通过提升和改善产业创新政策效能和作用,重塑国家创新体系,维护其在先进技术领域的全球领先地位。

对中国来说,构建有效的、聚焦关键核心技术突破的国家创新体系具有重大的战略意义。

1945 年,美国正是通过一份名为《科学:无尽的前沿》(Science, the Endless Frontier)的文件奠定了战后的科技政策,从此美国政府加大对学术研究的投入,并设立美国国家科学基金会(National Science

---

① 此法案充满冷战思维,有干涉中国内政的内容,受到中国反对。——编者注

Foundation）资助前沿的科研活动。今天美国再次使用这一政策，着力点在于反制中国的科技竞争，以恢复并巩固其在科技方面的全球主导地位，并最终为经济发展等提供高效动力，促进社会进步。显然，其主要战略是调动国家机制，以立法与国家投资等方式，将科技研发、商业化和人力资源等重新作为国家战略的出发点，这反映了美国国会旨在重新以政府力量加强科研，促成核心领域的重大创新与技术突破的基本思路。

本质上，这一法案反映了美国面对中国在高新技术，尤其是 5G 领域的赶超，仍想保持强大的科技实力，这是一场围绕核心领域打响的国家科技竞争战。而美国这么做的底层逻辑是，美国认同国家机制在发展关键核心技术方面的积极作用，希望通过提升和改善产业创新政策效能及作用，重塑国家创新体系，维护其在先进技术领域的全球领先地位。

对中国来说，在日趋严峻的新一轮国际科技竞争中，我国在核心元器件、关键基础材料、先进基础工艺、产业基础技术、高端装备等方面的"卡脖子"问题纷纷暴露出来。面对科技领先国家尤其是美国的步步紧逼，中国已经全面进入从"追赶"到"超越追赶"的"与狼共舞"新阶段，中国既迫切需要解决关键产业领域面临的"卡脖子"问题，又需要抢占新一轮发展制高点，把握重要"撒手锏"的关键核心技术。为了这一目标，构建有效的、聚焦关键核心技术突破的国家创新体系具有重大的战略意义。

首先，关键核心技术的研发与市场特点，决定了需要调动国家机制，通过国家创新体系实现重大突破。与一般意义上的技术和创新相比，关键核心技术往往需要更多的投入和更长的研发周期，且市场需求"硬"而不大，更易于产生学习不经济现象，导致企业面临市场失灵等重大困难。因此对关键核心技术的理解并不能沿用经典技术创新管理理论给出的系统性分析框架和研究结论，而必须以政府力量积极整合与优化各方资源。

其次，构建聚焦关键核心技术的国家创新体系，有利于中国抓住技术范式转变的战略机会窗口，充分参与由新一轮科技革命和产业变革引发的全球创新版图和经济结构重构的进程，把握千载难逢的历史发展机遇。当前，科学技术正在向下一个范式跃迁，产业更新迭代不断加快。以人工智能、量子信息、区块链为代表的新一代信息技术加速商业化应用，以生物学、基因编辑、再生医学等为代表的生命科学正走向充满潜力的全新领域，以融合机器人、数字化、新材料为代表的先进制造技术加速推进制造业向智能化、服务化、绿色化转型，这些都带来了丰富的新兴前沿交叉和颠覆性创新的机会。无论是创新理论的最新成果，还是我国四十多年来技术追赶的成功实践，都表明只有充分发挥国家创新体系的作用和效能，才能抓住战略机会，抢先占领下一个范式制高点。

最后，中国面临着前所未有的独特情境，迫切需要厘清聚焦关键核心技术突破的国家创新体系的内在理论、战略与实践逻辑，这是中国寻求发展新道路的现实需要。中国聚焦关键核心技术突破的国家创新体系具有鲜明的国家制度特色，无法复用传统技术创新理论和发达国家的创新情境。同时，中国具有世界上最独特的社会主义市场经济，体系完整且产能巨大的工业体系和供应体系，处于从追赶到超越追赶的特殊阶段，这从历史和全球来看都独树一帜。这些情境不但要求对中国特色的国家创新体系要有清醒、全面和准确的认识，也决定了聚焦关键核心技术突破的国家创新体系成为当前中国加快建设创新型国家、实现中华民族伟大复兴道路上的一个关键问题。

中国创新体系的演进

中国的国家创新体系发展是一个渐变的过程。与世界其他国家相比，中国在完成每个阶段所用时长与取得的创新成果上有明显的区别。早在1928年中国就成立了"国立中央研究院"，由蔡元培担任首任院长，下设14个研究所，为"中华民国最高学术研究机关"。接着于1929年，以当时北平大学的研究机构为基础，国立北平研究院成立，作为中央研究院在地方的研究延伸。这两个研究院的建立是中国科学研究体制化的开端，然而与西方国家在科技领域的快速进步相比仍有较大差距。中华人民共和国成立后，我国政府建立了政府主导的科技创新模式，实行以集中管理与单一计划调节为显著特点的创新系统，以实现科技的赶超式发展。为了更系统地引导科学研究为国家建设服务，1956年，中共中央号召全党和全国人民奋起直追，提出"向现代科学进军"的口号，国务院成立"科学规划委员会"，并编制《一九五六——一九六七年科学技术发展远景规划纲要（修正草案）》。这个规划是新中国第一个中长期科技规划，也是新中国科技发展的新起点。在这个时期，中国一方面依赖苏联的技术援助来推进国内现代工业的发展，另一方面逐渐提出和完善了针对科学院、高校和产业部门三个主体间分工合作的一般性规定。在政府主导下，1956—1978年，多项重大科技任务得以拟定，同时建立和发展了一批科技新兴领域，初步建立起全国科学研究工作体制。[9]

表8-2　1956—1967年科学技术发展远景规划重大科技任务

年份	重大科技成果
1958年	第一台电子管计算机试制成功
1959年	半导体二极管、三极管（1965）相继研制成功 李四光等人提出"陆相生油"理论
1960年	王淦昌等人发现反西格玛负超子
1964年	第一颗原子弹装置爆炸成功 第一枚自主设计制造的运载火箭成功发射
1965年	在世界上首次人工合成牛胰岛素
1967年	第一颗氢弹空爆成功
1970年	"东方红一号"人造地球卫星发射成功
20世纪70年代初期	陈景润完成了哥德巴赫猜想中的"1+2"

改革开放以后，中国经过持续探索和不断发展逐渐建立起了一个具有中国特色的国家创新体系。通过这个国家创新体系，中国不但实现了作为技术后进国家的创新能力快速追赶，更形成了一个市场导向型的自主创新的制度网络，成为建设创新型国家的重要基础性框架。改革开放四十多年以来，国家创新体系大致经历了四个发展阶段，目前正开启全新的第五阶段，每个阶段涉及的创新主体及发挥的作用具有差异，表现出不同的演化特征。

- 起步阶段（1978—1984年）：政府计划型成套技术引进与模仿

这一时期，中国由计划经济体制向市场经济体制转型发展，国家创新体系的主体包括政府、高校和科研院所，企业的参与很少，以政府为主导，负责制定规则、提供资源以及协调监督，创新路径主要来自对成套技术的引进与模仿。区别于改革开放之前高度集中的政府主导型管理模式，从中央政府直接控制转变为中央和地方两级控制。政府逐渐放权给企业，促进了企业积极性的提升，增加了技术引进的规模和数量。然而，由于这种两级控制的管理缺乏统筹全局的权威机构，造成技术引进盲目重复以及技术的适用性不强。

- 探索阶段（1985—1994年）：政府主导型"市场换技术"

1985年，中共中央出台了《中共中央关于科学技术体制改革的决定》，这是我国建设国家创新体系的开端。1988年，国务院作出《关于深化科技体制改革若干问题的决定》，推动建立国家知识产权保护制度、设立国家自然科学基金和设立"973计划"等各类科研计划，我国科技事业在一系列的政策和计划实施推动下不断发展壮大。这一阶段，我国开始有组织地开展科技体制改革，政府仍然起着主导作用，国有大中型企业和高校之间开始改变相互孤立的状态，合作逐渐建立起来，技术、信息、物质等开始在企业和高校间相互传递，创新路径主要是基于"市场换技术"的模仿创新，通过学习西方先进管理经验、经营模式以及先进技术，再进行大胆改进以提高中国自身的模仿创新能力。然而，政府主导型的"以市场换技术"战略并没有换来核心技术，外企通过对核心技术的掌控，占领国内多个行业市场，挤出本地企业，反而削弱了本地企业的创新能力。

- 过渡阶段（1995—2005年）：政府导引型集成创新和二次创新

1995年是我国科技发展进程中的重要转折。这一年中共中央和国务院在全国科学技术大会上作出《关于加速科学技术进步的决定》，将"科教兴国"战略上升到国家层面，把科技、教育进步作为经济和社会发展的强大动力，并提出了以企业作为创新主体的方针。这个决定对建设国家创新体系、促进科技创新与产业化、促进我国科技自主创新能力的提高具有重要作用。这意味着我国科技发展战略从过去非单纯经济指向的结构赶超型战略，转变为有较强经济指向的结构赶超型发展战略。同时，大会提出"创新是一个民族进步的灵魂，是一个国家兴旺发达的不竭动力"[①]，要求在学习、引进国外先进技术的同时，坚持不懈地着力提高国家的自主研究开发能力。这一阶段形成了国家创新体系框架的雏形：明确企业技术创新主体地位，鼓励大中型企业建立研究开发中心，一方面稳住基础研究和公益研究队伍，另一方面则放开、搞活与经济建设密切相关的技术开发和技术服务机构，实现"政产学"三位一体的协同创新。1997年12月，中国科学院向中央提交了《迎接知识经济时代，建设国家创新体系》的研究报告，阐述了知识经济和创新意识对未来发展的重要性。该报告得到了重要批示，明确了要建立中国自己的创新体系。1998年6月，党中央、国务院做出建设国家创新体系的重大决策，决定由中科院着手实施建设国家知识创新体系的试点工程，构建国家知识创新系统，同时开始建设一批知识创新基地。2001年5月，国家计委和科技部联合发布"'十五'科技发展规划"，在"促进产业技术升级"和"提高科技持续创新能力"两个层面进行战略部署。规划强调要调整科技创新的模式，从注重单项创新转变到更加强调各种技术的集成；强调要调整科技创新的政策对象，从注重科研院所转为调动和组织

---

① 「百个瞬间说百年」1995，实施科教兴国战略，参见：https://baijiahao.baidu.com/s?id=1718570517767302354&wfr=spider&for=pc。——编者注

全社会科技力量，积极推进国家创新体系建设。

总体上，这一阶段的国家创新体系从政府主导开始转向市场导向，鼓励集成创新和二次创新，扩大对外开放和交流，显著提高了中国的整体研发实力。但是，中国在自主创新道路上仍处于跟随者地位，如何转变为创新的主导者，成了中国国家创新体系发展的重要目标。

- 发展阶段（2006—2020 年）：市场导向型中国特色的自主创新

2006 年，国务院正式发布《国家中长期科学和技术发展规划纲要（2006-2020 年）》（以下简称《规划纲要》），明确了"自主创新、重点跨越、支撑发展、引领未来"的中国科技工作的指导方针。其中，"自主创新"是新时期科技发展指导方针的核心，特别强调要加强原始性创新、集成创新和在引进先进技术基础上的消化、吸收与再创新。《规划纲要》提出了建设创新型国家的战略目标，并提出支持企业成为技术创新主体、大幅度增加科技投入、推进国家创新体系建设、加强建设创新人才队伍等一系列的具体政策措施。《规划纲要》还指出，国家创新体系是以政府为主导、充分发挥市场配置资源的基础性作用、各类科技创新主体紧密联系和有效互动的社会系统。现阶段，中国特色国家创新体系建设有五个方面的重点：建设以企业为主体、产学研结合的技术创新体系；建设科学研究与高等教育有机结合的知识创新体系；建设军民结合、寓军于民的国防科技创新体系；建设各具特色和优势的区域创新体系；以及建设社会化、网络化的科技中介服务体系。

随后，国家出台了一系列相关配套政策和实施细则，以具体落实《规划纲要》中提出的一系列科研计划和措施。2007 年 12 月修订了 1993 年颁布施行的《中华人民共和国科学技术进步法》，并于 2021 年再次修订。《中华人民共和国科学技术进步法》以法律形式进一步明确了新时期我国科技发展的目标、方针和策略，通过健全科技创新保障措施、完善国家创新体系、破除自主创新障碍因素等，为促进实现高水平科技自立自强提供法治保障。2012 年 9 月，中共中央、国务院印发《关于深化科技体制改革加快国家创新体系建设的意见》，强调要强化企业技术创新主体地位，加快建立企业为主体、市场为导向、产学研用紧密结合的技术创新体系。2015年3月，出台《中共中央 国务院关于深化体制机制改革加快实施创新驱动发展战略的若干意见》，强调要使市场在资源配置中起决定性作用和更好发挥政府作用，推动了大众创新创业浪潮。

2016年5月，中共中央、国务院印发《国家创新驱动发展战略纲要》，明确提出了以科技创新作为主要经济支点，制定科技、经济同时发展"三步走"的战略目标，在国家战略层面提出按照"双轮驱动、一个体系、六大转变"布局构建新的发展动力系统以及"多元参与、协同高效的创新治理格局"的创新治理体系改革要求，到"2050年建成世界科技创新强国"。[1]2016年《"十三五"国家科技创新规划》围绕"建设高效协同国家创新体系"目标任务从六大方面（创新主体、创新基地、创新增长极、创新网络、创新治理结构以及创新生态）提出具体的指导方针。习近平总书记在2020年4月召开的中央全面深化改革委员会第十三次会议上指出："要从体制机制上增强科技创新和应急应变能力，加快构建关键核心技术攻关新型举国体制，补短板、强弱项、堵漏洞，提升科技创新体系化能力。"[2]这也为我国建设世界科技强国，全力提升国家科技创新体系化能力指明了进一步的战略方向。

总体上，这一阶段科技创新治理现代化的改革方向更加明确，在破除长期制约科技创新发展体制机制障碍上取得了突破性进展，科技创新政策的系统性、协同性以及全局性特征不断体现，国家创新体系的顶层设计和战略布局得到进一步优化，创新治理体系改革也深入推进。显然，持续推进和完善国家创新体系建设将是"建成世界科技创新强国"

---

[1] 中共中央 国务院印发《国家创新驱动发展战略纲要》，参见：http://www.gov.cn/gongbao/content/2016/content_5076961.htm。——编者注

[2] 习近平主持召开中央全面深化改革委员会第十三次会议强调：深化改革健全制度完善治理体系 善于运用制度优势应对风险挑战冲击，参见：http://www.gov.cn/xinwen/2020-04/27/content_5506777.htm。——编者注

的重要战略步骤,而自主创新是国家战略的核心。

• 重塑阶段(2021年以后):支撑超越追赶的新型国家创新体系

中国科技创新已步入以跟踪为主转向跟踪、并跑和领跑并存的新阶段,急需以国家目标和战略需求为导向,瞄准国际科技前沿,优化配置人、财、物资源,形成协同创新新格局。党的十八大以来,以习近平同志为核心的党中央聚焦实施创新驱动发展战略,力争2030年跻身创新型国家前列,2050年建成世界科技创新强国。这也为新时代重塑国家创新体系提出了新使命、新任务和新要求。其中最大的挑战来自原创性、重大关键技术的突破,这不仅要重塑创新主体,更需要创新主体之间实现高效协同、科技创新与大众创新创业高度融合。基于此,构建一个多主体协同、有效支撑中国企业实现超越追赶的新型国家创新体系将成为战略性选择。这是一个网络生态型的有机系统,基于"七位一体"的创新主体有机融合的新型举国机制,着力布局产业链、创新链,整合集中力量办大事的制度优势和开放共赢的全球资源优势,打造由科研院校与企业组成的促进创新的"双引擎",以实现创新与突破的协同性和系统性,进而支撑我国跻身创新型国家前列、世界科技强国等国家战略目标的实现。

THE FRONTIER OF THEORY 理论前沿

中国科技创新已步入以跟踪为主转向跟踪、并跑和领跑并存的新阶段,急需以国家目标和战略需求为导向,瞄准国际科技前沿,优化配置人、财、物资源,形成协同创新新格局。

构建一个多主体协同、有效支撑中国企业实现超越追赶的新型国家创新体系将成为战略性选择。

总结来看,中国国家创新体系的演进过程如表8-3所示。

表 8-3 中国国家创新体系演进过程

阶段	时期	导向	创新主体	创新路径	主要成就
改革开放前	1956—1978年	政府主导型	科学院、高校和产业部门分工合作	主要依赖苏联的技术援助来推进国内现代工业的发展	在政府主导下,开拓和发展了一批科技新兴领域,初步建立起全国科学研究工作体制
起步阶段	1978—1984年	政府计划型	政府、高校和科研院所,企业的参与很少	成套技术引进与模仿	形成中央和地方两级控制的管理体系,增加了技术引进的规模和数量
探索阶段	1985—1994年	政府主导型	政府仍然起主导作用,企业和高校逐渐参与	基于"市场换技术"的模仿创新,通过学习西方先进管理经验、经营模式以及先进技术,再进行大胆改进以提高中国自身的模仿创新能力	全面启动国家创新体系建设
过渡阶段	1995—2005年	政府导引型	政府引导,提出以企业作为创新主体	集成创新和二次创新	是我国科技发展进程中的重要转折,形成了国家创新体系框架的雏形
发展阶段	2006—2020年	市场导向型	企业为主体,产、学、研相结合	中国特色的自主创新	国家创新体系建设趋于完善,国家创新体系的顶层设计和战略布局得到进一步优化
重塑阶段	2021年以后	国家目标和战略需求导向型	"政产学研金介用"七位一体的新型国家创新体系	原创性的自主创新,实现重大关键技术的突破,支撑中国企业实现超越追赶	支撑我国跻身创新型国家前列、世界科技强国等国家战略目标的实现

创新体系"三螺旋体"

技术范式转变与国家创新体系演进

在继以蒸汽机、电气和汽车、计算机的引入和广泛应用为标志的前三次工业革命之后，以互联网为核心，ABCDE 等技术蓬勃发展的第四次工业革命正迅速到来。中国经济发展的动力转换与世界范围第四次工业革命的兴起相重叠，中国正处于从追赶者向领先者转变的关键时期。历史上看，每一次重大的技术范式转变必然推动着国家创新体系的不断演进。一次次工业革命的浪潮会大规模传播创新制度体系和组织生产形式，即每一次工业革命都会催生一个有特定功能的国家创新体系。[10]

第一次工业革命以 18 世纪 70 年代蒸汽机的成功制造以及随后的广泛工业化应用为标志，具体体现为英国的手工业快速向大工厂生产体系过渡。大工厂生产以机械制造技术转化体系为驱动、以初步的专利制度为保障并以机器大规模应用普及为显著特征，将企业这一重要组织形式引入国家创新体系，成为一种高效技术应用、组织生产和应用扩散的方式。工业与经济的飞速发展，推动着国家创新体系作为一种基础性的制度因素对包括德国、美国等在内的国家形成了巨大的影响和示范效应。德国在向英国专利制度的学习中不断汲取养分，最终形成本国更为完善的知识产权制度。这不仅为电磁学和热力学的研究突破提供了制度支撑，同时也宣告了 19 世纪 70 年代以电气化和内燃机创新与使用为标志的第二次工业革命正式开启。德国形成的国家创新体系纳入了科研型大学这一重要主体，大学在其中发挥了知识生产和人才培养的重要作用，产、学之间的互动增加了。同时，技术与商业之间的关系通过发明家创办企业、企业实验室等企业组织形式更趋紧密，极大地提高了德国企业的研发能力和发明成果转化能力。这都意味着自然科学的新发展与工业生产开始紧密地结合起来。美国则在德国的影响下开始进行一系列制度改革，通过建立知识产权制度和改革科研型大学加强产学协同，成为推动美国追赶步伐的重要驱动力。电力和石油等能源部门开始的革命，特别是汽车工业的开启，美国企业积极推动建立标准化大规模生产，使美国企业生产率大幅提高，规模逐步扩大，并在这个过程中形成了科学管理体系。第二次工业革命使美国的企业创新能力得到了快速提升，美国的崛起就是始于第二次工业革命并长期保持领先。

第三次工业革命源于美国，以原子能、电子计算机、空间技术和生物工程的发明及应用为主要标志，是一场涉及信息技术、新能源技术、新材料技术、生物技术、空间技术和海洋技术等诸多领域的信息控制技术革命。[11]《拜杜法案》的颁布使国家创新体系在促进知识生产的基础上增加了知识应用与扩散的功能，创新体系各主体之间通过产、学、研合作建立起动态的联系，进一步确立了企业是创新的主体。类似的制度创新还出现在风险投资等金融领域，通过扶持高科技中小企业以及促进知识资本化，不但使基于科技发明与创新的创业蓬勃发展，更赋予了高新技术中小企业竞争优势。随之形成的高新技术产业集群成为美国国家创新体系最活跃的因素。国家创新体系的各要素不断丰富，相互间的协同不断加强，开放与协同的国家创新体系逐步建立起来，并逐步形成互相联动、共同发展的创新生态。

以互联网产业化、工业智能化、工业一体化为代表的新一轮工业革命正在到来。依据前三次工业革命领先国家的经验，中国把握第四次工业革命重大机遇的重要方面是，必须在举国体制下完成从要素驱动向创新驱动的转变，在核心制度体系和组织范式组建过程中努力创新，积极构建新型国家创新体系。

"三螺旋体"的交迭与互动

三螺旋理论

由于竞争环境日趋激烈且科学技术快速发展，创新越来越需要多技术和跨学科整合，跨组织合作创新模式逐渐盛行。随着各种跨企业合作创新模式的不断涌现，合作关系从初期的企业之间的合作、沿产业链的企业与供应商和用户的合作，逐步发展到沿创新链的企业与大学、研究机构等知识创造源头组织的深度合作，在这个过程中政府不可替代的作用也越来越受到重视。

三螺旋最初用来模式化分析基因、组织和环境之间的关系。作为一种生物哲学思想，该理论认为并不存在一个既定的"生态空间"等待生

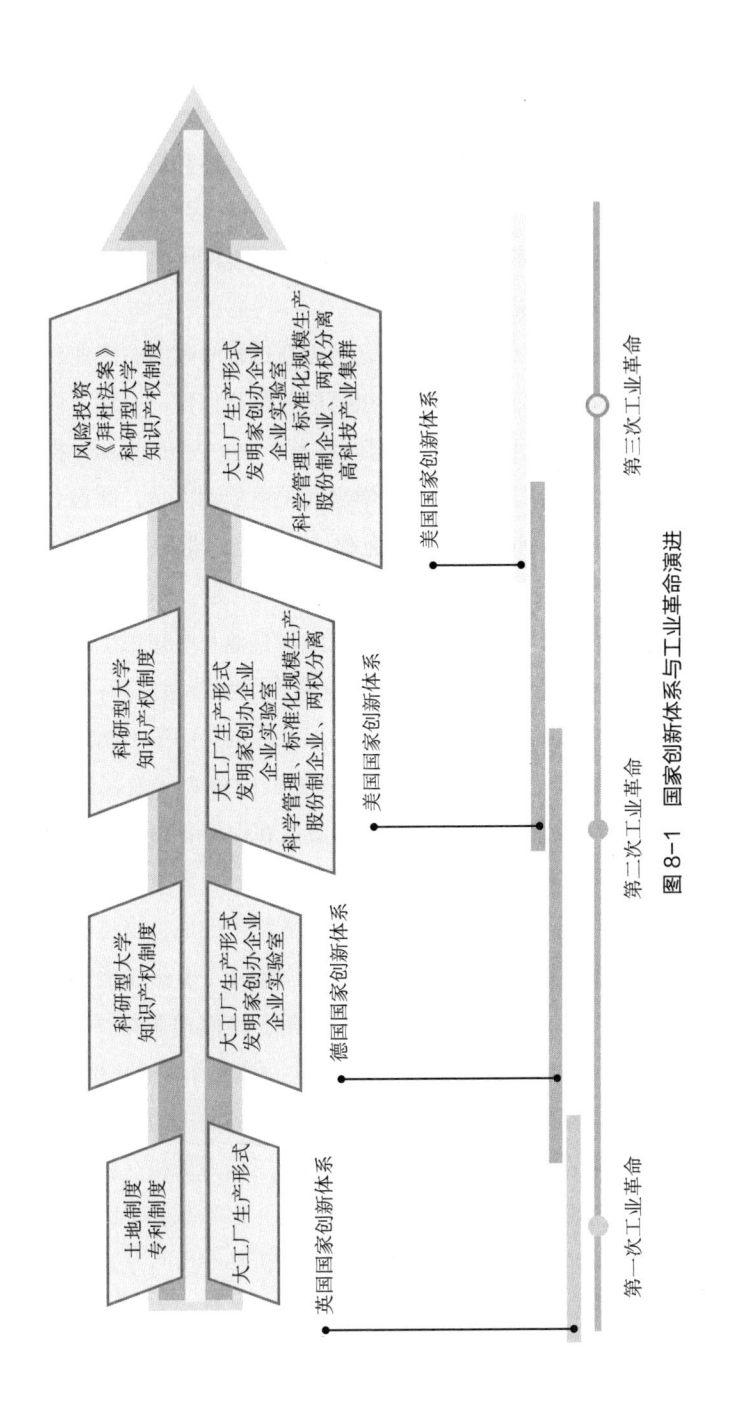

图 8-1　国家创新体系与工业革命演进

英国国家创新体系：土地制度、专利制度；大工厂生产形式。第一次工业革命。

德国国家创新体系：科研型大学、知识产权制度；大工厂生产形式、发明家创办企业、企业实验室。

美国国家创新体系：科研型大学、知识产权制度；大工厂生产形式、发明家创办企业、企业实验室、科学管理、标准化规模生产、股份制企业、两权分离。第二次工业革命。

美国国家创新体系：风险投资、《拜杜法案》、科研型大学、知识产权制度；大工厂生产形式、发明家创办企业、企业实验室、科学管理、标准化规模生产、股份制企业、两权分离、高科技产业集群。第三次工业革命。

第八章　七位一体的国家创新系统

物体去适应，环境离开了生物体是不存在的，即生物体不是简单地适应环境，而是选择、创造和改变生存环境，并在这个过程中生存和演进，而这种能力随之也融入基因。因此，基因、生物体和环境的关系，是一种"辩证的关系"，这三者就像三条螺旋缠绕在一起，都同时是因和果。基因和环境都是生物体的因，而生物体又是环境的因，因此基因以生物体为中介，又成了环境的因。[12]

上述这种辩证的互为因果关系，与创新过程中政府、产业和大学三者间在知识经济时代的新关系具有很高的逻辑相似性。亨瑞·埃茨科维兹（Henry Etzkowitz）和勒特·雷德斯道夫（Loet Leydesdorff）提出使用三螺旋模型来分析政府、产业和大学之间关系的动力学，即著名的"三螺旋理论"（Triple Helix）[13]，并强调"政、产、学"结合是国家创新体系建设的关键[14]。自此，三螺旋理论被认为是一种全新的创新结构理论。三螺旋模型由三个部分组成：大学和其他一些知识生产机构；产业部门，包括高科技创业公司、大型企业集团和跨国公司；政府部门，包括地方性的、区域性的、国家层面的以及跨国层面等不同层次。

三螺旋模型的最重要模式，也是该模型的核心贡献在于重叠模式（见图8-2），具体结构是大学、产业和政府在保持各自独立身份，履行传统的知识创造、财富生产和政策协调职能外，三者之间互动还衍生出一系列新的职能，即政府、产业和大学各方除了完成自身传统功能，还同时表现出另外两方的作用和功能。如大学创建工业组织的雏形，或者作为区域创新的组织者扮演准政府的角色等。该模式强调"三边交互网络和混成组织"的重要性，其基本假设是：创新活动越来越需要大学、产业和政府共同参与及相互合作，三方借助市场需求的纽带，围绕知识生产、转化和应用，相互连接在一起，形成三种力量相互影响、互相作用，共同推动创新螺旋上升的三重螺旋关系，最终孕育了以知识为基础的创新型社会。其中关键是三方的身份和角色是交迭与互动的，公共与私立、科学和技术、大学和产业之间的边界并不是固定而是流动的。因此，大学、产业和政府的"交迭"是创新系统的核心单元，三方之间的

图 8-2　三螺旋模型

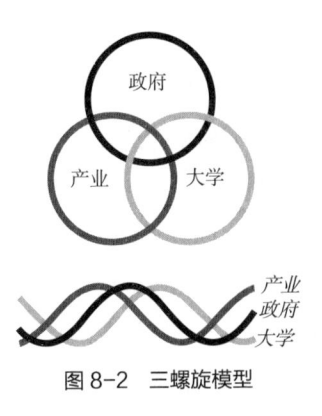

联系是推动知识生产、传播和应用的重要驱动力。由于三螺旋模式超越了以往大学—产业、大学—政府、产业—政府直接相互作用的双螺旋关系模式，克服了以往的产、学合作模式和产、学、研合作模式忽略政府角色、功能的不足，更贴近现实状况。

显然，政府、产业和大学三方组织边界相互渗透对协同创新发展至关重要，但三方属于异质性组织，这些组织进行协同创新容易产生缺口。因此，从创新系统"三螺旋"的角度看，创新突破的关键问题在于如何填补大学、产业和政府三者之间的缺口，开发出适合创新发展的技术商业化路径。

THE FRONTIER OF THEORY 理论前沿　无论是前沿差距对创新模式选择的影响、外部性特征带来的学习不经济性，还是范式变化对创新模式的要求，"三螺旋"的三维视角都表明大学、产业和政府三者之间的交迭协同是突破关键核心技术，特别是突破"卡脖子"技术的重要手段。

三螺旋模型具有较为重要的理论意义和实践价值。理论意义表现为：首先，三螺旋模型揭示了国家创新系统的核心是"大学—产业—政府"三方组织边界相互渗透和交迭成的三螺旋结构，刻画了知识开发、传播与应用部门之间的复杂网络，创新政策的关注点也从传统的线性关系转向拥有众多创新参与者的动态网络。其次，三螺旋理论的核心价值在于将具有不同目标和价值体系的大学、产业—政府在推动区域经济社会发展的过程中统一起来，形成研究、生产和行政的合力，为经济与社会发展提供坚实的基础。合力的来源既包括三者突破边界互相渗透形成的交迭，也源于在三者界面上形成的研究、生产和管理的运作及互动机制。最后，三螺旋模型的出现对传统的创新方法提出了挑战。传统的创新方法强调从科学发明直接面向技术应用与产品制造，忽略市场需求的动态性。显然，在三螺旋理论下的知识生产系统能够获取复杂的市场情况，开展跨学科研究，综合各方需求和信息进行知识生产过程。

实践上，三螺旋模式是典型的国家创新体系下关键核心技术突破路径之一。无论是从前沿差距对创新模式选择的影响、外部性特征带来的学习不经济性，还是范式变化对创新模式的要求，以上"三维"视角都表明大学、产业和政府三者之间的交迭协同是突破关键核心技术，特别是突破"卡脖子"技术的重要手段。

首先，"卡脖子"类关键核心技术体现为较高的积累性，对我国企业的基础研发能力、吸收能力以及追赶过程中的技术预见能力都提出了很高的要求。比如航空钢材的高纯度熔炼技术，虽然技术本身变迁速度较慢，对后发企业而言有着较多的技术学习和消化吸收的时间，但是由于发达国家不会给予最新的技术，后发国家的企业从外部获得的技术往往是陈旧的、简单的和非核心的。德隆·阿西莫格鲁（Daron Acemoglu）等发展了一个以"前沿差距"（distance to frontier）为核心概念的理论框架，分析了前沿差距的动态变化与企业创新模式选择之间的关系。[15]当后发国家与发达国家技术差距较大时，后发国家的企业引进的技术一般为较成熟的标准化技术。然而，技术引进并不能自动地使差距缩小。众多后发国家普遍存在"引进→技术差距暂时缩小→技术水平停滞在原引进水平上→差距再次拉大→再次引进"的现象。然而，由于后发国家不能形成再生和发展的能力，加之资金人才的匮乏，甚至就连这样的循环也难以为继。面对"卡脖子"类关键核心技术的突破，需要通过对外部成熟技术和新兴技术的引进，充分激发后发者的"后发优势"才能更好达成目标。这时政府、产业和大学三方的交迭互动至关重要。

其次,由于关键核心技术处于其技术链中的重要地位,可替代性差,同时相较于一般技术,关键核心技术投入大、周期长,具有更强的外部性和准公共物品属性,市场失灵特征明显。外部性意味着创新主体无法攫取所有创新成果,创新的付出与回报往往不成正比,技术学习曲线较为平缓。因此,对"卡脖子"类关键核心技术的刻画除了前沿差距,还需考虑其学习不经济性。该类技术需要长远部署,有利于建立国产化产业链、技术标准以及技术话语权。学习不经济性的差异,也影响着关键核心技术突破的路径选择。当学习不经济性较低时,尚可通过市场主导的创新体系实现二次创新与技术突破;而当学习不经济性较高时,则对三螺旋模式下政府主导的创新体系支撑有了更高的需求。

最后,后发者突破关键核心技术并非只能被动地沿着由全球产业领先者发起的技术范式所决定的技术轨迹发展("范式追随"),也应该能够以显著区别于原有技术范式的"范式突破"形式实现更好的研发与产业化成果。国家创新体系是实现"范式突破"的重要保证。因而,我国应加快构建"大学、产业和政府"三螺旋,汇聚各类异质性组织资源,集中力量制定科学发展战略。其中,政府需要起到强有力的引导、组织和支持的兜底作用。

大学的作用

美国"硅谷"依托斯坦福大学、加州大学伯克利分校等世界一流大学与科研机构的技术与研发优势,发展成世界计算机和电子工业产业中心;印度班加罗尔亦凭借印度理工学院、印度科学学院等高等学府及其丰富的计算机技术人才,成为继硅谷之后的又一信息产业中心。它们的成功在相当程度上得益于当地大学或科研机构强大的技术、人才和服务的输出与支持。

从知识的观点出发,大学无论处于创新区域之外抑或创新区域之内,都是该创新体系重要的知识源。研究表明,英国剑桥地区的本地和国际网络在当地高科技企业的外部创新资源导入、合作研发以及科技人才引入等方面起着重要的作用。[16]这些本地和国际网络主要连接的就是区域外的大学和科研机构。同时，在创新区域内部的大学产出的基础性或基础应用性研究成果同样是企业的重要知识来源之一。[17]大学的这种知识源的角色一般是通过形成具有高度弹性（成员频繁变更、关系类型重组、空间范围扩大等）的网络，并引导创造性的学习，以动态的技术环境而发挥作用的。[18]三螺旋模型显然更关注大学在创新体系内部的角色，而从实践角度看，大学作为创新体系内部知识源，对创新区域中企业知识能力的提升起到更关键的作用，而这样的作用是通过大学与产业之间的有效互动模式实现的。因此，梳理清楚大学—产业互动模式以及内在机理就能清晰刻画大学在三螺旋模型中的作用。

最初对大学—企业互动模式的关注集中在专利活动和大学衍生企业两方面，但很快学者们发现专利与衍生企业这两种形式在大学和产业互动中发挥的作用相对较弱。[19]专利活动和大学衍生企业只是代表了知识从大学向产业单方向转移，而由产业流向大学的那部分则被忽视了。在与实际产业互动的过程中，大学研究者们能通过与产业互动了解实际商业环境中面临的诸多技术问题，以及其他一系列学术研究范畴内颇难涉及的有价值的研究方向。同时，更多的"大学—产业"互动还能使学者们在实际应用情境下对现有的研究产生更为生动的理解和诠释，以及获取额外的研究资金、检验研究适用性、创造接触行业技能与设施的途径，积累更多技术更新和用户需求方面的即时信息。显然，没有一种单独形式的互动模式能满足如此多样化的动机。

在硅谷模式中，大学和产业间的关系就是双向互动的。一方面，大学通过培养人才和提供技术推动产业发展。斯坦福大学等高校主要通过人才培养、推进技术研发与商业化等方式促进产、学、研集群发展，这对"硅谷"的发展起主导作用。为硅谷培养了大量专业技术人才（特别是半导体芯片和计算机方面）和各类创业人才[20]，且积极鼓励科研人员校外创业以加速科研成果商业化。本地的大学和科研机构的专利或科技论文成为硅谷中很多技术发明的科技基础。1970年，硅谷成立技术许可和知识产权办公室，关注大学研究者发明的专利申请与商业化。[21]以谷歌为例，1998年，其创始人佩奇和布林在斯坦福大学就读期间开发了全新的在线搜索引擎。另一方面，大学也与企业开展合作进行研发、创新，发挥各自优势、整合互补性资源，提高协同创新能力。1951年，斯坦福大学建立了世界上第一个工业园区①，把大学里的研究者与新兴产业的利益结合在一起，并对一些创业公司提供租金优惠。瓦里安联合公司、惠普公司、伊斯曼·柯达公司和洛克希德·马丁公司均为斯坦福工业园的第一批租客。[22]同时，斯坦福大学还开放校区专门进行产业研发和成果转化，企业在校内设立企业研究实验室专注于实用型研究[23]，例如洛克希德·马丁公司和大学共建研究实验室。

"大学—产业"互动模式可按照资源配置情况、缔结互动协议时间长短与正式程度两个维度划分，即按资源属性和契约属性两个维度进行划分。其中，就资源属性维度而言，主要考查的是资源配置情况，如图8-3所示，即资源是集中在互动主体一方（纵坐标下端）的，还是分布于两者各自边界内或共同体当中的（纵坐标上端）；对于契约属性维度，箭头从左至右表征了互动协议缔结时间长短的递进与正式程度的不断增加。据此可以进一步分析各种互动模式的具体内涵。

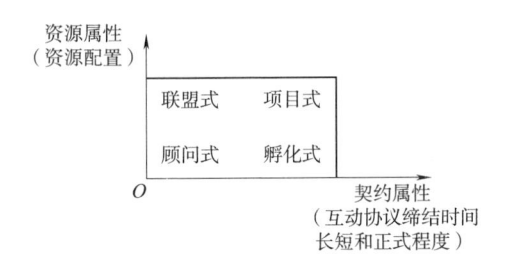

图8-3 大学与企业互动的模式

资料来源：修改自吴晓波和李璟琰（2009）[24]。

---

① 后逐步发展为现在的硅谷。——编者注

孵化式互动。孵化式互动是催生新实体的典型形式。企业借助大学找到了技术研发的有力依托。硅谷、剑桥、班加罗尔以及中国台湾的新竹等地区周边企业的成功昭示，大学与企业的紧密地缘关系使得衍生行为更易发生。同时，孵化器等一系列公共服务机构又进一步加速了新实体的成长。然而特别需要指出的是，在我国创新体系发展的早期，孵化式互动的产出不仅包含大学教师与毕业生的自主创业活动、高新技术成果的孵化，还包括了大学企业（又称高校校办企业）的创立。

顾问式互动。顾问式互动大多基于"外包式"的咨询活动或委托研发。此时，资源配置的组织边界仍然是清晰的，即资源仍集中于原有组织内部。此外，由于这种互动往往有着"离散联系"，且不同性质的项目往往通过不同合作伙伴实现，因此契约属性维度的缔结时间长短以及正式程度均与上述"孵化式互动"存在一定差距（例如，双方成员不必形成临时性或永久性的新组织，更不必产生组织承诺等）。在这种互动模式下，两者的相互依赖程度不是非常高，其合作时间也不一定十分长。相对于其他几种模式，顾问式互动更具弹性。

联盟式互动。联盟式互动强调的是组织间人员的正式与非正式联系。一般来说，联盟式互动的具体形式包括：行业/企业与大学分别作为独立发起方或共同发起方开展的研讨会、交流会；大学研究人员、学生等与企业家、技术人员甚至普通员工的非正式联系，这种网络化行为往往是正式合作发生的基础，正是这种累积的人脉关系使得信息流通渠道更加丰富，基于情感交互的连接纽带使得互动能在更长时间内延续；大学为企业员工开设的各种培训类课程，如企业讲座、大学 MBA 和 EMBA 教育等；企业为大学提供的实习基地、研究生联合培养计划、博士后流动站等。上述互动包含互动主体双方资源（特别是人力资源）的交融，但由于非正式联系的存在，契约属性的正式程度并不高。

项目式互动。项目式互动是在一定周期内双方联合研发行为的交互过程。互动双方将共同组建一个临时的研发团队，完成由政府或企业主导的技术难题攻关或全新领域初探等任务。这类合作往往规模较大、历时较长，伴随着互动双方的人员借调、知识联盟等行为。同时，项目式互动的产出也是客观的，因为随之而来的往往是一项全新的技术突破。企业与大学展开项目式合作表明双方已经在以往的接触中建立了相互信任的机制，并能够找到资源整合的接口。

"大学—产业"互动通过以上四种模式不但实现了知识创造和知识转移，更重要的是，通过互动时间较长和契约正式程度较高的项目式互动和孵化式互动，实现了大学和产业在某些功能上的"交迭"，以及角色的互动，表现出双方边界的流动性。而通过"交迭"衍生出来的这些新的职能对知识创造和传播具有重要意义，也是三螺旋模式中国家创新体系强调的核心功能。

龙头企业的作用

从传统看，行业发展主要是由行业精英领导的。当前许多行业发展中也表现出了类似的倾向。行业精英的形成与作用发挥是一种传统形式上的行业民主，是在行业层次上的一套制度安排。其核心在于行业中经由自由的市场竞争，由产业上下游和同行共同推举出来的行业精英（精英企业或精英企业家）来引导行业的进步与促进行业中企业的发展。这样的观点在一定程度上反映了创新体系中龙头企业的作用及机制。

从谷歌对产业和周边地区的影响，可以清晰地看到龙头企业的带动和引领作用。以手机产业链为例，上游包括芯片、手机设计和其他各种元器件等硬件，中游包括操作系统提供商、应用软件开发商和中间件等软件，下游包括手机整机制造商、电信运营商、周边设备制造商、渠道商、服务供应商等。谷歌聚焦手机平台发力，强调平台开放性，辐射价值链上下游。不同于苹果硬件、操作系统和应用商店的垂直一体化，谷歌采取更加开放的策略，围绕Google Android平台构建起整个产业链，并采取战略联盟的策略，将产业链垂直分离。谷歌主要负责对操作系统平台的控制，在联盟中扮演"盟主"的角色，引领产业链的发展。免费开源和技术支持等具体的策略为应用开发者和上下游厂商加入该平台提供了便利，从而提升了整个产业链的积极性，在极短的时间内实现了用户的爆发性增长。对手机制造商而言，开源平台降低了进入门槛，使生态中的OEM企业能够以更具竞争力的价格提供高质量的设备。允许用户对架构做修改，提高了手机的个性化和差异化水平。2007年11月，谷歌推出了开源操作系统安卓（Android），并联合众多品牌的智能手机制造商组建"开放手机联盟"，三星、华为、小米等公司依托安卓操作系统平台持续推出了多款智能手机。到2011年，全球有超过1000款不同型号的手机安装了安卓操作系统。对应用开发商而言，应用商店成为开发者主要发布渠道。谷歌在2008年基于安卓系统开发了"Android market"（后改名为"Google Play"），安卓平台的开源模式和巨大的下载量，以及由此带来的极富想象空间的可能性，吸引了大量App供应商和研发者加入这个体系。2014年底，Google Play的应用数量正式超过App Store。开发者主要通过直接收费和广告获得收入，保证了开发者的盈利渠道，调动积极性。对开发者而言，谷歌的应用商店具有用户覆盖率高、易使用、高兼容性、推广快、价格合理等显著优势，吸引了大批开发者。对运营商而言，安卓的差异性被运营商视为重要的吸引新用户和减少用户流失的竞争力。[25]与其他平台相比，安卓价格弹性很大，大范围的定价对运营商快速扩展用户规模有促进作用。定价相对"平民"的安卓手机有利于打开中低端市场需求，使运营商在集采手机时处于有利的谈判地位。随着大量手机制造商、用户、软件开发商的加入，产业生态链培育起来，形成了积极的正向循环。

此外，谷歌还对周边地区起到了带动作用。一方面，谷歌是硅谷创新精神的代表，是具有创新基因和能力、充满想象力的创新企业。与微软相比，谷歌的企业文化更加开放和自由，更加具有极客精神，且组织方式自由、创业意识非常强[26]，有利于促进当地创投文化的形成，容忍跳槽、鼓励裂变有益于技术扩散和培养经验丰富的企业家[27]。另一方面，谷歌在自身成功发展的同时也通过风险投资支持斯坦福所在湾区新兴创新项目的发展。例如根据Crunchbase①数据，谷歌的母公司

---

① 覆盖初创公司及投资机构生态的企业服务数据库公司，于2007年创立于美国旧金山。——编者注

Alphabet 旗下的 3 只基金（分别为 Google Ventures、CapitalG 和 Gradient Ventures）仅 2017 年即出手 103 次。

THE FRONTIER OF THEORY 理论前沿　龙头企业一定程度上具备了技术成果扩散中的大学功能，以及技术创新公共设施建设和关键共性技术开发的政府功能。这种"交迭"现象是三螺旋模式强调的国家创新体系的核心功能的体现。

当前中国企业的转型升级与创新越来越融为一体，而创新从根本上说是市场活动，只有使企业成为创新主体，鼓励创新资源向企业流动，引导创新要素向企业集聚，才能激活企业创新创业的活力，强化经济内生增长的动力。而行业或产业集群中的龙头企业在引领创新方向、集聚创新资源、平台整合支撑和提升创新水平及能力等方面发挥作用。首先，龙头企业由于能够站在行业前沿，掌握行业趋势，了解技术发展方向，因而会积极开展基础性技术研发，最终成为行业前沿技术的拥有者和掌握者。龙头企业一方面通过向其他企业转移扩散技术创新成果（主动或被动），另一方面也通过推动建立行业标准，以及上下游配套关系，实现对全行业的技术引领和发展方向引领。其次，龙头企业一般而言资源较为丰富，有能力、有条件吸引各种创新资源，形成创新极，推动行业不断创新。再次，龙头企业为了全行业的健康持续发展，往往会建立面向中小微企业的技术服务平台和行业产品中试基地等创新基础设施，牵头组建行业技术创新战略联盟，共享优势科技资源，为中小微企业技术创新提供支撑服务。最后，龙头企业有能力、有意愿在行业关键共性技术上投入，展开技术攻关。显然，行业关键共性技术对基础知识和跨学科知识交叉程度的要求很高，同时关键共性技术创新所产生的知识具有较强的复杂性、嵌入性和缄默性，因此行业关键共性技术创新过程的投入大、周期长，具有更强的外部性特征和准公共物品属性，其创新的成本及收益不能完全内生，会产生较强的外部性、非竞争性或非排他性。[28]一般企业面对关键共性技术研发的巨大投入和风险，创新动力和能力都明显不足。此时，龙头企业的作用则有效凸显，更有利于提升整个创新体系的创新水平和能力。

凡事都具有两面性。如果龙头企业创新带动能力弱，则将造成行业或集群企业的群体惰性。产生这种群体惰性的主要原因在于中小企业在技术发展和企业经营的路径上经常受制于路径依赖。当龙头企业在竞争中主要采用低成本竞争战略，出于降低成本的需要，往往对配套企业有着苛刻的成本控制要求而不注重对配套企业的品质和技术的改进，导致大批配套企业沦为低级供应商。在这种一味追求低成本且同质竞争激烈的产业生态环境中，企业一定缺乏创新活力。这些自主创新能力薄弱的企业，因其技术能力和财政状况较差，难以适应市场和技术的变革，面临不确定外部环境的时候，更加容易产生财务危机而被淘汰。而龙头企业靠低成本大规模取胜挣得的收益不是投入创新活动，实现自身的升级转型，而是只在维持自身生产现状，单纯追求规模经济性，或者将制造资本转而投入高风险的资本市场，进一步导致制造资本转变为投机资本而泡沫化。

因此，从正反两方面的分析看，需要注重发挥龙头企业在三螺旋模式下的国家创新体系中的积极作用而避免给整个行业带来群体惰性。显然，龙头企业发挥作用的过程中，同样显现了企业在某些功能上的"交迭"角色，例如，龙头企业一定程度上具有技术成果扩散中的大学功能，以及技术创新公共设施建设和关键共性技术开发的政府功能。这种"交迭"现象同样是三螺旋模式强调的国家创新体系核心功能的体现。

政府创新政策的意义

政府在技术追赶中发挥了引导、市场保证和补贴用户等多方面的作用，日本和韩国等东亚国家最终实现技术赶超离不开政府这个重要因素。这里则从政府创新政策的意义进一步分析政府在国家创新体系中的作用。

新结构经济学认为，每个经济体在不同时点的要素禀赋这一变量上存在结构性差异，包括在自然资源、劳动、资本等要素的拥有量上的差异，导致各经济体的比较优势不同，造成了不同发展程度国家的产业和技术水平不同。因而，希望实现技术创新和产业升级，首先必须改变的是禀赋结构。而一个国家和产业实现快速可持续发展的最优方式，是动态性地按照该国每一时点给定的要素禀赋结构所决定的比较优势，来选择所要发展的产业和所要采用的技术，这样就能创造最大剩余，最快速地积累资本。这个思考逻辑与历史唯物主义"经济基础决定上层建筑，上层建筑反作用于经济基础"的观点一脉相承。

林毅夫提出，新结构经济学具有双重特性。[29]一方面，不同于新古典经济学把先发国家和后发国家的结构同质化，新结构经济学致力于剖析两者在产业、技术以及市场特性上的差异，试图通过政府的作用将后发国家的产业和产业技术提升到发达国家的同等水平；另一方面，不同于传统结构主义将不同发展程度国家的结构差异视为外生的，新结构经济学认为这内生于要素禀赋结构的差异。因此，新结构经济学强调"有效市场"和"有为政府"是经济快速可持续发展和技术赶超的两个最重要制度前提。一方面，以利润最大化为目标的企业，只有在要素相对价格正确反映要素的相对稀缺性时，才会自发按照要素禀赋结构所决定的比较优势来选择产业和技术，而这样的相对价格只能存在于充分竞争的市场。因此，必须有一个"有效市场"。另一方面，经济发展是一个动态的过程，是一个技术不断创新、产业不断升级，以及基础设施和制度环境不断完善的结构变迁过程。在这个过程中，必须对技术创新和产业升级的先行者给予外部性的补偿，并协调完善相应的软硬基础设施，这些工作只能由政府来做。因此，还必须有一个"有为政府"。

无论是产业引导还是市场补贴，"有为政府"的作用主要通过相应的创新政策实现。《国家创新驱动发展战略纲要》指出，"政策制定"是政府需要强化的职能之一，这正是因为创新政策在创新过程中具有重要作用。基于演化范式的创新政策理论认为，创新范式和企业创新模式的本质特征变化需要国家和地区不断探索新的创新政策以驱动创新。[30]该理论认为创新政策的目的是持续激励技术发展以及支持知识的创造、利用和扩散。创新政策可以分为三种类型：激励研究的政策、面向创新过程的政策，以及作用于选择机制水平的政策。其中，激励研究的政策是为了解决由于创新过程不确定性而导致的个体激励缺乏的问题。解决这个问题具有两个途径，降低研究活动的成本或者提高创新的个体回报率，目标在于提高研究投资的水平。面向创新过程的政策指对创新过程中主体的创新能力、技术知识和竞争能力起作用的政策，可细分为"系统处于转变阶段的政策"和"系统沿着既定轨道演化的政策"。[31] 前者提供包括不同创新主体例如企业、研究机构或者大学的合作研究计划，政府起到催化剂的作用，后者的目的是支持对新范式的学习和适应过程，政府的作用在于促进创新主体之间的协同。选择机制水平上的技术创新政策则倾向于减少创新系统内的多样性，为了增加技术应用的未来期望回报率而尽可能地将技术锁定到一个较高的等级上，也支持寻找新的技术或者补贴一些可供选择的技术来改变技术投资和扩散的方向。

> **THE FRONTIER OF THEORY 理论前沿**
>
> "有为政府"在推动企业创新，尤其是中小企业创新的过程中起到了关键的科学兜底作用。
>
> 政府扮演了某些功能上的"交迭"角色，也是三螺旋模式强调的国家创新体系核心功能的体现。

从政府运用创新政策的实践看，欧盟将其划分为三个阶段[32]。在创新政策 1.0 阶段，创新外部性和市场失灵是政府介入的主要理由，并对应于创新的线性范式，政策的导向是政府资助基础研究，市场将其转化为成果。创新政策 2.0 则从国家创新体系视角出发，强调产学研协同的重要性，政策的导向是政府不仅资助研发，更注重税收优惠和知识产权等框架性政策。创新政策 3.0 进一步拓展政策作用视角，认为创新与经济、社会发展紧密相关，政策的导向不仅局限于解决创新活动中出现的问题，以一种社会科学与科学技术融合的视角关注技术变革带来的经济社会系统的变革与转型，致力于解决技术变革所带来的"社会—技术"特性方面的问题，本质上是把社会需求置于政策中心。2013 年，欧盟发布以开放式创新 2.0 为核心的"都柏林宣言"，部署了新一代创新政策，包含了聚焦创新生态系统的 11 项策略与政策路径。这标志着美、欧等世界主要发达国家和地区已跨入创新政策3.0时代。[33]

中国的创新政策已经完成由重点关注知识技术创造转向按照国家创新体系进行布局的演进过程。[34]我国在20世纪80年代开始颁布的《国家科技攻关计划》《高技术研究发展计划（863计划）纲要》以及《国家重点基础研究发展计划（973计划）》都聚焦于动员科研机构力量，着力部署以科研为主的基础性研究，以作为未来高新技术的源头和基础。1999年发布的《关于加强技术创新，发展高科技，实现产业化的决定》，确定要深化经济体制、科技体制、教育体制的配套改革，推进国家创新体系建设，同时实现关键技术产业化转化。以2006年《国家中长期科学和技术发展规划纲要（2006—2020年）》的颁布为标志，到现在我国已经初步形成了涵盖创新要素、创新主体、创新网络、产业创新、区域创新和创新环境的6大类政策，基本涵盖创新系统建设的各个方面。2015年国务院印发的《中国制造2025》指出要"发挥行业骨干企业的主导作用和高等院校、科研院所的基础作用，建立一批产业创新联盟，开展政产学研用协同创新，攻克一批对产业竞争力整体提升具有全局性影响、带动性强的关键共性技术，加快成果转化"①，体现出政策的系统观。目前，我国创新政策正朝着创新政策3.0的生态型框架发展。[35]

"有为政府"在创新政策方面除了上述的作用，还在推动企业创新，尤其是中小企业创新的过程中起到了关键的科学兜底作用。鉴于创新成本较高、风险较大，以及由于创新成果外部性特征和准公共物品属性带来的较强外部性、非竞争性或非排他性，政府经常会采取直接出资设立创新平台、专项扶持基金，并积极协调金融机构提供专项信用贷款等多种方式，通过一定的成本分摊和风险共担机制，推进创新体系有效运行。国家创新体系政策制定的最根本目的，在于激励企业的创新动力和提升企业的创新能力，同时通过制度性框架降低人才、知识等创新要素

---

① 国务院关于印发《中国制造2025》的通知（国发〔2015〕28号，参见：http://www.gov.cn/zhengce/content/2015-05/19/content_9784.htm?ivk_sa=1024320u。——编者注

流动的障碍。无论是在企业内部，还是在企业与高校及科研机构等其他创新主体之间的人才与知识的流动，都对国家创新体系的绩效形成影响。当然，政府只是通过政策发挥引导和推动的作用，并没有直接的责任，降低障碍的努力更主要的是由企业等创新系统中的主体共同做出。政府同样在这里扮演了在某些功能上的"交迭"角色，也是三螺旋模式强调的国家创新体系的核心功能体现。

"三螺旋体"模式面临的挑战

创新范式转变后，国家创新体系不再局限于三螺旋模式下大学、产业和政府三者之间的协同合作。在第六代创新范式的视角下，如何利用国家创新体系转型的机会窗口实现超越追赶并促进关键核心技术的突破亟待重新思考，三螺旋模式面临诸多挑战。

当前新型和开放式创新模式不但强调大学、产业和政府间的交迭与互动，也要求引入中介机构、用户、金融等多元创新主体，围绕市场需求，在各个不同行为主体间有效互动，充分发挥多元主体和角色协同创新的效能。显然，三螺旋模型无法反映这样的要求

首先，各参与主体间利益难以协调。从邻近性视角来看，由于产业界与学术界之间存在的技术距离、组织距离、制度距离和地理距离等，三螺旋模式中主体利益不一致的问题突出。[36, 37]学者认为知识产权的归属权问题、利益整合、经济利益和社会利益的分配问题是创新生态系统中三螺旋模式面临的主要挑战。[38]

其次，中介机构的能力不足。专业高效的中介机构能够在三螺旋模式的创新体系中发挥积极作用。然而大学技术转移机构的灵活性不足以及专利管理部门资源和能力有限等状况，是阻碍美国技术专利发展的重要因素。相比于美国大学的技术转移机构，我国技术转移机构起步较晚，国内大学技术转移所能提供的功能更为有限[39]，并且在政策环境、运作模式规范性等方面存在较大差距[40]。显然，中介机构能力不足是我国当前三螺旋模式下国家创新体系发展的阻碍因素之一。

再次，政府的角色难以定位。三螺旋理论强调政府、企业和大学的协同演化和互动，认为制度层是整个发展体系的维持机制。[41]政府在企业与大学互动中的作用是三螺旋理论关注的重点问题，该理论认为三个主要机构应保持相对独立并以功能互补、利益互惠、成果共享为原则互动。然而这样的定位与现实对政府的要求存在一定的冲突。

最后，无法反映多主体和多角色的新型创新模式要求。三螺旋的结构虽然强调了市场的导向作用，但无法有效解决创新原动力不足的症结。当前新型和开放式创新模式不但强调政府、产业和大学间的交叠与互动，也要求引入中介机构、用户、金融等多元创新主体，围绕市场需求，在各个不同行为主体间有效互动，充分发挥多元主体和角色协同创新的效能。显然，三螺旋模型无法反映这样的要求。

从我国整体发展战略看，面对新一轮科技革命和随之而来的产业深刻变革，提升制造业关键核心技术是开展技术竞争的重要方面，也是促进产业发展的核心。事实上，围绕制造业技术创新的竞争亦已成为世界各国竞争的核心。现阶段我国许多关键核心技术缺失，已成为我国制造业转型升级和国际竞争力提升的根本性制约因素。[42]面向超越追赶和关键核心技术突破，站在新起点的国家创新体系存在三大核心问题。

第一，百年未有之大变局中难以同时兼顾"卡脖子"技术和"撒手锏"技术的发展需要。在主要行业和重点领域突破"卡脖子"技术、培育"撒手锏"技术，是我国创新驱动高质量发展的关键。实际上，关键核心技术可以分为两种基本类型，即"卡脖子"技术和"撒手锏"技术。"卡脖子"技术是由于核心技术受制于人并遭遇断供而出现的，而"撒手锏"技术是为在国际竞争中占领战略制高点而谋划的。对不同类别的关键核心技术，国家创新体系中多元主体的角色与功能均发生了变化。然而，我国现行国家创新体系缺乏同时对不同类型关键核心技术突破实现支撑的能力，导致创新主体角色与功能的僵化。例如，我国基础研究投入比例失衡，研发结构主要偏向应用型研发活动和试验发展。其中试验发展投入占研发经费的份额在 80% 以上，而基础研究投入强度与美国、日本等发达国家存在较大差距。[43]

第二，新型举国体制下多元创新主体间协同效应尚未充分释放。在新型举国体制下我国政产学研的协同与融合机制取得重大进展的同时，依然存在很多不足和很大改善空间，我国关键核心技术的创新与突破仍然存在诸多制约与障碍。一方面，关键核心技术的创新与突破需要政产学研各主体间的长效协同机制，但目前看这样的合作仍主要围绕项目进行短期合作。关键核心技术具有投入大、研发周期长、需要长期跟踪性研究等特点，获得突破必须要求长期、持续和稳定的政产学研间的合作机制。但目前各主体间的合作机制仍不能满足关键核心技术创新这样的需求。大学、科研机构与企业之间的合作关系相对松散，在协同创新成果的知识产权归属上缺乏清晰界定，在利益分配上往往各方之间会存在分歧，这都会导致产学研合作无法持续开展。另一方面，条块分割的体制性障碍仍是关键技术创新的挑战。单个主体实现创新突破面临资源、技术、人才等多方面的困难，需要产学研各协同方集聚资源协同攻关。但是，产业界、教育系统和科技系统分别有各自独特的目标、体制、组织机制和评估体系，人才培养、知识转移、研究开发、成果转化和整个产业链处于脱节状态，导致各个主体无法紧紧围绕关键核心技术难题进行研究。显然，产、学、研的分离，特别是缺乏国家宏观协调机制，不利于集成、协调利用有限的科技资源，难以最大限度地发挥科技力量。

第三，社会主义市场经济条件下尚未探索出适合于"多元、多层次"创新系统的运行机制。我国创新系统建设带有浓厚的政府主导特征，体现为中央和地方政府二元主导。国家、区域、地方多层次的多元创新主体如何嵌入不同层级创新生态网络，并进行跨界整合是关键核心技术突破的难题。同时，区域创新政策落实过程中也存在许多障碍，如政策叠加、政策碎片化，以及政策与区域发展不适应等。这种现象的改善，有待于积极探索社会主义市场经济条件下适合于"多元、多层次"的创新系统运行机制，构建不同层级的功能充分发挥且各层级间互相融合加强的创新系统。

因此，无论是从理论上看，还是当前创新实践对我国国家创新体系的要求，三螺旋体创新模式都面临着一系列的挑战，亟待理论上的突破，重塑中国的国家创新体系。

从"三螺旋体"到"七螺旋体"

超越追赶的国家创新体系重构

"超越追赶"是组织超越现有追赶轨迹，用更高、更宽、更前瞻的技术视野和布局谋求革命性的创新发展的模式。后发企业超越追赶过程中所面临的是技术、市场与制度快速更迭与不确定性变化的高变革的、混沌的"范式转变期"特殊情境，企业不仅需要摆脱领先者的轨迹制约，同时还需要克服自身在发展中形成的能力惯性和路径依赖，尤其强调技术体系演化的动态性。因此，在"超越追赶"模式中，后发企业的创新能力推动后发企业发展出新技术范式，走出一条与过去领先企业不同的创新道路。这就需要后发企业充分借助外部互补者的力量，"利用性"和"探索性"研发并重，并在开放和变革的情境中积极实施"灰度"管理。显然，这样的创新发展模式与传统的三螺旋模式下的国家创新体系的着眼点有着很大的不同。

因此，面对新使命、新任务和新要求，国家创新体系需要重塑，包括新的结构框架，明确创新主体，定位它们的角色分工及其互动关系。新型国家创新体系是由政府、企业、高等院校、科研机构、金融机构、科技中介以及用户"七位一体"构成的协同创新体系。"七位一体"的国家创新体系应该具有这样一些特征：创新主体和角色分工相分离，一个创新主体可能承担多个角色，同时一个角色也可能由多个主体来参与；"七位一体"之间存在动态互动关系与包容性特征，创新主体彼此之间的关系并非一成不变，突破关键核心技术的类型不同，国家创新体系的主体互动模式也不同。同时，创新主体基于利益共同体和使命共同体体现包容性特征。

国家创新体系重构的需求分析

THE FRONTIER OF THEORY 理论前沿

我国国家创新体系重构的根本需求在于，加快完成基于关键核心技术依赖国外供给且技术产品销售依赖国外市场的"外源性"国家创新体系向"内源性"国家创新体系的转变，这对创新主体、创新资源、创新体制和创新环境都提出了新的要求。

国家创新体系是关于创新资源配置的一种制度性体现，通过资助高风险科学研究、分担企业创新风险和维护公平竞争环境等，激发各类创新主体活力，提升创新能力，保障国家安全和驱动经济社会发展。[44] 我国国家创新体系重构的根本需求在于，加快完成基于关键核心技术依赖国外供给且技术产品销售依赖国外市场的"外源性"国家创新体系向"内源性"国家创新体系的转变，这对创新主体、创新资源、创新体制和创新环境都提出了新的要求。（见图 8-4）

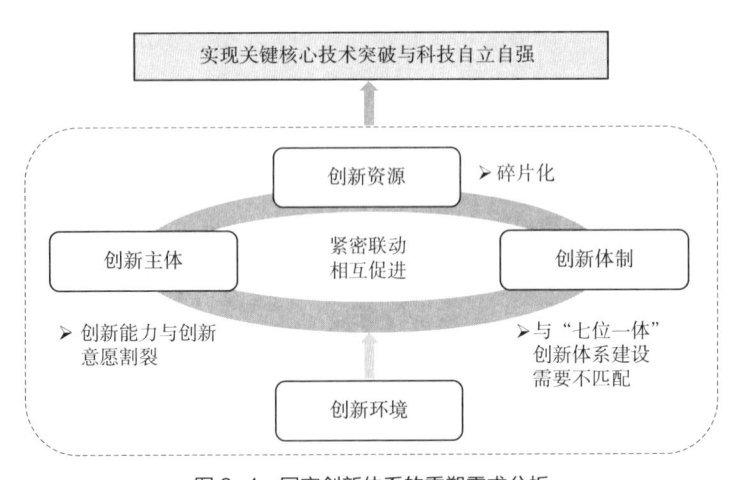

图 8-4　国家创新体系的重塑需求分析

创新主体

创新主体是构成国家创新体系的主干，是不同类型、不同环节科技创新任务的基本载体。"政、产、学"三螺旋理论强调政府、产业和大学通过组织结构性和制度性之间的协调机制，形成有效互动，高效运用各种创新资源，实现创新体系的升级和演化。随着三螺旋理论的外延和不断拓展，面向关键核心技术突破，将科研机构、目标用户、中介机构和金融机构也纳入协同创新主体，对拓展和构建新型国家创新体系"七位一体"协同发展的布局有了更明确的需求。同时，对各个主体的角色也有了新的需要。一方面，高校作为科技第一生产力，是前沿技术研究和颠覆性技术创新的策源地，理应进一步发挥引领创新的先导作用。数据显示，高校牵头建设了60%以上的学科类国家重点实验室、30%的国家工程研究中心，拥有全国超过40%的两院院士和近70%的国家杰出青年科学基金获得者。同时，高校还拥有较大的研发投入和产出，近十年来累计投入研发经费上万亿元，高校的专利授权量在2021年达到了30.8万项。另一方面，以大型领先企业为主体的传统创新体系，需要重视产业链中拥有"卡脖子"技术的中小企业，这也是解决核心技术问题的关键。[45]因此新型国家创新体系不但应该包括大型企业，也应该重视大型企业产业链中的中小企业，构建包括具有各种技术和不同研发方式的大、中、小型企业的关键核心技术协同攻关体系。

创新资源

创新资源是指创新需要的人力、物力、财力各方面的投入要素。聚焦关键核心技术突破的新型国家创新体系中创新资源的变化，以及给各个创新主体带来的影响，将直接关系到整个国家在关键核心技术研发领域的资源配置效率和战略导向。我国经济的高速和高质量发展，已进入转变发展方式、优化经济结构、转换增长动力的攻关期，这也促使大量新资源不断涌现和发展，尤其是数字化转型带来的创新资源。同时，现有制造业中掌握复杂高端技术知识的复合型人才稀少，基础研发投入产出收益不确定性和较长研发周期带来的高风险，原创成果和科研积累的缺失，以及国外龙头企业布下的专利壁垒都加剧了制造业技术研发能力的匮乏，科学知识来源渠道的受阻导致"技术推动型"创新动机减弱，产业陷入科技转化"死亡谷"，进一步加剧关键技术缺失。

创新体制

基础科学研究是科技创新的源头，但要形成科技创新成果，特别是实现最终商业化应用，需要中间各个环节衔接顺畅。关键核心技术研发的"准公共产品"性质，决定了政府应在关键共性技术研发及平台建设中发挥重要作用。习近平总书记在 2020 年 10 月 16 日中共中央政治局第二十四次集体学习时强调的"要提高量子科技理论研究成果向实用化、工程化转化的速度和效率"[①]，充分表达了对基础科学成果尽快转化为原始创新成果的殷切希望。在传统的产、学、研合作中，创新主体往往在对目标的理解以及完成标准等方面存在偏差，特别是由于缺乏有效的利益共享机制形成不同的利益诉求，这都是产、学、研融合程度不足的表现，最终难以形成有效合力。因而，新型国家创新体系需要创新链上各个环节互相拓展，各个创新主体的功能互相渗透，推动创新链上的创新活动不受创新主体组织边界的限制，实现研究、发展、产业化、商业化等环节的无缝对接，成为关键核心技术创新的重要组织形式。

创新环境

根据制度理论，宏观制度环境可以通过硬性的规章制度和软性的文化环境两个方面作用于个体行为。规章制度的动力激发作用主要体现在知识产权保护政策上。关键技术的高度体系性和复杂性特征所要求的庞大研发网络增加了知识产权泄露的风险，其外部性特征意味着创新主体无法攫取所有创新成果，获利能力更加受限。有力的知识产权保护政策将一定程度上加强创新主体对创新成果的独占能力，激发其研发积极性。规章制度的支持作用主要体现在科研项目管理政策上。科研项目管理政策直接决定了我国科研力量的流向、项目执行过程中各种资源的分

---

① 习近平主持中央政治局第二十四次集体学习并讲话，参见：http://www.gov.cn/xinwen/2020-10/17/content_5552011.htm。——编者注

配以及最后科研成果的质量。科研立项预算制度僵化，会导致预算执行与研究进展脱节，增加项目执行难度。科研结项考核重论文而轻市场，则会导致研究成果停留在实验室，造成基础研究和技术获取与产品开发的脱节，不利于跨越"科技转化死亡谷"和"产品化死亡谷"。总体而言，强有力的知识产权制度有利于缓解外部性条件下的市场失灵现象，良好文化环境的熏陶有助于纠正市场的过分逐利动机，二者合力能够更加充分地发挥市场的激励作用；合理的科研管理政策则从上游解决关键技术从基础研发到最终产品的流转。完善制度与市场机制的啮合有助于关键技术成功跨越三个创新死亡谷。

新型国家创新体系

创新生态的演进路径表明，技术创新越来越要求技术、组织、制度乃至文化环境间的嵌入与协作。而任何一个单独的创新创业主体都无法实现这一点，而是要求企业、高校、科研院所、中介服务机构、金融机构以及区域政府等各主体间加强合作，协同创新。国家创新体系中创新主体间的动态互动关系反映了"政产学研金介用""七位一体"的创新主体之间协同配合、包容互补的动态关系，是突破关键技术的强大组织基础。协同运行机制则保证新型国家创新体系有效治理，最终体现新型国家创新体系的使命共同体和利益共同体的双重属性。

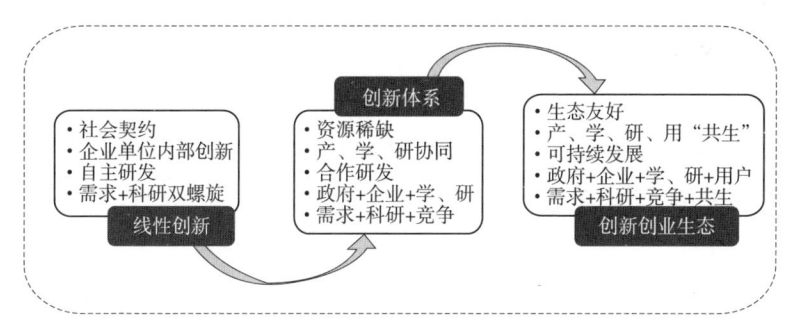

图 8-5 创新的生态化

动态角色分工

国家创新体系运行的前提是多个角色参与创新。角色是一个与社会体制、规范和价值系统相联系的概念，在国家创新体系研究的范畴下，它是与组织的某种社会地位、身份相一致的一整套权利、义务的规范与行为模式，构成了国家创新体系的基础。国家创新体系的创新主体是构成国家创新体系的主干，是各种科技创新任务的基本载体，创新主体在创新体系中扮演不同的角色并且彼此间紧密配合。在传统模式中，创新主体与其角色是绑定在一起的，这使得国家创新体系的结构框架相对固定，各自的角色分工相对僵化，难以适应关键技术的复杂性和不确定性的挑战。新型国家创新体系中创新主体和角色分工是分离的，一个创新主体可以扮演多个角色，同样地，一个角色也可能有多个主体来参与。

新型国家创新体系是一个以政府为基础，以企业为主体，以高校为引擎，以科研院所为支撑，以金融为杠杆，以中介为促进，以市场为导向的协同创新体系，这些主体扮演规则制定者、资源提供者、人才培养者、知识创造者、协调监督者等等。

传统的"政产学"三螺旋理论强调政府、产业和大学通过组织结构性和制度性之间的协调机制，形成有效互动，高效运用各种创新资源，实现创新系统的升级和演化。三螺旋结构显然强调产业发挥的需求导向和政府的引导作用，同时也强调大学在创新系统中发挥的作用必须符合市场的真正需求。然而，三螺旋理论始终无法有效提供创新过程中基础研究突破的驱动因素，以及消除创新原动力不足的症结。"七位一体"的新型国家创新体系通过引入用户和金融这两大创新主体，集合"政产学研金介用"各方的资源和优势，强化战略科技力量，聚焦市场需求，在各个不同行为主体间互动融合，共创共享，攻克事关国家核心竞争力和经济社会可持续发展的核心技术。从"政产学"三位一体到"政产学研金介用"七位一体的国家创新体系结构变化如图8-6所示。

"政"指政府。它是基础设施的建设者、制度资源的提供者以及各方利益的协调者，处于主导地位。创新需要政府相关部门创造良好的政策环境和创新氛围。政府通过经济发展规划，对协同创新网络的构建和发展进行规划与设计，对系统创新网络发展面临的问题提供制度保障和支持，在多元协同创新的过程中有非常重要的指导、支持和协调作用，在基础性研究中还发挥科学兜底作用。

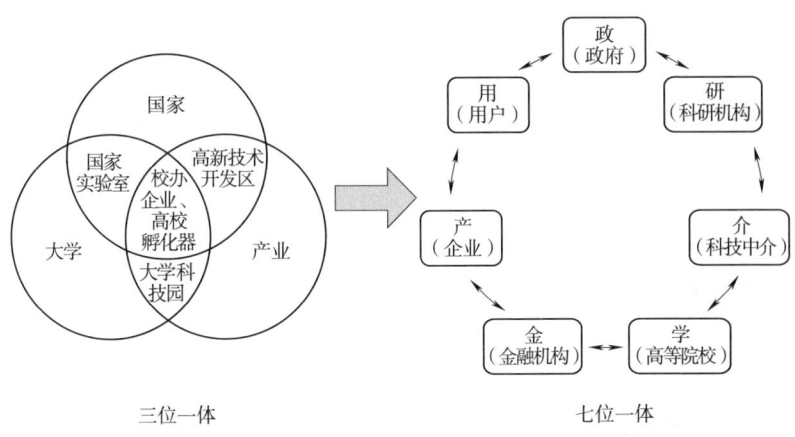

图8-6 从"三位一体"到"七位一体"的国家创新体系结构变化

"产"指企业。企业是创新的主体。企业离市场最近，对市场反应最为灵敏，因而也最了解市场需求。企业可以对接上下游，进行需求的对接，有效凝聚资源，创造出科技成果转化为产业优势并投入市场，处于协调创新系统的核心地位。

"学"指高等院校。高校肩负着知识生产、传播以及转化应用的重要使命，在国家创新体系中，高校是原始创新成果的重要来源，是科技创新的源头和引擎。科技创新需要多学科综合和宽松的研究环境，对科技创新的人才层次要求较高。高等院校培养高层次的创新型人才，是新型国家创新体系中的生力军。未来，高校的作用将越发突出，新型国家创新体系的建设需要高度重视高等院校的角色与作用。

"研"指科研机构。科研机构以国家实验室、国家技术中心为代表，科研活动定位较高，瞄准国际科技前沿，集中科技资源干大事。国家实验室和国家技术中心通过优化科技资源配置与使用，可以突破不同科研机构合作创新的障碍，充分发挥我国科技体制优势。新型国家创新系统中，科研机构在重要科技项目开发，特别是完成战略性的国家重大科技任务中发挥重要作用。

"金"指金融机构。金融机构发挥杠杆作用，为创新提供资金支持、分担创新风险，使得协同创新拥有资金和规避风险的保障，为其他多元主体协同创新提供资金助力。金融机构具有营利性、目的性和风险性，以多种社会资本形式为其他主体更加灵活地提供资金，能够有效解决科技体系和金融体系的信息不对称问题，打破市场资源配置的条块分割问题。

"介"指科技中介。它是面向社会开展技术扩散、成果转化、科技评估、创新资源配置、创新决策和管理咨询等专业化服务的中介服务机构，在国家创新体系中以提高社会"知识分配力"为导向，提高知识传递和转化效率，降低协同中的交易成本，为创新者打开"边界"并更高效地获取外部知识资源。

"用"指用户。对于用户的理解有两种：一种是在常规市场中，个人和下游企业都可以作为用户；另一种指的是不固定的用户角色，所有创新主体都可以转换为用户，例如政府在市场上有特殊需求，也可以被认为是用户角色。用户具有一定的"监督"功能。参与协同创新可以保证所研究的技术更适于生产条件，更好地满足用户的需求，更容易被用户接受。另外，用户参与可以提高创新在技术实施和推广阶段的适应性与修正技术的能力，对技术进行适应性调整和反馈修正。

新型国家创新体系是一个以政府为基础，以企业为主体，以高校为引擎，以科研院所为支撑，以金融为杠杆，以中介为促进，以市场为导向的协同创新体系，这些主体扮演规则制定者、资源提供者、人才培养者、知识创造者、协调监督者等等，如表8-4所示。通过制度创新、要素创新以及知识创新，创新主体进而加速形成关键技术创新领域的自主能力。

表 8-4 新型国家创新系统的主体角色及功能

	角色	涉及主体	功能
制度创新	规则制定者	政府	运用各种法律法规、政策对各主体行为进行规范,具有强制性和规范性
	协调监督者	政府、科技中介、用户	协调创新活动,对创新体系的运行进行监督,从而保持良好的协调创新运行秩序
要素创新	资源提供者	政府、企业、高等院校、科研机构、金融机构	为各种创新活动提供资源、服务,为协调创新创造条件
	人才培养者	企业、高等院校、科研机构	培养创新人才,这是国家创新系统运行的先决条件,为其他主体输送人才
知识创新	知识创造者	企业、高等院校、科研机构	创造知识,为国家创新体系提供动力,促进各种创新活动,推动创新发展
	知识传播者	企业、高等院校、科研机构、科技中介、金融	以提高社会"知识分配力"为导向,为创新者打开"边界"并获取外部知识资源提供服务
	知识应用者	企业、用户、政府	依据已有的知识去解决有关问题,例如实现知识创新的成果转化

不同创新主体扮演的角色是动态变化的,相关创新主体在国家创新体系中的作用、地位和行为在不同的情境下存在差异,同时创新主体角色变化界定了主体间不同的互动关系。创新主体可以扮演不同的角色,同样地,一个角色也可以由不同的创新主体来担任。例如,高等院校作为国家创新体系的主体之一,可以扮演人才培养者,培养高等教育人才,提高劳动者素质,推动科技进步。同时,高等院校也可以扮演知识创造者、知识传播者,在进行教学工作的同时也有大量科研工作者从事科研活动,探索新知识、提供新方法,更好地推动创新活动。反过来看,人才培养者也并不是只由高等院校扮演,企业和科研机构也可以培养高素质创新人才,同样可以进行人才培养。因此,创新主体与角色并非一一对应或是一成不变的,而是处于动态变化之中,这使得新型国家创新体系的结构更加灵活,有助于关键核心技术的突破。

动态互动关系

导致我国关键技术创新自主能力不足的核心掣肘，恰恰就是国家创新体系中基础研究和商业应用能力与动力的不足，而这无疑与各个创新主体之间的能力互补不足、包容协同不够甚至缺位密切相关。这就需要国家创新计划主导的基础研究持续高强度投入，与市场激励机制下企业对应用基础研究持续高强度投入的有机融合。"政产学研金介用"七位一体的创新主体协同配合、包容互补，通过纵向一体化的战略引领以及横向专业化协调管理，建立起具有网络布局的高韧性、角色分工的动态性以及互动合作的共创性的使命共同体，这为突破关键技术的壁垒提供了强大的组织基础。

只有理顺"七位一体"创新主体之间的动态互动关系，才能充分发挥"政产学研金介用"多主体作用，构建一个面向关键核心技术突破的"产业+企业+平台+人才+载体+金融+政策"国家创新生态系统。政府出台有力的政策和法规，完善市场竞争机制，规范和保障各主体的正当权益，支持和引导主体的协同创新。企业根据市场需求主动进行产品合作研发和创新链的有效整合，实现由创意变产业，及时调整投资方案，谋求发展的可持续性。高等院校和科研机构则扮演"智囊团"，是高科技知识和人才的聚集地，推动产业技术水平的提升。金融机构提供灵活的金融服务，加大技术研发和创新的投入力度，为创新主体发展提供足够的资金支持。科技中介信息渠道多、信息资本丰富、专业性强，可以为创新主体的发展提供全方位的服务，是各主体的中介和桥梁。用户是创新成果的体验者，会做出客观的评价进行反馈，使得创新技术可以进行适应性调整和修正。

值得强调的是，围绕关键核心技术的突破，创新主体彼此之间的关系并不是一成不变的，本质上是动态的、相互支撑的。创新主体在协同创新体系中进行交互式学习和协助，共同解决问题，以使命共同体和利益共同体为原则相互包容，共创共赢实现国家创新。由于突破关键核心技术的类型不同，国家创新体系的主体互动模式也不同。通常来看，有两种典型的互动关系模式。

第一，基于科学前沿的"撒手锏"技术突破的互动关系（见图8-7）。

"撒手锏"技术是技术主体在创新链前端或者高级端掌握的"非对称性技术"，具有前瞻性强、技术壁垒大、风险性高的特点，研发过程更加艰难，干扰因素更为复杂，不仅要考虑内生技术要素，还需要外部体制的引导和环境的包容。这种技术会对已有传统或是主流技术产生颠覆性效果，打破传统技术的思维和发展路线，是对传统技术的跨越式发展，是以科学为导向的对未来发展产生巨大影响的关键性技术。

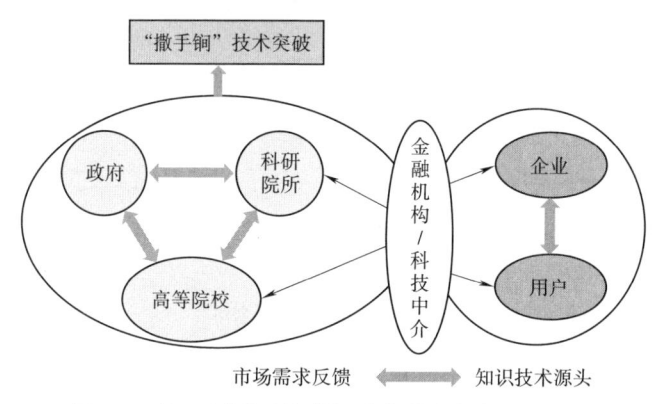

图8-7 基于科学前沿的"撒手锏"技术突破的互动关系

因此，基于科学前沿的"撒手锏"技术突破的创新，其主体互动模式的核心是高等院校和科研机构。高等院校和科研机构具有强大的科研创新能力，科研资源聚集，科研优势突出，是科研创新成果的研发者与生产者，对于"撒手锏"技术的突破具有决定性作用。而创新型领军企业和政府则围绕这个核心发挥自己的作用。

创新型领军企业，例如华为、阿里巴巴等，具有基础研究的巨大能力，成为产业科学技术领域的科学研究重要力量，并成为国家创新体系中除高等院校和科研机构以外的第三个主要基础研究组织者，在大量资金和人才的长期投入下，为"撒手锏"技术的突破创造条件。在高等院校、科研机构与企业三者的互动中,高等院校和科研机构是为企业输送专业人才的渠道,也为企业提供职工的专业培训,提高人才的创新水平。高等院校、科研机构和企业会合作进行技术研究和开发,推动产品研发向基础研究延伸,跨越创新的"死亡之谷"。同时,政府会对有发展能力的高等院校和科研机构提供政策、法规的便利以及财政资金投入的支持,给予高等院校和科研机构进行科学研究的便利条件。

第二,基于商业赶超的"卡脖子"技术突破的互动关系(见图8-8)。

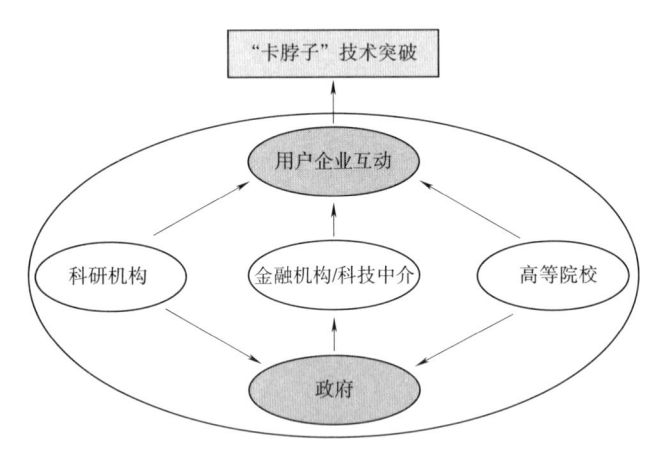

图 8-8 基于商业赶超的"卡脖子"技术突破的互动关系

从制约中国当前和未来的重点产业链及战略新兴产业体系中的"卡脖子"式关键技术创新领域的细分来看,多集中和体现在制造业部门。关键核心技术创新与突破行为均受制于"长期高强度研发投入+高昂的研发团队成本+高度的市场不确定性"这一先天性特征,无论是民营企业还是国有企业,均难以真正成为实现关键核心技术创新与全面突破的先行者与任务承担主体。习近平总书记曾指出:"研究方向的选择要坚持需求导向,从国家急迫需要和长远需求出发,真正解决实际问题。"[1]

---

[1] 习近平在科学家座谈会上的讲话(全文),参见:https://baijiahao.baidu.com/s?id=1677632199800446239&wfr=spider&for=pc。——编者注

应用市场的需求是什么,技术突破的难点在哪里,科研的方向和力量就应该投向哪里。建立需求导向和应用导向,有利于精准解决关键领域的"卡脖子"问题,集中科研优势,谋求在若干技术领域取得重大突破,从而解决技术封锁,掌握利用关键核心技术的主动权。因此,突破"卡脖子"式关键技术应形成基于商业赶超的互动模式。

基于商业赶超的互动模式需要高度融合市场需求,快速增长的市场需求是中国科技创新的根本动力。因此,在基于商业赶超的"卡脖子"技术突破的互动关系中,企业是核心。企业依据市场状态和技术发展趋势向其他创新主体提出创新需求。首先,企业要支持和引导其商业生态中的合作伙伴积极创新,尤其是产业中的龙头企业要积极发挥对周边企业和地区的带动作用,推动产品的升级换代。其次,企业要以问题为导向,对基础研究提出更多和更高的需求,推动、促进高校和科研院所在市场需求下的资源整合,有组织、有步骤地加速科技创新和商业化的进程。再次,政府为企业提供政策引导,推动企业与高等院校和科研机构建立风险共担、成果共享的合作机制,围绕企业需求进行研发,鼓励更多的创新资源集中在企业。最后,科技中介和金融机构发挥杠杆作用,为创新提供外部知识资源和资金支持,分担创新风险,推动创新活动可持续发展。

协同运行机制

探讨新型国家创新体系的运行机制,应该从创新链条(上游、中游、下游)、参与关键核心技术突破的创新主体(七位一体)以及关键核心技术的特征出发,遵循基于生态协同的"能力提升+资源配置+激励治理"逻辑,凸显其作为使命共同体和利益共同体的双重属性。

- 突破关键核心技术的能力提升机制

在创新链条上游,基础研究拉动整个创新链条,提升基础研究的前沿性与原始性,形成促进机制;在创新链条中游,通过提升科技成果转化效果与效率,形成关键核心技术突破跨越三大"死亡谷"促进机制;在创新链条下游,通过提升关键核心技术的市场化能力,形成市场商业推动整个创新链条的促进机制。
- 突破关键核心技术的资源分配机制

一方面,新型国家创新体系作为使命共同体,充分发挥集中力量办大事的举国体制优势;另一方面,新型国家创新体系作为利益共同体,处理好政府和市场的关系,运用和发挥政策引导下的资源分配机制,在社会主义市场经济下激发市场主体的创新活力。

- 突破关键核心技术的激励治理机制

新型国家创新体系作为使命共同体与利益共同体:在创新链条上游重视激励创新主体参与基础研究,通过合理的收入分配机制增强创新动机;在创新链条中游重视激励创新主体开展协同攻关,降低协调成本;在创新链条下游重视激励创新主体参与关键核心技术突破,降低交易成本。

- 促进关键核心技术突破的生态协同机制

一方面,依托"国内—国外双循环和以内循环为主"的国家战略,构建"国外—国内"协同的创新机制,在全球层面构建全球开放式创新网络,在国内层面则建立特色区域性创新中心。另一方面,构建动态协同的创新生态,加强创新生态的主体协同、创新生态的环节协同以及创新生态的"硬件—文化"协同。

第九章

全球创新治理结构的重建

全球竞争格局的改变

当前世界正经历百年未有之大变局，处于快速变化的历史进程中，全球竞争格局呈现出一些全新的特点和趋势：经济全球化进程受到挑战，国际格局趋于多极化，地缘政治走向处于剧变前夜，基于数字技术的全球治理规制博弈加剧，使得基于创新的全球竞争成为世界走向未来的基本逻辑。

全球经济深刻变化，经济全球化受到挑战

经济全球化是社会化大生产的必然趋势，标志着先进的生产方式，是未来社会的经济基础。全球化带来的全球资源更有效和更合理的优化配置，使得全球范围内有效分工协作产生了新的巨大生产力，并使全球经济可持续发展成为可能。21世纪初经济全球化成为全球经济发展的主基调，并推动了政治、文化、安全等各个领域的全球化，各经济体间联系日益紧密，世界发展呈现高度的契合性和整体性。随着技术发展，传统贸易项目数字化、线上化的特征日益突出，跨境服务贸易日益活跃。而大数据、云计算、物联网等新技术为教育、健康、医疗、文化等传统服务的跨境贸易提供了技术保障；新技术催生的跨境电商、平台经济等新业态满足了全球差异化的消费需求；技术推动的服务外包让更多的主体参与全球市场，这些都是未来进一步推动经济全球化的积极因素。

然而，当前经济全球化受到了严峻挑战，在国际金融危机遭受重创以及重大国际关系格局调整下，呈现出"逆全球化"的发展趋势。首先，自2008年爆发国际金融危机以来世界经济发展势头转向，各主要经济体发展乏力，投资回报率下降，反映在国际贸易上则呈现为贸易争端与摩擦持续升级。其次，2020年的新冠肺炎疫情进一步导致全球需求暴跌、进出口萎靡、全球直接投资急剧下降，全球产业链呈现收缩态势，金融稳定面临严重挑战。联合国贸发会议（UNCTAD）发布的《2021世界投资报告》显示，2020年全球外国直接投资（FDI）总额下降至1万亿美元，与2019年的1.5万亿美元相比，下滑35%。[1] 上述两种因素互相叠加，世界经济运行风险和不确定性显著上升。在这些因素的共同触发下，各种社会情绪和矛盾全面释放，孤立主义思潮逐渐重新泛起，贸易保护主义行为一再显现，并呈现诸多新特点[1]：一方面，当前的孤立主义思潮主要出发点在于经济因素，即把本国经济利益置于优先地位，"逆全球化"的目的在于维护本国经济的独立性和谋取更大利益；另一方面，贸易保护主义则往往以环境保护之名形成"绿色壁垒"，或以技术优势形成"技术壁垒"，以加强对外贸易管理，进而引发国家间的贸易摩擦甚至贸易战。最后，2022年俄乌冲突的爆发被视为冷战后国际关系与地缘政治最大的挑战，西方各国在政治、经济、历史、文化、意识形态等各种因素驱动下表现出"一致和团结"，带动全球国家纷纷在基于自身长期利益的权衡，以及多边博弈下进行"站队"和选择，这都使得未来更充满了不确定性。

世界多极化更趋明朗，国际格局深刻调整

世界多极化趋势表现在多个方面。首先，近年来新兴大国集体性的

---

① 联合国贸发会议发布《2021世界投资报告》，参见：https://www.ndrc.gov.cn/fggz/gjhz/zywj/202107/t20210728_1291902_ext.html。——编者注

崛起、传统大国实力的相对下降，传统大国、新兴大国之间及其内部关系出现一些根本性的变化，推动国际格局面临深刻调整。一个重要趋势是多极化呈现加快发展态势。美国实力逐渐衰弱，新兴和发展中国家国际地位显著提高，全球经济与战略重心东移。这一趋势仍在深化发展。同时，随着西方发达国家不断调整国家战略，国际力量对比的"东升西降"趋势放缓，美、欧等发达国家温和复苏，以金砖国家为代表的新兴经济体发展面临各种困难，与此同时西方世界呼吁"团结一致"努力维持其主导地位。在可预见的未来，"东升西降"仍将处于量变过程，世界格局仍将是"一超多强"，并出现多个力量中心。美国仍将是世界第一强国，将在科技、金融和军事领域保持全球领导者的地位。在国际格局的过渡时期，伴随着的将是全球不稳定因素的增多。

其次，民粹主义影响快速上升，在全球范围内愈演愈烈。中东欧国家民粹主义政党执政，日本的右翼民粹主义思潮，拉丁美洲民粹主义运动导致的政局动荡，以及一些亚洲国家和地区受民粹主义情绪影响而产生的暴力运动，这些都是民粹主义影响力上升的明确表现。伴随新民粹主义而来的是各类具有极端主义倾向的政党在政治舞台上日渐活跃，不但加剧了这些国家内部的政治分裂和社会动荡，也严重损害了西式民主制度的影响力和合法性，更现实的危害在于给全球带来了不安定的因素，对世界地缘政治形成较大的冲击。民粹主义泛起也与"文明冲突论"[2]隐相呼应，美国对与中国冲突做出的"与不同文明作战"的界定，欧洲难民危机，以及当前伊斯兰教与基督教之间的复杂矛盾，似乎都为"文明冲突论"提供了注脚。文明的冲突隐性而复杂，不容忽视地隐藏于背后并发挥影响，并以国际社会熟知的政治冲突和经济冲突，甚至战争的方式表现出来。2022年2月爆发的俄乌冲突背后，同样有文明冲突的影子。民粹主义还与"逆全球化"互相影响，互为加剧。全球范围内的民粹主义泛滥具有多方面的原因，既有一些国家在经济下行中的治理失败，也包括政治方面的西式民主制度的日益劣质化，同时一些国家的贫富两极分化也加剧了民粹主义的出现与活跃。

最后，信息技术快速发展，政治权力从国家行为体到非国家行为体扩散。1996 年，电子前沿基金会的创始人约翰·佩里·巴洛（John Perry Barlow）发布了《网络空间独立宣言》(A Declaration of the Independence of Cyberspace)，在开头这样写道：

> 工业世界的政府们，你们这些令人生厌的铁血巨人，我来自网络世界——一个崭新的心灵家园。以未来的名义，我要求过去的你们，不要干涉我们的自由。在我们这里，你们并不受欢迎。在我们聚集的地方，你们没有主权……我们宣布，我们正在建造的全球社会空间，将自然独立于你们试图强加给我们的专制。

这个宣言代表了早期互联网从业者的美好期望，将网络空间与现实空间区隔开来，认为这是两个互不干涉的世界，可以在网络空间重构现实空间无法实现的心灵自由和权利体系。这样的梦想在 2021 年具有了成为现实的可能。2021 年被称为"元宇宙元年"，标志着人类正式开始跨入"人机物"三元共生的万物智能互联新时代。在这个时代，信息技术支撑的后稀缺社会和多维时空，与实体世界的国家存在深刻的张力。元宇宙去中心化组织下的虚拟化身和虚拟货币，其影响力将依靠"真身"与"化身"在虚实两个世界间切换，必然对传统的世界治理秩序和政治权力形成前所未有的挑战。

数字经济支撑未来，全球治理规制博弈加剧

随着数字技术快速发展以及在经济领域的广泛应用，发展数字经济成了全球各经济体促进实体经济变革与发展，以及重塑核心竞争力的重要手段。数字经济不但成为推动全球经济复苏的新经济形态，更是支撑未来发展的新引擎。

首先，许多国家将发展数字经济上升至国家战略高度。例如，1992 年新加坡即提出"IT2000 计划"，2008 年法国发布与发展数字经济相关

的总体战略，其他主要经济体如日本、英国、澳大利亚、欧盟等纷纷推出发展数字技术和数字经济的战略。迄今为止，世界各主要经济体先后出台有关数字经济、数字建设的国家战略。国家级的数字战略已经成为世界各国主动应对当前挑战和面向未来发展的基本对策。全球数字经济发展的新态势为数字国家战略提供了基础：一方面，在产业层面，数字技术推动产业变革，以互联网为代表的新一代信息技术以及人工智能技术快速发展并深入应用，几乎所有产业的结构、业态以及商业模式都发生快速变革和升级；另一方面，在企业层面，大量开源产业互联网应用出现，产业创新综合体、产业互联网平台等产业平台崛起，都有利于中小企业的数字化应用和转型。

其次，数字经济新特征带来治理挑战。根据中国信息通信研究院 2019 年发布的《数字经济治理白皮书（2019）》，数字经济新特征带来四大治理挑战：数字经济数据化特征带来数据开发与保护的全球难题，数字经济智能化特征带来算法价值观的全新治理议题，数字经济平台化特征带来反垄断难题，以及数字经济生态化特征带来多元主体力量的管理与治理的考验。[3]

最后，数字经济发展对全球竞争格局造成了重大影响，各国对全球数字经济治理规则的博弈日趋激烈。虽然各大经济体都高度重视发展数字经济，但达成关于数字经济全球规制的共识仍然面临重重的障碍。围绕全球数字经济规则制定，各国竞合态势明显。例如，美国是全球数字贸易规则制定的引领者，强调要构建一个具有全球约束力的数字贸易规则体系。在 2017 年向亚太经合组织提交的《促进数字贸易的基本要素》中，美国提出由其主导的数字贸易规则的相关主张：推崇互联网保持开放和信息的自由化，倡导跨境服务规则适用于数字贸易，要求允许数据跨境自由流动，同时又注意保护数字信息的安全，禁止强制性技术转移。日本持有类似的主张和目标，在 2019 年 G20 大阪峰会上发起《大阪数字经济宣言》，提出了"基于信任的数字流动"概念，主张建立允许数据跨境自由流动的"数据流通圈"，但却未提出明确的路径。欧盟则拥有不同的立场和取向，一方面强调数据有效保护，支持实行数据存储本地化，另一方面则推动全球统一的"数字税"规则。自杭州峰会以来，G20在推动数字经济规则发展方面不断取得新进展，作为当前全球经济治理中处于核心地位的多边平台，G20各成员利用峰会为全球性数字经济规则注入"政治向心力"。中国则通过数字金融规则的相关试点和实践，积极开展构建数字经济治理规则的探索。2017年年末，中国人民银行组织部分商业银行和有关机构共同开展数字人民币体系（DC/EP）研发，2019年则启动试点测试，截至2021年11月初，中国共有1.4亿人注册了数字人民币账户。[4]当前正处于世界数字经济治理规则重塑的关键期，以跨境数据自由流动、数字产品关税、知识产权保护为核心的第二代数字贸易规则正在构筑[5]，各国都在积极构建并推广本国制度模板。全球围绕数字经济治理的规则之争，实质是科技之争和主导权之争，是围绕新一轮科技和产业制高点展开的激烈博弈。

科技影响力加大，国家创新体系成为核心

科技进步的步伐加快，科技影响力在各个层面都不断提升。2008年金融危机过后，西方国家逐渐把发展重心移向科技创新，目前以ABCDE为代表的新技术在不断地发展和成熟，并且驱动第四次产业革命。科技的影响力在不断加大，并且引领着新一代的革命。在这样的背景下，中美竞争全面转向科技创新领域。例如，美方对中国高科技企业严厉制裁，限制中国科技企业使用美国研发的关键零配件和软件系统，对来自中国的留学生选择"敏感性"学科实施限制性措施，断绝中美在科技创新前沿领域的正常学术交流，等等。中美间的科技脱钩正在从一种担忧走向现实。

科技创新的竞争正成为中美之间战略竞争最为重要和本质的方面，其原因在于当前科技创新能力已经成为国家发展的决定性因素。[6]因此，强调通过国家各种机构和组织组成的协同网络，并以促进新技术开

发、扩散和应用的国家创新体系成了中美之间竞争的核心。而国家创新体系是国家制度模式和价值观体系的间接体现。中国逐步构建起来的面向关键核心技术的国家创新体系以及背后的举国体制优势,给一直处于领先地位的美国造成了巨大压力,极大地动摇了美国对自身国家制度体制和价值观体系的信心和优越感,进一步诱发美国对中国崛起的全面敌视情绪,并不断上升为"围堵"和"遏制"的具体行动。

新一轮科技革命中的两极分化

创新发展新趋势

在技术、经济和政治等各种因素推动全球竞争格局发生深刻变化的同时,创新的内涵和模式也在悄然变化。

首先,创新要素的内涵与结构发生了一定的变化。创新要素是指与创新相关的资源和能力的组合,包括创新活动必需的人、财、物及其组合机制,一般可以从创新主体、创新环境、创新资源和创新制度等维度展开分析。一方面,创新活动越来越表现为一个复杂的社会过程,特别是关键核心技术的研发对各创新要素之间的互动关系和运行机制提出了全新的要求,因而创新制度的重要性在不断加强。另一方面,随着技术范式周期变短,创新要素的结构随之发生变化。软性创新资源例如知识和经验,以及动态性环境要素例如机会窗口(包括技术机会窗口和市场机会窗口)的重要性在快速上升。特别是由于大数据技术的发展,数据资源成了创新活动新的重要因素。总体来看,创新要素向多元化、动态性和系统性升级。

其次,创新结构向开放和融合方向发展。开放创新是经济全球化和创新网络化大背景下的重要趋势,传统的封闭、独立、线性的创新方式和过程正逐步为开放、合作、网络化的创新模式所代替。创新资源的配置方式和范围由于全球化进程的推动都发生了根本性变化,全球范围内配置科技与创新资源已经成为现实。更为重要的是，创新在全球范围的开发与融合极大地提高了创新主体拥有创新资源的异质性，创新资源间的共享互补在提升创新效率的同时也极大地降低了成本与风险。同时，开放与融合的创新结构推动科学技术整体上向纵深演进：一方面，前沿性基础研究通过开放与融合不断深入，突破性成果加快出现，催生新兴学科不断产生，各种学科群体突进；另一方面，基础研究、应用研究、技术开发和产业化之间由于开放与融合而互相渗透，边界也不再清晰，极大地缩短了创新周期，颠覆性技术持续涌现。这都持续积累着科学和技术变革的能量。

最后，新型创新模式与组织在不断出现。伴随着经济全球化，科技的发展愈显动态性和非线性，技术生命周期显著缩短，催生了新型的创新模式与组织。一方面，数字技术推动新的创新组织和创新平台不断涌现。创新由传统的组织间的协同创新演进到创新生态，创新模式从线性向非线性以及循环结构系统演化，越来越强调各创新主体间的协同与互补性。另一方面，创新的集聚效应愈发显著，最新的创新成果往往与区域优势产业集群相结合，形成创新生态集群。例如，波士顿—华盛顿城市群、旧金山湾区、英国—爱尔兰区域、德国城市群、澳大利亚悉尼湾区、印度班加罗尔等地区，均为全球著名的创新生态集群。这样的趋势代表了创新活动和创新要素之间的联系不断强化，形成互相联动、共同发展的新模式。

全球创新领导者

中国在前沿科技领域不断崛起，同时中国的创新生态和创新体系正在不断完善，并展现出勃勃生机。根据世界银行（World Bank）、联合国教科文组织（UNESCO）、世界知识产权组织（WIPO）和中国国家统计局，以及相关国家的统计机构的数据，从创新投入、创新产出、创新质量等方面可以清晰地看到中国正逐渐成为全球创新领域的领导者。

创新投入

当前对于创新投入的统计[①],主要使用国内研发总投入(gross domestic expenditures on R&D)与国内研发总投入相对国内生产总值占比(gross domestic expenditures on R&D of %GDP)两种方法。在研发投入数额方面,美国较长时间保持明显的领先地位。欧盟与韩国的投入增速较缓,美国和中国[②]保持明显的持续增长趋势。同时,中美研发投入金额的差距在不断缩小,至2019年中国的投入大约相当美国的84%。中国的研发投入长期保持7%以上的增幅,且2019年的增速突破10%,而美国2018年出现的最高增幅为6.6%。(见图9-1)

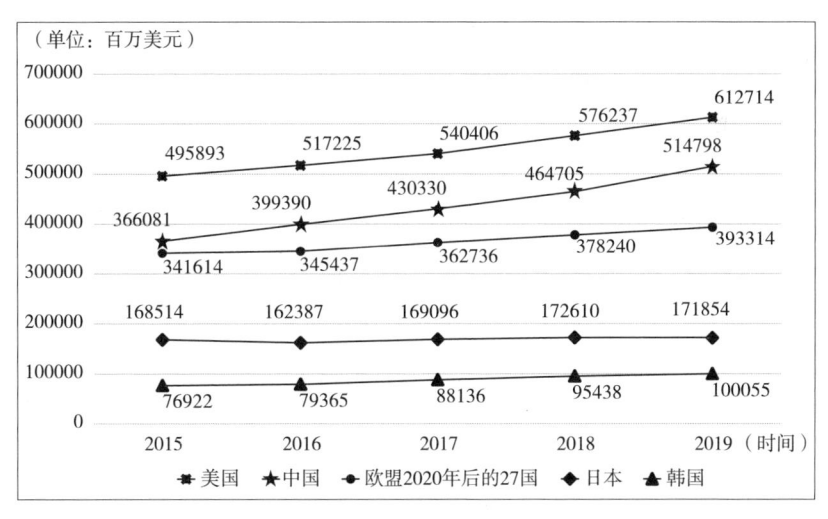

图9-1 各国研发投入

资料来源:数据来自经济合作与发展组织、国家统计局和美国国家科学与工程统计中心。

---

① 近年关于研发投入的数据较少。世界银行、联合国教科文组织关于各经济体研发投入的数据仅更新至2018年度,经济合作与发展组织更新至2019年度。为平衡发展水平、汇率水平等差异,诸如联合国教科文组织、经济合作与发展组织、R&D World(研发世界)等国际组织与商业机构均采用平价购买力(PPP)对科研投入的统计数据进行处理与计量。由于经济合作与发展组织更新的数据时效性最优,故本书主要援引该组织提供的2015—2019年度数据,同时通过中国国家统计局、美国国家科学与工程统计中心(NCSES)、日本统计局(BSJ)的数据进行补充。

② 此部分因采用国外机构统计数据,故除特别说明外,不包含港、澳、台地区的相关数据。——编者注

在研发投入所占GDP比重方面，韩国长期保持明显的领先地位，同时维持较大的增幅，资源分配较他国之多可见韩国对创新研发的重视。美国的投入比重保持稳定的增长，4年间共0.25%的增幅位居第二。而中国前期的投入占比增速缓慢，在2019年间出现近0.1%的较大涨幅。（参见图9-2）

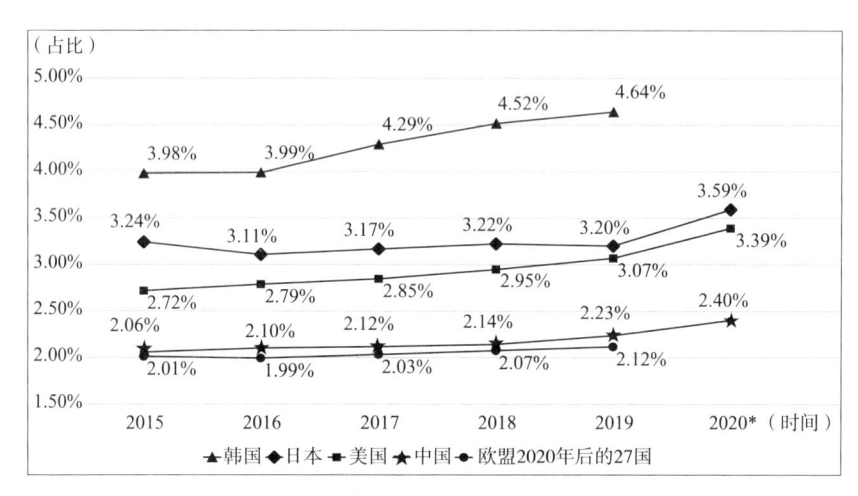

图9-2 主要经济体研发总投入相对国内生产总值占比

资料来源：数据来自经济合作与发展组织、国家统计局、美国国家科学与工程统计中心和日本统计局，其中2020年数据为各国统计部门的尚未核准数据。

创新产出

目前对于创新产出的统计[①]，主要通过专利数据反映各经济体的成果，包括流量数据专利申请数（patent applications）与专利授权数（patent grants），以及存量数据生效专利（patents in force）。在专利申请数量方面，中国近年保持明显的领先地位，数量为第二名美国的2.5倍左右，日本、韩国、欧洲专利数量分别为第三到五名。（见图9-3）

---

① 关于产出成果的数据主要来自世界知识产权组织。根据产出成果的排名，在中国（不包含港、澳、台数据）、美国、欧盟（2020年后的27国）等国家和地区外，补充了常出现于世界前5的日、韩两国的数据。

近年专利申请数Top5（单位：件）

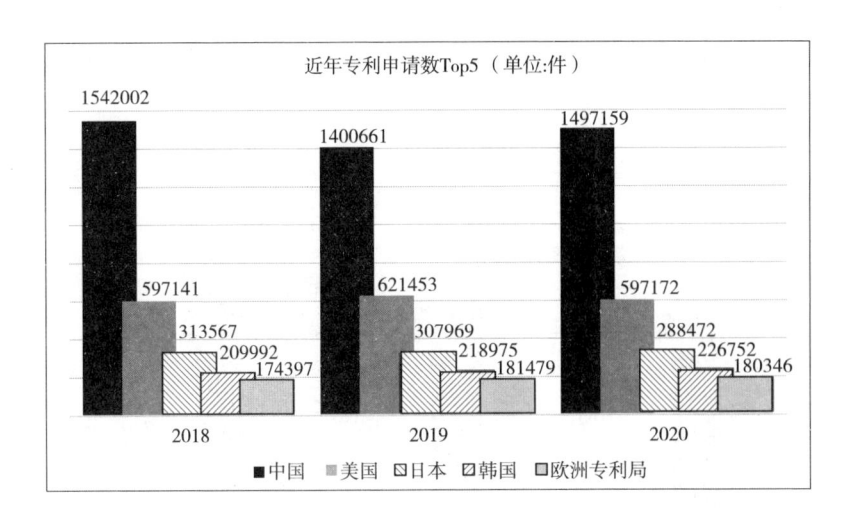

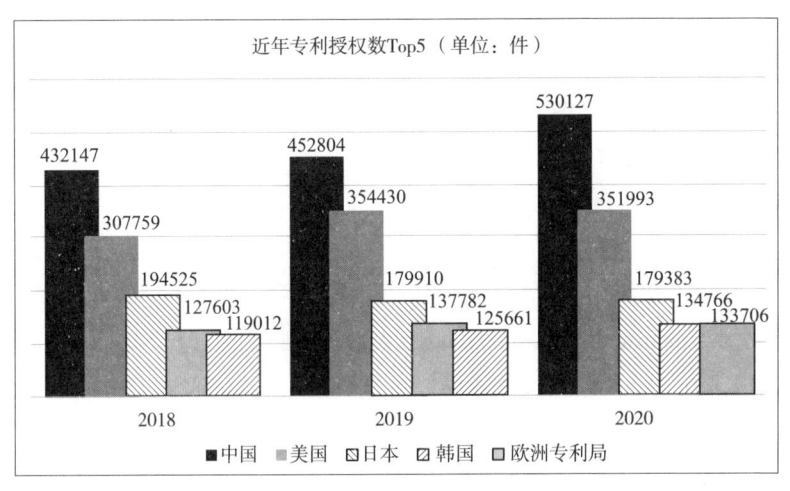

	2018	2019	2020
中国	1542002	1400661	1497159
美国	597141	621453	597172
日本	313567	307969	288472
韩国	209992	218975	226752
欧洲专利局	174397	181479	180346

近年专利授权数Top5（单位：件）

	2018	2019	2020
中国	432147	452804	530127
美国	307759	354430	351993
日本	194525	179910	179383
韩国	127603	137782	134766
欧洲专利局	119012	125661	133706

图 9-3　主要经济体近年专利申请和授权数量

资料来源：数据来自 WIPO。

在专利授权数量方面，中国近年保持着较为领先的地位，数量基本为第二名美国的 1.4 倍，日本的授权量稳定为第三位。中、韩的授权量整体呈上升趋势，中国的授权量于 2020 年取得 17% 的巨大增幅，而韩国的授权量超越欧洲专利局升至第四位。如图 9-4 所示，在生效专利数量方面，美国仍旧占据领先地位，中、日、韩分别占据二至四位。同时中国的生效专利数增速最快,至2020年已相当于美国的91%以上,差值小于30万件。

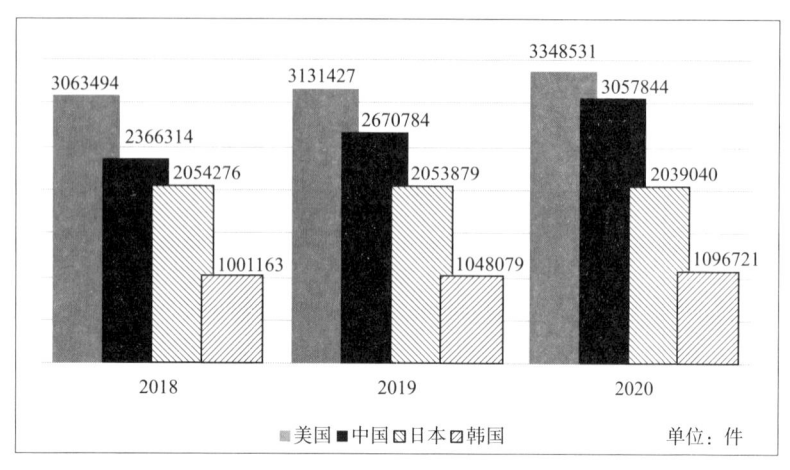

```
           2018              2019              2020
美国      3063494           3131427           3348531
中国      2366314           2670784           3057844
日本      2054276           2053879           2039040
韩国      1001163           1048079           1096721
                                           单位:件
```

图9-4 主要经济体近年生效专利数量

资料来源:数据来自WIPO。

创新质量

关于创新质量的统计,主要援引世界知识产权组织发布的创新指标评分(innovation indicator score)与全球创新指数(global innovation index)。在全球创新指标评分中,总分由投入得分与产出得分组成。当总分相同时,投入得分高者顺位靠前。中国在2020年与2021年均保持在第五顺位,相比其他经济体,产出得分较高而投入得分较低,反映了中国近年在知识与技术产出和创造性产出方面取得了较优秀的成果,而在制度环境、人力资本与研究、基础建设、市场成熟度和商业成熟度等方面仍有待深耕。在2020年,中、美二者得分情况近似,均属于相对的"投入弱—产出强",其他前列经济体属于相对的"投入强—产出弱"。2021年,美国的产出和投入得分均有增长,超越中国香港名列第一。中国内地同年的产出得分也有小幅增加,但投入得分没有变化,依旧保持全球第五顺位。(参见表9-1)

表 9-1 全球创新指标得分前五的经济体

2020				2021			
经济体	投入	产出	总计	经济体	投入	产出	总计
中国香港	7	5	12	美国	6	7	13
美国	3	6	9	中国香港	7	4	11
以色列	6	2	8	以色列	6	4	10
卢森堡	6	2	8	新加坡	6	4	10
中国	3	5	8	中国	3	6	**9**

资料来源：数据来自《Global Innovation Index》(WIPO)。

在全球创新指数方面，如图 9-5 所示，瑞士的分数常年稳居第一，美国近三年常居第三。中国于 2019 年首次以第十四名进入指数排名的前十五，并于 2021 年前进至第十二名。中国的得分，大约相当于瑞士的 80%，美国的 90%，与日本相近。

就以上数据来看，近年中国正在有力地推动创新活动发展，在研发投入、专利产出等方面取得全球范围内靠前的位置。中国的创新动力相对充足，研发投入的规模已与美国较为接近，而增速更是高于美国。庞大的专利申请量、授权量反映了中国蓬勃的创新活力和较好的创新成效。

部分经济体的全球创新指数排名

2020			2021		
排名	经济体	分数（0~100）	排名	经济体	分数（0~100）
1	瑞士	66.08	1	瑞士	65.5
3	美国	59.78	3	美国	61.3
10	韩国	56.11	5	韩国	59.3
14	中国	53.28	12	中国	54.8
16	日本	52.70	13	日本	54.5

第九章　全球创新治理结构的重建

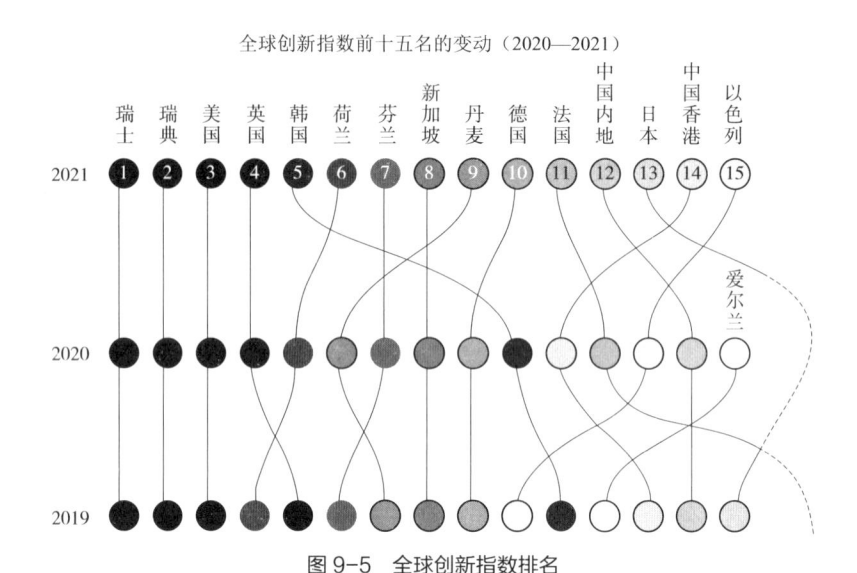

全球创新指数前十五名的变动（2020—2021）

图 9-5　全球创新指数排名

资料来源：数据来自《Global Innovation Index》(WIPO)。

走向边缘化的风险

为了提高制造业竞争力，《中国制造 2025》行动纲领指出，通过"三步走"实现制造强国的战略目标。在中国企业全面赶超欧美企业的今天，二次创新仍然具有重要的战略意义。新兴战略性产业的发展仍然要重视二次创新，但是要用超越追赶的视角和战略来重新审视。

技术创新是一个高风险、高不确定性的非线性过程，在技术范式迭代频繁的高技术行业尤其如此。很多曾经辉煌的企业，都没有跨过"在位者陷阱"，为我们留下了许多值得吸取的经验与教训。其中，最重要的一点是企业在不断发展的过程中会产生越来越多的组织惰性（organizational inertia），这种惰性会成为阻碍组织进步与发展的阻力。因此，组织不仅需要通过积累性学习获取新的知识，还需要通过"忘却式学习"，扬弃已经学到的知识，对抗不断产生的组织惰性，而战略性组织变革是顺利实现此过程的关键。二次创新是中国企业创新能力提升的过去成功经验和未来必由之路。新时代呼唤与全球技术发展潮流对接的企业创新体系，因此，应该对不同企业推行差异化的高水平海外投资项目，还应该为更多的企业接触全球顶尖科研机构、大学、实验室创造机会，充分利用发达国家的人才溢出，进一步推进海外高层次人才引进。从超越视角重新审视二次创新，必将帮助中国企业加快超越追赶进程，但同时必须注意防范技术边缘化的风险。

边缘化本身是一个模糊的概念，是一个与"中心化"或"主流"等相对的比较性用词，描述了一种被压抑的危险形式，可见于多个范畴。从技术创新的角度来看，技术边缘化的含义有二：一方面是指现有技术游离于全球技术体系的外围，使得相关产业在国际分工中的地位、产品利润贡献率和技术贡献率均处低端；另一方面，后发企业囿于技术体制、技术基础而对外部技术产生依赖，导致自身的创新力弱化和研发机构萎缩，不利于其技术成长。[7]

技术体制因素对技术的发展以及是否会走向技术边缘化具有重要影响。[8]每个技术体制构成因素都可能对本土企业施加两种作用：一种力量促使后发企业向行业的技术核心靠拢；另一种力量则将后发企业推向技术的边缘，导致后发企业技术边缘化。

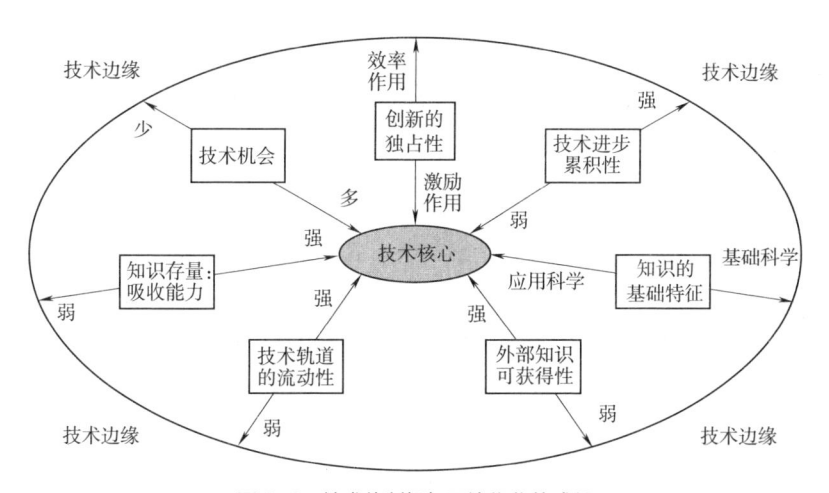

图9-6 技术体制框架下边缘化的成因

未来技术机会多的行业，意味着后发企业在未来掌握核心技术的可能性要比技术机会少的行业大。因为此时行业可能处于技术生命周期的成长阶段或技术范式的转变期，行业未来的技术发展方向不确定，尚未出现主导产业未来发展的技术。在这样的情形下，领先企业对技术的垄断程度较低，而我国作为技术追赶者便可能参与未来技术标准的制定。相反，在技术机会少的行业中，后发企业可能面临强大的技术壁垒并且自身的技术能力匮乏，所以被边缘化的可能性就很大。

创新独占性由于同时对企业发挥着激励和低效率两种相反的作用，因此，在独占性强的行业中，后发企业一方面受到强有力的激励不断进行创新而有可能接近行业未来的技术核心。另一方面，独占性越强的行业，通过限制知识溢出的程度以及使成功的创新者保持它们相对于落后者的竞争优势，使得行业的集中度高并且创新者等级顺序稳定。[9] 所以，本土企业作为追赶者，在创新独占性强的行业中究竟会处于技术的核心还是边缘，更多取决于企业自身的创新努力。

技术进步的累积性表示了过去的技术活动和成果对现在研究开发的帮助，行业的技术进步累积性越强，说明已有的技术能力对创新越重要。事实上，技术进步累积性与创新独占性之间存在着相关关系——强的技术累积性造成行业的独占性较强。技术累积性强意味着现有创新企业的创新成果不断并逐步建立技术能力。因此理论上而言，在技术累积性强的行业中，我国的后发企业由于起步晚，技术能力积累不多，消化吸收能力弱，所以被边缘化的可能性更大。

知识基础的特征表现为，创新所需要的技术知识越隐含、越复杂、越贴近基础科学，这种行业技术体制对企业研发资金投入、技术学习能力、技术积累等的要求越高，而后发企业大都缺乏初始的技术能力以及知识存量，没有充足的资金支持，这种情况下后发企业只能被推向行业技术的外围。

对于外部知识的可获得性，假如后发企业能够获得国外企业有关核心技术的知识，无疑是走向技术核心的一条捷径，并且这些技术知识的获得能够提高后发企业的技术能力，从而促进自主创新的开展。但事实上，由于领先企业对其技术的垄断和控制，后发企业根本无法接近领先企业的技术核心，即使能够使用其核心技术，也无法掌握其中的技术诀窍和技术原理，所以很难获取其核心技术的知识。

在技术轨道流动强、技术变化快的行业技术环境中，技术的未来发展方向不明确，后发企业此时由于与领先企业处于同一起跑线上而可能在技术竞争中取得优势，因而也许能够掌握未来的核心技术。当然，因为此时的技术方向难以预测，自主创新的风险加大。新旧技术范式更迭期属于技术演进的混沌时期，这一时期是实现技术追赶的最好时机。这是因为，由于技术轨道流动性强，通过引进现有的成熟技术不仅可能无法实现技术跨越，甚至会陷入"追赶的陷阱"。因此直接选择从新范式的技术诞生期或混沌期进入，这时尽管新范式的主导设计尚未确定，面临着极大的技术和市场风险，但是同样也潜藏着直接开发最新技术从而掌握未来技术的核心、实现技术追赶的极大机会。

吸收能力相对较强的后发企业更容易受益于领先企业的技术进步，实现技术追赶的可能性更大，因而更可能靠近技术核心。但从目前我国制造业的实际情况来看，中小企业的吸收能力普遍严重不足。近年来，我国引进国外技术经费支出与对引进技术消化吸收的经费之比稳定在5∶1左右，而日、韩等国比例为1∶3甚至1∶5。[10] 只重视引进而不重视消化吸收，使得后发企业的技术吸收能力长期得不到提高，因而只能够被迫做那些外围的技术研发而深入不到技术的核心层面。

通过利用技术体制的分析框架进行分析，可以发现在技术机会少、技术进步累积性强、知识基础偏向基础科学、外部知识尤其是核心技术知识可获得性差、技术轨道流动性低、吸收能力弱的技术体制下，后发企业更容易被边缘化；而创新独占性则同时施加两种相反的作用力使得后发企业可能受到强烈的激励而努力创新从而把握技术核心，也可能由于技术扩散的低效率作用而始终徘徊在技术的边缘。

防范技术边缘化最根本的途径就是加强"以我为主"的技术创新投

入、注重自身技术能力的培育和积累，本质上就是必须走"超越追赶"的道路。

理论前沿 THE FRONTIER OF THEORY

中国后发企业应该从源头上寻得国外新兴技术甚至是实验室技术开展后二次创新，并逐渐走向自主创新，实现超越追赶。

以"二次创新"为起点并最终走向自主创新的"超越追赶"是中国未来十年持续增长的根本保证，将帮助中国企业下一步更好地面对全球竞争格局的深刻变革。

超越追赶的意义

从技术创新模式来看，中国企业的创新是一个发展演进的过程，如同中国的对外开放，是循序渐进的"小步快跑"。应该承认，在研发和创新上，中国企业总体表现仍较为不足。目前，中国企业的专利拥有量，特别是发明专利还远远低于国际同行。究其原因，是中国企业整体技术实力较弱，缺乏核心技术，缺少对企业和行业技术体系的构建。短期内，这种不足也无法得到全面的改善和提升。因此，一方面，中国企业应该长期进行以技术模仿和技术引进为主要技术基础的"二次创新"，这种创新囿于发达国家已有的技术体系和产品设计。以成熟技术引进（例如引进国外企业已经高度商业化的技术）为代表的创新是最为典型的二次创新，其创新很大程度上受到国外技术范式的制约。然而，二次创新模式之所以可以被看作一种技术创新模式而非模仿模式，主要是其采用了"边模仿边创新"的过程模式，而非停留在模仿生产（仿制）阶段。这一过程可以提高企业对价值活动的控制，实现对新产品及其生产工艺以及销售的控制，同时也可以在产品改进过程中获得自主知识产权。但由于核心技术不足，市场范围受限，其对价值活动和知识产权的控制显然还属于初级阶段。另一方面，二次创新是一个技术创新源不断升级的动态过程。中国后发企业应该从源头上寻得国外新兴技术甚至是实验室技术开展后二次创新，并逐渐走向自主创新，实现超越追赶。

以"二次创新"为起点并最终走向自主创新的超越追赶模式是中国

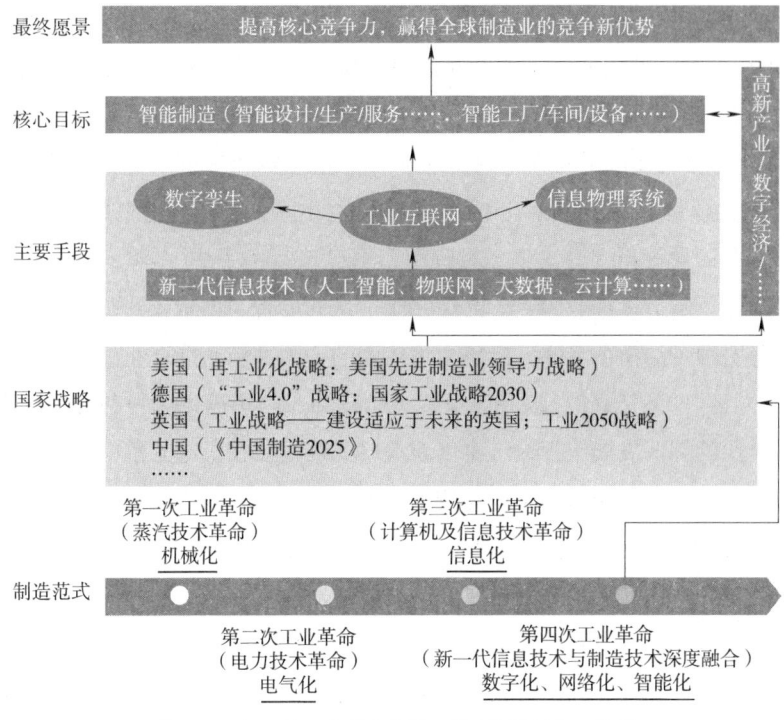

图 9-7　新一轮工业革命背景下核心词汇的相互关系

未来十年持续增长的根本保证，将帮助中国企业下一步更好地面对全球竞争格局的深刻变革，引领中国企业在全球竞争前沿的"无人区"不断成长，在"追赶"中"超越"，在"超越"中造就属于中国自己的世界领袖级企业。

发展中国家的成功之道

当前越来越多的中国企业充分利用"二次创新"赢得后发优势，在"超越追赶"新思维的战略引导下实现从"二次创新"向"原始创新"的能力跃迁和创新模式转变。中国具有不同于欧美发达国家以及日、韩新兴工业经济体的特点,其高度复杂的情境迫使中国企业走出了一条现代化的"非同寻常"的追赶与超越之路。"超越追赶"关注从封闭环境到开放环境、从线性学习到非线性学习、从建立平衡到打破平衡、从被动应对不确定性到主动拥抱变革。这是基于中国领先企业实践的,是既连接西方经典创新理论又揭示新时代下创新新范式的中国原创创新管理理论。

自最初提出"二次创新过程模型"已经过去了 20 多年,有一批中国企业(制造业企业为主)已经完成了从落后者、追赶者到领先者乃至行业引领者的角色转变。以华为为代表的中国高新制造企业甚至进入了"无人区""迷茫区"。纵观海康威视、华为、阿里巴巴、吉利等优秀中国企业的创新发展历程,二次创新战略无疑是其在全球竞争中赢得优势的关键。典型的制造业企业是技术能力上的二次创新,而对于一些新兴 IT 企业,其成长过程更多的是"二次商业模式创新"与"二次技术创新"的融合和共演。例如,阿里巴巴正是通过对美国易贝、亚马逊、贝宝等公司的商业模式进行二次创新,发展成为全球十大上市公司之一。商业模式的良好运行,离不开技术能力的支撑,商业模式实现的背后是技术与商业模式创新融合的新时代技术创新体系。

中国优秀企业事实上已经跨越了追赶发达国家领先企业的阶段,进入了"超越追赶"阶段。超越追赶的特征不是只紧盯领先者追赶,而是通过提升组织现有的技术视野,超越现有追赶轨迹,摆脱领先者的技术轨迹制约,用更高、更宽、更前瞻的技术视野开展创新,谋求发展。中国优秀企业的创新发展实践是基于中国的特殊情境而展开的,其成功经验具有丰富的实践指导意义,基于这些企业实践总结的、以"超越追赶"为核心的"C 理论",揭示新时代下创新新范式的中国原创创新管理理论,为中国乃至其他发展中国家其他更多的创新与战略管理理论研究和企业的超越追赶提供有效的"中国方案"。

中国的特殊情境

在当今全球化和网络化时代,中国企业面临着与 20 世纪日本、"亚洲四小龙"（韩国、新加坡、中国台湾、中国香港）、四小虎（泰国、马来西亚、印度尼西亚和菲律宾）以及21世纪初金砖国家（印度、俄罗斯、巴西、南非）等国家及地区的追赶截然不同的时代情境，技术追赶的模式表现出新的特征。此外，中国特定的国内市场、技术、制度和网络化特征也使得中国企业在技术追赶中面临特殊的机会和挑战。这导致中国的技术追赶经验与那些新兴工业化国家存在显著的差异，因而不能简单地复制新兴工业化国家的技术追赶经验和产业政策。中国企业的技术追赶实践是在转型的"所有制制度"、多样的"技术体制"、多层次的"市场空间"以及新兴的"全球网络"四位一体的中国情境下开展的。[11]

制度转型

机会窗口不一定来自产业技术范式转变，还可以来自政策上的变革。中国的情况则更为特殊，例如在国产化政策和自主品牌政策两种不同政策背景下，国有企业上汽集团与民营企业吉利集团的技术追赶就存在巨大差异。[12] 由于汽车国产化政策的影响，国有企业上汽集团陷入了"创新能力低—对跨国公司依赖程度高—学习的开放性差—创新能力仍旧低"的恶性循环。在汽车自主品牌促进政策背景下，无论国有企业还是民营企业，学习的开放程度都大大提高，例如上汽收购韩国双龙、英国罗孚，吉利收购澳大利亚自动变速器公司DSI、瑞典沃尔沃，加上自身对研发的大力投入，其技术水平不断提高。

此外，中国转型经济的特殊性还表现在所有制转型背景下多种所有制企业的共存。计划经济时代，国家政策导致的大量技术购买和举国动员式的技术学习，为后面市场经济改革时的追赶打下了基础。例如汽车行业国有企业在国产化政策推动下对培育本土零部件产业起到了重大的作用，这成为吉利等民营企业起步和发展的先决条件。例如，吉利开发的第一款车型"豪情"基本上采用了夏利原有的内饰和底盘，主要在车身上做了改变。因此，其关键核心零部件如发动机，基本上从夏利的供应商（如天津丰田汽车发动机公司）那里购买。

技术体制

日本、韩国等新兴经济体的追赶经验表明，后发国家往往在引进发达国家的生产工艺，掌握了工程化能力后，通过在技术上的持续投入和不断努力才逐渐形成产品开发能力，这被称为"逆向工程"。它逆转了发达国家从研究、开发到工程化的顺序。中国的工业产品大多不能与那些全球领先厂商所生产的产品在品质和特性上相抗衡，也比日本、韩国等新兴经济体要差，但是凭借自身积累的强大的逆向工程能力，通过依赖它们自身或与国外伙伴的合作，仍旧能够生产出品质可接受但成本低得多的替代产品。技术动态性对追赶同样非常关键，技术范式的转变对后发国家来说是巨大的机会窗口。后发企业虽然存在着技术落后、与主流市场分离的劣势，但由于没有历史负担，因而具有可直接将目标锁定为发展新兴技术的后发优势。因为同一技术范式下的各种产品在知识、技能、经验和外部性上是互相关联的，考虑技术的生命周期比产品的生命周期更为重要。许多中国本土企业正是借助技术范式转换的机会窗口，实现二次创新到一次创新的跃迁。

市场空间

中国情境下的市场空间的多层次性表现为巨大的市场规模和丰富的市场梯度。首先，面对巨大的国内市场规模，中国企业表现出大量的针对国内市场的产品创新。印度和巴西的企业也表现出类似的特征。而日本、韩国这样的已成功实现经济和技术追赶的新兴工业化经济体，在追赶过程中则高度依赖于出口市场和出口促进政策。其次，丰富的市场层次性和梯度成为中国企业生存与发展的重要基础。中国幅员辽阔，不但各地在基础设施水平等方面参差不齐，而且消费者的偏好因文化、习俗等因素也存在较强的多样性，因此存在很强的需求多样性以及包含从低端到高端的丰富的市场梯度。这一方面导致很多国外的技术和产品在中国不适用或不完全适用；另一方面，丰富的市场梯度为各种产品定位均提供了足够的潜在市场容量，保障了中国各种本土产业的生存与发展。显然，市场相关的知识是本土企业的竞争优势。中国企业在成长的初始阶段，依靠对本土市场的深入了解，往往聚焦国内低端市场或者被国外企业和成熟企业忽视的边缘市场，在创新方面则采取针对低端市场或利基市场的产品创新。

全球网络化

日本和韩国在追赶的时代引进了大量的成熟技术，然后基于引进的技术通过自身不断的研发努力进行创新，积累了卓越的生产能力，并形成了符合自身体制特征的管理制度，如终身雇用制、精益生产等。其中，国际市场对这些国家技术追赶的实际意义主要表现在，把国际市场视作成熟技术购买的来源和产品出口的销售地。但是随着全球化逐渐深入，在发展中国家努力追赶的过程中，国际化运营［如外国直接投资（FDI）、对外直接投资（ODI）］发挥了更为复杂、多样和重要的作用。

中国计划经济时期也像日、韩那样大量引进技术，比如"四三方案"，但是由于太过依赖外部技术，知识的学习开放性不够，追赶效果并不好。而中国推动市场经济改革和加入WTO，都使得巨大的国内市场和未能被满足的潜在需求吸引来大量FDI。FDI给东道国带来了诸多有形和无形的生产性资产，包括资金、技术诀窍和管理技能等。FDI除了通过技术转移和许可，还可以通过竞争效益、传播和示范效益、劳动力流动带来的技能扩散、产业链上下游间技术溢出等多种溢出效应对东道国本土企业技术水平提升产生影响。研究与实践显示，跨国企业会对它们在东道国的供应商进行技术和管理上的指导，以便使本土供应商的产品性能能够符合这些跨国企业所设定的产品或服务质量标准。在全球网络化背景下开放式创新已经成为世界潮流，本土企业的技术获取来源多样化。后发国家的企业可充分利用全球的市场、技术、人才等，通过在国外设置研发机构、购买技术、全球化产品销售、技术外包、技术联盟和跨国并购等方式实现技术能力的提升。例如吉利集团曾先后与意大利汽车项目集团、韩国大宇国际等国际先进的技术公司合作开发车型，先后并购澳大利亚DSI公司和瑞典沃尔沃。全球化条件下后发国家的企业在进入一个行业时，可以更容易地获得先进技术，购买自己无法独立完成的技术或产品模块，更迅速地利用自身的优势领域来实现盈利。

网络技术的发展和企业网络组织的兴起，使得创新活动从企业层向网络层转变。考察全球化、网络化条件下的创新，需要关注全球制造网络对创新的影响。全球制造网络包括企业内与企业间的交易以及各种形式的协调，它把核心企业自己的分支机构、子公司与独立供应商、战略合作伙伴等联系了起来。这是一种新的制造结构，以协作的基础设施与信息支持技术为基础，能适应细分市场的急剧变化。随着信息技术的发展与业务模式的创新，国际产业分工不断深化细化，零散化生产与产品内分工的趋势越发明显，传统的纵向一体化价值链正逐渐被散布在世界各地的专业化公司组成的价值网络取代。这揭示了当今制造业从资源密集型转向知识密集型的重要发展趋势，展示了不同类型企业协同参与研发、设计、生产、物流与服务等增值活动的国际性开放网络，预示了更多小型专业化企业也能在新的运作平台上获益、使广泛零散的资源也有机会能被整合到未来全球制造体系中去。

全球制造网络在企业、产业和国家层面上为中国企业提供了难得的发展机遇。对中国企业来说，企业的制造组织形式在以工厂为基础的生产系统上，从资源的地理位置和对资源的拥有关系两个维度上进行延伸和扩展，形成全球制造网络，从而在资源获取能力、网络系统对工厂效益的支持能力、网络系统的学习能力、网络系统的节约能力以及网络系统的敏捷和灵活性上获得优势。从提升附加值角度来说，中国企业正在撬动全球制造网络中的丰富资源，攀升产业分工微笑曲线的两端，即研发活动和营销服务，走向高端。

中国创新发展的经验

中国创新发展的经验：

"二次创新"不是简单的"引进—消化吸收—再创新"；

"二次创新"是中国赢得后发优势的最大机会和最有效方法；

"二次创新"成功的关键是开放并主动拥抱变革；

新时代的中国领军企业正通过"超越追赶"全面进入新时代。

"二次创新"不是简单的"引进—消化吸收—再创新" [13]

从中国及一般后发国家技术体系发展的历史经验看，"引进—消化吸收—再创新"是后发国家追赶发达国家的常用做法。例如日本、韩国等国由于本国市场狭小，采取的是出口导向的"引进—消化吸收—再创新"，将欧美技术引进到本国，经消化吸收掌握后，再根据欧美市场的需求进行研究开发和改进型创新，这个过程往往较长。而中国等发展中国家拥有巨大的本地市场，可以做到引进与创新并行，在引进—消化吸收的一开始就开展面向本国市场需求的"二次创新"，能更快地形成创新能力和竞争优势。

由于"引进—消化吸收—再创新"遵循的是一个线性的过程。埋头"引进—消化吸收"，尚未到达"再创新"阶段便夭折的案例比比皆是。比如 20 世纪 80 年代的家电引进项目以及汽车工业的市场换技术项目，21 世纪初孤立起来发展的 TD-SCDMA 项目等。这些项目面临开放的全球市场竞争，就因错过创新时机而被淘汰。

对于"二次创新"，开放环境下的能力构建是其核心。"二次创新"强调引进技术的同时开展创新，整个过程都在开放性的环境下进行，持续不断地与技术源、客户、产业上下游互动学习，进行知识和能力的积累，建立可持续的创新生态体系。例如华为有遍布全球的 14 个研究院，36 个联合创新中心，将数学所建在莫斯科，将美学所建在巴黎，将微波所建在米兰，在技术的发源地汲取技术知识。吉利则通过收购沃尔沃，获得了其正在开发的下一代紧凑模块化架构（CMA）车辆开发平台，收购美国 Terrafugia 飞行汽车公司，获得了其正在开发的未来飞行汽车技术。这些先进企业已经站在世界级的平台上进行"二次创新"，通过"绿地投资"、兼并收购、战略联盟将实验室建往全球科技发源地，整合全球最先进的创新要素为我所用。

"二次创新"是中国赢得后发优势的最大机会和最有效方法

新中国成立,特别是改革开放以来,成功实现技术追赶的企业大多是通过"二次创新"。从专利数据来看,1990年中国反映原始创新的发明专利授权量占17%,反映"二次创新"的实用新型专利授权量占75%;到2017年,尽管随着中国技术能力的提升,发明专利授权量升至23%,实用新型专利授权量降至53%,但实用新型专利依旧占到一半以上。最近几年中国发明专利授权量在大幅上升,例如2021年达到695936件,但占比下降为15%,而实用新型专利授权量仍有68%。从创新产品来看,大到火箭卫星、高速铁路、大型飞机、航空母舰,小到监控探头、搜索引擎、聊天软件、网上商城,这些技术尽管早期都非中国原创,但通过"二次创新",中国企业在国内国际市场上都产生了很强的竞争力。这是一个从"量变"到"质变",从"追赶"到"超越"的伟大进程。

究其原因,首先,"二次创新"能够大幅度降低高新技术的攻关难度,明显减少人力、物力、财力的投入。一般来说,"二次创新"往往不需要像"原始创新"那样,需要长达数年从头开始的研发,"二次创新"时间更短,成本更低,也最能提升企业能力。其次,"二次创新"是直接在引进技术上发展而来的,所涉及的技术对象其针对性、现实性都更强,具有很低的技术与市场的不确定性。第三,"二次创新"开放式地博采众长,为我所用,将多种技术、平台或机器重新组合创新,可做到优势互补、缺点相消,从而能发挥出更好的性能。

在互联网技术等新兴技术领域,中国企业几乎与发达国家处于同一起跑线。如百度公司从界面到搜索引擎内核都借鉴了美国谷歌公司,但是却根据自身的中文处理能力进行"二次创新",开发了基于中国市场的产品。阿里巴巴通过对美国易贝、贝宝、亚马逊等公司的商业模式进行"二次创新",跨入全球十大上市公司之列。阿里巴巴还通过技术创新与商业模式创新的融合,孕育了新的业态,推出了涵盖交易、支付、客服、搜索、推荐、广告、库存、物流等大量世界领先的商业应用,这背后是阿里巴巴、蚂蚁金服、阿里云、菜鸟物流等技术工程人员，以及人工智能联合发展起来的技术与商业模式融合的新时代技术创新体系。这些技术，如互联网基础设施技术、人工智能技术、网络安全技术、云计算技术、支付技术等都在西方原创技术刚刚兴起的基础之上发展而来。

"二次创新"成功的关键是开放并主动拥抱变革

中国企业的技术创新走了不少弯路，最主要的问题是经常陷入"引进—落后—再引进—再落后"的怪圈，比如中国的汽车和飞机工业在2010年以前发展得不太好，究其原因是忽视了开放环境下技术引进的动态性，即"二次创新"不能总是依赖成套成熟技术的引进，更应该适时地动态升级到对新兴技术甚至实验室技术的引进。

成熟技术、新兴技术和实验室技术代表技术发展的不同阶段。成熟技术在引进时已经处于技术生命周期模型中主导设计成熟阶段，这时候引进的技术成本低、性能可靠；但工艺创新与产品创新的频率都在降低，技术竞争的焦点已经转向产品与工艺上的渐进式改进，留给中国企业技术创新的空间已经很小。而新兴技术或实验室技术在引进时处于技术生命周期模型中的主导设计形成阶段，技术领域的话语权、控制权正在形成，技术创新的机会和空间也更加广阔。这对中国企业的生产能力、投资能力和研发能力提出了更高的要求，迫切需要中国企业不断变革和转型升级，有能力来抓住新的机会。

新时代的中国领军企业正通过"超越追赶"全面进入新时代

2016年全国科技创新大会上，华为创始人任正非在汇报发言中称，华为"正在本行业逐步攻入无人区，处在无人领航、无既定规则、无人跟随的困境……前进在迷航中"。尽管通过前期成功的"二次创新"，中国已经涌现出了一批领军企业，华为已经可以挑战思科、爱立信、三星、苹果等行业领袖，但是中国的领军企业多处于工程科学的创新层面，尚未真正进入基础理论研究驱动的原始创新。

这迫切要求领军企业建立"超越追赶"的创新体系。例如华为成立

2012实验室，2021年研发投入1427亿元，占其全年收入的22.4%，主要研究的方向有新一代通信、云计算、音频视频分析、数据挖掘、机器学习等，其芯片、软件、电池等研究成果在国际上具有极强影响力。阿里巴巴2017年成立"达摩院"，宣布将在3年内投入1000亿元研发资金，开展基础科学和颠覆性技术创新的研究，主要研究领域包括量子计算、机器学习、基础算法、网络安全、视觉计算、自然语言处理、人机自然交互、芯片技术、传感器技术、嵌入式系统等，涵盖机器智能、智联网、金融科技等。这些顶尖的实验室独立于母公司的研发体系，主要面向的是未来5~10年的发展方向，但绝非封闭起来搞研发，而是"一杯咖啡吸收宇宙能量"，鼓励专家抱着开放的心态多与同行喝咖啡，吸取别人的思想，形成企业前进的动力。[14] 因此，"超越追赶"的创新体系，在管理模式、关键绩效指标（KPI）等方面都有进一步强化"二次创新"的逻辑。在开放的环境下，持续不断地接近并融合全球技术源是改革开放40年中国企业技术创新能力提升的成功经验和必由之路。新时代在呼唤建立与全球一流科研院校全面融合对接的企业创新体系。这也迫切需要政府明目扩胸，放眼未来，制定前瞻性的扶持政策鼓励和推动企业"二次创新"并实现超越追赶。

超越追赶的"C理论"

新世纪以来，人类文明进入一个前所未有的创新井喷期，多种颠覆式创新不断涌现。尤其是"数字经济"的兴起，从底层改变了人类社会价值创造和分享的机制与模式。各种新型的组织模式和管理体系层出不穷，传统的基于第二次工业革命的管理体系迅速被打破。在全社会价值创造活动的底层逻辑发生革命性变化的今天，原有基于第二次工业革命的社会科学、管理理论构建的假设前提均发生了深刻的变化。在这个万物互联、智慧互联、创新互联的新时代，发展新型的基于网络的管理是最大的蓝海。用"范式转变"的蓝海管理去打破传统"熵增"系统的管理、重构市场结构，是当代中国企业的最大"机会创新"，也是中国管理学的最大"机会窗口"。

改革开放以来，中国企业全面学习欧、美、日的管理科学理论与方法，竭尽所能地快速学习和消化。在全球范围内第四次大规模的制造业转移战略机遇期，中国借助由制度红利、人口红利和资源禀赋红利构成的"成本结构"比较优势，形成了全球范围内最为完整且独具竞争力的工业体系和高效的生产供应链体系。在这个背后更值得管理实践者关注的是：是什么管理理论和方法让一些中国企业能够后来居上，实现从追赶到超越的华丽蜕变？又是什么能够让一些中国企业站在世界前沿，高举高打地处于领先水平？在"超越追赶"的时代新情境下，中国的管理实践者们已经到了从被动学习西方管理理论和方法，进阶至主动结合中国领先企业崛起实际构建属于自己的管理理论和方法的时候了。

THE FRONTIER OF THEORY 理论前沿　"C理论"将帮助中国企业下一步更好地面对全球竞争格局的深刻变革，引领中国企业在全球竞争前沿的"无人区"不断成长，在"追赶"中"超越"，在"超越"中造就属于中国自己的世界领袖级企业。

"C理论"也将引领更多其他新兴经济体中的后发企业，正确认识并把握和抓住下一个范式兴起的重大"机会窗口"，实现长期可持续发展，推动"超越追赶"模式在更加广泛的领域实现其价值，为世界管理理论界做出源自中国的贡献。

基于30余年的经历和深入企业调查、跟踪及研究可以发现，通过"超越追赶"走入世界领先行列的中国企业都遵守一些基本原理，后发企业从中亦能找到值得学习的理论和方法。其一，从引进技术和管理之初就积极开展"二次创新"，而非埋头苦干式地"消化吸收"，极致发挥"后发优势"，结合制度、劳力、人口、资源禀赋诸多"红利"迅速实现"追赶"。其二，抓住技术生命周期中"技术范式"转变的"非线性打击"机会窗口，才有机会打破原有行业领袖的固有交易结构，从而实现真正的追赶超越。其三，利用新的平台技术实现跨界融合，促使价值创造系统从价值链走向价值网络。在互联网时代，产业之间、企业之间的边界越来越模糊，跨专业和跨功能的交叉复合成为常态，数据成为强大的新能源。在此过程中，业务中台、数据中台等重大组织管理创新的崛起，使得中国的平台型生态组织具有了更强大的资源整合和利用能力。与传统"优胜劣汰、弱肉强食"的经典社会达尔文主义不同，由此而生的是基于资源和能力互补的"共创、共建、共享、共赢"的"使命共同体"和"利益共同体"相结合的企业"命运共同体"。

以中国特色的成功创新与发展实践为基础，提炼和总结出以超越追赶为核心的"C理论"，重要价值体现在——该理论刻画出了在技术范式转变下充斥着高度不确定性的情境中，以"超越追赶"（Beyond Catch-up）为重要命题，以变革（change）、互补竞争力（complementary based competitiveness）、共创（co-create）、共建（co-construct）、共享（co-share）为核心特征的创新管理理论体系。"C理论"突破了经典的"五代"技术创新过程模型的框架制约，颠覆了以往"非黑即白"的"一元思维"，打破了西方经典创新管理理论的单一技术生命周期的基本假设，以及建立和维护稳定平衡的核心命题。通过充分利用集体智慧、资源异质性中的互补性、多元管理和组织双元性，包容又跨界协同中的新型生态创新思想，中国特色"C理论"构建与片面强调异质性、独占性和排他性的传统管理理论所不同的创新理念并且兼顾"民族性""世界性"创新体系。

下一步，"C理论"将帮助中国企业更好地面对全球竞争格局的深刻变革，引领中国企业在全球竞争前沿的"无人区"不断成长，在"追赶"中"超越"，在"超越"中造就属于中国自己的世界领袖级企业。"C理论"也将引领更多其他新兴经济体中的后发企业，正确认识并把握和抓住下一个范式兴起的重大"机会窗口"，实现长期可持续发展，推动"超越追赶"模式在更加广泛的领域实现其价值，为世界管理理论界做出源自中国的贡献。

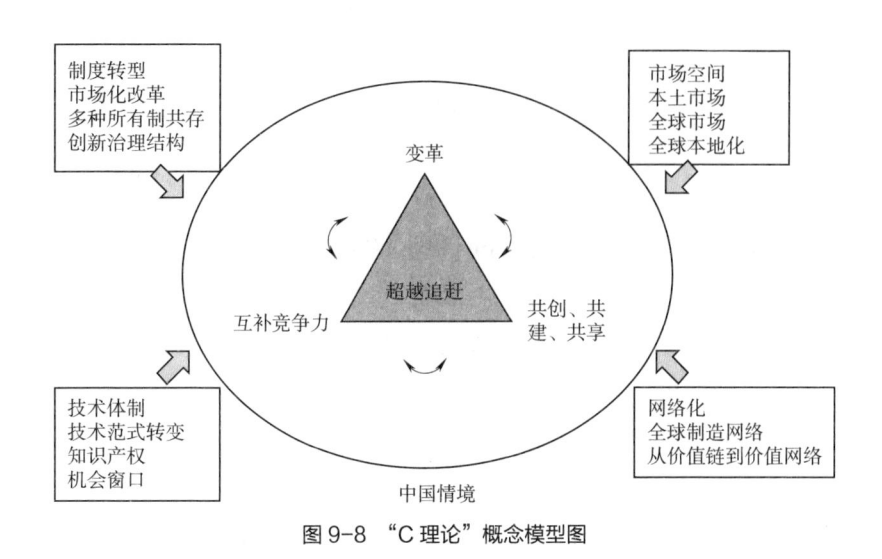

```
制度转型                            市场空间
市场化改革                          本土市场
多种所有制共存                      全球市场
创新治理结构                        全球本地化
                    变革
                   ╱△╲
                  超越追赶
         互补竞争力      共创、共
                       建、共享
技术体制                            网络化
技术范式转变                        全球制造网络
知识产权                            从价值链到价值网络
机会窗口
                   中国情境
```

图 9-8 "C 理论"概念模型图

中国方案

20 世纪以来，真正通过追赶实现领先的国家少之又少，而中国走出了自己独特的追赶路径，具有引领和突破的意义。本书基于中国领先企业的追赶实践提出的以"超越追赶"为核心的 C 理论具有领先意义，提出的是一个与当前所谓的"东亚模式"、"拉美模式"和"非洲模式"完全不同并更具划时代意义的追赶模式和管理体系，为推动人类社会经济发展贡献"中国智慧"。此外，本书总结出的"跨技术生命周期"管理方法，不仅对中国企业有效，也能够为所有发展中国家寻求成功之道的、处于追赶中的企业，提供追赶和实现超越追赶的"中国方案"。

THE FRONTIER OF THEORY 理论前沿

中国走出了自己独特的追赶路径，具有引领和突破的意义，能为其他国家处于追赶中的企业提供"中国方案"：

二次创新：赢得后发优势的最大机会和最有效方法；

非线性打击：抓住并利用机会窗口；

忘却学习：不同学习模式的平衡；

价值网络：利用互补性资源实现跨界融合；

双轮驱动：在技术端和市场端共同发力；

全球制造网络：抓住百年未有之大变局的机遇；

新型国家创新体系：构建新时代超越追赶的基础支撑。

二次创新：赢得后发优势的最大机会和最有效方法

首先，后发企业应该从引进技术和管理之初就积极开展"二次创新"，而非埋头苦干式地"消化吸收"。发展中国家应该依据本地市场，做到引进与创新并行，在引进—消化吸收的一开始就开展面向本国市场需求的"二次创新"，能更快地形成创新能力和竞争优势。其次，对于"二次创新"，开放环境下的能力构建是其核心。持续不断地与技术源、客户、产业上下游互动学习，进行知识和能力的积累，建立可持续的创新生态体系。最后，"二次创新"成功的关键是开放并主动拥抱变革。"二次创新"不能总是依赖成套成熟技术的引进，更应该适时动态升级到对新兴技术甚至实验室技术的引进。新兴技术或实验室技术在引进时处于技术生命周期模型中的主导设计形成阶段，技术领域的话语权、控制权正在形成，技术创新的机会和空间也更加广阔。

非线性打击：抓住并利用机会窗口

任何创新技术范式的发展都类似于 S 形曲线，同时也限定了在此范式下技术发展的极限。重大技术创新会带来新技术范式的出现、产品性能的提升和生产成本的降低。在范式转变的初期，相比老的技术范式，新的技术范式可能还处于弱势地位。但是随着时间的推移或者投入的增加，老的范式将碰到"天花板"，而新的范式欣欣向荣，呈现"非线性动力学演化特征"，对老的范式形成"非线性打击"，旧的技术范式终将退出舞台。范式转变也给市场后入者带来了赶超领先者的"机会窗口"，利用"机会窗口"市场后入者可以跨越先发者在旧范式上积累的优势，实现跨越式追赶。

忘却学习：不同学习模式的平衡

多数发展中国家作为后发者，黏滞在发达国家旧的技术范式上，往往会陷入"创新能力低—对发达国家技术依赖程度高—学习的开放性差—创新能力仍旧低"的恶性循环,无法抓住机会窗口,差距反而越来越大。究其原因,往往是企业不能很好地进行忘却学习。获得新知识的学习过程与扬弃过时或有误导性的旧知识的忘却学习过程同样重要。企业需要进行忘却学习,是因为积累知识并非学习的全部过程,在许多情况下,尤其是当技术范式转变时,企业面临的根本性"游戏规则"发生变化,很难从实验和历史中做出解释,企业内部也很容易丧失知识整合的目标,此时必须对过去学习到的知识提出疑问。那些不重视忘却学习的组织会面临坠入"能力陷阱"的风险,因为它们只是继续致力于完善现有的技能而不开发更适合于变化了的环境的全新技能。

有效的忘却学习需要战略性组织变革,这是一个"打破旧惯例—重新组合—建立新制度"的过程。然而,由于惯性的存在,变革的阻力主要来自组织内部对旧惯例的路径依赖,旧的组织惯例为内部人员提供了熟悉的工作方式和资源分配方式,为了保护自身利益,加之对变革认知不足以及能力有限等原因,内部人员很难接受变革带来的变化。组织变革主要涉及四个方面的改变:调整、重组组织战略与匹配结构,组建不同功能、不同任务的团队,主导技术的革新,产品和服务的改变。

组织变革并不是一次性的,而是一种可持续发展的综合能力。在变革的发起上,组织需要培养促进变革的文化,将组织变革植入日常惯例,确保组织变革能够跟得上新发展战略的脚步;在执行上,组织需要构建支持变革的基础结构,为组织整体性变革建立跨职能协作团队提供必要的资源,促进组织新结构的落地;在微观层面,组织的变革与组织领导者的认知密切相关,而组织领导者也需要思考如何通过交流和互动将变革的意愿向下传达,提高员工的变革意愿与能力。

价值网络:利用互补性资源实现跨界融合

后发企业应该充分利用新的平台技术实现跨界融合,促使价值创造系统从价值链走向价值网络。在产业之间、企业之间的边界越来越模糊,跨专业和跨功能的交叉复合成为常态的新情境下,企业应该重视和开展业务中台、数据中台等组织管理创新，培育跨界的资源整合和利用能力，通过价值网络获取外部资源和能力，对自身的资源形成互补，通过价值网络获得资源互补形成自身竞争优势，构建基于资源和能力互补的"共创、共建、共享、共赢"的"使命共同体"和"利益共同体"相结合的企业"命运共同体"。

双轮驱动：在技术端和市场端共同发力

现有的追赶往往更加重视技术端，这是因为技术能力确实是企业实现竞争优势至关重要的一环，对于高技术行业尤其如此。但是，这并非表明市场追赶（以市场占有率为指标）对企业来说就是次要的。相反，技术追赶与市场追赶之间是互相支持、相辅相成的关系，没有过硬的技术，企业的产品很难在市场中获得高占有率；而有了技术，开发了产品，并不意味着就一定会有好的市场表现，企业还需要其他能力（如制造能力、服务能力、营销能力、质量控制能力）以及外部的互补性技术作为支持。技术创新是一项高风险、高投入的活动，没有良好的市场表现作为支持，企业的技术创新活动必将难以为继。

基于商业模式设计与技术创新战略的动态匹配及其共同演化的"双轮驱动"，是后发企业实现技术追赶的重要模式。在企业发展过程中，商业模式设计与技术创新不仅要相互匹配，而且要共同演化，形成动态匹配机制。在技术变迁周期缩短，新兴信息技术广泛应用，以及竞争范式快速转变的新商业文明时代，后发企业需要充分利用"双轮驱动"作为实现技术赶超的重要手段，使"双轮驱动"成为在新商业文明时代从追赶到赶超再到引领的有力引擎。

全球制造网络：抓住百年未有之大变局的机遇

面对全球制造业重新布局、分工和整合的重要历史机遇，后发企业应积极发挥已经具备的国际化经营能力以及自身优势，更加积极地开展国际分工和产业结构调整，加快建设依托自身优势的全球制造网络，以充分利用全球各地的生产和研发资源为自身服务。对后发企业而言，原先"市场换技术"的路径已经很难走通，因为技术范式的转变导致技更新很快，并不断地刺激着新的市场需求，只得到成熟技术，而没有持续匹配市场的技术能力的提升，在面临行业重大范式转变时，将不可避免地遭遇非线性打击。这需要后发企业通过构建全球制造网络，充分聚集和利用全球制造网络带来的全球性创新资源。

新型国家创新体系：构建新时代超越追赶的基础支撑

从"追赶"到"超越追赶"是一场从价值认知、运作原理到体系规则、行为规范乃至文化内核的重大"范式转变"。首先，积极推动和培育国家创新体系从经典的"政产学"的"三位一体"向新时期的由政府、企业、高等院校、科研机构、金融机构、科技中介以及用户构成的"政产学研用金介"的"七位一体"转变。只有充分发挥国家创新体系的作用，发挥"有为政府"的作用，才能凝聚社会最大共识和最大合力解决重大技术突破，为"超越追赶"提供基础支撑。在这个过程中，还需要明确国家创新体系中七个关键参与主体的角色变化，以及由主体角色多样化而产生的动态性问题。

其次，建立基于生态协同的国家创新体系运行机制。新型国家创新体系需要建立一套健全的运行机制，需要突破传统体制机制约束，实现生产要素和创新要素充分流动，释放发展活力。应该从基于生态协同的"能力提升—资源分配—激励治理"的逻辑建立新型国家创新体系的运行机制，主要包括：建立创新生态中各主体的能力提升机制；建立政府干预和市场自由的资源协调配置的运行机制；建立多主体的参与动机与降低协同过程中的交易和协调成本的激励与治理机制。

最后，加强新型国家创新体系的"四维"政策支持体系建设。需要以问题为导向，以需求为牵引，建立一个有效支撑的政策制度体系，最大化科技创新和制度创新共同驱动的力量。应该从国家创新体系的顶层政策设计、供给侧政策设计、需求侧政策设计和基础设施政策设计的四维度构建政策支撑体系，为创新建立一个系统性的政策支持体系。

参考文献

第一章

[1] Science 125th Anniversary SPECIAL ISSUE, Vol 309, Issue 5731.

[2] Hume D. A Treatise of Human Nature. London: Penguin Classics, 1985. 356–420.

[3] Smith A. An Inquiry into the Nature and Causes of the Wealth of Nations. Carmel: Liberty Fund Inc, 1982. 96–120.

[4] Ricardo D. Principles of Political Economy and Taxation [M]. New York: Cosimo Classics, 2006. 102–268.

[5] List F., Colwell S. National System of Political Economy [M]. New York: Vernon Press, 2014. 56–256.

[6] Rostow W. W. The Stages of Economic Growth: A Non-communist Manifesto [M]. Cambridge: Cambridge University Press, 1991, 324: 152–218.

[7] 余振. 为什么有些国家向前发展，而有些国家发展停滞 [J]. 科学通报, 2017, 62 (28-29): 3302–3308.

[8] 央视纪录片《大国崛起》第十集《新国新梦》。

[9] Maddison A. Explaining the Economic Performance of Nations Essays in Time and Space [J]. E. Elgar, 1995, 11（1）: 143–149.

[10] 龚淑林. 美国第二次工业革命及其影响 [J]. 南昌大学学报（人文社会科学版）, 1988, (01): 67–74+101.

[11] 龚淑林. 美国第二次工业革命及其影响 [J]. 南昌大学学报（人文社会科学版）, 1988, (01): 67–74+101.

[12] 南岭. 三次产业革命的创新逻辑 [J]. 特区实践与理论, 2021 (05): 82–91.

[13] 柳卸林, 葛爽, 丁雪辰. 工业革命的兴替与国家创新体系的演化——从制度基因与组织基因的角度 [J]. 科学学与科学技术管理, 2019, 40（07）: 3–14.

[14] 央视纪录片《大国崛起》第十集《新国新梦》。

[15] 赵乐静, 郭贵春. 美国工业实验室的研究传统及其变迁 [J]. 科学学研究, 2003 (01): 25–29.

［16］南岭.三次产业革命的创新逻辑［J］.特区实践与理论，2021（05）：82-91.

［17］柳卸林，葛爽，丁雪辰.工业革命的兴替与国家创新体系的演化——从制度基因与组织基因的角度［J］.科学学与科学技术管理，2019，40（07）：3-14.

［18］柳卸林，葛爽，丁雪辰.工业革命的兴替与国家创新体系的演化——从制度基因与组织基因的角度［J］.科学学与科学技术管理，2019，40（07）：3-14.

［19］李俊江，孟勐.技术前沿、技术追赶与经济赶超——从美国、日本两种典型后发增长模式谈起［J］.华东经济管理，2017，3（01）：5-12+2.

［20］刘忠远，张志新.大国崛起之路：技术引进——二战后日本经济增长路径带来的启示［J］.科学管理研究，2010，28（06）：99-103.

［21］金明善，车维汉.赶超经济理论［M］.北京：人民出版社，2001：212.

［22］施培公.后发优势——模仿创新的理论与实证研究［M］.北京：清华大学出版社，2009:161.

［23］霍雨佳.日本经济崛起原因及其启示［J］.海南师院学报，1990，（01）：67-70.

［24］霍雨佳.日本经济崛起原因及其启示［J］.海南师院学报，1990，（01）：67-70.

［25］杨申.日本经济的崛起及其若干趋势［J］.理论探索，1989，（3）：60-63.

［26］贡乔晋.浅析战后日本经济文化崛起的原因［J］.才智，2014（11）：3.

［27］刘忠远，张志新.大国崛起之路：技术引进——二战后日本经济增长路径带来的启示［J］.科学管理研究，2010，28（06）：99-103.

［28］World Bank "（Current US ＄）"，URL：https://data.worldbank.org/indicator/NY.GDP.MKTP.CD?view=chart&locations=KR，Date：2022.03.21.

［29］Maddison A. The World Economy：a Millennial Perspective. OECD，2001. 276-277.

［30］兰星，李永平，华中理工大学.韩国经济增长模式的转变、特征及其借鉴［J］.华中理工大学学报（社会科学版），1996，（03）：33-36.

［31］赵淳.韩国的经济发展［M］.李桐连，译.北京：中国发展出版社，1997.

［32］苏振锋.韩国发展适用技术的成功经验［J］.云南科技管理，2000，（04）：45.

［33］生延超.日本、韩国的技术赶超及其对中国的启示［J］.中国科技论坛，2009，（06）：136-140.

［34］曾方.技术创新中的政府行为——理论框架和实证分析［D］.复旦大学，2003.

［35］李君然，封凯栋，姜子莹.研发密集型产业的创新转型：基于集成电路产业的跨国分析［J］.学习与探索，2022，（01）：118-128.

［36］王超，李倩.韩国突破DRAM关键核心技术的案例分析及经验借鉴［J］.网络空间安全，2020，11（04）：108-113.

［37］曾方.技术创新中的政府行为——理论框架和实证分析［D］.复旦大学，2003.

［38］张玉娇.韩国半导体产业发展研究［D］.吉林大学，2020.

［39］冯昭奎.日本半导体产业发展的赶超与创新——兼谈对加快中国芯片技术发展的思考［J］.日本学刊，2018，（06）：1-29.

［40］张雷.韩国经济增长中的科学技术、教育因素分析［D］.大连理工大学，2007.

［41］张维.新加坡崛起之路［J］.今日国土，2002（Z2）：60-64.

［42］汪明峰，袁贺.产业升级与空间布局：新加坡工业发展的历程与经验［J］.城市观察，2011，（01）：66-77.

[43]方天霞,钱松涛,方芳,冯明凤.论新加坡崛起中的政府行为及其启示[J].现代商业,2017,(33):59-60.

[44]王原.新加坡的可持续发展教育与创新[J].教育教学论坛,2013,(04):1-2.

[45]韩瑾.国外创新城市建设策略研究[J].北方经济,2007,(12):58-59.

[46]纪慰华,苏宁.新加坡建设科技创新中心的特点与启示[J].全球城市研究(中英文),2020,1(02):91-102+193.

[47]王原.新加坡的可持续发展教育与创新[J].教育教学论坛,2013,(04):1-2.

[48]郭文波,曹佳.新加坡营造创新创业创造生态环境的经验与启示[J].中国经贸导刊(中),2021,(02):11-13.

[49]张维.新加坡崛起之路[J].今日国土,2002(Z2):60-64.

[50]纪慰华,苏宁.新加坡建设科技创新中心的特点与启示[J].全球城市研究(中英文),2020,1(02):91-102+193.

[51]刘学.以色列外向型经济增长模式研究及启示[D].吉林大学,2009.

[52]方晓415.以色列的科技创新优势、经验及对我国的启示[J].中国经贸导刊(中),2019,(02):25-26.

[53]兰萍,李略.关于横琴粤澳深度合作区推进科技创新的思考——兼论以色列科技创新经验的启示[J].港澳研究,2021(04):55-65+95-96.

[54]范琳,刘敏,李茂林.国外创新创业发展生态系统的构建与对我国的启示——以以色列创新创业经济发展为例[J].北方经济,2018,(12):74-77.

[55]张秋.中东地区国家产学研创新体系特点及对我国的启示——以以色列、伊朗、埃及为例[J].科技创新与生产力,2020,(09):7-10.

[56]潘利.为有源头活水来:以色列实施"科技孵化器战略"促进创新发展的经验借鉴[J].广东经济,2016,(6):34-36.转引自:张秋.中东地区国家产学研创新体系特点及对我国的启示——以以色列、伊朗、埃及为例[J].科技创新与生产力,2020,(09):7-10.

[57]刘学.以色列外向型经济增长模式研究及启示[D].吉林大学,2009.

[58]王楠.以色列经济发展中的教育因素及启示[J].未来与发展,2017,41(03):24-27.

[59]高博,葛迪夫.以色列的经济发展道路[J].现代国际关系,1992,(05):10-15+24+63-64.

[60]刘学.以色列外向型经济增长模式研究及启示[D].吉林大学,2009.

[61]Hobday M. East Asian Latecomer Firms: Learning the Technology of Electronics[J]. World Development, 1995, 23(7): 1171–1193.

[62]Mathews J. A., Cho, D. S. Combinative Capabilities and Organizational Learning by Latecomer Firms: The Case of the Korean Semiconductor Industry[J]. Journal of World Business, 1999, 34(2): 139–156.

[63]Mathews J. A. National systems of economic learning: the case of technology diffusion management in east Asia[J]. International Journal of Technology Management, 2001, 22(5/6): 455–479.

[64]Yu F. L. T. Technological Strategies and Trajectories of Hong Kong's Manufacturing Firms[J]. International Journal of Technology Management, 2005, 29(1–2): 21–39.

[65]Kim L. Crisis Construction and Organizational Learning: Capability Building in Catching-up at Hyundai Motor[J]. Organization Science, 1998, 9(4): 506–521.

[66] Lee K., Lim C. Technological Regimes, Catching-up and Leapfrogging: Findings from the Korean Industries [J]. Research Policy, 2001, 30 (3): 459-483.

[67] Choung J. Y., Hwang H. R. Choi, J. K. Post Catch-up System Transition Failure: The Case of ICT Technology Development in Korea [J]. Asian Journal of Technology Innovation, 2016, 24 (sup 1): 78-102.

[68] 雷小苗, 李洋. 高科技产业的技术追赶与跨越发展: 文献综述和研究展望 [J]. 工业技术经济, 2019, (2): 145-152.

[69] Choung J. Y., Wang H. R., Choi, J. H., et al. Transition of Latecomer Firm's from Technology Users to Technology Generators: Korean Semiconductor Firms [J]. World Development, 2000, 28 (5): 969-982.

[70] Wang J. H. From Technological Catch-up to Innovation-based Economic Growth: South Korea and Taiwan compared [J]. Journal of Development Studies, 2007, 43 (6): 1084-1104.

[71] Ernst D. Catching-Up, Crisis and Industrial Upgrading. Evolutionary Aspects of Technological Learning in Korea's Electronics Industry [J]. Asia Pacific Journal of Management, 1998, 15 (2): 247-283.

[72] 金麟洙. 从模仿到创新: 韩国技术学习的动力 [M]. 刘小梅, 刘鸿基, 译. 新华出版社, 1998.

[73] 刘海霞. 后发资本主义的模式分析及其对我国现代化建设的启示 [J]. 当代世界与社会主义, 2007, (5): 52-55.

[74] World Bank, 1993. The East Asian Miracle: Economic Growth and Public Policy, New York: Oxford University Press.

[75] Perkins D. H. China: Asia's Next Economic Giant? Seattle: University of Washington Press, 1986.

[76] Krugman P. The Myth of Asia's Miracle. Foreign Affairs, 1994, 73 (6): 62-78.

第二章

[1] 宝鋆, 等编. 同治三年甲子戊戌总理各国事务衙门恭亲王等奏 [M]// 筹办夷务始末 (同治朝), 第25卷. 北京: 中华书局.2014: 2494.

[2] 李艳. 安庆内军械所秘事 [J]. 国企管理, 2018, (13): 94-97.

[3] 单擎. 曾国藩与安庆内军械所 [J]. 边疆经济与文化, 2013, (11): 59-60.

[4] 李艳. 安庆内军械所秘事 [J]. 国企管理, 2018, (13): 94-97.

[5] 张忠. 曾国藩创办安庆内军械所始末 [J]. 文史春秋, 2010, (05): 29-33.

[6] 百度百科"江南制造总局"。

[7] 李少莉. 论清末洋务派的海防建设 [J]. 辽宁师范大学学报, 1992, (05): 75-79.

[8] 庞百腾. 沈葆桢评传: 中国近代化的尝试 [M]. 陈俱, 译. 上海: 上海古籍出版社, 2000: 174.

[9] 陈学恂, 田正平. 洋务运动时期的教育 // 中国近代教育史资料汇编 [M]. 上海: 上海教育出版社. 2007: 327.

[10] 央视纪录片《船政学堂》。

[11] 央视纪录片《船政学堂》。

[12] 李少莉. 论清末洋务派的海防建设 [J]. 辽宁师范大学学报, 1992, (05): 75-79.

[13] 李婵玉. 福建船政学堂的留学活动与清末北洋水师建设研究 [D]. 陕西师范大学, 2019.

[14] 俞启定. 晚清中国近代教育形成动因和线索 [J]. 教育研究, 2021, 42 (06): 62-69.

[15] 吴兆清. 晚清四洋海军述评 [J]. 故宫博物院院刊, 2014, (01): 63-82+158.

［16］刘申宁.论晚清军工建设［J］.军事历史研究，1991，（01）：96-111.

［17］高庆节.论洋务派科技观对中国近代科技发展的影响［D］.哈尔滨工业大学，2008.

［18］季晨.盛宣怀与轮船招商局（1885—1902）［D］.华东师范大学，2012.

［19］李玉.轮船招商局：中国首家公司制企业［J］.中国中小企业，2012，（10）：60-63.

［20］中国史学会.洋务运动（五）［M］.上海：上海人民出版社，1961.

［21］徐进功.试论北洋军阀统治时期我国民族工业的发展及其原因［J］.中国社会经济史研究，1994，（04）：64-70.

［22］董剑平.北洋政府初期民族资本工业的发展及其所遇到的困难［J］.烟台师范学院学报（哲学社会科学版），1995，（02）：27-31.

［23］卓遵宏，等.中华民国专题史（第6卷）：南京国民政府十年经济建设［M］.南京：南京大学出版社，2015年.

［24］吴承明.近代中国资本集成和工农业与交通运输业总产值的估计//吴承明集［M］.北京：中国社会科学出版社，2002：136.

［25］周海燕.民国十年（1927—1937）经济发展中的政府主导与市场互动研究［D］.江西财经大学，2015：54.

［26］卓遵宏，等.中华民国专题史（第6卷）：南京国民政府十年经济建设［M］.南京：南京大学出版社，2015年.

［27］卓遵宏，等.中华民国专题史（第6卷）：南京国民政府十年经济建设［M］.南京：南京大学出版社，2015年.

［28］卓遵宏，等.中华民国专题史（第6卷）：南京国民政府十年经济建设［M］.南京：南京大学出版社，2015年.

［29］刘刚.抗日战争期间重庆钢铁工业的回忆［J］.四川冶金志通讯：四川冶金工业大事年表.1986年第1期.

［30］董长芝，等.民国财政经济史［M］.大连：辽宁师范大学出版社，1997：321-322.

［31］张学君，等.四川近代工业史［M］.成都：四川人民出版社，1990：442.

［32］谭熙鸿.十年来之中国经济（1938—1947）（下册）［M］.北京：中华书局，1948.

［33］许涤新.新民主主义革命时期的中国资本主义［M］.北京：人民出版社，1993.

［34］肖向龙.抗战时期的后方民营工业［J］.西南师范大学学报（人文社会科学版），2000，4（02）：129-133.

［35］时事问题研究会.抗战中的中国经济［M］.北京：抗战书店，1940：162-167.

［36］董志凯.中国工业化60年：路径与建树（1949-2009）［J］.中国经济史研究，2009（3）：3-13.

［37］董志凯.自力更生与引进、消化相辅相成——1949—1978年中国科技发展回顾与启示［J］.当代中国史研究，2019，26（5）：15.

［38］夏慧芳.中国工业化的基石——前苏联援建的"156项目"［J］.新西部（理论版），2016，（21）：79+81.

［39］董志凯.自力更生与引进、消化相辅相成——1949—1978年中国科技发展回顾与启示［J］.当代中国史研究，2019，26（5）：15.

［40］王晓红，谢兰兰，郭霞.论我国技术贸易的发展创新［J］.开放导报，2021，（01）：24-50.

[41] 新华网新闻. 共和国的足迹: 1970年, 万里长江第一坝 [J/OL]. 新浪网, 2009年8月26日.

[42] 江小涓. 中国的外资经济对增长、结构升级和竞争力的贡献 [J]. 中国社会科学, 2002, (06): 4-14+204.

[43] 迟爱萍. 周恩来与新中国第二次大规模成套技术设备的引进 [J]. 党的文献, 2022, (04): 65-72.

[44] 王晓红, 谢兰兰, 郭霞. 论我国技术贸易的发展创新 [J]. 开放导报, 2021, (01): 24-50.

[45] 陈东林. 开放的前奏: "四三方案"及其对改革开放的影响 [J]. 中国国家博物馆馆刊, 2019 (01): 10-19.

[46] 苏少之. 中国经济通史 [M]. 长沙: 湖南人民出版社, 2002: 723.

[47] 刘炳峰. 毛泽东与"四三方案"的制定实施 [J]. 文史天地, 2017, (07): 20-24.

[48] 长子中. 我国农业现代化发展历程及基本经验 [J]. 北方经济, 2012, (Z1): 20-23.

[49] 辽宁省档案馆开放鉴定处. 我国第一批重点石油化纤基地——辽阳石油化纤公司 新中国工业第一系列 [J]. 兰台世界, 2018, (05): 2.

[50] 姚赫威. 技术引进对经济增长的影响 [D]. 吉林大学, 2019.

[51] 王钦. 新中国工业技术创新70年: 历程、经验与展望 [J]. 中国发展观察, 2019, (21): 4.

[52] 陈晓东. 改革开放40年技术引进对产业升级创新的历史变迁 [J]. 南京社会科学, 2019, (1): 17-25.

[53] 林垚. "市场换技术"成效的影响因素研究 [J]. 中国物价, 2021, (01): 40-43.

[54] 程磊. 新中国70年科技创新发展: 从技术模仿到自主创新 [J]. 宏观质量研究, 2019, 7 (3): 21.

[55] 汪海波. 对发展非公有制经济的历史考察——纪念改革开放40周年 [J]. 中国经济史研究, 2018, (3): 46-62.

[56] 雷家骕, 刘影, 戚耀元, 等. 中国技术创新40年: 四阶爬坡轨迹述评 [J]. 科技进步与对策, 2019, 36 (1): 152-160.

[57] 彤新春. 从跟随到赶超——中国铁路技术进步的策略分析 (1949—2019) [J]. 社会科学家, 2020, (07): 86-92.

[58] 宗同堂, 李福安, 邓光君. 我国高铁产业与汽车产业发展的比较分析及其启示 [J]. 中国商论, 2018, (26): 162-163.

[59] 宗同堂, 李福安, 邓光君. 我国高铁产业与汽车产业发展的比较分析及其启示 [J]. 中国商论, 2018, (26): 162-163.

[60] 本段涉及数据和内容参考自《入世20年, 中国与世界共赢》, 光明日报, 2021年12月11日.

[61] 吴晓波, 杜健, 李思涵. 非线性成长: 吉利之路 [M]. 北京: 中信出版社, 2021.

[62] 吴晓波, 杜健, 李思涵. 非线性成长: 吉利之路 [M]. 北京: 中信出版社, 2021.

[63] 吴东, 吴晓波. 技术追赶的中国情境及其意义 [J]. 自然辩证法研究, 2013, 29 (11): 45-50.

[64] 陈晓玲, 郭斌, 郭京京, 等. 技术梯度、市场梯度与制造业产业追赶绩效 [J]. 科学学研究, 2017, 35 (07): 982-994.

[65] Lee K., Lim C. Technological Regimes, Catching-up and Leapfrogging: Findings from the Korean Industries [J]. Research Policy, 2001, 30 (3): 459-483.

[66] Chen L. C. Learning through informal local and global linkages: The case of Taiwan's machine tool

industry [J]. Research Policy, 2009, 38 (3): 527-535.

[67] Malerba F., Nelson R. Learning and Catching up in Different Sectoral Systems: Evidence from Six Industries [J]. Industrial and Corporate Change, 2011, 20 (6): 1645-1675.

[68] Mu Q., Lee K. Knowledge Diffusion, Market Segmentation and Technological Catch-up: The Case of the Telecommunication Industry in China [J]. Research Policy, 2005, 34 (6): 759-783.

[69] Xie W., Wu G. Differences between Learning Processes in Small Tigers and Large Dragons: Learning Processes of Two Color TV (CTV) Firms within China [J]. Research Policy, 2003, 32 (8): 1463-1479.

[70] Park K. H. Lee K. Linking the Technological Regime to the Technological Catch-up: Analyzing Korea and Taiwan Using the Us Patent Data [J]. Industrial and Corporate Change, 2006, 15 (4): 715-753.

[71] Jung M., Lee K. Sectoral Systems of Innovation and Productivity Catch-up: Determinants of the Productivity Gap between Korean and Japanese Firms [J]. Industrial and Corporate Change, 2010, 19 (4): 1037-1069.

[72] Huang C. Y. Rethinking leapfrogging in the End-user Telecom Market [J]. Technological Forecasting and Social Change, 2011, 78 (4): 703-712.

第三章

[1] E. M. 罗杰斯. 创新的扩散 [M]. 唐兴通, 郑常青, 张延臣, 译. 北京: 电子工业出版社, 2016.
[2] 呼法伟. 典型国家跨越"中等收入陷阱"问题研究及对中国的启示 [D]. 吉林财经大学, 2020.
[3] 中国科学院. 科技强国建设之路: 中国与世界 [M]. 北京: 科学出版社, 2018.
[4] 刘永焕. 德国产业结构调整及其经验借鉴 [J]. 对外经贸实务, 2014, (01): 32-34.
[5] Gerschenkron A. Economic Backwardness in Historical Perspective [M]. Cambridge, MA: The Belknap Press of Harvard University Press, 1962.
[6] 穆淑兰, 杜迅生, 邱廷魁, 主编. 中华人民共和国技术引进四十年 (1950—1990) 资料汇编 [M]. 上海: 文汇出版社, 1992.
[7] 高京平, 齐佳楠. 巴西为什么落入"中等收入陷阱"[J]. 人民论坛, 2017, (19): 102-103.
[8] 齐传钧. "跨越中等收入陷阱: 中国与巴西的共同任务"研讨会综述 [J]. 拉丁美洲研究, 2013, (03): 75-76.
[9] Palma J. G. Why Has Productivity Growth Stagnated in Most Latin American Countries since the Neo-liberal Reforms? [M]. Cambridge Working Papers in Economics, 2010.
[10] Andrés Solimano, Raimundo Soto. Economic Growth in Latin America in the Late 20th Century: Evidence an Interpretation. May 21, 2004, p13, Table 4.
[11] 齐传钧. "跨越中等收入陷阱: 中国与巴西的共同任务"研讨会综述 [J]. 拉丁美洲研究, 2013, (03): 75-76.
[12] 申杨柳. 巴西汽车产业对外开放经验研究 [J]. 汽车与配件, 2018, (35): 28-31.
[13] 韩东月, 杨宝禄, 杨洪伟. 巴西汽车市场发展浅析 [J]. 汽车实用技术, 2019, (04): 204-207.
[14] 李军. 国防科技工业中先导型战略产业培养模式分析 [J]. 中国军转民, 2006, (5): 35-38.
[15] 师源. 我国半导体产业发展考量之四——技术追赶陷阱 [J]. 电子产品世界, 1999, (12): 23.
[16] 孔繁敏. 对七十年代前期引进技术设备问题的反思 [J]. 经济科学, 1987, (05): 72-75+25.

［17］Fagerberg J., Godinho M. M. The Oxford Handbook of Innovation［M］// Innovation and Catching-Up. New York: Oxford University Press, 2005: 514–543.

［18］Odagiri H., Goto A., Sunami A., et al. Intellectual Property Rights, Development, and Catch Up: An international Comparative Study［M］. Oxford: Oxford: Oxford University Press, 2010.

［19］Mathews J. A. Competitive Advantages of the Latecomer Firm: A Resource-Based Account of Industrial Catch-Up Strategies［J］. Asia Pacific Journal of Management, 2002, 19（4）: 467–488.

［20］Lee K. Schumpeterian Analysis of Economic Catch-up: Knowledge, Path-creation, and the Middle-income Trap［M］. London: Cambridge University Press, 2013.

［21］Miao Y, Song J., Lee K., et al. Technological Catch-up by East Asian Firms: Trends, Issues, and Future Research Agenda［J］. Asia Pacific Journal of Management, 2018, 35（3）: 639–669.

［22］Hu M. C., Mathews J. A. National Innovative Capacity in East Asia［J］. Research Policy, 2005, 34（9）: 1322–1349.

［23］Mazzoleni R. Catching Up and Academic Institutions: A Comparative Study of Past National Experiences［J］. The Journal of Development Studies, 2008, 44（5）: 678–700.

［24］Lee K., Malerba F. Catch-up Cycles and Changes in Industrial Leadership: Windows of Opportunity and Responses of Firms and Countries in the Evolution of Sectoral Systems［J］. Research Policy, 2017. 46（2）: 338–351.

［25］朱浩, 李林, 何建洪. 政企共演视角下后发企业的技术追赶［J］. 中国科技论坛, 2020,（01）: 116–125.

［26］吕铁, 贺俊. 政府干预何以有效: 对中国高铁技术赶超的调查研究［J］. 管理世界, 2019, 35（09）: 152 –163+197.

［27］Park K. H. Lee K. Linking the Technological Regime to the Technological Catch-up: Analyzing Korea and Taiwan Using the Us Patent Data［J］. Industrial and Corporate Change, 2006, 15（4）: 715–753.

［28］Mathews J. A. National systems of economic learning: the case of technology diffusion management in east Asia［J］. International Journal of Technology Management, 2001, 22（5/6）: 455–479.

［29］方刚. 企业网络能力与创新绩效: 基于资源观的实证研究［M］. 北京: 科学出版社, 2014.

［30］Perez C., Soete L. Catching up in Technology: Entry Barriers and Windows of Opportunity［J］. Frances Pinter, 1988: 458–479.

［31］Lee K., Lim C. Technological Regimes, Catching-up and Leapfrogging: Findings from the Korean Industries［J］. Research Policy, 2001, 30（3）: 459–483.

［32］Kim L. Imitation to Innovation: The Dynamics of Korea's Technological Learning［M］. Boston, MA: Harvard Business Press, 1997.

［33］Cho D. S., Kim D. J., Rhee D. K. Latecomer strategies: Evidence from the Semiconductor Industry in Japan and Korea［J］. Organization Science, 1998, 9（4）: 489–505.

［34］黄江明, 赵宁. 资源与决策逻辑: 北汽集团汽车技术追赶的路径演化研究［J］. 管理世界, 2014,（09）: 120–130.

［35］布莱恩·阿瑟. 技术的本质: 技术是什么, 它是如何进化的（经典版）［M］. 曹东溟, 王健, 译. 杭州: 浙江人民出版社, 2018.

［36］金麟洙. 从模仿到创新：韩国技术学习的动力［M］. 刘小梅, 刘鸿基, 译. 北京：新华出版社, 1998.

［37］Yap X. S., Rasiah R. Catching up and Leapfrogging in a High-tech Manufacturing Industry: Towards a Firm-level Taxonomy of Knowledge Accumulation［J］. Knowledge Management Research & Practice, 2017, 15（1）：114–129.

［38］Mathews J. A., Cho D. S. Combinative Capabilities and Organizational Learning by Latecomer Firms: The Case of the Korean Semiconductor Industry［J］. Journal of World Business, 1999, 34（2）：139–156.

［39］Mathews J. A. Competitive Advantages of the Latecomer Firm: A Resource-Based Account of Industrial Catch-Up Strategies［J］. Asia Pacific Journal of Management, 2002, 19（4）：467–488.

［40］Park J, Lee K. Do Latecomer Firms Rely on "Recent" and "Scientific" Knowledge More than Incumbent Firms Do? Convergence or divergence in Knowledge Sourcing［J］. Asian Journal of Technology Innovation, 2015, 23（sup 1）：129–145.

［41］张钢, 沈丞. 技术追赶的迂回模式：基于探索与利用的拓展分析框架［J］. 技术经济, 2017, 36（01）：49–56.

［42］Rosiello A., Maleki A. A Dynamic Multi-sector Analysis of Technological Catch-up: the Impact of Technology Cycle Times, Knowledge Base Complexity and Variety［J］. Research Policy, 2021, 3（50）：1–19.

［43］Lee K., Malerba F. Catch-up Cycles and Changes in Industrial Leadership: Windows of Opportunity and Responses of Firms and Countries in the Evolution of Sectoral Systems［J］. Research Policy, 2017. 46（2）：338–351.

［44］郭磊, 周燕芳, 蔡虹. 基于机会窗口的后发国家产业追赶研究：中国智能手机产业的案例［J］. 管理学报, 2016, 13（3）：359–365.

［45］徐雨森, 逯垚迪, 徐娜娜. 快变市场环境下基于机会窗口的创新追赶研究：HTC公司案例分析［J］. 科学学研究, 2014, 32（06）：927–936.

［46］Mathews J. A. Strategy and the Crystal Cycle［J］. California Management Review, 2005, 47（2）：6–32.

［47］Chen S. H., Wen P. C. Post Catch-up with Market Cultivation and Product Servicising: Case of Taiwan's Transportation Equipment Industries［J］. Asian Journal of Technology Innovation, 2016, 24（sup1）：32–52.

［48］吴晓波, 吴东. 中国企业技术创新与发展［J］. 科学学研究, 2018, 36（12）：2141–2143+2147.

［49］吴东, 吴晓波. 技术追赶的中国情境及其意义［J］. 自然辩证法研究, 2013, 29（11）：45–50.

［50］刘少杰. 不确定条件下社会信任的分化与协调［J］. 社会科学文摘, 2020,（10）：53–55.

［51］Jansen T., Claassen L., Kamp I. V., et al. Understanding of the concept of 'uncertain risk'. A qualitative study among different societal groups［J］. Journal of Risk Research, 2019,（1）：1–14.

第四章

［1］Utterback J. M., Abernathy W. J. A Dynamic Model of Process and Product Innovation［J］. Omega, 1975, 3（6）：639–656.

［2］Xu Q., Wu X. A Model of "Secondary Innovation" Process［J］. Technology Management: The New International Language, 1991：617–620.

[3] 吴晓波. 二次创新的周期与企业组织学习模式 [J]. 管理世界, 1995, (03): 168-172.

[4] 托马斯·库恩. 科学革命的结构 [M]. 金吾伦, 胡新和, 译. 北京: 北京大学出版社, 2003.

[5] Lakatos I. The Methodology of Scientific Research Programmes [M]. London: Cambridge University Press, 1978.

[6] Dosi G. Technological Paradigms and Technological Trajectories: A Suggested Interpretation of the Determinants and Directions of Technical Change [J]. Research Policy, 1982, 11 (3): 147-162.

[7] Anderson P., Tushman M. L. Technological Discontinuities and Dominant Designs: A Cyclical Model of Technological Change [J]. Administrative Science Quarterly, 1990, 35 (4): 604-633.

[8] Kuznets S. Schumpeter's Business Cycles [J]. The American Economic Review, 1940, 30 (2): 257-271.

[9] Rosenberg J. Perspectives on technology [M]. Cambridge: Cambridge University Press, 1976.

[10] Metcalfe J. S. Impulse and Diffusion in the Study of Technical Change [J]. Futures, 1981, 13 (05): 347-359.

[11] Sahal D. Alternative conceptions of technology [J]. Research Policy, 1981, 10 (01): 2-24.

[12] 吴晓波, 李正卫. 技术演进行为中的混沌分析 [J]. 科学学研究, 2002, (5), 458-462.

[13] 米歇尔·沃尔德罗普. 复杂: 诞生于秩序与混沌边缘的科学 [M]. 陈玲, 译. 北京: 生活·读书·新知三联书店, 1997.

[14] 牟炜民, 刘艳芳, 张侃. 键盘的种类及评价的工效学指标 [J]. 人类工效学, 1997, (02): 50-54.

[15] Donald A. Norman. Why Alphabetic Keyboards Are Not Easy to Use: Keyboard Layout Doesn't Much Matter [J]. Human Factors: The Journal of Human Factors and Ergonomics Society, 1982, 24 (5): 509-519.

[16] David P. A. Clio and the economics of QWERTY [J]. The American Economic Review, 1985, 75(2): 3-8.

[17] 修改自 Jamie Logie. Betamax vs VHS: The Story of the First Format War. [online] Available at: https://medium.com/swlh/vhs-vs-beta-the-story-of-the-original-format-war-a5fd84668748 [Accessed 20 Aug. 2021].

[18] 修改自 Bill Hammack. Why the Dvorak keyboard didn't take over the world. [online] Available at: https://www.youtube.com/watch?v=ZnUBl90tayI [Accessed 25 Aug. 2021].

[19] 燕波. 技术变迁中的路径依赖研究 [D]. 暨南大学, 2006.

[20] Waldrop M. Complexity: The emerging science at the edge of order and chaos [M]. New York. Simon & Schuster Paperbacks. 1993.

[21] Cowan R. Nuclear Power Reactors: A Study in Technological Lock-in [J]. The Journal of Economic History. 1990. 50 (3): 541-567

[22] 李俊江, 孟勐. 技术前沿、技术追赶与经济赶超: 从美国、日本两种典型后发增长模式谈起 [J]. 华东经济管理, 2017, 31 (01): 5-12+2.

[23] Hedberg B. How organizations learn and unlearn [A]. Nystrom, P. C., et al. Handbook of Organizational Design, Vol.1, [C] Oxford University Press, 1981.

[24] Hamel G. and Prahalad C. Competing for the Future [M]. Boston: Harvard Business School Press, 1994.

[25] Leveit B., March J. Organizational Learning [J]. Annual Review of Sociology, 1988, (14): 319-40.

[26] Cegarra-Navarro J. G., Sanchez-Vidal M. E., Cegarra-Leiva D. Balancing exploration and exploitation

of knowledge through an unlearning context: an empirical investigation in SMEs [J]. Management Decision, 2011, 49 (7-8): 1099-1119.

[27] Meyers P. Learning in New Technology Development Teams [J]. Journal of Product Innovation Management, 1989, 6 (2): 79-88.

[28] Meyers P. Learning in New Technology Development Teams [J]. Journal of Product Innovation Management, 1989, 6 (2): 79-88.

[29] 吴晓波. 动态学习与企业的核心能力 [J]. 管理工程学报, 2000 (S1): 21-25+4-3.

[30] Meyers P. Learning in New Technology Development Teams [J]. Journal of Product Innovation Management, 1989, 6 (2): 79-88.

[31] 吴晓波, 马如飞, 毛茜敏. 基于二次创新动态过程的组织学习模式演进：杭氧1996—2008纵向案例研究 [J]. 管理世界, 2009 (2): 152-164.

[32] 吴晓波, 郭雯, 苗文斌. 技术系统演化中的忘却学习研究 [J]. 科学学研究, 2004, (3): 307-311.

[33] Argyris C., Schon D A. Organizational Learning: A Theory of Action [J]. Proceedings of the physical society of London, 1978.

第五章

[1] Amit R., Zott C. Value Creation in E-Business [J]. Strategic Management Journal, 2001, 22 (6-7): 493-520.

[2] Teece D. J. Business Models, Business Strategy and Innovation [J]. Long Range Planning, 2010, 43(2-3): 172-194.

[3] Zott C., Amit R. Business Model Design: An Activity System Perspective [J]. Long Range Planning, 2010, 43 (2-3): 216-226.

[4] Chesbrough H., Rosenbloom R. S. The Role of the Business Model in Capturing Value from Innovation: Evidence from Xerox Corporation's Technology Spin-off Companies [J]. Social Science Electronic Publishing, 2002, 11 (3): 529-555.

[5] Wu X., Ma R., Shi Y. How do Latecomer Firms Capture Value from Disruptive Technologies? A Secondary Business-model Innovation Perspective [J]. IEEE Transactions on Engineering Management, 2010, 57 (1): 51-62.

[6] Dahan N. M., Doh J. P., Oetzel J., et al. Corporate-NGO Collaboration: Co-creating New Business Models for Developing Markets [J]. Post-Print, 2010, 43 (2-3): 326-342.

[7] Fagerberg J., Godinho M. M. The Oxford Handbook of Innovation [M] // Innovation and Catching-Up. New York: Oxford University Press, 2005: 514-543.

[8] 阳双梅, 孙锐. 论技术创新与商业模式创新的关系 [J]. 科学学研究, 2013, (10): 1572-1580.

[9] Prahalad C. K., Lieberthal K. The End of Corporate Imperialism [J]. Harvard Business Review, 2003, 81 (8): 109.

[10] 吴晓波, 朱培忠, 吴东, 等. 后发者如何实现快速追赶？一个二次商业模式创新和技术创新的共演模型 [J]. 科学学研究, 2013, 31 (11): 1726-1735.

［11］饶佳艺，徐大为，乔晗，等．基于商业模式反馈系统的视频网站商业模式分析——Netflix 与爱奇艺案例研究［J］．管理评论，2017，29（02）：245-254．

［12］Zott C.，Amit R. Business Model Design and the Performance of Entrepreneurial Firms［J］．Organization Science，2007，18（2）：181-199．

［13］Miller D. Configurations Revisited［J］．Strategic Management Journal，1996，7（17）：505-512．

［14］姚明明，吴晓波，石涌江，等．技术追赶视角下商业模式设计与技术创新战略的匹配——一个多案例研究［J］．管理世界，2014，（10）：149-162+188．

［15］Osterwalder A.，Pigneur Y. Business Model Generation: A Handbook for Visionaries，Game Changers，and Challengers［M］．New Jersey: John Wiley and Sons，2010．

［16］Ghezzi A.，Cortimiglia M. N.，Frank A. G. Strategy and Business Model Design in Dynamic Telecommunications Industries: A Study on Italian Mobile Network Operators［J］．Technological Forecasting and Social Change，2015，90: 346-354．

［17］窦毓磊．Facebook VS 微信：中外社会化媒体商业模式对比研究［J］．现代传播（中国传媒大学学报），2016，38（01）：159-161．

［18］吴晓波，朱培忠，吴东，等．后发者如何实现快速追赶？一个二次商业模式创新和技术创新的共演模型［J］．科学学研究，2013，31（11）：1726-1735．

［19］Rayport J. F.，Sviokla J. J. Exploiting the Virtual Value Chain［J］．Harvard Business Review，1995，73（6）：75．

［20］Gereffi G. Buyer-driven Dichotomy The Evolution of Global Value Chains in the Internet Era［J］．IDS Bulletin，2001，32（3）：30-40．

［21］李垣，刘益．基于价值创造的价值网络管理（Ⅰ）：特点与形成［J］．管理工程学报，2001，（04）：38-41+2．

［22］Westergren U. H.，Holmstrom J. Exploring Preconditions for Open Innovation: Value Networks in Industrial Firms［J］．Information and Organization，2012，22（4）：209-226．

［23］Allee V. Reconfiguring the Value Network［J］．Journal of Business Strategy，2000，21（4）：36-39．

［24］Brandenburger A. M.，Nalebuff B. J. Co-Opetition［J］．Long Range Planning，1997，15（1）：31-32．

［25］Dyer J. H.，Singh H. The Relational View: Cooperation Strategy and Sources of Inter-Organizational Competitive Advantage［J］．Academy of Management Review，1998，23: 660-679．

［26］方刚，胡保亮．网络资源的分类与作用机制：基于知识转移视角的研究［J］．科学学研究，2010，28（10）：1511-1520．

［27］迟晓英，宣国良．价值链研究发展综述［J］．外国经济与管理，2000，（01）：25-30．

［28］Teece D. J. Profiting from technological innovation: Implications for integration，collaboration，licensing and public policy［J］．Research Policy，1986，15: 285-305．

［29］Zott C.，Amit R. Business Model Design and the Performance of Entrepreneurial Firms［J］．Organization Science，2007，18（2）：181-199．

［30］侯腾轩．O2O 外卖平台商业模式研究——以"美团外卖"为例［J］．全国流通经济，2017，（22）：7-8．

［31］唐艳，詹莹然．新冠疫情下互联网平台企业创新业务战略研究——美团新零售拓展之路［J］．全

国流通经济，2020，（32）：3-5.

[32] 盛虎，肖婉晴，郑皓文. 双边市场视角下互联网平台并购对企业成长的影响研究——以美团为例[J]. 金融发展研究，2021，（09）：46-55.

[33] 王烽权，江积海. 跨越鸿沟：新经济创业企业商业模式闭环的构建机理——价值创造和价值捕获协同演化视角的多案例研究[J/OL]. 南开管理评论：1-30 [2023-03-25].

[34] 楼润平，李贝，齐晓梅. 中国互联网企业的成长路径、公司战略及管理策略研究[J]. 管理评论，2021，33（01）：229-241.

[35] 陈强，敦帅. 分享经济企业发展战略演进路径研究——基于滴滴出行的案例分析[J]. 科学决策，2020，（11）：42-69.

[36] 肖静华，胡杨颂，吴瑶. 成长品：数据驱动的企业与用户互动创新案例研究[J]. 管理世界，2020，36（03）：183-205.

[37] 宋立丰，刘莎莎，宋远方. 冗余价值共享视角下企业平台化商业模式分析——以海尔、小米和韩都衣舍为例[J]. 管理学报，2019，16（04）：475-484.

[38] 吴晓波，姚明明，吴朝晖，等. 基于价值网络视角的商业模式分类研究：以现代服务业为例[J]. 浙江大学学报（人文社会科学版），2014，44（2）：64-77.

[39] Velu C. Business model innovation and third-party alliance on the survival of new firms [J]. Technovation, 2015, 35: 1-11.

[40] Bohnsack R., Pinkse J., Kolk A. Business models for sustainable technologies: Exploring business model evolution in the case of electric vehicles [J]. Research Policy, 2014, 43（2）：284-300.

[41] 吴晓波，朱培忠，姚明明. 资产互补性对商业模式创新的影响研究[J]. 西安电子科技大学学报（社会科学版），2016，26（02）：22-29.

[42] 吴东，杨洋，朱培忠. 互补资产专用性、关系治理与商业模式设计[J]. 科研管理，2019，40（3）：104-113.

[43] 吴晓波，沈华杰，吴东. 不确定性、互补性资产与商业模式设计：新型冠状病毒肺炎疫情期间的多案例研究[J]. 科研管理，2020，41（07）：189-200.

[44] Desyllas P., Sako M. Profiting from business model innovation: Evidence from pay-as-you-drive auto insurance [J]. Research Policy, 2013, 42: 101-116.

[45] 贾军，张卓，张伟. 互补资产协同对企业绩效影响研究：技术关联的调节作用[J]. 科研管理，2013，34（10）：84-93.

第六章

[1] 阳双梅，孙锐. 论技术创新与商业模式创新的关系[J]. 科学学研究，2013（10）：1572-1580.

[2] Park K. H., Lee K. Linking the Technological Regime to the Technological Catch-up: Analyzing Korea and Taiwan Using the Us Patent Data [J]. Industrial and Corporate Change, 2006, 15（4）：715-753.

[3] 江涛. 阿里巴巴集团研究（10）：阿里巴巴集团的竞争对手 [OL]. 雪球网，https://xueqiu.com/8417755168/20596413.

[4] 吴晓波，朱培忠，吴东，等. 后发者如何实现快速追赶？——一个二次商业模式创新和技术创新的共演模型[J]. 科学学研究，2013，31（11）：1726-1735.

[5] 王振, 史占中. IC 产业的商业模式创新与技术赶超 [J]. 情报科学, 2005, (4): 605-609.

[6] Chesbrough H., Rosenbloom R. S. The Role of the Business Model in Capturing Value from Innovation: Evidence from Xerox Corporation's Technology Spin-off Companies [J]. Social Science Electronic Publishing, 2002, 11 (3): 529-555.

[7] Osterwalder A., Pigneur Y. Business Model Generation: A Handbook for Visionaries, Game Changers, and Challengers [M]. NewYork: John Wiley & Son Inc, 2010.

[8] Shirky C. Here Comes Everybody: The Power of Organizing Without Organization [M]. New York: Penguin Press, 2008.

[9] Hart S. L., Christensen C. M. The Great Leap [J]. Sloan Management Review. 2002, 44: 51-56.

[10] Chesbrough H. Business model innovation: opportunities and barriers [J]. Long Range Planning, 2010, 43 (2-3): 354-363.

[11] 姚明明, 吴晓波, 石涌江, 等. 技术追赶视角下商业模式设计与技术创新战略的匹配: 一个多案例研究 [J]. 管理世界, 2014, (10): 149-162+188.

[12] 吴晓波, 朱培忠, 吴东, 等. 后发者如何实现快速追赶？——一个二次商业模式创新和技术创新的共演模型 [J]. 科学学研究, 2013, 31 (11): 1726-1735.

[13] 喻登科, 严影. 技术创新与商业模式创新相互作用关系及对企业竞争优势的交互效应 [J]. 科技进步与对策, 2019,36 (11): 16-24.

[14] Meyer A. D., Tsui A. S., Hinings C. R. Configurational Approaches to Org-anizational Analysis [J]. Academy of Management Journal, 1993, Vol. 36: 1175-1195.

[15] Amburgey T. L., Dacin T. As the Left Foot Follows the Right? The Dynamics of Strategic and Structural Change [J]. Academy of Management Journal, 1994, Vol. 37: 1427-1452.

[16] Zott C., Amit R. The Fit between Product Market Strategy and Business Model: Implications for Firm Performance [J]. Strategic Management Journal, 2008, 29: 1-26.

[17] Teece D. J. Business Models, Business Strategy and Innovation [J]. Long Range Planning, 2010, Vol. 43: 172-194.

[18] 姚明明, 吴晓波, 石涌江, 等. 技术追赶视角下商业模式设计与技术创新战略的匹配: 一个多案例研究 [J]. 管理世界, 2014, (10): 149-162+188.

[19] Magretta J. Why business models matter [J]. Harvard Business Review, 2002, 80 (5): 86-92.

[20] Shirky C. Here comes everybody: the power of organizing without organization [M]. New York: Penguin Press, 2008.

[21] Fred P., Paul G. Commercializing inventions resulting from university research: analyzing the impact of technology characteristics on subsequent business models [J]. Technovation, 2011, 31 (4): 151-160.

[22] Chesbrough H., Rosenbloom R. S. The role of business model in capturing value from innovation evidence from Xerox corporation's technology spin-off companies [J]. Industrial and Corporate Chang, 2002, 11 (3): 529-555.

[23] Chesbrough H. Business model innovation: opportunities and barriers [J]. Long Range Planning, 2010, 43 (2-3): 354-363.

[24] OECD Eurostat. "Oslo Manual", Guidelines for Collecting and Interpreting Innovation Data, 3rd Edition

[M]. Paris: OECD, 2005.

[25] Timmers P. Building Effective Public R&D Programmes [C]//Portland: Proceedings of the Portland International Conference on Management of Engineering and Technology (PICMET' 99) on "Technology and Innovation Management", 1999: 591-597.

[26] Turkenburg W. C. The Innovation Chain: Policies to Promote Energy Innovations. Energy for Sustainable Development[M]. New York: The UN Publications, 2002: 137-172.

[27] Rothwell R .Successful Industrial Innovation: Critical Factors for the 1990s [J].R&D Management, 1992, 22 (3): 221-239.

[28] Turkenburg W. C. The Innovation Chain: Policies to Promote Energy Innovations. Energy for Sustainable Development [M]. New York: The UN Publications, 2002.

[29] Berkhout A. J., Duin P. A. van der. Mobile Data Innovation: Lucio and the Cyclic Innovation Model[C]. Eindhove, Netherlands: Proceedings of the International Conference on Electronic Commerce (ICEC'04) on "Towards A New Services Landscape", 2004: 603-608.

[30] Freeman C., Soete L. The Economics of Industrial Innovation[M]. London: Pinter, 1997.

[31] Liayanage S., Greenfield P. F. Towards AFourth Generation R&D Management Model-research Networks in Knowledge Management [J]. International Journal of Technology Management, 1999, 18 (3-4): 372-393.

[32] Niois J. Fourth-generation R&D: From Linear Models to Flexible Innovation [J]. Journal of Business Research, 1999, 45 (2): 111-117.

[33] Kline S. J., Rosenberg N. An Overview of Innovation, in National Academy of Engineering, The Positive Sum Strategy: Harnessing Technology for Economic Growth [M]. Washington D. C.: The National Academy Press, 1986.

[34] Berkhout A. J. The Dynamic Role of Knowledge in Innovation:An Integrated Framework of Cyclic Networks for the Assessment of Technological Change and Sustainable Growth [M]. Delft:University Press, 2000.

[35] Gulati R., Nohria N., Zaheer A. Strategic Networks [J]. Strategic Management Journal, 2000, 21: 203-215.

[36] Ernst D., Kim L. Global Production Networks, Knowledge Diffusion and Local Capability Formation [J]. Research Policy, 2002, 31 (8-9): 1417-1429.

[37] Broersma J., Butter M.,Van Uitert G. Eros [C].Delft, Netherlands: TNO-STB, 2001.

[38] Sanden B. A., Azar C. Near-term Technology Policies for Long-term Climate Targets-economy Wide Versus Technology Specific Approaches [J]. Energy Policy, 2005, 33 (12): 1557-1576.

[39] Hakala M. Maritime R&D Infrastructure and Innovation Process[J]. Maritime Research News, 1999, 13 (1): 2.

[40] 黄鲁成. 区域技术创新系统研究：生态学的思考 [J]. 科学学研究, 2003, (2): 215-219.

[41] 傅羿芳, 朱斌. 高科技产业集群持续创新生态体系研究 [J]. 科学学研究, 2004, (S1): 128-135.

[42] 周青. 技术创新联盟管理理论与实证 [M]. 北京：科学出版社, 2020.

[43] 周青. 技术创新联盟管理理论与实证 [M]. 北京：科学出版社, 2020.

第七章

[1] Perez C. Soete L. Catching up in Technology: Entry Barriers and Windows of Opportunity [J]. Frances Pinter, 1988: 458-479.

[2] Perez C. Technological Change and Opportunities for Development as a Moving Target [J]. Cepal Review, 2001, 75 (8): 113-117.

[3] Suarez F. F., Grodal S, Gotsopoulos A. Perfect timing? Dominant category, dominant design, and the window of opportunity for firm entry [J]. Strategic Management Journal, 2015, 36 (3): 437-448.

[4] Anderson P., Tushman M. L. Technological Discontinuities and Dominant Designs: A Cyclical Model of Technological Change [J]. Administrative Science Quarterly, 1990, 35 (4): 604-633.

[5] Wu X., Zhang W. Seizing the Opportunity of Paradigm Shifts: Catch-up of Chinese ICT Firms [J]. International Journal of Innovation Management, 2010, 14 (1): 57-91.

[6] Freeman C. Continental, National and Sub-National Innovation System: Comple-mentarity and Economic Growth [J]. Research Policy, 2002, 31 (2): 191-211.

[7] Suarez F. F., Grodal S, Gotsopoulos A. Perfect timing? Dominant category, dominant design, and the window of opportunity for firm entry [J]. Strategic Management Journal, 2015, 36 (3): 437-448.

[8] Mathews J. A. Strategy and the Crystal Cycle [J]. California Management Review, 2005, 47 (2): 6-32.

[9] Guennif S., Ramani S. V. Explaining Divergence in Catching-up in Pharma between India and Brazil Using the NSI framework [J]. Research Policy, 2012, 41 (2): 430-441.

[10] Malerba F. Sectoral Systems of Innovation and Production [J]. Research Policy, 2002, 31 (2): 247-264.

[11] Malerba F. Sectoral Systems of Innovation: Concepts, Issues and Analyses of Six Major Sectors in Europe [M]. Cambridge: Cambridge University Press, 2004.

[12] Lee K., Malerba F. Catch-up Cycles and Changes in Industrial Leadership: Windows of Opportunity and Responses of Firms and Countries in the Evolution of Sectoral Systems [J]. Research Policy, 2017. 46 (2): 338-351.

[13] Giachetti C., Marchi G. Successive Changes in Leadership in the Worldwide Mobile Phone Industry: The Role of Windows of Opportunity and Firms' Competitive Action [J]. Research Policy, 2017, 46 (2): 352~364.

[14] Lee K., Lim C., Song W. Emerging Digital Technology as a Window of Opportunity and Technological Leapfrogging: Catch-up in Digital TV by the Korean Firms [J]. International Journal of Technology Management, 2005, 29 (1/2): 40-63.

[15] Guo L., Zhang M. Y., Dodgson M., et al. Seizing Windows of Opportunity by Using Technology-building and Market-seeking Strategies in Tandem: Huawei's Sustained Catch-up in the Global Market [J]. Asia Pacific Journal of Management, 2019, 36: 849-879.

[16] 徐雨森, 逯垚迪, 徐娜娜. 快变市场环境下基于机会窗口的创新追赶研究: HTC公司案例分析 [J]. 科学学研究, 2014, 32 (06): 927-936.

[17] 郭磊, 周燕芳, 蔡虹. 基于机会窗口的后发国家产业追赶研究: 中国智能手机产业的案例 [J]. 管理学报, 2016, 13 (3): 359-365.

[18] Kang H., Song J. Innovation and Recurring Shifts in Industrial Leadership: Three Phases of Change and Persistence in the Camera Industry [J]. Research Policy, 2017, 46（2）: 376-387.

[19] Vertesy D. Preconditions, Windows of Opportunity and Innovation Strategies: Successive Leadership Changes in the Regional Jet Industry [J]. Research Policy, 2017, 46（2）: 388-403.

[20] Landini F., Lee K., Malerba F. A History-Friendly Model of the Successive Changes in Industrial Leadership and the Catch-up by Latecomers [J]. Research Policy, 2017, 46（2）: 431-446.

[21] Xu Y., Ma J., Lu Y. Innovation catch-up enabled by the window of opportunity in high-velocity markets and the intrinsic capabilities of an enterprise: the case of HTC [J]. International Journal of Technology Management, 2015, 69（2）, 93-116.

[22] 吴晓波, 陈宗年, 曹体杰. 技术跨越的环境分析与模式选择: 以中国视频监控行业为例 [J]. 研究与发展管理, 2005,（1）: 67-72.

[23] 陈德智. 技术跨越基本模式研究 [J]. 技术经济与管理研究, 2003（2）: 96.

[24] 张海丰, 李国兴. 后发国家的技术追赶战略: 产业政策、机会窗口与国家创新系统 [J]. 当代经济研究, 2020,（1）: 66-73.

[25] 奥利弗·伊顿·威廉森. 资本主义经济制度 [M]. 段毅才, 王伟, 译. 北京: 商务印书馆, 2002.

[26] Lieberman M. B., Montgomery D. B. First Mover Advantages [J]. Strategic Management Journal, 1998, 9（S1）: 41-58.

[27] Leonardbarton D. Core Rigidities: Core Capabilities Paradox in Managing New Product Development [J]. Strategic Management Journal, 1992, 13（1）: 111-125.

[28] Vaughan D. Uncoupling. Oxford University Press, New York, 1986: p.71（转引自布莱恩·阿瑟. 技术的本质）.

[29] 奥利弗·伊顿·威廉森. 资本主义经济制度 [M]. 段毅才, 王伟, 译. 北京: 商务印书馆, 2002.

[30] 刘海兵, 杨磊, 许庆瑞. 后发企业技术创新能力路径如何演化？——基于华为公司1987—2018年的纵向案例研究 [J]. 科学学研究, 2020, 38（6）: 1096-1107.

[31] 眭纪刚, 陈芳. 范式转换期的企业能力积累与重构 [J]. 科学学研究, 2015, 33（2）: 287-294.

[32] 陈立新. 基于认知视角的在位企业应对突破性技术变革的能力重构路径研究 [J]. 外国经济与管理, 2008, 355（9）: 56-61.

[33] 胡畔, 于渤. 跨界搜索、能力重构与企业创新绩效——战略柔性的调节作用 [J]. 研究与发展管理, 2017, 29（4）: 138-147.

[34] Dutta S., Narasimhan O. M., Rajiv S. Conceptualizing and Measuring Capabilities: Methodology and Empirical Application [J]. Strategic Management Journal, 2005, 26（3）: 277-285.

[35] 彭新敏, 史慧敏, 朱顺林. 机会窗口、双元战略与后发企业技术追赶 [J]. 科学学研究, 2020, 38（12）: 2220-2227+2257.

[36] 吴晓波, 约翰·彼得·穆尔曼, 黄灿, 等. 华为管理变革 [M]. 北京: 中信出版社, 2017.

[37] 吴晓波, 付亚男, 吴东, 等. 后发企业如何从追赶到超越——基于机会窗口视角的双案例纵向对比分析 [J]. 管理世界, 2019,（2）: 151-167+200.

[38] 吴晓波, 吴东. 全球制造网络与中国大中型企业的自主创新: 现状、瓶颈与出路 [J]. 科技管理研究, 2010,（04）: 3-5.

[39] Romer P. M. Endogenous Technological Change [J]. Journal of Political Economy, 1990, 98 (5): S71–S102.

[40] Gereffi G. International trade and industrial upgrading in the apparel commodity chain [J]. Journal of International Economics, 1999, 48 (1): 37–70.

[41] 彭新敏, 姚丽婷. 机会窗口、动态能力与后发企业的技术追赶 [J]. 科学学与科学技术管理, 2019 (06):68–82.

第八章

[1] Freeman C. Technology and Economic Performance: Lessons from Japan [M]. London: Frances Pinter, 1987.

[2] Nelson R. R. National innovation systems: a comparative analysis [M]. Oxford: Oxford University Press, 1993.

[3] Lundvall B. National innovation systems: analytical concept and development [J]. Industry and Innovation, 2007, (2): 95–119.

[4] Freeman C. The national innovation system in historical perspective [J]. Cambridge Journal of Economics, 1995, 19 (1): 41–60.

[5] Cimoli M., Giusta D. The nature of technological change and its main implication on national and local systems of innovation [R]. International Institute for Applied Systems Analysis Lxxenburg, Austria, June/1998.

[6] 吴晓松. 国家创新体系对企业创新能力及创新绩效影响研究 [D]. 昆明理工大学, 2012.

[7] 樊春良, 樊天. 国家创新系统观的产生与发展——思想演进与政策应用 [J]. 科学学与科学技术管理, 2020, (5): 89–115.

[8] OECD. National Innovation System [R]. Paris, 1997: 7–11.

[9] 武一丹. 中国特色国家创新体系研究 [D]. 外交学院, 2019.

[10] 柳卸林, 葛爽, 丁雪辰. 工业革命的兴替与国家创新体系的演化——从制度基因与组织基因的角度 [J]. 科学学与科学技术管理, 2019 (7): 3–14.

[11] 人民教育出版社历史室. 世界近代现代史 [M]. 北京: 人民教育出版社, 2000.

[12] 方卫华. 创新研究的三螺旋模型: 概念、结构和公共政策含义 [J]. 自然辩证法研究, 2003 (11): 69–72+78.

[13] Etzkowitz H., Leydesdorff L. The triple helix–university–industry–government relations: a laboratory for knowledge–based economic development [J]. EASST Review, 1995, 14: 14–19.

[14] Etzkowitz H., Leydesdorff L. The dynamics of innovation: from National Systems and "Mode 2" to a Triple Helix of university–industry–government relations [J]. Research Policy, 2000, 29: 109–123.

[15] Acemoglu D., Johnson S., Robinson J. A. Reversal of fortune: Geography and institutions in the making of the modern world income distribution [J]. The Quarterly Journal of Economics, 2002, 117 (4): 1231–1294.

[16] Keeble D, Lawson C, Moore B, et al. Collective Learning Processes, Networking and 'Institutional Thickness' in the Cambridge Region [J]. Regional Studies, 1999, 33 (4): 319–332.

[17] 魏江. 产业集群——创新系统与技术学习 [M]. 北京: 科学出版社, 2003.

[18] Belussi F., Arcangeli F. A typology of networks: flexible and evolutionary firms [J]. Research Policy, 1998, 27.

[19] Arundel A, Geuna A. Proximity and the use of public science by innovative European firms [J]. Economics of Innovation & New Technology, 2004, 13（6）: 559-580.

[20] 成鹏飞, 付浩, 苏昌贵, 等. 国内外典型大学科技城的发展经验与启示 [J]. 湖南行政学院学报, 2021,（05）: 72-79.

[21] 杨尊伟. 美国大学科技园发展的影响因素与成功经验——"128公路"和"硅谷"案例研究 [J]. 中国高校科技, 2021,（04）: 48-52.

[22] 杨尊伟. 美国大学科技园发展的影响因素与成功经验——"128公路"和"硅谷"案例研究 [J]. 中国高校科技, 2021,（04）: 48-52.

[23] 王海军, 金姝彤, 束超慧, 等. 为什么硅谷能够持续产生颠覆性创新？——基于企业创新生态系统视角的分析 [J]. 科学学研究, 2021, 39（12）: 2267-2280.

[24] 修改自吴晓波, 李璟琰. 大学与高技术集群企业的互动模式研究 [J]. 现代管理科学, 2009,（7）: 26-27+92.

[25] Sharma Amol. Google Pushes Tailored Phones To Win Lucrative Ad Market [J]. The Wall Street Journal, 2007, 8: 39.

[26] 谢伟玉. 微软和谷歌：两个时代 [J]. 上海国资, 2014,（12）: 20-22.

[27] 于忠珍. 以创新引领打造产业园区建设发展新模式——硅谷高科技产业园发展经验借鉴 [J]. 中共青岛市委党校. 青岛行政学院学报, 2018,（03）: 22-27.

[28] 胡旭博, 原长弘. 关键核心技术：概念、特征与突破因素 [J]. 科学学研究, 2022, 40（01）: 4-11.

[29] 林毅夫. 新结构经济学 [M]. 北京：北京大学出版社, 2018.

[30] Oltra V. Environmental innovation and industrial dynamics: the contributions of evolutionary economics [C]. // Groupe de Recherche en Economié Théorique et Appliquée. Groupe de Recherche en Economie Théorique et Apphiquée, 2008.

[31] Dosi G. Technological paradigms and technological trajectories: A suggested interpretation of the determinants and directions of technical change [J]. Research Policy, 1993.

[32] Dosi G. Technological paradigms and technological trajectories: A suggested interpretation of the determinants and directions of technical change [J]. Research Policy, 1993.

[33] 李万, 常静, 王敏杰, 等. 创新3.0与创新生态系统 [J]. 科学学研究, 2014, 32（12）: 1761-1770.

[34] 陈志. 论产业政策向创新政策的演进 [J]. 科技中国, 2018（8）: 45-47.

[35] OECD中国创新政策研究报告 [M]. 薛澜, 柳卸林, 穆荣平, 等译. 北京：科学出版社, 2011.

[36] 刘志迎, 单洁含. 技术距离、地理距离与大学—企业协同创新效应——基于联合专利数据的研究 [J]. 科学学研究, 2013, 31（9）: 1331-1337.

[37] 夏丽娟, 谢富纪, 王海花. 制度邻近、技术邻近与产学协同创新绩效——基于产学联合专利数据的研究 [J]. 科学学研究, 2017, 35（5）: 782-791.

[38] 陈劲, 阳银娟. 协同创新的理论基础与内涵 [J]. 科学学研究, 2012, 30（2）: 161-164.

[39] 叶桂林. 大学技术转移中心运作模式研究 [J]. 经济问题探索, 2004,（4）: 92-95.

[40] 王小勇, 宁建荣, 张娟. 国内外关于技术转移机构研究综述 [J]. 科技管理研究, 2009, 29（1）: 44-46.

[41] Etzkowitz H., Leydesdorff L. The Triple Helix-University-Industry-Government Relations: A Laboratory for Knowledge Based Economic Development [J]. EASST Review, 1995, 14（1）: 14-19.

[42] 余江, 陈凤, 张越, 等. 铸造强国重器: 关键核心技术突破的规律探索与体系构建 [J]. 中国科学院院刊, 2019,（3）: 339-343.

[43] 杜传忠, 任俊慧. 中国制造业关键技术缺失成因及创新突破路径分析 [J]. 经济研究参考, 2020, 22（22）: 10-18+45.

[44] 支振锋. 建设世界科技强国时不我待 [N]. 人民日报, 2018-07-08.

[45] 苏敬勤. 重视中小制造企业在解决卡脖子技术中的关键作用 [J]. 中国科技论坛, 2020（6）: 7-9.

第九章

[1] 王存刚. 中国外交全球战略环境的新特点与新趋势 [OL]. 一带一路论坛, 2020.04.22, https://m.thepaper.cn/baijiahao_7083582.

[2] 塞缪尔·亨廷顿. 文明的冲突与世界秩序的重建（修订版）[M]. 周琪, 刘绯, 张立平, 等译. 北京: 新华出版社, 2010.

[3] 中国信息通信研究院. 数字经济治理白皮书（2019）. 2019年12月.

[4] 人民资讯. 外媒关注: 数字人民币试水北京冬奥会. 2022年1月.

[5] 中国信息通信研究院. 数字经济治理白皮书（2019）. 2019年12月.

[6] 张杰. 中美科技创新战略竞争的博弈策略与共生逻辑 [J]. 社会科学文摘, 2019（11）: 50-52.

[7] 吴晓波, 杜健. 技术引进与中国制造产业的边缘化风险 [J]. 广州大学学报（社会科学版）, 2006（9）: 12-16.

[8] 杜健, 吴晓波, 黄娟. 技术体制框架下FDI影响产业技术边缘化的研究: 以中国手机行业为例 [J]. 西安电子科技大学学报（社会科学版）, 2008, 72（1）: 1-8.

[9] Franco M, Luigi O. Technological regimes and Schumpeterian patterns of innovation [J]. The Economic Journal, 2000, 110: 388-410.

[10] 盛朝迅, 易宇, 韩爱华. 新发展格局下如何提升基础研究能力 [J]. 开放导报, 2021, 216（03）: 56-64.

[11] 吴东, 吴晓波. 技术追赶的中国情境及其意义 [J]. 自然辩证法研究, 2013,（11）: 45-50.

[12] 江诗松, 龚丽敏, 魏江. 转型经济背景下后发企业的能力追赶: 一个共演模型——以吉利集团为例 [J]. 管理世界, 2011,（04）: 122-137.

[13] 吴晓波, 吴东. 中国企业技术创新与发展 [J]. 科学学研究, 2018, 36（12）: 2141-2143+2147.

[14] 吴晓波, 约翰·彼得·穆尔曼, 黄灿, 等. 华为管理变革 [M]. 北京: 中信出版社, 2017.